高等院校应用型教材——经济管理系列

财政与金融
(第 2 版)

赵立华 主　编

张淑华　周　宇
孙晓芳　尤　佳　副主编

清华大学出版社
北　京

内 容 简 介

本书共分16章，主要内容包括财政的概念与职能、财政支出、财政收入、税收理论、公债、财政政策、财政预算管理、货币与货币制度、货币政策、信用与利息、商业银行、金融市场、国际金融、通货膨胀与通货紧缩、保险业务、宏观调控。每章均包括学习目标、引导案例、正文、阅读资料、案例、本章小结、课后习题等模块。

本书将财政与金融的基本知识和案例紧密地结合在一起，具有语言简明通俗、内容丰富实用的特点。本书既可以作为普通高等院校、高职高专、成人高校、民办高校经济管理类专业及相关专业的教材，也可以作为社会从业人员及对经济感兴趣的读者的参考读物。

本书封面贴有清华大学出版社防伪标签，无标签者不得销售。
版权所有，侵权必究。举报：010-62782989，beiqinquan@tup.tsinghua.edu.cn。

图书在版编目(CIP)数据

财政与金融/赵立华主编. —2版. —北京：清华大学出版社，2022.1（2025.2重印）
高等院校应用型教材. 经济管理系列
ISBN 978-7-302-58891-7

Ⅰ.①财… Ⅱ.①赵… Ⅲ.①财政金融—高等学校—教材 Ⅳ.①F8

中国版本图书馆 CIP 数据核字(2021)第 159597 号

责任编辑：陈冬梅　刘秀青
装帧设计：陆静雯
责任校对：周剑云
责任印制：曹婉颖

出版发行：清华大学出版社
　　　网　　址：https://www.tup.com.cn，https://www.wqxuetang.com
　　　地　　址：北京清华大学学研大厦A座　　邮　　编：100084
　　　社 总 机：010-83470000　　邮　　购：010-62786544
　　　投稿与读者服务：010-62776969，c-service@tup.tsinghua.edu.cn
　　　质量反馈：010-62772015，zhiliang@tup.tsinghua.edu.cn
　　　课件下载：https://www.tup.com.cn，010-62791865
印 装 者：三河市天利华印刷装订有限公司
经　　销：全国新华书店
开　　本：185mm×260mm　　印　张：22　　字　数：536千字
版　　次：2015年1月第1版　2022年1月第2版　印　次：2025年2月第5次印刷
定　　价：66.00元

产品编号：085982-01

前　　言

"财政与金融"是财经院校的公共基础课，也是其他院校选修和开设比较多的一门专业课。它是一门集知识性、实用性于一身的课程，与现实生活联系紧密。财政、金融是国家经济生活的主题，是国家宏观调控的主要工具，在我们的日常生活中随处可见财政金融的"身影"。随着我国经济的发展，财政金融领域改革的深化，在原有知识的基础上，编者经过总结和更新，编写了《财政与金融》这本书。本书具有时代性、知识性和趣味性，既可以作为经济类院校的教材，也可以作为教师教学的参考书和学生自学的参考读物。

本书注重理论联系实际，注重学生实践能力的培养和对现实经济生活的观察和思考；通过资料阅读和案例进行启发式教学，知识全面，深入浅出；在章节安排上，结构严谨，层次分明，语言平实生动。

本书共 16 章，大致可分为三部分。第一部分包括第一章财政的概念与职能、第二章财政支出、第三章财政收入、第四章税收理论、第五章公债、第六章财政政策、第七章财政预算管理，主要介绍财政领域的相关知识；第二部分包括第八章货币与货币制度、第九章货币政策、第十章信用与利息、第十一章商业银行、第十二章金融市场、第十三章国际金融、第十四章通货膨胀与通货紧缩、第十五章保险业务，主要介绍金融领域的相关知识；第三部分为第十六章宏观调控，主要介绍宏观调控概述、财政政策与货币政策的配合、中国的宏观调控。

本书由辽宁省交通高等专科学校教师赵立华任主编，张淑华、周宇、孙晓芳、尤佳任副主编。各章编写分工：周宇编写第一、第五、第十五章，张淑华编写第二、第三、第四章，孙晓芳编写第八、第十一、第十二章，尤佳编写第九、第十三章，赵立华编写第六、第七、第十、第十四、第十六章。全书由赵立华总撰、修改、定稿。

本书在编写过程中，参考、借鉴了国内外财政金融领域的著作、教材、杂志及网络资料，特此说明，并表示衷心感谢。由于作者水平有限，不足和疏漏之处在所难免，欢迎广大读者指正、赐教。

编　者

目 录

第一章 财政的概念与职能 1
    第一节 财政概述 3
        一、财政的含义 3
        二、财政的产生 4
        三、财政的基本特征 5
    第二节 公共产品 8
        一、公共产品的含义 8
        二、公共产品的特征 9
        三、公共产品与市场失灵 10
        四、公共产品的有效供给 10
    第三节 财政职能 12
        一、财政职能的发展 12
        二、财政职能的概括 12
        三、财政职能的分类 13
    本章小结 15
    课后习题 16

第二章 财政支出 17
    第一节 财政支出概述 19
        一、财政支出的基本内容 19
        二、财政支出的分类及意义 20
        三、财政支出的原则 21
        四、财政支出对社会经济发展的
            影响 24
        五、财政支出的结构及效益 24
    第二节 购买性支出 25
        一、行政管理支出 25
        二、国防支出 26
        三、社会文教支出 27
        四、政府基本建设投资 28
        五、政府对农业的投资 29
    第三节 转移性支出 31
        一、社会保障支出 31
        二、财政补贴 35

    本章小结 36
    课后习题 36

第三章 财政收入 39
    第一节 财政收入概述 40
        一、财政收入的含义 40
        二、财政收入的形态 40
        三、财政收入的依据 41
        四、财政收入的分类 41
    第二节 财政收入规模 43
        一、财政收入规模的含义及衡量
            指标 43
        二、影响财政收入规模的因素 44
        三、我国财政收入规模变化的分析 46
    第三节 财政收入结构 48
        一、财政收入结构的含义 48
        二、财政收入结构的分类 48
    本章小结 49
    课后习题 50

第四章 税收理论 53
    第一节 税收概论 56
        一、税收概述 56
        二、税收的特征 57
        三、税收的职能 57
        四、税收的分类 58
        五、税收的原则 60
    第二节 税收制度 63
        一、税收制度的含义、作用和内容 63
        二、税制要素 64
    第三节 税收负担 67
        一、税收负担的含义 67
        二、税收负担的分类 67
        三、影响宏观税负的因素 68

四、宏观税收负担指标 69
　　五、合理的税负水平 70
　　六、税负转嫁与税负归宿 71
第四节　商品税(流转税) 75
　　一、商品税概述 75
　　二、增值税 77
　　三、消费税 79
第五节　所得税 81
　　一、所得税概述 81
　　二、企业所得税 83
　　三、个人所得税 85
　　四、社会保障税 91
第六节　资源税与财产税 92
　　一、资源税 92
　　二、财产税 92
本章小结 95
课后习题 95

第五章　公债 97

第一节　公债概述 98
　　一、公债的含义 98
　　二、公债的产生与发展 99
　　三、公债的分类 100
第二节　公债与财政 101
　　一、公债与财政收入 101
　　二、公债与财政支出 102
　　三、公债与财政赤字 103
第三节　公债规模 103
　　一、公债的承受能力 104
　　二、公债的偿付能力 105
　　三、公债的发行与管理 105
本章小结 111
课后习题 111

第六章　财政政策 113

第一节　财政政策概述 115
　　一、财政政策的含义 115
　　二、财政政策的类型 115
第二节　财政政策的目标及工具 117

　　一、财政政策的目标 117
　　二、财政政策工具及其作用途径 120
　　三、财政政策工具的运用及意义 121
第三节　财政政策实践 122
　　一、从紧的财政政策(1993—
　　　　1997) 122
　　二、积极的财政政策(1998—
　　　　2004) 123
　　三、稳健的财政政策(2005—2008年
　　　　年初) 124
　　四、积极的财政政策(2008年
　　　　以来) 125
本章小结 130
课后习题 130

第七章　财政预算管理 133

第一节　财政预算的含义及演变 134
　　一、财政预算的含义 134
　　二、财政预算的组成 135
　　三、财政预算的形式 135
　　四、财政预算的原则 138
第二节　政府预算程序 139
　　一、政府预算编制 139
　　二、预算编制的内容 140
　　三、部门预算编制流程 140
　　四、政府预算的执行 141
　　五、政府决算 142
第三节　预算管理改革 142
　　一、部门预算改革 143
　　二、国库集中收付制度改革 144
　　三、预算外资金"收支两条线"
　　　　改革 145
　　四、政府采购制度改革 145
　　五、分税制改革及完善对策 147
本章小结 151
课后习题 152

第八章　货币与货币制度 155

第一节　货币 156

一、货币的产生 156
　　二、货币的本质 158
　　三、货币形式的演变 158
　　四、货币层次的划分 164
　　五、货币的职能 166
　第二节　货币制度 169
　　一、货币制度的形成 170
　　二、货币制度的基本内容 170
　　三、货币制度的发展与演变 174
　　四、我国的人民币制度 178
　本章小结 179
　课后习题 180

第九章　货币政策 181

　第一节　货币政策目标 182
　　一、货币政策目标的含义 182
　　二、货币政策目标的分类 183
　第二节　货币政策工具 186
　　一、一般性货币政策工具 187
　　二、选择性货币政策工具 189
　第三节　货币政策实践 190
　　一、转型经济中的货币政策变革
　　　　(1998—2002) 190
　　二、继续稳健实施的货币政策
　　　　(2002—2013) 192
　　三、2014年至今货币政策走向 194
　本章小结 198
　课后习题 198

第十章　信用与利息 199

　第一节　信用概述 200
　　一、信用的含义 200
　　二、信用的产生 201
　　三、信用的发展 201
　第二节　信用形式 202
　　一、商业信用 202
　　二、银行信用 202
　　三、国家信用 202
　　四、消费信用 203

　第三节　利息与利息率 204
　　一、利息的定义 204
　　二、利率的表示和计算方法 204
　　三、利率的种类 206
　　四、利率的决定及影响因素 207
　第四节　信用工具 208
　　一、短期信用工具 208
　　二、长期信用工具 210
　本章小结 214
　课后习题 214

第十一章　商业银行 217

　第一节　商业银行概述 218
　　一、商业银行的产生与发展 218
　　二、商业银行的性质和职能 220
　　三、商业银行的类型 222
　第二节　商业银行的主要业务 226
　　一、商业银行的负债业务 226
　　二、商业银行的资产业务 231
　　三、中间业务与表外业务 233
　本章小结 240
　课后习题 241

第十二章　金融市场 243

　第一节　金融市场概述 244
　　一、金融市场的形成与发展 244
　　二、金融市场的构成要素 246
　　三、金融市场的分类 248
　　四、金融市场的功能 250
　第二节　货币市场 251
　　一、货币市场的含义和特点 251
　　二、货币市场的主要类型 251
　第三节　资本市场 255
　　一、资本市场的含义及特点 255
　　二、资本市场的内容 255
　本章小结 265
　课后习题 265

第十三章　国际金融 269

　第一节　外汇与汇率 270

一、外汇 270
　　二、汇率 271
第二节　国际结算 273
　　一、国际结算的含义及分类 273
　　二、业务分类 274
　　三、支付工具 275
　　四、基本方式 276
第三节　国际收支 277
　　一、国际收支概述 277
　　二、国际收支平衡表 278
本章小结 281
课后习题 282

第十四章　通货膨胀与通货紧缩 283
第一节　通货膨胀概述及治理 286
　　一、通货膨胀的含义和特点 286
　　二、通货膨胀的衡量指标 287
　　三、通货膨胀的成因 288
　　四、通货膨胀的效应 290
　　五、治理通货膨胀的对策 292
第二节　通货紧缩概述及治理 294
　　一、通货紧缩的含义 294
　　二、通货紧缩的成因 295
　　三、通货紧缩的类型 296
　　四、通货紧缩的效应 297
　　五、通货紧缩的治理 297
本章小结 298
课后习题 298

第十五章　保险业务 301
第一节　保险概述 302
　　一、保险的含义 302
　　二、保险的要素 303
　　三、保险的特征 305

第二节　保险合同 306
　　一、保险合同的含义 306
　　二、保险合同的特征 306
　　三、保险合同的主体 307
　　四、保险合同的客体 310
　　五、保险合同的内容 311
　　六、保险合同的形式 313
　　七、保险合同的履行 314
第三节　我国开办的主要险种 317
　　一、财产保险 317
　　二、人身保险 318
本章小结 319
课后习题 319

第十六章　宏观调控 321
第一节　宏观调控概述 323
　　一、宏观调控的含义、起源
　　　　及原因 323
　　二、宏观调控的目标及意义 324
　　三、宏观调控的手段 325
　　四、宏观调控的政策工具 326
第二节　财政政策与货币政策的配合 326
　　一、财政政策与货币政策配合的
　　　　必要性 326
　　二、财政政策与货币政策配合的
　　　　可能性 328
　　三、财政政策与货币政策协调配合的
　　　　模式 328
第三节　中国的宏观调控 330
本章小结 339
课后习题 339

参考文献 342

第一章

财政的概念与职能

【学习目标】
- 掌握财政的含义和基本特征。
- 了解财政的产生和发展。
- 掌握公共产品的含义和基本特征。
- 掌握财政职能的分类。

【引导案例】

新基建写入政府工作报告，积极财政政策三箭齐发

赤字率拟按 3.6% 以上安排，财政赤字规模比去年增加 1 万亿元；发行 1 万亿元抗疫特别国债；拟安排地方政府专项债券 3.75 万亿元，比去年增加 1.6 万亿元……5 月 22 日，2020 年政府工作报告提出，积极的财政政策要更加积极有为，这是特殊时期的特殊举措。

提高赤字率、发行特别国债、加大地方专项债的力度，华夏新供给经济学研究院院长、中国财政科学研究院研究员贾康表示，"这就是过去常说的三箭齐发"。而新型基础设施建设、新型城镇化建设和交通、水利等重大工程建设等"两新一重"，更是明确成为扩大有效投资的重点。

财政增量资金要注重放大效应

政府工作报告提出，1 万亿元财政赤字和 1 万亿元抗疫特别国债将全部转给地方，建立特殊转移支付机制，资金直达市县基层、直接惠企利民，主要用于保就业、保基本民生、保市场主体，包括支持减税降费、减租降息、扩大消费和投资等，强化公共财政属性，决不允许截留挪用。

对赤字率安排，贾康认为："大家早就都预料到了，这次把赤字率提高到 3.6% 以上，就是把它明朗化。"财政赤字规模加上抗疫特别国债，总体来说，财政资金增量就达到 2 万亿元。

"关键是怎么把它用好。"贾康认为，财政政策要更加积极，除总量扩大外，一个非常重要而又不可替代的功能是要优化结构，因为财政的特点就是要做定向"点"调控，体现政策倾斜，突出政策重点兼顾一般，"这些结构性的问题，财政要义不容辞地处理好。"

"不是一个钱顶一个钱用的问题。"他表示，财政资金使用要特别注重放大效应，比如财政贴息支持小微企业渡过难关，采取优惠贷款贴息就是一种放大的方式，财政只补贴利息里的一块，商业性金融机构发放贷款仍遵循市场规则，小微企业拿到的贷款利息很低，融资成本也就能降下来，如果财政贴息 5 个点，其放大效应就是 20 倍，"这种机制要特别运用好。"

"两新一重"成扩大投资发力重点

按照政府工作报告，要扩大有效投资，今年拟安排地方政府专项债券 3.75 万亿元，比去年增加 1.6 万亿元，提高专项债券可用作项目资本金的比例，中央预算内投资安排 6000 亿元。重点支持既促消费惠民生又调结构增后劲的"两新一重"建设。

贾康认为，扩大投资要积极运用 PPP 模式，一些与改善民生相关的公共工程、新区建设等，可积极引导社会资本和政府体外资金进入建设项目。

"财政的钱只是一小部分，更多的钱是来自政府体外，那更是一种放大。"贾康认为，"地方债在使用上，一定是用于项目，而且建设项目很多时候不是一个钱顶一个钱用，而是顶好几个钱用，要把这个机制处理好。"

所谓"两新一重"，主要是：加强新型基础设施建设，发展新一代信息网络，拓展 5G 应用，建设充电桩，推广新能源汽车，激发新消费需求、助力产业升级；加强新型城镇化建设，大力提升县城公共设施和服务能力，新开工改造城镇老旧小区 3.9 万个，支持加装电

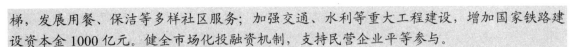

梯,发展用餐、保洁等多样社区服务;加强交通、水利等重大工程建设,增加国家铁路建设资本金1000亿元。健全市场化投融资机制,支持民营企业平等参与。

新基建近期讨论很多,新型城镇化已有多年的讨论,贾康表示,"两新一重"都是中央已经明确地推进扩大内需工作的投资重点,但在当下既要抗击疫情,又要尽快推进经济社会正常发展、高质量发展的情况下,把扩大内需的重点放在一起,把决策层考虑的各个要素放在一起,就有了更清晰的指导框架。

他认为,公共基础设施是要为经济社会发展提供支撑条件和形成长远发展后劲儿的,这也是多年来强调的,要继续做好投资安排。

此外,报告还提出,要增加国家铁路建设资本金1000亿元。贾康分析,提出资本金也是有放大的意义,资本充足率方面有支撑,国家铁路建设企业就可以在资本市场更好地去融资,说明要继续进一步推进铁路路网建设。

新基建人才缺口将达417万

新基建已成为近期以来的热点话题。4月20日,国家发改委对新基建的概念和内涵作出权威解读,即以新发展理念为引领,以技术创新为驱动,以信息网络为基础,面向高质量发展的需要提供数字转型、智能升级、融合创新等服务的基础设施体系,包括信息基础设施、融合基础设施和创新基础设施三方面。

"基建仍是发力重点。"中泰证券首席分析师杨畅也认为,内需包括投资与消费,投资中的发力重点仍然是基础设施投资,制造业受下游需求压力,短期难以修复,房地产开发投资难以出现明显回升,基建投资仍是发力重点。未来基建仍将延续前期方向,尤其是在医疗卫生领域的基础设施建设,新型基础设施建设。

在此背景下,新基建相关行业人才也显得日渐紧俏。智联招聘发布的《2020年新基建产业人才发展报告》显示,我国新基建核心技术人才缺口长期存在,预期年底将达417万人。猎聘数据显示,从新基建中高端人才的城市分布来看,排名前20的城市以一线城市、部分新一线城市及较为发达的二线城市为主。其中,北京、深圳、上海位居前三,占比分别为20.49%、13.13%、12.95%,属于第一梯队。

(资料来源:北京日报,2020年5月22日.)

第一节 财政概述

从财政收入和支出的角度来考虑,国家通过收税和收费等手段获得财政收入,再把这些收入取之于民、用之于民,形成财政支出。例如,我国当前把财政支出用于九年义务教育、支持"三农"、社会保障等,这些都对我们的生活有重要影响。同时,在财政收入的使用中也涉及财政预算和国家公债等。下面对财政进行简要介绍。

一、财政的含义

从人类发展史来看,财政是伴随国家的产生而产生的,所以财政活动是一种历史悠久的经济现象。在我国几千年留存下来的古籍上，可以看到"国用""度支""理财"等用词，这些都是关于当今的财政即政府理财之道的记载；还有"治粟内史""大农令""大司农"一类用词，则是有关当今财政管理部门的记载。"财政"一词的使用，是晚清维新派在引进西洋文化思想指导下，从日本"转口"而来的新名词，日文"财政"一词译自英文 public finance。

从实际工作来看，财政是指国家(或政府)的一个部门，即财政部门，它是国家(或政府)的一个综合性部门，通过其收支活动筹集和供给经费及资金，保证实现国家(或政府)的职能。从经济学的意义来理解，财政是一个经济范畴，是一种以国家为主体的经济行为，是政府集中一部分国民收入用于满足公共需要的收支活动，以实现优化资源配置、公平收入分配及稳定经济和发展的目标。

公共财政是指在市场经济条件下，为满足社会公共需要而进行的政府收支活动及运行模式。

二、财政的产生

尽管经济学家对财政概念的描述多有差异，但是对于财政作为一种分配活动，属于经济范畴，同时又属于历史范畴的描述，已经被大多数经济学家所接受。财政这一经济范畴并非从人类社会产生就有，它是生产力和生产关系发展到一定阶段的产物。了解财政的产生和发展过程，有助于我们更好地理解财政的基本概念。

(一)财政产生和发展的历史

财政的产生必须具备两个最基本的条件，即剩余产品的出现和国家的产生。其中社会生产力的发展、剩余产品的出现是财政产生的物质条件，而国家的产生则是财政产生的政治条件。

原始社会初期，社会生产力水平极其低下，没有剩余产品，也没有私有制，其生产关系的基础是生产资料的原始公有制。人们共同劳动，产品平均分配给每个劳动者，人们共同分享劳动成果。到了原始社会末期，生产力水平有了较大的提高，发生了两次社会大分工——首先是畜牧业从农业中分离出来，其次是手工业从农业中分离出来。此时劳动成果除分配给氏族成员消费外还有剩余，出现了剩余产品。氏族间产品的交换已成为必然，第三次社会大分工出现了，商业从其他产业中分离出来，慢慢地私有观念开始产生，出现了私有制。私有制的产生与发展，将人类社会分裂为两大对立的阶级，最早产生的是奴隶主阶级与奴隶阶级。奴隶主阶级为巩固其统治地位，建立符合其剥削奴隶阶级的秩序，就建立了一套暴力机构——军队、警察、监狱和官吏等。这样，国家产生了——国家是一个阶级统治另一个阶级的工具。由于国家本身并不从事物质资料的生产，为维持其运行，又必须消耗一定规模的消费资料，因此国家便不得不依靠它的政治权力，强制地占有和支配一部分社会产品来满足这些需要，"为了维持这种公共权利，需要公民缴纳费用——捐税……随着文明时代的向前进展，甚至捐税也不够了，国家就发行期票、借债，即发行公债"。这种以国家为主体，具有强制性、无偿性的分配手段就是财政。而最早产生的财政范畴是捐税，它是以国家的政治权力为后盾对社会产品进行强制性占有的征收工具，是国家赖以存在的经济基础。

如果说奴隶社会和封建社会时期的财政只是对政府资金的征收、使用和管理，财政支出的范围仅限于满足国家政治职能所需的国防、司法、公共工程、公共机关等方面的支出，那么资本主义后期特别是20世纪30年代，资本主义国家爆发了严重的经济大萧条以后，财政的范畴便从传统的税收、支出、公债、预算，延伸到了国家对经济干预，尤其是政府政策对总体经济活动(如失业率、通货膨胀、经济增长等)水平的影响，促进经济稳定的财政政策引入了财政职能的研究范围。20世纪50年代，马斯格雷夫政府三大职能——资源配置职能、收入分配职能和经济稳定职能的提出，标志着现代公共财政理论的框架基本形成。公共财政是"市场经济条件下的一种财政模式"。

(二)财政的现实意义

中华人民共和国成立以来，我国的经济形态经历了计划经济、有计划的商品经济，目前正在朝着完善的市场经济运行。尽管市场经济的运行方式是以利润为目标、市场为导向的，但是，由于这样或那样的原因，政府在经济运行中仍然起着不可替代的作用。

其实，现实生活中存在着各种各样需要由政府来管理，需要由政府来做的事情，比如维护国家安全，维持社会秩序，建设、维持和发展幼儿园、学校、科研机构、医院等事业单位；兴建规模宏大的发电站、水库、港口、码头和桥梁，以及遍布全国的铁路、公路网；还有孤寡残者的生活和工作保障，大学生获得补贴、义务教育免费，对失业者和灾民的救济等，这些事情是除政府以外的其他任何社会组织和团体不能做也无力做的。另外，贸易的全球化、一体化增大了经济运行的不确定性，2008年从美国引发的金融危机殃及全球，至今尚未使各国走出经济萧条的阴影，于是政府的调节经济职能比任何时候都更加重要。当视"市场经济"为灵魂的美国政府率先动用7000亿美元的财政资金去救市，当西方几乎所有的市场经济国家抛出一揽子的财政救市计划，当我国政府启动4万亿元的拉动内需政策，财政的意义再也不会有人质疑——政府要履行政治职能需要财政，政府要履行经济调节职能更加离不开财政的支持。

三、财政的基本特征

不管是居民纳税、政府发债和政府救灾、大学生获得补贴、义务教育免费或者政府投资兴建基础设施，都会涉及政府的资金，这些资金的取得和分配及其管理构成了财政运行的主要过程。通过上述分析，我们明白了财政从本质上讲首先是一种分配，而这种分配不同于日常经济生活中诸如工资分配、价格分配、企业财务分配等一系列分配形式。在财政分配中，由于政府参与了整个分配过程，使经济意义上的分配明显地烙上了政治的烙印。财政分配同其他分配相比就有了自己明显的特征，这些特征可以从财政分配的主体、财政分配的对象以及财政分配的目的三个方面来理解。

(一)财政分配的主体

分配的主体是指分配的决定者。很显然，不同的分配形式表现出的分配主体是不相同的。例如，企业主尽管在工资分配中有工资分配自主权，但其享有"自主权"的程度是不同的，即用人单位的"自主权"只能在一定范围内行使。

【阅读资料】

因工资扣除发生的劳资争议

1997年，某制鞋厂因准备不足、抢占市场失利，以及错误地估计了当年的流行趋势，而使其设计的凉鞋滞销。该厂因资金周转困难，奖金已停发2个月，工资发放也成为问题。该厂厂长张某遂决定，以滞销的凉鞋顶替工资。为照顾职工情绪该厂采取了计算凉鞋价格时按成本价再打九折的算法，即职工实际领取的凉鞋价值为其工资额的110%。该厂职工对该厂以鞋抵薪的做法极为不满，遂与厂方交涉。厂长称企业有权决定以何种方式发放工资，在企业面临困难时，职工应共同分担，而且职工领取的鞋的总价值比工资高10%，厂方已对职工做了让步。该厂职工李某等20人拒不领取凉鞋，并向劳资争议仲裁委员会提出申诉，要求该制鞋厂发放工资。

仲裁庭经调查认为，某制鞋厂因产品滞销而资金周转困难的情况属实，但其应当按有关规定依法定程序采取延期支付工资的办法，而不能以实物顶替工资，事实上造成了拖欠职工工资，其行为违反了《劳动法》和《工资支付暂行规定》，故依法裁决如下：

(1) 制鞋厂按标准补发职工货币工资；
(2) 支付相应经济补偿金。

(资料来源：找法网，https://china.findlaw.cn/case/12802.html。)

在上述阅读材料中，从表面上来看，该制鞋厂的厂长在工资分配中有分配自主权，但是用人单位行使工资分配自主权时应注意：首先"自主"必须是"依法自主"，用人单位的"自主权"必须在法定范围内行使；其次"自主"并不是指完全由用人单位单方面决定工资分配，用人单位工资分配的制度和方案应当经由职代会审议通过，或者经过与工会组织或职工代表协商一致方能生效。本案例中，制鞋厂以拥有工资分配自主权为由，以实物顶替工资的行为，正是基于对"自主权"范围的错误认识，从而将"自主"绝对化及忽视劳动者的工资权。所以，该厂长在仲裁中以失败告终。

其实，相对于财政这种分配形式而言，其他分配形式更多地表现出来的是分配主体的多样性和非绝对性。由于财政分配是由政府组织的集中性的经济活动，所以分配的主体只能是政府(或者说国家)，是唯一的，其他以任何社会组织或团体为主体的经济活动，都不属于财政。这是财政分配区别于其他分配活动的基本特征。

这里所讲的财政分配是以政府为主体的分配，是指政府在财政活动中居于主导地位，并形成政府与其他经济主体之间的关系，这里包含以下几个层次的含义：

(1) 财政分配首先以政府为主体。政府直接决定着财政的产生、发展和分配范围。没有政府这一活动主体，财政也就不复存在。一个有趣的问题是，共产主义社会到底还有没有财政这一经济范畴，这是一个值得探讨的问题。

(2) 在财政分配中，政府处于主动的、支配的地位。没有一种分配形式可以像财政分配一样，政府可以直接处于绝对的支配位置，在整个分配过程中政府是直接的决定者和组织者。财政收入的获取方式、财政支出的使用方向，以及收入和支出的规模，都在相当程度上取决于政府的意志。国债是一种特殊分配形式，债权人和债务人双方在相互信任的基础上订立买卖契约，从形式上来说，显然这是一种信贷行为。其实不然，由于不论是从借款利率的确定还是从借期的制定等方面，作为债权人的一方总是处于被动从属的地位。

【阅读资料】

财政部今日招标 10 年期国债

财政部 2010 年 2 月 3 日招标发行 260 亿元 10 年期记账式国债。本期国债为财政部 2010 年发行的第二期记账式附息国债，每半年付息一次，跨市场发行；计划发行额 260 亿元，全部进行竞争性招标，无追加投标；2 月 4 日开始发行并计息，2 月 10 日起上市交易。

(资料来源：张勤峰．中国证券报，2010 年 2 月 3 日．)

上述资料显示，国家债券的发行无论是在利率的确定还是借期的规定上，都是政府单方面所决定的。这主要是由于国债是政府财政收入的一项重要来源，是政府财政分配的一项重要内容。所以，国债归根结底仍然属于财政分配的范畴。

(1) 财政分配是在全社会范围内进行的集中性的经济活动。既然财政活动的主体是政府，作为整个社会的代表，政府和它所履行的社会职能，决定着财政活动要在全社会范围内进行。

(2) 政府在一定时期内的政治、经济政策常常要通过财政分配来体现，财政是贯彻国家政治、经济政策的重要手段。

需要强调的是，在现实生活中，有时财政范畴的划分并不是十分明显，在这里我们给出了一个最简单的评判标准——分配的主体问题。只要是以国家为主体的分配，都属于财政的范畴。

(二)财政分配的对象

财政分配的第二个基本特征是财政分配的对象是社会产品，主要是剩余产品。这是由财政产生的经济条件所决定的。只有当社会出现剩余产品时，才能为财政的分配提供一定的物质基础。就现实的财政来看，财政收入既包括剩余价值(M)部分，又包含劳动者劳动报酬收入(V)部分。M 是财政收入的主要来源，而来源于 V 的财政收入的比重和增长速度直接取决于一国的经济发展水平、税收制度和分配制度。

【阅读资料】

各国个税税率比较

最早开征所得税的国家是英国，开征的原因是 18 世纪末拿破仑战争使英国的军事支出大幅度增加，入不敷出。这个税种的开征为当时的英国提供了约 20% 的财政收入。

为了筹措南北战争期间的战争费用，美国于 1862 年开征了个人所得税，至 1866 年个人所得税已占联邦政府全部财政收入的 25%。2000 年 OECD(经济合作与发展组织)的资料显示，发达国家个人所得税占国家税收收入总额的平均比重达到 29%，若把社会保险税考虑进来，这个比重则高达 51%。

> 根据哥斯达黎加媒体公布的一份调查报告,在全世界35个主要国家和地区中,中国香港的个人所得税税率最低。在香港,一个年工资为4.58万美元、抚养四口之家的职员,在交纳所得税和其他税金后,其年总收入为全年工资总额的95.7%。而在美国(纽约除外),同样是年工资4.58万美元、抚养四口之家的职员的年总收入为工资总额的81.9%;瑞士为81.8%;阿根廷为79.9%;巴西为78.8%;西班牙为74.8%;墨西哥为71.9%。而在瑞典仅为57.2%;意大利57.3%;比利时为57.8%。
>
> 在拉丁美洲,个人所得税税率最低的是阿根廷;在欧洲,瑞士的所得税税率最低。而所得税税率最高的国家是瑞典、意大利和比利时。
>
> (资料来源:山东省地税局网,2010-01-19.)

以上资料显示,一个高收入高福利的国家,其来源于 V 的财政收入往往会明显高于一个采取低工资分配制度的国家。

(三)财政分配的目的

不管是一个怎么样的政府,同样肩负着向社会提供安全、秩序的政治职能,发展经济、使国家强大、人民生活不断提高的经济职能以及最大限度地满足公民社会经济福利和提高公民素质的社会职能。为此,财政分配的目的只能是保证满足政府履行其职能的需要,而这种需要属于社会公共需要。它不同于私人个别需要,而是社会全体成员作为一个整体所产生的需要;它不是由哪一个社会成员或哪一个经济主体单独或分别产生的需要。只能通过公共财政来提供。至于为什么社会公共需要必须由公共财政来提供,这和社会公共需要和公共财政的特点有关。

上面我们用较多的篇幅和实例分析了财政的产生条件和财政这种特定分配形式的基本特点,目的就是让大家明白,财政学里"财政"的概念是这样的:财政是国家为了履行政府职能和满足社会公共需要,对一部分社会产品进行集中性的分配所形成的分配关系。

第二节 公共产品

公共产品理论,是新政治经济学的一项基本理论,也是正确处理政府与市场关系、政府职能转变、构建公共财政收支、公共服务市场化的基础理论。公共产品理论作为公共经济学的核心理论,是用于说明政府为什么要存在以及为何而存在的理论。

一、公共产品的含义

公共产品是与私人物品相对的,一般采用保罗·A.萨缪尔森(Paul A. Samuelson)在《公共支出的纯理论》一文中的定义,即纯粹的公共产品是指每个人消费这种产品或服务不会导致别人对该产品或服务获得消费的减少。公共产品是以整个社会为单位共同产生的需要,如国防、公路、法律、环境等;私人物品则是用于满足私人个别需要的产品或服务。

二、公共产品的特征

众所周知,公共产品最显著的特征莫过于非排他性和非竞争性。那么到底怎样理解这两种特性,下面从三个方面来阐述。

(一)消费的非竞争性

消费的非竞争性是指一个人或厂商对公共产品的享用,不排斥、不妨碍其他人或厂商同时享用,也不会因此而减少其他人或厂商享用该种公共产品的数量或质量。也就是说,增加一个消费者的边际成本等于零,如国防、公用电网、灯塔等,不会因增加一个消费者而减少其他任何一个人对公共产品的消费量。

对于一般私人物品来说,一个人一旦消费了某种产品,就会影响其他人对同种产品的消费数量和质量,甚至别人无法再消费此类产品,实际上就排除了其他人同时享用。其他人要享用,就得另行购买,其边际成本就不为零。

(二)受益的非排他性

受益的非排他性是指在技术上没有办法将拒绝为之付款的个人或厂商排除在公共产品的受益范围之外,或者说,任何人都不能用拒绝付款的办法,将其不喜欢的公共产品排除在其享用品范围之外。例如国防,一旦形成了国家国防体系,提供了国防服务,要想排除任何一个生活在该国的人享受国防保护,是非常困难的,或者成本高到不可接受。再如,公共道路桥梁,一人使用无法阻止他人使用。

而私人物品恰恰相反,例如一件衣服或一个面包,购买者按照所标明的价格支付了货币就取得了该公共产品的所有权并可轻易地排斥他人消费这种产品,这也就是所谓的排他性。这也说明了私人物品必须具有排他性,因为只有在受益上具有排他性的产品,人们才愿意为之付款,生产者也才会通过市场来提供。

(三)效用的不可分割性

公共产品是向整个社会共同提供的,具有共同受益或联合消费的特点。其效用为整个社会成员所共享,而不能将其分割为若干部分,分别归属于某些个人或厂商享用;或者不能按谁付款、谁受益的原则,将其限定为仅供付款的个人或厂商享用。例如,国防所提供的国家安全保障是对所有人而不是个别人提供的,任何人都无法拒绝国防所提供的安全保障,也不能通过市场把为之付款的人和拒绝为之付款的人区别开来。道路桥梁也无法分割给个人,即使分割也失去了使用价值。

而私人物品的一个重要特征就是它可以被分割为许多能够买卖的单位,而且其效用只对为其付款的人提供,即谁付款、谁受益,如食品、服装等。

三、公共产品与市场失灵

公共产品消费的非竞争性和受益的非排他性使公共产品在消费过程中无法遵循商品市场等价交换的原则。现代西方经济学的创始人亚当·斯密极为推崇私人经济部门和市场机制的作用。他认为市场就是一只"看不见的手",可以通过价格机制和竞争机制对经济活动进行自发、有效的组织,从而使每个人都追求个人利益,并最终给全社会带来共同利益。具体地讲,在市场机制下,每个决策者都面对着一定的价格体系进行选择,以谋求自己的利益最大化。因此,人们在消费公共产品的过程中不需要像购买私人物品一样向供给者支付享用公共产品的代价,每个人都相信他付费与否都可以享受公共产品的好处,那么,他就不会产生付费的动机,而倾向于成为"免费搭乘者",从而产生了"搭便车"问题,导致公共产品的投资无法收回。

所谓"搭便车",就是指在公共产品的消费过程中,某些个人虽然参与消费,但是却不愿意支付公共产品的生产成本的现象。大卫·休谟(David Hume)早在1740年提出的"公共的悲剧"所形容的就是这样一种状况:在一个经济社会中,如果有公共产品或劳务存在,"免费搭车者"的出现就不可避免,但如果所有的社会成员都成为免费搭车者,最后的结果则是没有一个人能享受到公共产品或劳务的好处。中国的"一个和尚挑水吃,两个和尚抬水吃,三个和尚没水吃"的故事,其实也形容了"免费搭车"这样的"公共的悲剧"。同样,以国防为例,国家一旦形成了国防体系,提供了国防服务,则要想排除任何一个生活在该国的人享受国防保护几乎是不可能的。即使拒绝为国防费用纳税的人,也依然处在国家安全保障的范围之内。因此,在自愿纳税的条件下,人们就不愿意,甚至不会为国防纳税,大家都试图在公共产品消费上做一名"免费搭车者",尤其是在公共产品消费者为数众多的情况下更是如此。

由于"搭便车"问题的存在,产生了一种典型的市场失灵现象,即在公共产品的消费过程中缺少一种协调的刺激机制,以致个人都倾向于给出错误的信息(即说谎),自称在给定的集体消费中只享有比他真正享有的要少的利益,以求产生对每个人来说都有利的结果。然而,由于每个人对公共产品都显示出较低的偏好和支付意愿,每个人都采取搭便车的策略,因而营利性厂商提供公共产品的收益和数量便无法确定。

既然这种市场机制对公共产品的有效配置无能为力,那么,由政府或公共部门开支安排生产并根据社会福利原则来分配公共产品就成为解决"搭便车"问题的唯一选择。这也就是为什么公共产品通常要由政府来提供的原因。

四、公共产品的有效供给

(一)公共产品有效供给的条件

所谓公共产品的有效供给就是某一产品的供给与需求相平衡。那么,如何才能实现有效率的公共产品供给,这是政府值得研究及思考的事。任何一种产品的市场均衡产量、价格都由其供给曲线和需求曲线的交点所决定,需求曲线应与该产品消费方的边际效用曲线相一致，供给曲线应与该产品生产方的边际成本曲线相一致，只有社会边际收益等于社会边际成本，帕累托最优才能得以实现。

公共产品的有效供给的实现与私人产品有效供给的实现有很大的区别。在私人产品的条件下，由于没有外溢性现象，消费者个人从某一产品消费中获得的边际效用也就是这一产品的社会边际效用，这样在社会边际成本等于社会边际收益的前提下，也就实现了帕累托最优。在私人产品的条件下，消费者面对的是相同的价格，他们可以通过调整消费量使自己的边际效用等于既定的市场价格。公共产品则不同，它一旦提供出来，任何人都可以消费它，不管是否出于本人的意愿，每个消费者的消费量都是相同的。但是不同的个人从公共产品中获得的满意程度即边际效用却不会相同，这意味着每个人都愿意支付的价格是不一样的。一般来说收入较高的人对公共产品会有较高的评价，从而愿意对一定的公共产品支付较高的价格。全社会对一定数量的公共产品愿意支付的价格(税收)应由不同个人愿意支付的价格加总得到。如此一来，公共产品的市场需求就应该是每个人需求曲线的垂直相加。

(二)公共产品的定价

公共产品的价格主要由三个部分组成，即成本、利润和国家税金。成本包括生产成本和销售成本，利润包括生产者的利润和销售者的利润。同时，除了这三种构成价格的要素以外，影响商品价格形成与变动的因素主要有市场供求关系、市场上流通的货币量和国家经济政策。

市场供求关系是影响公共产品市场价格的直接因素。它对市场价格的作用主要通过商品需求和供给之间的平衡来体现。当市场供给的产品量多于市场需求量，即供过于求时，处于买方市场，价格下跌；当市场供给的产品量少于市场需求量，即供不应求时，处于卖方市场，价格上涨；只有当市场供给量等于市场需求量时，市场价格才会均衡。

市场上流通的货币量是影响公共产品市场价格的重要因素。市场上应当流通的货币量由全社会商品价值总量、商品平均价格水平和货币流通速度三个因素所决定。市场上流通的货币量对商品价格的作用与商品市场供给量对商品价格的作用恰好相反。当市场实际上流通的货币量多于应当流通的货币量时，货币的实际购买力下降，商品价格就会上升；当市场上实际流通货币量少于应当流通的货币量时，货币的实际购买力上升，商品价格就会下降；只有当市场上实际流通的货币量等于应当流通的货币量时，货币的实际购买力才等于货币的实际价值，商品价格才等于商品价值。

国家经济政策是影响公共产品价格的综合因素。它是国家为实现一定历史时期的经济任务而制定的行动纲领、方针和准则，是国家干预经济的重要手段。它对商品价格的影响有三个途径：第一，影响商品价格的决定因素。比如，国家经济政策通过干预资源配置和市场竞争关系可以影响商品的生产成本，通过影响商品的销售链可以影响商品的销售成本和销售利润。税收政策可以影响商品价格中税金的多少。第二，影响商品价格的主要影响因素。比如，国家的产业政策可以影响商品在市场上的商品供给量，从而影响商品供求平衡。国家的货币政策可以直接影响市场上的货币流通量。第三，直接影响商品的价格。这主要是通过价格政策来体现的，主要包括价格保护政策、限价政策、高价政策、专营价格政策等。

总之，市场机制下存在着一体化、产权明晰条件下的自发交易、社会制裁等纠正外部效应的途径，但是其作用有限。只有政府通过提供公共产品才能有效地纠正外部效应，克服市场失灵，从而实现和谐的社会主义市场经济。

第三节 财 政 职 能

一、财政职能的发展

由于政治家决策的需要，从古代就开始推动对财政事务的研究。无论是16世纪的广大学者，还是17世纪的重商主义，乃至后来的官方经济学派和重农主义的"单一税"理论，都把财政问题作为自己学派的重点研究对象。从英国的配第(William Petty)、洛克(John Locke)、休谟的早期论述，到亚当·斯密(Adam Smith)《国富论》的出版，基本完成了对这个领域的首次"现代"陈述。在财政理论的发展过程中，李嘉图、穆勒(John Stuart Mill)、边际主义者、马歇尔(Alfred Marshall)、帕累托(Vilfredo Pareto)以及庇古(Arthur Cecil Pigou)都作出了重要的贡献。尤其是凯恩斯《通论》的出版，不仅成就了宏观经济的基本分析框架和路径，而且进一步提升了财政理论在经济科学中的特殊地位。

后来的财政理论的发展，则一直集中精力于把公共财政理论作为福利经济学的延伸，中心问题是如何表述存在公共产品的经济体系中资源的最佳或高效率的配置。由此形成了政府和市场、公共财货均衡、公共政策等一系列需要规范化和实证化研究的现实问题。然而在这些所有的问题中，建立在稳定的或者是变革的社会主义经济条件下的制度安排，促进公平与效率之间的均衡性，始终是现代财政理论没有很好地解决的问题。

中国改革开放已40多年。不管是计划经济时期，还是之后的转型时期，财政问题始终是全社会关注的一个焦点，财政改革始终具有牵一发而动全身的特殊性。

从20世纪50年代初的"三统一"到80年代初的"财政信贷综合平衡"，财政始终是牵动所有经济领域的"牛鼻子"；从20世纪70年代末的"利改税"到90年代的政府预算体制改革和积极财政政策成为推动中国经济发展的原动力，财政职能始终都发挥着至关重要的作用。

二、财政职能的概括

首先，财政职能是指财政作为一个经济范畴所固有的功能。只要存在着政府和财政，这种功能就不会消失。财政职能要说明的是财政同其他经济活动或其他经济主体之间的相互关系和相互影响，而不在于罗列或说明财政做了哪些具体工作，如对哪些产品征收销售税，对哪些产品给以税收优惠，对这些产品的资源耗费和产量的相对量会产生什么影响等。

其次，政府与市场关系是实行社会主义市场经济的基本问题，所以政府与市场关系是重新认识财政概念的基本立足点，也同样是分析财政职能的基本立足点。离开这个基本立足点，既不能正确地认识社会主义市场经济条件下的财政概念，也不能准确地概括财政的职能：①从总的方面来说，政府与市场的某些经济职能是共同的，如配置资源和收入分配是两者共同的基本职能，只是由于两者的运行机制不同，从而在实际的同一职能中的适用领域、作用方式、经济效应方面就有所不同。②由于市场失灵才存在政府介入或干预的必要性和合理性，同样政府也存在失效和缺陷；财政作为政府干预的主要手段，可能产生正效应，也可能带来负效应，即不仅无助于弥补市场失灵，甚至会干扰市场的正常秩序，给国民经济带来效率损失。但不论是正效应还是负效应，都是财政职能的表现。

最后，经济学中研究国民收入及其分配时，一般采取部门法，即将整个经济分为政府、企业、家庭和对外四个部门，所以研究财政同其他经济活动的关系也就是研究政府、企业、家庭和进出口之间的关系。从四部门的关系出发，也是分析财政职能的另一种思路。

三、财政职能的分类

(一)资源配置职能

在市场经济体制下，经济社会资源的配置一般通过两种方式来实现，即市场机制和政府机制。市场对资源的配置起基础性作用，但由于存在着公共产品、垄断、信息不对称、经济活动的外在性等问题，仅仅依靠市场机制并不能实现资源配置的最优化，还需要政府在市场失灵领域发挥资源配置作用，而财政作为政府调控经济社会运行的主要杠杆，是政府配置资源的主体。因为，在经济体系中，市场提供的商品和服务数量有时是过度的，有时是不足的，整个社会的资源配置缺乏效率。财政的资源配置职能就表现为对市场提供过度的商品和劳务数量进行校正，而对市场提供不足的产品和服务进行补充，以实现社会资源的有效配置。

财政配置资源的机制和手段主要有下述几种。

(1) 根据政府职能确定社会公共需要的基本范围，确定财政收支占 GDP 的合理比例，从而符合高效的资源配置原则。

(2) 优化财政支出结构，保证重点支出，压缩一般支出，提高资源配置效率。

(3) 合理安排政府投资的规模、结构，加大政府对社会总投资的调节力度，提高社会投资整体效率。

(4) 通过政府投资、税收政策和财政补贴等手段，带动和促进民间投资、吸引外资和对外贸易，提高经济增长率。

(5) 提高资源配置本身的效率。对每一项生产性投资的确定和考核都要进行成本—效益分析，对公用建筑和国防工程之类属于不能回收的投资项目，财政拨款应视为这种工程的成本，力求以最少的耗费实现工程的高质量；甚至作为财政收入主要形式的税收，也存在税收收入与税收成本的对比问题。

资源配置职能的主要措施有下述几种。

(1) 财政可通过采取转移支付制度和区域性的税收优惠政策、加强制度建设、消除地方封锁和地方保护主义、完善基础设施、提供信息服务等方法，促进要素市场的建设和发展，推动生产要素在区域间的合理流动，实现资源配置的优化。

(2) 财政通过调整投资结构，形成新的生产能力，实现优化产业结构的目标。如交通、能源等基础产业项目的资金和技术"门槛"高，政府就可通过产业政策指导和集中性资金支持,防止规模不经济的产生。除了政府直接投资外,还可利用财政税收政策引导企业投资方向,以及利用补贴等方式调节资源在国民经济各部门之间的配置,形成合理的产业结构。

(3) 政府一般以税收等方式筹措资金,以不损害市场机制和秩序为原则,提供公共产品。

(二)收入分配职能

财政的收入分配职能是政府为了实现公平分配的目标,对市场经济形成的收入分配格局予以调整的职责和功能。收入分配的目标是实现公平分配,而公平分配包括经济公平和社会公平两个层次。经济公平是市场经济的内在要求,强调的是要素投入和要素收入相对称,它是在平等竞争的环境下由等价交换来实现的,平均不等于公平,甚至是社会公平的背离。社会公平是指收入差距维持在现阶段社会各阶层居民所能接受的合理范围内。收入分配的核心问题是实现公平分配,因而财政的收入分配职能所要研究的问题主要是确定显示公平分配的标准和财政调节收入分配的特殊机制和手段。其中,洛伦兹曲线是在一个国家或地区内,以"最贫穷的人口计算起一直到最富有人口"的人口百分比对应各个人口百分比的收入百分比的点组成的曲线。

基尼系数的算法根据洛伦兹曲线,设实际收入分配曲线和收入分配绝对平等曲线之间的面积为 A,实际收入分配曲线右下方的面积为 B,并用 A 除以 $(A+B)$ 的商表示不平等程度。

财政实现收入分配职能的机制有下述几种。

(1) 划清市场分配与财政分配的界限和范围。原则上属于市场分配的范围,财政不能越俎代庖;凡属于财政分配的范围,财政应尽其职。

(2) 规范工资制度。这是指规范由国家预算拨款的政府机关公务员的工资制度和视同政府机关的事业单位职工的工资制度。

(3) 加强税收调节。税收是调节收入分配的主要手段:通过间接税调节各类商品的相对价格,从而可以调节各经济主体的要素分配;通过企业所得税可以调节公司的利润水平;等等。

(4) 通过转移性支出,如社会保障支出、救济金、补贴等,使每个社会成员得以维持起码的生活水平和福利水平。

在不同的财政手段中,实现再分配的最直接的手段如下所述。

(1) 税收转移支付,即对高收入家庭课征累进所得税并对低收入家庭给予补助二者相结合的方法。

(2) 用累进所得税的收入,为使低收入家庭获益的公共服务提供资金。

(3) 对主要由高收入消费者购买的产品进行课税,并同时对主要为低收入消费者使用的其他产品给予补贴二者相结合的方法。

(4) 完善社会福利制度,使低收入者实际收入增加,个人收入差距缩小。

(5) 建立统一的劳动力市场,促进城乡之间和地区之间人口的合理流动。这是调动劳动者劳动积极性,遏制城乡差距和地区差距进一步扩大的有效途径。

(三)经济稳定和发展职能

在市场经济中,实现充分就业、稳定物价水平、平衡国际收支是财政的经济稳定职能的三个方面。要保证社会经济的正常运转，保持经济稳定发展，就必须采取相应的财政政策，即根据经济形势的变化，即时调整财政收入政策，如积极的财政政策、消极的财政政策、稳健的财政政策以及扩张的财政政策。同时采用"自动"稳定装置，以不变应万变，减缓经济的波动。在政府税收方面，主要体现在累进的所得税上。当经济处于高峰期时，可抑制需求；当经济处于低谷时，刺激需求，促使经济复苏。在政府支出方面，主要体现在社会保障支出上，用以控制在不同经济发展时期失业人口的数量。同时还有政府的农产品价格支持制度，等等。

财政实现稳定经济的机制和手段主要有下述几种。

(1) 经济稳定的目标集中体现为社会总供给和社会总需求的大体平衡。财政政策是维系总供求大体平衡的重要手段，当总需求超过总供给时，财政可以实行紧缩政策，减少支出和增加税收或两者并举；一旦总需求小于总供给，财政可以实行适度放松政策，增加支出和减少税收或两者同时并举，由此扩大总需求。

(2) 在财政实践中，还可以通过一种制度性安排，发挥某种"自动"稳定作用，例如累进税制度、失业救济金制度，都明显具有这种作用。

(3) 通过投资、补贴和税收等多方面安排，加快农业、能源、交通运输等公共基础设施的发展。

(4) 财政应切实保证非生产性的社会公共需要，为经济和社会发展提供和平稳定的环境。

社会主义市场经济体制下的政府财政，除了应具有上述现代政府财政的一般职能外，还负有运用和监督国有资产的职责。国有经济在中国社会主义市场经济中占有极为特殊的地位，是国家财政收入的重要来源。在目前经济结构已经发生重大变化，国有经济的比重已不足40%的条件下，其所提供的财政收入却占国家财政总收入的60%以上，并且在就业、促进技术进步、提高社会公共服务和社会保障等方面仍发挥着难以代替的作用。所以，监督和管理好国有资产，也是中国社会主义市场经济体制下政府财政的重要职能。

在资源配置、收入分配、经济稳定和发展三大职能中，任何一个都不能在不损害经济效率的前提下实现宏观经济稳定运行和经济增长，只有同时发挥三者的作用才能实现经济的稳定和持续发展。但是，要同时发挥财政的资源配置、收入分配和经济稳定、发展职能是存在实际困难的。这样，就不仅需要制定有效的政策，更需要协调好不同职能目标之间的关系。

本 章 小 结

财政的产生与国家的出现密切相关，所以它既属于分配的范畴又属于历史的范畴。与工资分配、财务分配等其他分配形式相比较，财政分配除了具有分配的一般特征外，在分配主体、分配对象以及分配目的方面还有其自身的特性，国家主体性在判断一项分配是否属于财政分配方面起着关键的作用。满足社会公共需要的产品是社会公共产品，它的非排他性和非竞争性的特点决定了市场经济体制下公共财政存在的必要性。政府可以通过一系列财政手段对市场运行的结果进行调节，最终实现资源合理配置、收入公平分配和经济稳定增长的目标。

课后习题

一、名词解释

财政　　公共产品　　财政职能

二、简答题

1. 简述财政的基本特征。
2. 简述公共产品的基本特征。
3. 简述财政资源配置职能的含义及主要手段。
4. 简述财政收入分配职能的含义及主要手段。
5. 简述财政经济稳定和发展职能的含义及主要手段。

三、案例分析题

据我国农业部披露,从2008年1月10日开始,我国西北东部和南方大部分地区出现大范围低温雨雪冰冻天气,给农业生产和人民生活造成了重大损失和严重影响。截至2月18日,湖南、江西、贵州、湖北、广西等20个省份蔬菜受灾面积达4427万亩,占全国秋冬蔬菜播种面积的34%;另外,成灾2172万亩,绝收740万亩。为此,农业部会同财政部向17个重灾省份紧急下拨了农业生产救灾资金1.4亿元,并积极协调有关部门落实国务院有关种子种苗、大棚修复、育苗基地建设等补助资金。

2008年1月的冰雪灾害及5月的抗震救灾斗争生动地诠释了什么是公共产品、谁提供公共产品、中央与地方政府在提供公共产品上如何分工。这既是一场人与自然的抗争,也是一场国家物质力量与自然灾害的较量。由于我国能够迅速动员全国各方力量,而且有改革开放以来强大的经济实力作为基础,所以打赢了这场抗灾斗争。它是一个国家综合实力的展示,也是人定胜天的精神力量的胜利。

另据相关媒体报道,近几年的冬天,东北一些城市在雪后都要求中小学校组织学生上街扫雪,否则就要收取代除雪费。那么,公共路面的扫雪工作是不是公共产品呢?应由谁负责?如果临时聘请除雪公司扫雪,那么应由谁出钱?这样看来,这已不仅仅是涉及学生的安全问题,而是这个事情究竟属于谁的责任范围的问题,只有搞清这一点,才能真正弄清这一问题。

问题:

1. 结合上述例子,谈谈你对公共产品的理解,为什么说抗击冰雪灾害是全社会的事情?
2. 靠市场的力量能否有效解决这些事情,公共服务能不能按受益者交费原则由市场提供?

第二章

财政支出

【学习目标】
- 掌握财政支出的含义、性质和分类。
- 了解财政支出对经济发展的影响。
- 掌握购买性支出的含义及种类。
- 掌握转移性支出的含义及种类。

【引导案例】

财政部：新冠肺炎患者个人负担费用财政兜底

2020年2月7日，国务院应对新型冠状病毒感染肺炎疫情联防联控机制举行新闻发布会，财政部副部长余蔚平、人民银行副行长、外汇局局长潘功胜、税务总局总审计师兼货物和劳务税司司长王道树、银保监会副主席周亮介绍支持新型冠状病毒感染肺炎疫情防控相关财税政策、缓解小微企业融资难融资贵有关情况，并答记者问。

财政部副部长余蔚平介绍，疫情发生以来，在党中央、国务院坚强领导下，财政部在资金保障和政策保障方面推出了一系列政策举措。主要包括：

在资金保障方面，截至2020年2月6日，各级财政共安排疫情防控资金667.4亿元，实际支出284.8亿元。其中，中央财政共安排170.9亿元，主要包括：疫情防控专项补助57亿元，含对重点疫区湖北省补助的18亿元；基本公共卫生服务和基层疫情防控资金99.5亿元；对科研、物资储备等经费也足额做了安排。目前来看，各地疫情防控经费是有保障的，中央财政正在根据疫情发展态势和防控需要，继续做好经费的保障工作，并管好用好资金。

在政策保障方面，截至2020年2月6日，财政部会同有关部门已经出台十余条财税支持措施。主要有：

一是明确患者治疗费用。对确诊患者个人负担费用实行财政兜底，中央财政补助60%；对疑似患者，由就医地制定财政补助政策，中央财政视情况给予适当补助。

二是明确对参加疫情防控的工作人员，可享受工伤待遇保障政策。

三是明确对参加疫情防控工作的一线医疗卫生人员，中央财政给予定额临时性工作补助。

四是针对疫情防控物资的政府采购，简化审批程序，打通物资供应的"绿色通道"。

五是明确对代储企业紧缺医疗物资周转储备资金的银行贷款贴息方案。

六是明确对捐赠用于疫情防控的进口物资免征进口关税和进口环节增值税、消费税。

七是明确对卫生健康部门组织进口的防控物资免征进口关税。

八是各级政府性融资担保、再担保机构对受疫情影响较大的企业，取消反担保要求，降低融资担保和再担保费；对受疫情影响严重地区的融资担保、再担保机构，国家融资担保基金减半收取再担保费。

九是明确对感染新冠肺炎的个人创业担保贷款，可展期一年，继续享受财政贴息政策。

十是明确中央财政对疫情防控重点保障企业给予贴息支持。

同时，财政部还加强了国库库款调度，保障基层防控以及保工资、保运转、保基本民生"三保"支出需要。我们专门下发通知，要求各级财政部门统一思想认识，提高政治站位，把人民群众生命安全和身体健康放在第一位，认真落实各项保障政策，切实加大经费保障力度，确保人民群众不因担心费用问题而不敢就诊，确保各地不因资金问题而影响医疗救治和疫情防控，真正做到政策落实到位、工作部署到位、预算安排到位、资金拨付到位、监督管理到位。

(资料来源：崔晓萌.中国经济周刊，2020年2月7日.)

第二章 财政支出

> 思考:
> 对于财政扮演应对公共卫生风险的"急先锋"角色,你有何看法?

第一节 财政支出概述

一、财政支出的基本内容

(一)含义

公共财政支出,也称预算支出,是指政府为提供公共产品和服务,满足社会共同需要支付的财政资金,它是以国家为主体、以财政的事权为依据进行的一种财政资金分配活动,集中反映了国家的职能活动范围及其所发生的耗费。

国家集中的财政收入只有按照行政及社会事业计划、国民经济发展需要进行统筹安排运用,才能为国家完成各项职能提供财力上的保证。

(二)性质

对财政支出性质的理解会直接影响人们对政府的看法。马克思认为,划分生产性劳动与非生产性劳动的标准有两个,一是劳动是否创造了物质产品或为人们提供的服务是否直接与物质生产过程相联系;二是是否创造了剩余价值,是创造了收入还是消耗了收入。

(三)意义

财政支出是政府的重要宏观经济调控手段。

一方面,财政支出直接构成和影响社会总需求,因而调节财政支出规模就可以达到调控社会总供需关系的目的;另一方面,财政支出结构的确立与调整,对社会经济结构、产业结构的形成和变动,对国家职能的履行,有着至关重要的作用和影响。

从性质上来看,财政支出既是政府行为的政府成本,也是实现政府职能的主要手段,因而也是组织财政收入的直接目的。

(四)范围

(1) 保证国家机器正常运转、维护国家安全、巩固各级政府政权建设的支出,如行政管理、国防、外交、公安、司法、监察等方面的支出。

(2) 维护全社会稳定,提高全民族素质,外部社会效应巨大的社会公共事业支出,如社会保障、科技、教育、卫生、文化、扶贫等方面的支出。

(3) 有利于经济环境和生态环境改善,具有巨大外部经济效应的公益性基础设施建设的支出,如水利、电力、道路、桥梁、环保、生态等方面的支出。

(4) 国家对宏观经济运行进行必要的调控,财政也要留有一定的财力,对经济活动进行适当的干预。

二、财政支出的分类及意义

(一)财政支出的分类

1. 按费用类别分类

费用类别的"类",是指国家职能的分别,所以,按费用类别所做的分类,又可称为按国家职能所做的分类。

我国依据国家职能的分别,将财政支出区分为经济建设费、社会文教费、国防费、行政管理费和其他支出五大类。

按此法分类可清楚地揭示国家执行了一些什么职能以及侧重于哪些职能。

2. 按经济性质分类

按经济性质可将财政支出分为购买性支出和转移性支出。

(1) 购买性支出。即直接影响生产、就业,间接影响分配;采取等价交换原则,一手交钱一手交货,体现政府的市场性再分配活动。这类支出包括行政管理支出、国防支出、科教文卫支出和投资性支出。

(2) 转移性支出。即直接影响分配,间接影响生产就业;不采取等价交换原则,付出了资金无任何所得,体现的是政府的非市场性再分配活动。这类支出包括社保支出、财政补贴支出、公债利息支出和捐赠、对外援助支出。

购买性支出与转移性支出占财政支出总额比重的大小,反映了政府在一定时期内直接动员社会资源的能力。

按经济性质分类的经济分析,其意义如下所述。

(1) 在市场经济条件下,政府购买性支出是通过政府掌握的资金,在市场上与微观经济主体提供的商品和劳务相交换,因而对社会的生产和就业具有直接而重要的影响。政府的转移性支出则是资金使用权的转移,即从政府转移到领受者手中,尽管它对财力分配产生了直接影响,可对生产与就业却只能产生间接的影响。

(2) 由于强调市场机制在资源配置中的基础作用,政府在进行购买性支出时必须遵循等价交换原则。因此,通过购买性支出体现出的财政分配活动对政府形成较强的效益约束。在安排转移性支出时,政府并没有十分明确和一贯坚持的原则,而且,财政支出的效益也极难换算。由于上述原因,转移性支出的规模及其结构在相当大的程度上只能根据政府同微观经济主体、中央政府与地方政府的谈判情况而定。显然,通过转移性支出体现出的财政分配活动对政府的效益约束是软约束。

(3) 微观经济主体在同政府的购买性支出发生联系时,也需遵循等价交换原则。因此,购买性支出对微观经济主体的预算约束是硬约束。微观经济主体在同政府的转移性支出发生联系时,并无交换发生,其收入的高低在很大程度上取决于同政府讨价还价的能力。显然,转移性支出对微观经济主体的预算约束是软约束。

由此可见,如果购买性支出在财政支出总额中的比重较大,则财政活动对生产和就业的影响就大一些,直接通过财政所配置的资源规模也就较大;如果转移性支出所占比重较

第二章 财政支出

大，则财政活动对社会收入分配的直接影响也就较大。

就财政的职能来看，以购买性支出占较大比重的支出结构的财政活动，执行配置资源的职能较强；以转移性支出占较大比重的支出结构的财政活动，具有较强的收入再分配职能。

3．按支出产生效益时间分类

(1) 经营性支出。即维持公共部门正常运转或保障人们基本生活所需的支出，其直接构成当前公共商品的成本。理论上其补偿方式应是税收。

(2) 资本性支出。即用于购买或生产使用年限在一年以上的耐用品所需的支出，既包括生产性支出，也包括用于购买汽车、复印机等办公用品的非生产性支出。其支出补偿方式有税收和国债。

4．按财政支出用途分类

(1) 补偿性支出。即用于补偿生产中已消耗掉的物质资料方面的支出，如企业固定资产更新改造支出，挖潜改造支出。

(2) 积累性支出。即用于扩大再生产的各项支出。

(3) 消费性支出。即用于社会和个人消费方面的支出。

此类分类方法有利于正确处理财政分配中积累和消费的比例关系，促进国民收入分配合理比例关系的形成。

5．按支出的管理权限分类

(1) 中央财政支出。即实现中央政府职能的各项支出。

(2) 地方财政支出。即实现地方政府职能的各项支出。

(二)财政支出分类的意义

(1) 适当的财政支出分类，可以加深社会公众对政府财政状况的了解。

(2) 适当的财政支出分类，有利于促进政府预算的编制。

(3) 适当的财政支出分类，有利于对财政支出问题进行研究。

三、财政支出的原则

公共财政支出的基本原则是指政府在安排和组织公共财政支出的过程中，为了正确化解经常遇到的各种矛盾应当遵循的基本准则。

(一)量入为出原则

公共财政支出的总量不得超过公共财政收入的总量。这是由社会发展水平和国民经济协调发展的客观要求所决定的，是由公共财政收支平衡的良性循环要求所决定的，也是由公共财政收支矛盾所决定的。

(二)效率原则

财政支出应该有助于资源的配置,促进经济效率的提高。

由于市场存在失灵现象,会使市场的资源配置功能不全,不能有效提供全社会所需要的公共产品和劳务,因而不得不要求政府以其权威来对资源配置加以调节和管理。

【阅读资料】

如何提高我国财政支出效率

财政支出手段的应用,能够对市场失灵现象进行有效干预。但在手段应用过程中也存在着财政支出效率问题,即各级财政支出能否与社会公众对公共产品的需求同步,同时对于稀缺的财政经费给予精准发力。实践表明,财政支出要与社会公共产品的需求相适应、相同步,能够在各级政府的区域发展规划中得到贯彻,但在财政支出具体落地环节,则可能因客观和主观因素的影响,而导致财政经费陷入耗散的状态。若是在物化层面未能形成合理的"产出/投入"关系,那么必将抑制财政支出效率的提升。由此而带来的经济现状便是政府部门在资源配置环节的工作绩效大打折扣。因此,以公共产品供给为现实载体,聚焦我国财政支出的精准发力问题,便成为提高我国财政支出效率的逻辑起点。

一、财政支出所面临的困境

公共产品可以细化为纯公共产品、准公共产品,以此为对象可以将困境做以下分析。

(一)面对纯公共产品的困境。纯公共产品的经济内涵便是完全非排他性,这类公共产品包括了免费的劳务培训,以及基础设施建设。财政支出在这里的着眼点在于提升域内民众的生活福祉,并通过基础设施建设来推动区域经济的发展。由于这类公共产品具有非盈利性的特点,部分项目属于上级专项财政拨款项目,所以这就可能在政府科层结构下产生财政经费漏损现象。

(二)面对准公共产品的困境。准公共产品具有部分排他性的特点,如高校图书馆、各级高速公路等。面对这样的公共产品,各级财政通过项目实施模式创新,在 BOT、PPP 模式下能够寻求与企业方的合作。通过调研发现,在与企业方合作时可能会面临信息不对称现象的干扰,企业方利用自身所拥有的专用性知识储备,在招投标环节和项目建设环节可能实施机会主义行为,增大财政支出规模。

二、基于困境分析的效率评价原则

在以上困境分析的基础上,需要从以下两个方面建立效率评价原则。

(一)社会评价原则。正是由于财政支出的对象具有外部性特征,所以在评价财政支出效率时需要运用社会评价原则。再者,非市场化运作下的财政支出,会因缺乏有效竞争而导致所投资项目未能与区域社会经济发展需要相契合,因此引入社会评价原则能弥补政府单方面评价所出现的"有限理性"问题。那么如何有效践行社会评价原则呢?笔者认为,为了降低信息获取、处理的交易成本,需要在"互联网+"视域下来搭建社会评价渠道。

(二)预算评价原则。财政支出仅遵循预算会计原则,难以解决资金层层漏损和项目投资超预算问题,因此需要引入预算评价原则。那么,怎样理解预算评价原则的操作性呢?笔者认为,基于全面预算管理和跟踪审计相配合的操作过程,能够在技术层面提升财政投资的效率。在此需要指出，因财政支出的目的在于提升民生福祉，所以在理解上述原则时，应将社会评价原则作为前提和核心，而预算评价原则便是落实社会评价原则的功能范畴。

三、提高财政支出效率的策略

根据以上所述，提高财政支出效率的策略可从以下三个方面来构建。

(一)区分不同投资项目评价原则的操作模式。事实上，财政支出的范围十分广泛，在聚焦精准扶贫领域、助力城镇居民就业等方面，都能够看到财政支出的身影。这就要求在对财政支出效率进行评价时应区别对待。根据上文所提出的社会评价原则和预算评价原则，对于纯公共产品而言则应增大社会评价的权重，而对于准公共产品而言需要突出预算评价原则。

(二)依托政务网站建立全过程社会评价模式。为了便利域内民众参与社会评价事项，各级政府需要重视政务网站的功能。例如，通过向域内公众开展在线问卷调查，获取公众对具体财政支出项目的满意程度。在社会网格化管理的基础上，还可以在样本社区开展线下问卷调查工作。但这只是社会评价的一个环节，接下来则要对问卷调查结果进行大数据分析，从而为今后提升财政支出效率提供经验数据。

(三)优化项目实施中的经费拨付与考核形式。在PPP项目实施中，地方财政支出按约定需占一定的比例。在项目招投标之后的项目实施阶段，施工方将项目层层外包则会造成财政投资管控困境。为此，各级政府应强化合约管理，并引入市场操作原则将"权益与职责"内化，防止施工方制造负的外部性。最后，在跟踪审计活动中，确保财政投资的合理化。

(资料来源：袭秀华.如何提高我国财政支出效率[J].环渤海经济瞭望，2018(4).)

(三)公平原则

通过公共财政支出所获得的利益，应在社会各阶层居民中间公平分配，比较恰当地分别满足各阶层居民的需要。

应按照同等情况、同等对待，不同情况、不同对待，即横向公平和纵向公平的原则来安排公共财政支出。除了一些社会公共支出(国防、行政等)外，其他支出应坚持按"受益能力的原则"安排。

在市场经济条件下，财富的分配取决于财产所有权和财富积累的分布状况，而收入的分配则取决于能力、职业训练和这些技能的市场价格。如果单纯依赖市场，则不可避免地会出现贫者愈贫、富者愈富的"马太效应"。因此，从社会稳定的角度而言，只有进行社会的再分配，才能实现社会的相对公平。

(四)稳定原则

财政支出应促进社会经济的稳定发展。在市场经济条件下，市场体系无法有效协调自身的所有活动使其达到平衡，会出现经济周期的兴衰更迭、失业、通胀等现象。政府可以利用财政措施进行调节，通过对财政支出规模、结构的调整来调节经济、引导经济，使经济实现平稳的发展。

四、财政支出对社会经济发展的影响

(一)财政支出对就业的影响

(1) 财政可通过投资性的支出,直接增加就业岗位。政府通过财政拨款兴修水利、基础设施等工程从而可以创造大量的就业机会,缓解失业压力。

(2) 政府通过采购各种商品和劳务的购买性支出,可以增加对社会商品和劳务的需求,从而刺激企业的生产,促进企业的投资行为,间接增加就业机会。

(3) 政府通过各种转移性支出,可以增加社会成员的收入,这些收入按一定的比例转化成消费和储蓄,从而增加对社会商品和劳务的需求,间接增加就业岗位。

(4) 政府在再就业培训、职业介绍服务、产业结构转化等方面增加财政支出,如通过财政补贴、税式支出等手段,可以缩短工人寻找工作的时间,增强工人在不同岗位的就业适应能力,减少在流动过程中产生的摩擦性失业以及产业结构转换中造成的结构性失业。

(二)财政支出对物价的影响

(1) 财政支出是构成社会总需求的重要组成部分,财政支出的增加,能够促使总需求曲线外移,此时是否会对物价产生影响,要视社会总供给曲线的情况而定。

(2) 财政支出中的不同组成对物价的影响程度不同。购买性支出可以全部转化为社会总需求,因而对物价的影响程度更大;而转移性支出中只有一部分转化为需求,另一部分转化为积蓄,因而对物价的影响程度较小。

(三)财政支出对国民收入的影响

在整个社会经济未处于充分就业水平时,扩大财政支出可导致社会总需求的变化,使产出水平即国民收入水平发生变化。财政支出不仅自身可以直接影响国民收入水平,而且还可以通过影响消费和投资的方式间接影响国民收入水平。

五、财政支出的结构及效益

(一)财政支出的结构

财政支出的结构是指在一定的经济体制和财政体制下,财政资金用于行政各部门、国民经济和社会生活各方面的数量、比例及相互关系。它是按照不同的要求和分类标准对财政支出进行科学的归纳、综合所形成的财政支出类别构成及其比例关系。

对财政支出结构进行全面、系统的分析,目的在于探索财政支出的内在联系及其规律性,分清主次和轻重缓急,合理安排财政资金,形成财政支出的最优结构,保证政府各部门、国民经济和社会发展各方面的资金需求,保证国家履行各项职能的资金需要,提高财政资金使用效率。

从财政分配自身的角度分析,财政支出结构反映了财政支出的基本内容及其各类支出的相对重要性；体现了一定时期内国家的财政经济政策取向和政府财政活动的范围、支出责任和重点。

从宏观经济运行角度分析，财政支出涉及社会生活的方方面面，并对经济运行发挥着重要的作用，因此，财政支出结构必然体现社会经济生活中各种比例关系的客观要求。更重要的是，在社会主义市场经济条件下，生产要素的配置和调整主要通过市场进行，而财政分配要从宏观上调控市场，则必须通过财政支出结构来发挥其宏观调控的作用，即通过调整财政支出结构，协调、引导、控制经济结构、产业结构、消费结构、社会结构，实现国家宏观调控目标。因此，对财政支出结构的分析和调整，是国家宏观调控的重要手段，是实现宏观调控目标的重要途径。

(二)财政支出的效益

效益即经济活动的投入所达到的效果，对企业来说就是较少投入成本获得较多的利润，对政府来说就是国家把财政收入花费出去，解决更多的经济问题，获得更大的收益。财政支出效益衡量的是政府行为的效果，不光是把钱花出去了，还得有效果，把钱花在刀刃上。考核财政支出效益有一系列指标、原则和方法。

开展提高财政支出效益的探讨，西方发达国家(如美国、加拿大、英国等)早有实践。我国借鉴西方的经验，从2005年开始探讨财政支出效益，总结出一些考核办法。

开展财政支出效益考核的重大意义在于：提高了政府的办事效率，为老百姓做了更多的好事实事，形成了政府消费行为的约束，提高了财政资金的使用效益，更好地利用了财政收入。

第二节 购买性支出

购买性支出是指政府用于在市场上购买所需商品与劳务的支出，是西方财政学按照财政支出是否与商品劳务直接交换为标准，进行财政支出的分类。这类公共支出形成的货币流，直接对市场提出购买要求，形成相应的购买商品或劳务的活动。它既包括购买进行日常政务活动所需商品与劳务的支出，如行政管理费、国防费、社会文教费、各项事业费等，也包括购买用于兴办投资事业所需商品与劳务的支出，如基本建设拨款等。

一、行政管理支出

行政管理支出是国家为保证行政机构正常运转所需的费用支出，是国家行使其职能的一项必要支出。这项支出的主要范围是国家各级政权机关、行政管理机关、政法机关和外交机关行使其职能所发生的费用开支。行政管理支出反映了国家一定时期经济、政治、军事、外交等活动的重点，决定了国家政权机构的繁简、人员设置和管理范围。

(一)行政管理支出的内容

(1) 行政管理费。如人大经费、政府机关经费、政协经费、中央和各民主党派经费、社会团体机关经费等。

(2) 外交外事支出。包括驻外机构经费、出国费、外交招待费及其他外交费用。

(3) 武警部队经费。

(4) 公、检、法、司经费。

(二)行政管理支出影响因素

行政管理支出与国家政治、经济体制以及各个时期的方针、政策密切相关。影响行政管理支出的因素主要有下述各点。

(1) 机构、人员因素。行政管理支出中直接用于人员的开支约占50%，机构和人员的增减对行政管理支出增减具有决定性作用。

(2) 政策性补贴和物价因素。物价上涨使对职工的补贴增多，国家机关、党派、团体开展公务活动的支出也会相应增多。

(3) 管理因素。主要指财务管理水平的高低对行政管理支出效益的影响。另外，国家财政收入水平对行政管理支出也有重要影响。

行政管理支出属非生产性支出。在中国，注意控制和节约行政管理支出，对于合理安排国家财政总支出，用更多的资金支援经济建设和各项文化教育科学卫生事业的发展，发扬艰苦奋斗、勤俭建国的优良传统，克服官僚主义，都有非常重要的意义。

二、国防支出

(一)含义

国防支出是用于国防建设和军队建设方面的费用，主要项目包括国防费、民兵建设费、国防科研事业费、防空经费、军事专项工程和其他费用等。

(二)决定国防支出高低的因素

(1) 经济水平的高低。国防支出的规模从根本上说是由经济实力所决定的。经济实力越强，用于国防方面的支出就越有基础；经济实力弱的国家，国防支出往往受到经济实力的制约。

(2) 国家管辖控制的范围大小。一国领土越大，人口越多，国防费开支相应越大；反之，则越小。比如，中国和新加坡国防开支是不可比的，前者往往是后者的100倍以上。

(3) 国防政策。一国的国防政策如果是进攻性的、扩张性的，军事支出往往很大。第二次世界大战时期的日本、德国军事支出占财政总支出的40%以上。如果是防御性的、中立的、和平共处的国防政策，往往军事费用就较低，如瑞典、瑞士等国。

(4) 国防的政治军事形势。爆发战争或军事对峙时期，国内动乱、内战时期，国防支出会大大增加，而和平时期国防支出往往会减少。

三、社会文教支出

(一)社会文教支出的性质和意义

社会文教支出,是指政府财政用于文化、教育、科学、卫生等事业部门的经费支出。

1. 社会文教支出的性质

(1) 社会文教支出属于消费性支出,内容包括财政用于文教科卫事业等部门的经常性支出,即这些单位的人员工资和公用经费的支出。

(2) 社会文教支出属于非生产性支出,因为这些部门属于非物质生产部门,不提供生产性的产品和劳务,但是文教科卫事业等事业发展会提高劳动者素质,提高劳动工具和劳动对象的效能。这些素质对社会物质生产贡献很大。

2. 社会文教支出的意义

(1) 科学技术是经济发展的重要推动力量。生产力发展无不是由科学技术发展带来的,西方劳动生产率的提高,80%的因素是采用了新的科技成果,所以,"科学技术是第一生产力"。

(2) 教育是科学技术进步和社会进步,文化艺术水平提高的源泉和基础。没有教育,就没有社会的进步。

(3) 卫生事业发展是一个民族拥有健康体魄的保证。

(4) 文化是人类精神升华的阶梯。

正是因为科教文卫事业的发展对国民经济的发展具有重要意义,所以各国政府无不投入大量资金支持其发展。我国这一支出的规模近年来一直保持较高的水平。

(二)社会文教支出的内容

(1) 按支出的部门划分,包括文化事业费、教育事业费、科学事业费、卫生事业费、体育事业费、通信事业费、广播电视事业费,以及出版、文物、档案、地震、海洋、计划生育等项事业费支出。

(2) 按支出用途划分,包括人员经费支出、公用经费支出(含公务费、零星设备购置费、修缮费、业务费)。

(三)社会文教支出的管理

(1) 定员、定额管理。定员管理是指文教科卫事业单位定员除考虑事业单位业务规模外,还要考虑国家的定员比例,如教师与学生的比例以及机构的等级。定额管理可分为收入定额和支出定额两大类。定员和定额是财政确定对文教科卫事业单位拨款规模的依据。

(2) 社会文教支出财务管理办法可分为三种,即全额预算管理;差额预算管理;自收自支,企业化管理。随着经济体制改革的深化,这三种管理方式的弊端日趋明显,即不够科学和合理。针对这种情况,财政部门公布了新的管理办法,采取"核定收支,定额或定项补助,超支不补,结余留用"的方法。根据事业单位的特点、单位收支情况及政府财力的可能,确定不同单位定额或定项补助标准。补助数额一经确定,一般不再调整。各单位的预算规模由各单位根据自己的资金来源、事业发展需要自行确定,自求平衡。总的原则是政府规范事业单位都逐步走向市场,与政府脱钩,减少政府财政支出的压力。这是当前的过渡办法。

四、政府基本建设投资

(一)政府基本建设投资的概念

所谓政府基本建设投资,也就是财政用于基本建设支出所拨付的资金。财政用于基本建设的支出可分为生产性支出和非生产性支出两部分。生产性支出主要用于基础设施、基础产业投资;非生产性支出主要用于国家机关、社会团体、文教科卫等部门的办公用房以及所需要的各种设备、仪器的购置和安装。

(二)政府基本建设投资的特点

(1) 政府基本建设投资的目的主要是社会效益性。政府居于宏观调控的主体地位,政府投资一般不单纯从经济效益高低的角度来评估和安排自己的投资。如对一些事业单位、管理机关的投资可能是低利甚至是无利的,但政府投资项目的建成,如事业单位、基础设施投资等,具有正的"外部效益",可以极大地提高国民经济整体效益和人民的整体利益。

(2) 政府投资项目的大型化和长远性。政府财政相对而言,资金力量雄厚,且资金来源大部分是无偿的,可以投资于大型项目和长期项目。这一点,是私人投资难以达到的。

(3) 政府基本建设投资是调控经济运行的重要手段。政府财政投资一般要考虑国家调控经济运行的需要,考虑国家的产业政策,重点解决部门和行业的瓶颈制约问题,以保证国民经济健康、协调、稳定发展。

(三)政府基本建设投资的方向

从社会固定资产总投资的方向看,政府基本建设投资的方向包括下述三大部分。

(1) 社会公共需要类项目的投资,包括国防、政府行政机构、公检法司部门的设施,科研、教育、文化、卫生部门的设施,以及环境保护和其他城市公共设施等。

(2) 经济基础类项目投资,包括能源、交通、邮电和通信业、农业、水利、气象设施及高新技术产业等。

(3) 竞争类项目的投资,包括制造业、建筑业、流通仓储业、服务业、金融保险业等。

从市场经济条件下政府投资的特点和财政支出的范围来看,政府基本建设投资主要是前两部分,而第三部分一般不应介入。就是说政府投资性支出应以社会公益性项目和一部分经济基础类项目为投资范围,一般不应参加竞争类项目投资。这样,既可以防止对市场配置资源不必要的干预,体现市场配置基础性作用,又可以把政府有限的资金集中到必不可少的领域。因此,政府财政性投资主要集中在三大领域。

1. 社会基础设施和公用基础设施的投资领域

社会基础设施是指一国在文化、教育、科技研究、公共卫生等社会发展方面的基础设施。政府财政对这方面进行投资，可以提高社会成员的整体素质，促进社会全面进步。公用基础设施是指构成一国经济发展的外部环境所必需的基础设施，如道路、码头、机场、供水、供气、供热、排水和固体废物处理设施等。政府对公用基础设施投资，对于优化外部环境，促进经济增长是必不可少的条件。发展中国家普遍存在公用基础设施建设滞后问题。亚洲开发银行专家指出，亚太地区普遍存在公用基础设施落后的问题，要增加这方面投资。专家还建议政府要将基础设施投资占GDP的百分比由5%提高到7%，才能满足经济发展和社会进步的需要。公共基础设施是服务于全社会的，有些服务于区域范围内的经济建设。它以社会效益为基本出发点，虽然也可以收取一定的费用，但基本上是非赢利性质的，所以主要靠政府财政投资。当然私人企业也可以参与投资，但主要是政府投资领域。

2. 经济基础产业投资

经济基础产业投资大都是投资于关系国计民生的重要产业，是经济增长必不可少的因素。这类产业资本密集程度高、投资规模大、建设周期长、投资回收慢，巨额的投资沉淀后较难收回；同时部分产业外部效应明显，存在着无利或低利的情况。鉴于这些特点，对这些经济基础产业，如交通、邮电、水利、通信、能源、军工等，私人投资主体一般不愿意主动进行投资。没有政府财政投资支出的支持，经济基础产业很难迅速发展，这必然影响整个社会经济的稳定增长。因此，政府应该在较大程度上介入这些产业的投资，同时运用政策鼓励和吸引其他社会资金共同投资。

3. 高新技术产业投资以及重点能源和稀缺资源的开发领域

新兴产业、高技术和高风险产业，是为国民经济提供技术装备，保证国家经济长远发展的新的特殊产业。对一些重要能源和稀缺资源进行开发利用，以及某些属于私人无力投资或不允许私人投资的垄断产业，政府必须通过财政投资来实施。

五、政府对农业的投资

(一)政府财政对农业投资的必要性

(1) 农业是一个特殊的部门，受地理环境和气候等因素影响较大。为了稳定农业生产，政府财政应当介入农业投资，促进农业基础设施完善和增产增收。

(2) 农业是国民经济的基础，工业的发展和流通的繁荣，都离不开农业。只有农村、农业不断发展，农民增收，财政收入才有坚实的基础，消费市场才有广阔的前景。所以政府财政支持是责无旁贷的。

(3) 农业发展的根本途径是提高农业生产率，而提高农业生产率的必要条件之一是增加对农业的投入。目前由于农村收入水平低，靠本身资金无法加大投入，如果政府财政不进行足够的投入，农业部门的发展就会受到很大制约。

因此，政府财政必须加强对农业这样的基础性产业的投资。

(二)完善财政对农业的投资政策

目前,国家财政必须进一步提高对"三农"重要性的认识,要进一步明确财政支农支出的范围和重点。将财政支农支出集中用于那些"外部效应"较强,"市场失灵"的领域,诸如农业基础设施建设,大江大河的治理,农业科技的研究开发和推广示范,农业产业化、农业社会化服务体系建设,自然灾害的防御等。国家财政还应采取以下几项财政政策支持农业发展。

(1) 多渠道筹集资金,加大对农业的投入。
(2) 城市支援农村,工业反哺农业。
(3) 改革财政对农业的投资方式。

第一,凡主要体现社会效益的农业项目,原则上采取财政无偿拨款支出。第二,对符合国家产业政策,具有示范作用和经济效益显著的农业项目,可采取国家参股、贴息等方式。

【案例】

美国的农业支持政策

美国政府自20世纪30年代初开始,对农业采取了一系列支持政策,以保持农业的稳定发展。主要表现在以下几个方面。

(1) 支持农业基础设施建设和农业的教育、科研工作。美国联邦政府举办以促进农业发展为中心的大型综合开发项目,最为典型的是田纳西流域工程计划。1933年,联邦政府成立了田纳西流域管理局,负责进行以修筑水库堤坝、综合利用水资源为主的大型公共工程,并在与各州及地方政府的通力合作下,共修建了29座大坝,控制了洪水,疏通了千余公里的航道,改善了水源供应,发展了鱼类及野生动物的繁养,还开辟出优美的游览区。这一大规模综合开发试验区取得的成功,使田纳西流域的收入增长了4倍,并提供了充足的电力。在农业教育和科研方面,每个州都建立一个州立农业学院,或者在州立大学设立农学院,各州赠地给学院建立农业试验站,联邦政府的农业部设研究试验局,组织农业科研工作。同时,政府为农业发展与应用研究提供经费。

(2) 推行休耕、限耕计划,控制耕种面积。针对美国不断出现农产品生产过剩问题,为避免由此导致农产品市场价格及农场主收入下降情况的出现,美国政府每年制订有偿休耕、限耕计划,以控制农产品生产,协调供求关系(这一计划目前主要适用于饲料粮食、小麦、稻谷和棉花这几种主要产品)。具体方法是每一农场主的基本耕种面积要分为三个部分,即计划内面积、弹性面积和环保性休耕面积。计划内面积必须耕种计划作物并可得到政府的补贴,弹性面积可耕种任何计划作物和除水果、蔬菜以外的任何计划外作物,但不能获得政府补贴;环保性休耕面积是不耕种的面积。农场主是否参加政府的休耕、限耕计划是自愿的,但凡是参加这一计划的农场主都可得到现金、实物或贷款补偿。

(3) 价格支持政策。为了稳定农产品价格,保证农民收入,联邦政府长期以来一直对一些主要农产品进行价格支持,即保证农民出售的农产品价格不低于官方制定的最低价格。为了实现这一目标,联邦政府采取了无追索权贷款和政府购买的手段。所谓无追索权贷款,就是由联邦政府的农产品信贷公司发放给符合条件的、生产特定农产品的农场主的一种贷款。贷款率，即单位农产品的贷款额，是由联邦立法机构或农业部长根据立法规则确定的。如果市场上农产品的价格高于贷款率，那么农场主在出售农产品后，可以归还这一贷款加上应付利息；如果农产品价格低于贷款率，农场主可以不归还贷款而把自己的农产品交给农产品信贷公司，并且不负担任何费用或罚款。显然，贷款率就是支持价格或最低价格。如果贷款率高于市场价格，必然会出现供大于求的状况，这时，政府必须负责收购多余的农产品以维持支持价格，这就是所谓的政府购买。在20世纪50年代末60年代初，政府购买是维持支持价格的基本手段，但目前这一手段只用于牛奶和糖两种产品。

(4) 直接收入支持政策。就是通过直接给农场主提供收入支持，保障他们收入的稳定。其具体手段包括目标价格和差额支付。目标价格，就是政府设置一个用于计算支付农场主收入的价格，或者说是理论上的合理的农产品价格。当市场价格低于目标价格时，那些符合规定条件的农场主就可依法获得差额支付或补贴。支付率，即单位农产品应得的支付额或补贴额，等于目标价格与市场价格和贷款率两者之高者的差额。就是说，当市价高于贷款率，则支付率就等于目标价格与市场价格之差；如果市价低于贷款率，则支付率等于目标价格与贷款率之差。直接收入支持政策的实施范围主要是玉米、小麦、棉花等主要农产品。

(5) 为农产品的销售创造市场。包括扩大国内消费和促进农产品出口。在扩大消费方面，美国政府在支付社会福利费用时尽量增加食品的消费，这包括向低收入者发放用于领取食品的"食品券"，向在校儿童供应有政府补贴的早、午餐等。扩大出口方面，早在1954年美国政府就根据国会通过的《480号公法》(1959年起称为"粮食用于和平计划")，以赠予和长期优惠贷款的方式向第三世界大量提供粮食、奶粉等食品，以帮助解决国内的农产品过剩问题。20世纪70年代后，美国政府主要采取提供补贴和给买主以出口信贷的办法来促进农产品的出口。截至目前，联邦政府仍对小麦等农产品的出口给予补贴。同时还对一些农畜产品的进口实施严格的限额制度，以保护国内的生产者。

(资料来源：董运来. 国外农业支持政策及其对中国的启示——以美国为例[J]. 世界农业，2012(10).)

思考：
1. 在市场经济条件下，为何财政还需安排农业支出资金？
2. 中国发展农业的财政支出政策应如何选择？

第三节 转移性支出

转移性支出是指政府无偿向居民和企业、事业以及其他单位供给财政资金。转移性支出主要由社会保障支出和财政补贴两部分构成。

一、社会保障支出

(一)社会保障支出的概念

所谓社会保障是指政府财政对丧失劳动能力、失业及遇到其他事故发生经济困难的公民提供的基本生活保障。而社会保障支出则是为实施社会保障制度而发生的财政支出。社会保障就内容上看，由两大部分组成，即社会保险和社会福利。所谓社会保险，是指国家对劳动者在其退休、生病、伤残等丧失或部分丧失劳动能力时，以及在失业时给予的货币或实物补助。这是现代社会保障活动的核心内容。所谓社会福利，是指国家通过货币或实物形式，向生活有困难的或处于某些特定困境的公民提供的补助。社会保险有养老保险、失业保险、医疗保险、工伤保险、女工生育保险等；社会福利有社会抚恤、社会救济等。

(二)社会保障支出的具体内容

1．社会保险支出

社会保险支出是指政府财政在劳动者年老退休、生病、伤残等丧失劳动能力时，以及在失业时给予货币或实物补助所发生的支出。它包括社会养老保险、失业保险、离退休保险、医疗保险、伤残保险等支出。它是社会保障制度的主要组成部分。

2．社会救济支出

社会救济支出是指政府财政对收入在贫困线以下的公民或因灾害受损暂时处于生活困难的公民提供货币或实物帮助所发生的支出。它包括救贫和救灾两种。

3．社会抚恤支出

社会抚恤支出是指政府对现役、退伍、复员、残废军人及军烈属给予抚恤和优待照顾的一项支出。它属于社会保障的特殊构成部分。

4．社会福利支出

社会福利支出是指由政府出资兴建各种公共福利设施，发放津贴补助，进行社会服务的一项支出。它包括国家和政府所属单位兴办敬老院、幼儿园、福利院等发生的支出，其目的是使一批需要特殊照顾的孤老残幼得到福利保障。

(三)我国社会保障制度的改革与完善

根据我国社会保障制度的现状和社会主义市场经济对社会保障的要求，应加快建设与经济发展水平相适应的社会保障制度。

(1) 我国社会保障制度采取统账结合的模式。社会统筹和个人账户相结合的筹资模式，属于统账结合模式。这种模式在人口结构年轻化、社会保障基金要求量不大的条件下还比较适用，它可以减轻近期国家财政和企业的养老保险负担，但它难以应付人口老龄化的严重挑战。我国人口年龄结构正从"成年型"向"老年型"转变，进入21世纪以后，我国老龄人口出现快速增加的势头，人口面临老龄化问题。

因此，我国的养老保险应采取基金式筹资模式或转为部分基金式。这样才能应对人口老龄化的挑战，其基金结余可以进行投资，有利于国家经济的发展。目前可行的做法是实行部分基金式，即在保险基金收入满足支出以后，留有一定的积累。

(2) 社会保障资金来源要固定化、专门化和法制化。世界上大多数国家都采取征税的办法。我国采取的是征收社会保险费，由劳动保障部门征收。我国企业和单位拒不缴费的现象还比较普遍。因此,未来在我国征收社会保险税有利于保障社会保障资金来源的稳定和足额上缴。

(3) 要逐步扩大社会保险的范围。我国的社会保障制度要逐步扩大社会保险的范围,解决目前"只保城镇,不保农村"的问题。一方面,广大农村人口不能享受完善的社会保障,说明我国的社会保障制度的"社会性"是不完全的;另一方面,农村人口急需社会保障,尤其是养老保障和医疗保障。因此,要重视农村的社会救济和福利事业,有条件的省(直辖市、自治区),应尽快建立农村养老和医疗保险及最低生活保障制度。

【阅读资料】

教育保障支出促进公共教育服务均等化

1949年,中国80%的人口是文盲,小学和初中入学率仅有20%和6%,高校在校生仅有11.7万人。为尽快改变教育落后的状况,党和政府高度重视教育事业,把改造旧教育、建设新教育作为教育工作的首要任务,着力提高人民群众受教育水平。但是,在一个人口多、底子薄、经济社会发展很不平衡的发展中国家,发展教育事业、建设覆盖全民的公共教育体系是十分艰巨的任务。

新中国成立后,在"一穷二白"的条件下发展教育事业,任务艰巨重要,资源十分有限,如何处理高质量精英教育与普及大众教育的关系一直很难取舍。尽管教育事业总体上看不论数量还是质量都有所发展,但在相当长一段时间内对教育服务属性、教育资源投入、教育方式等方面的认识与探索都经历了曲折的历程。计划经济时期,由于国家或集体控制所有经济和服务资源,基础教育事业更多强调其福利性。城镇教育服务与职工技能培训服务,属于国家和单位的公共福利,农村教育体系则是在国家支持下由乡村集体举办的集体福利。尽管当时福利保障能力有限,教学质量也不高,但学校普及化大大提高了绝大多数适龄儿童的入学率和识字率,扫除青壮年文盲教育也取得了一定的成绩。但受十年"文化大革命"的干扰破坏,中国教育秩序一度十分混乱,高等教育基本中断,整体教育质量出现严重滑坡。

1977年恢复高考制度,是中国教育事业拨乱反正的信号,也拉开了中国改革开放的序幕。伴随经济体制改革的推进和国家对教育事业投入的不断增长,中国教育事业在改革开放之后的发展突飞猛进。20世纪80年代早期,办学资金来源从国家单一主体承担投资责任转变为国家、社会、家庭等共同分担教育成本的机制。多渠道筹措教育经费制度为开展多种形式的社会教育和高等教育提供了新的资源。从80年代中期开始,高等学校实行公费生、自费生、委培生制度,对一部分计划外的学生实行收费。政府鼓励发展多种形式的社会力量办学,突破了单一的公办教育体制。90年代中期,我国非义务教育阶段实行收费制度,高等学校实行收费并轨,统一按教育成本的一定比例收取学费和住宿费,义务教育阶段的公立学校收取少量杂费,从而逐步确立了政府财政性教育经费、社会团体和公民个人办学经费、社会捐资集资、学杂费、其他收入等多种渠道并存的教育筹资格局。

1997年亚洲金融危机之后,为了扩大内需,大规模扩大招生成为一项重要的战略措施和政策目标。当时国家财力依然十分薄弱,而市场机制在经济领域中的成功理念和做法被直接移植到教育卫生领域。在提出继续抓好基础教育的同时,"教育产业化"观念从理论到实践都大踏步向前推进。由于显著扩大高等教育招生数量,家庭和社会用于高等教育的投入迅速增长。教育成本分担机制的引入和其他非政府渠道收入的增加，客观上为教育事业快速发展提供了财力支持，支撑了世纪之交普及义务教育和高等教育大众化的两次超前发展，一定程度上提高了教育服务的效率。但是，超常快速增长的教育收费超越了城乡居民的支付能力，逐渐成为社会人群沉重的经济负担，尽管同时期也出台了一些学生资助政策，但统一的贫困学生资助制度长期缺失，一度造成大量学龄儿童少年因贫困而失学。同时期开展的财税体制改革造成城乡、区域教育投入很不平衡，基础教育的投入和管理重心过低，政府对农村教育的投入责任长期缺位，"人民教育人民办"事实上成为"农村教育农民办"。由于历史、自然条件、经济发展水平等原因，特别是在"重点发展""梯度发展"的政策导向下，还形成了教育资源优先向重点学校倾斜的制度，重点小学、中学、大学是财政性教育经费的重点拨款对象，而非重点学校的办学条件长期得不到改善。这一时期，教育服务的公平性、公益性不断弱化，与教育事业的快速发展形成了鲜明对比，而且进一步导致了择校难、中小学生课业负担过重、教育乱收费等问题，社会反映十分强烈。

　　进入21世纪之后，国家更加重视教育的公平性和均衡发展。促进教育服务的均等化成为这一时期教育事业的主要特点，国家财政转移支付和一系列特殊优惠政策的实施，促进了中西部地区农村教育、欠发达地区教育事业的快速发展。2003年中央召开"全国农村教育工作会议"，要求把农村教育摆在重中之重的战略地位。之后在全国范围内全面免除农村义务教育学杂费，将义务教育全面纳入各级政府财政保障的范围，实现了完全意义上的九年免费义务教育。九年义务教育战略的实施，是中国教育事业最大的成就之一。义务教育经费保障新机制确立后，国家把促进教育公平作为国家基本教育政策的意识更为明确和坚定，并逐步形成制度机制，特别是国家基本公共服务体系"十二五"规划、"十三五"规划对基本公共教育服务进行了具体设计，逐步概括为免费义务教育、农村义务教育学生营养改善、寄宿生生活补助、普惠性学前教育资助、中等职业教育国家助学金、中等职业教育免除学杂费、普通高中国家助学金、免除普通高中建档立卡等家庭经济困难学生学杂费8个方面。2017年党的十九大报告进一步明确了优先发展教育事业的战略目标，提出"推动城乡义务教育一体化发展""普及高中阶段教育，努力让每个孩子都能享有公平而有质量的教育"的目标，并且提出通过完善和"健全学生资助制度，使绝大多数城乡新增劳动力接受高中阶段教育、更多接受高等教育"的具体要求。在国家重视和大幅度增加投入的前提下，通过持续不断的教育改革，促进了改革开放以来中国教育事业的快速发展。学校、教师、在校生数量持续增长；教育结构不断优化，不仅按时完成了普及义务教育的目标，而且在中国这样一个人口与劳动力大国实现了高中教育的大发展、高等教育的普及化和教学科研质量的持续提升。1978年以后小学入学率长期保持在95%以上，初中入学率1995年接近80%，而2002年之后超过90%，高中阶段的入学率由1995年的33.6%提高到2008年之后的70%以上。变化最明显的是高等教育，全国本专科在校学生由1978年的85.6万人增长到2017年的2753.6万人，高等教育入学率由1990年的3.4%提高到1999年的10.5%和2015年的40%，可谓突飞猛进。中国已经成为名副其实的教育大国，并积极向教育强国迈进。

(资料来源：王延中.改革开放40年与社会保障中国模式[J].学术界，2018(8).)

二、财政补贴

(一)财政补贴的性质与分类

财政补贴是国家为了某种特定需要而向企业或居民提供的无偿补助。这是一种影响价格变动,从而可以改变资源配置结构、供需结构的政府无偿性支出。政府的财政补贴和社会保障支出虽然同属于转移性支出,但二者有区别。区别表现在财政补贴与价格变动有直接关系;社会保障支出与产品和劳务价格不发生直接联系,只有一定的间接关系。如人们获得社会保障收入后可以用于购买,使购买商品的价格发生变化,但这种变化是间接的;而财政补贴能直接影响商品价格变动或者价格变动直接引起财政补贴。

根据国家预算对财政补贴的分类,目前我国的财政补贴主要有物价补贴和企业亏损补贴两大类;此外,政府财政还提供某些专项补贴和财政贴息,如税式支出(包括免税、减税、退税、税收抵免等)。我国的财政补贴在统计数字时,将税式支出也统计在财政补贴的范畴内。

财政补贴的列支方法主要有两种,一是将补贴直接列为支出,世界多数国家都列为支出。二是少数国家将财政补贴不列为支出,而是冲减收入。例如我国的企业亏损补贴不列为支出,而是作冲减财政收入处理。

(二)财政补贴的必要性及其功能

财政补贴是调节经济的工具之一,它的存在有其客观必然性。在市场经济不发达的社会中,财政补贴的功能主要是完善不合理的价格结构,有助于价值规律正常发挥作用,如我国目前的粮棉油价格补贴、肉食价格补贴。

平抑物价补贴就是为了调整不合理的价格结构,维持社会安定和促进经济平衡运行。在市场经济发达的国家,价值规律能正常发挥作用,但由于市场供求关系发生变化也会引起经济波动。因此,为保持经济稳定和资源有序流动,同样需要财政补贴。欧共体坚持对农副产品补贴就是明显的例子。所以,财政补贴不论对非市场经济国家还是市场经济国家来说,都是必要的。

财政补贴的功能主要是通过影响价格水平进而影响和改变需求结构、供给结构。合理有效地利用财政补贴手段对调整和改变供求结构可以起到一定的积极作用。

(三)我国现行财政补贴存在的问题及其改革

1. 财政补贴存在的问题

(1) 财政补贴规模过大,财政负担沉重。

(2) 长期补贴使受补企业产生依赖思想,不利于市场公平竞争和资源合理配置,甚至会起到保护落后的作用。

(3) 某些补贴不当,破坏了正常的价格结构,使价格偏离价值,处于扭曲状态,刺激了不合理消费。

(4) 长期过多过广地补贴,人为地扩大了政府调节面,缩小了市场活动覆盖面,不利于市场经济转轨。

2. 财政补贴制度的改革

(1) 大力压缩财政补贴范围,严格限定补贴项目。主要是改变农业补贴方式,取消部分农产品价格补贴;取消绝大部分工业企业亏损补贴;限定公用事业补贴项目;减少以至取消城镇居民的物价补贴。

(2) 改造财政补贴方式,加强财政补贴管理。变"暗补"为"明补"。

(3) 控制财政补贴规模,减轻财政补贴负担。

(4) 改革财政补贴制度的配套措施。建立以市场价格为主体的价格体系和有效的政府宏观调控体系。

本 章 小 结

财政支出是以国家为主体、以财政的事权为依据进行的一种财政资金分配活动,集中反映了国家的职能活动范围及其所发生的耗费。按照经济性质来划分,财政支出有购买性支出和转移性支出两大类。购买性支出直接影响生产、就业,间接影响分配;采取等价交换原则,一手交钱一手交货,体现政府的市场性再分配活动。购买性支出包括行政管理支出、国防支出、科教文卫支出和投资性支出。转移性支出直接影响分配,间接影响生产就业,不采取等价交换原则,付出了资金无任何所得,体现的是政府的非市场性再分配活动。转移性支出包括社保支出、财政补贴支出、公债利息支出和捐赠、对外援助支出。

课 后 习 题

一、名词解释

财政支出   财政支出结构   购买性支出   转移性支出   社会保障支出

二、简答题

1. 简述财政支出的概念及分类。
2. 简述财政支出对经济发展的影响。

三、案例分析题

中国历史上的"量入为出"和"量出为入"的财政原则

(一)夏、商、周三代的"量入为出,多有结余"的财政原则

夏、商、周,史称三代,是中国历史上的奴隶制社会时期(主要包括夏、商、西周,东周为奴隶制向封建制过渡的时期),在经济上以农业为主要生产部门,土地的产出是国家财政的主要收入,国家财政状况几乎完全依赖并取决于农业生产状况。然而,三代奴隶制时期,生产工具简陋落后,生产力水平极为低下,季节转换、气候变化和自然灾害都对农业

收成的丰歉有严重影响。因此，三代时期的国家财政分配只能在可能取得收入的基础上来安排支出，即根据收入的数量来确定支出的规模，这就是中国历史上最早的"制国用，量入以为出"的财政原则，据此达到以收抵支、收支平衡的目的。但是，三代的财政收支平衡，又不是简单的平衡，而是要求多有结余。其原因在于早期农业社会对自然灾害缺乏抵御能力，农业生产靠天吃饭，不可能年年风调雨顺、五谷丰登。如果没有足够的结余，势必造成国家的社会经济危机。在周代，财政遵循多有结余原则，即"三年耕，必有一年之余，八年耕，必有三年之余"。按"耕三余一"来制定财政支出总额。如果"国无九年之蓄，曰不足，无六年之蓄，曰急，无三年之蓄，曰国非其国也"。由此可见，三代时期"量入为出，多有结余"的重要地位。同时，周代还有专项储备，以待急用，即"凡邦国之贡，以待吊用，凡万民之贡，以充府库"，是为保证国用的充足和社会生活的安定。

自秦以后，我国进入封建社会时期，经济体系仍然是以农业为主的自然经济，"量入为出"的财政支出原则始终居于统治地位。

(二)历史上的"量出为入"原则

虽然在我国历史上"量入为出"的国家理财思想始终居于主导地位，但"量出为入"的原则在某些特定的历史环境下也能成为国家的基本财政原则。

三代时期，国家财政的主要收入来自田赋，财政状况完全取决于农业生产状况，然而三代的生产力水平极为低下，天灾人祸严重地影响着农业的收成，因此，其理财原则，只能"量入为出"。但到了春秋战国时期，生产力的发展促进了社会经济的全面发展，这为增税开辟了财源。同时，由于各诸侯国兼并、争霸和统一导致的战争连绵不断，军费开支浩大，支出增长惊人，财政入不敷出，国库捉襟见肘。为维持财政收支平衡，各诸侯国不得不实行"量出为入"的财政原则，根据支出来确定收入。用调整收入来弥补支出，以求财政平衡。因此，春秋战国时期各国竞相修订税制，纷纷提高税率，传统的"什一税"已不复存在，取而代之的是鲁国的"什二税"、魏国的"什三税"、齐国的"什六税"、秦国则"二十倍于古"，加倍课征以积累财富，横征暴敛已成为这一时期的普遍现象。

另一个实行"量出为入"原则的例子出现在唐朝。唐朝在"安史之乱"后，社会经济遭到严重破坏，土地荒芜，人口逃亡，国家财政所能课征的"租庸调"收入非常有限，而各地节度使各占一方，形成藩镇割据，任意截留中央赋税，使国家财政收入雪上加霜。加上当时浩繁的军事开支，最终给唐朝政府造成了财政危机。以至于京师官吏的俸禄也不能按时发放，政府不得不提出"税天下地青苗钱(附加税)以充百官课料"。同时，京师粮价猛涨，已直接影响唐王朝的政治经济稳定。为扭转这一局面，唐德宗采纳了宰相杨炎的建议，改革税制，实行两税法。两税法是唐朝重要的税制改革，但其指导思想是"量出为入"。据《旧唐书·杨炎传》记载："凡百役之费，一钱之敛，先度其数而赋予人，量出以制入。"两税法的"量出以制入"，即"量出为入"的原则，是指根据国家的财政支出数，匡算财政收入总额，再分摊给各地，向民户征收。

2003年10月，投资达5亿元的新世纪大道通车了。该大道作为昆承公路的一部分，是向常熟撤县建市20周年的献礼工程。新世纪大道全长7.11km，是常熟路幅最宽的城市道路，双向4车道32m，总宽达到80m，绿化率超过40%。工程从2001年12月开工，原计划在2003年12月竣工，后调整到国庆节前即竣工通车。然而，就是这个献礼工程，开通不到 1 年就"暗伤"迸发。路基沉降，小一点的有 3～4cm，最大的达 10 多 cm；两侧行道树大量死亡，特别是直径达 15cm 到 45cm 的银杏，不少根部腐烂，散布在人行道和水塘边。不少地方的树枯死约 1/3，个别地段超过一半以上。2003 年 8 月 20 日，常熟市召开城市基础设施建设现场办公会，从上到下要求"全力以赴立足拼抢，实现 5 年任务 3 年完成，3 年再造一个新常熟"，新世纪大道就是现场之一。常熟市某绿化公司出示的新世纪大道绿化工程合同书，长约 500m 的大型绿化带，从 8 月 28 日开工到 9 月 15 日竣工，前后只用了 19 天时间。据绿化公司经理说，银杏最佳种植季节应是 11 月中旬落叶后。而新世纪大道两侧大量死亡的银杏，正是 9 月份天气还很炎热，叶子尚未落的时候，这时候种树就意味着少吸收两个月的营养。同时，修路的土中渗入了大量的石灰，土壤中碱含量明显偏高。按照自然规律，土壤中的碱水经一两年雨水自然冲刷，才能种树。为了赶工期，在不适合种植的土中、在不适合的时令种植树木，是造成大量树木死亡的主要原因。

上海市政工程设计院的高级工程师受昆承路建设指挥部邀请，参与研究路面沉降问题。研究结果显示：这条路总体上是成功的，个别地方因地质、施工期出现了小问题。但是，一般路基通常要摊压一年。路基摊压一年是国际上修建高质量公路的通常做法，此举是为了让路基更稳定，这一程序对于软基土遍布的江南尤为重要。新世纪大道由于工期很紧，要赶在常熟建市 20 周年前建成，不仅没有遵守路基稳定一年的规定，反而比原计划提前了两个月，出问题也就不奇怪了。按照公共经济学理论，公共经费的使用效率，在很大程度上取决于方案的决策方式。通常，方案的决策有两种成本：一是决策成本，包括决策者耗费的时间、精力、交通等费用；二是预期外在成本，即一项方案强制实施可能给别人带来的损失。从新世纪大道的情况看，之所以路基沉降、两侧行道树大量死亡，是因为违背了自然规律，而违背自然规律的原因又是为了向撤县建市 20 周年献礼。如果没有猜错的话，这只是个别人的主意，至少没有采纳专家的意见。

(资料来源：西南财经大学财税学院财政教研室.财政学课程教学案例.)

问题：
1. 不同时期"量入为出"的财政原则有什么共同之处？
2. 我国历史上的国家理财思想以"量入为出"为主，其主要原因是什么？

第三章

财政收入

【学习目标】
- 了解财政收入的含义、形式。
- 掌握财政收入的类别。
- 了解财政收入的规模、衡量指标以及影响财政收入规模的因素。
- 掌握财政收入的结构类型。

【引导案例】

北京地铁要不要告别"2元"时代——低价造成170亿元财政补贴包袱

《光明日报》2013年7月17日刊登刘白的文章说,全程2元的地铁、4角的公交——北京的票价一直让沪深等地市民羡慕。不过,北京的地铁、公交可能也要按里程计价了。据报道,一项由北京市交通委开展的"北京交通运输业经济统计专项调查"正在进行,这项年底出结果的调查将成为北京地铁公交涨价的依据。北京地铁公交线路的票价政策已实行6年有余,6年间,深沪等地地铁票价多次随市场浮动,最高价格已超过10元。一直保持2元的标准为北京交通带来了"惠民""公益"的名头,也带来了每年十几亿元的亏损、170亿元财政补贴的沉重包袱。在深沪地铁票价讨论的高潮阶段,曾有许多记者援引北京地铁的例子,力证即便交通运营考虑市场损益,仍应充分体现交通资源"公共性"的运营模式。顶着普惠全民的帽子,北京交通每次微有涨价动向都会受到一种"道义"式的掣肘,致使地铁价格脱离了市场,进入了一种事实上的计划控制。北京地铁公交涨价受到围观,一个重要原因是这件事背后隐藏着如何处理市场规则和社会福利关系的问题。公司靠财政补贴维持以普惠所有阶层的方式肯定长久不了。

(资料来源:新浪财经.)

思考:
1. 地铁票价该不该补贴?补贴的效应怎样?
2. 应该如何确定公共交通的财政收入?

第一节 财政收入概述

一、财政收入的含义

财政收入是政府为满足社会公共需要,依据一定的权力原则,从国民经济各部门集中的一定量的社会产品价值。

财政收入有两层内涵:在货币经济条件下,财政收入表现为一定量的货币收入;财政收入又是一个过程,它是财政分配的第一阶段或基础环节。

二、财政收入的形态

财政收入表明政府获取社会财富的状况,也就是说,社会物质财富是财政收入的实质内容。但在不同的历史条件下,财政收入的形态存在很大的区别。

在自然经济时期,财政收入主要以劳役和实物的形态存在。

在商品经济时期,财政收入一般以货币形式取得。

在现代社会,财政收入均表现为一定量的货币收入。

三、财政收入的依据

政府取得财政收入主要凭借公共权力,具体内容如下所述。
(1) 政治管理权。这是最主要和最基本的形式,决定于政府供给的公共商品性质。
(2) 公共资产所有或占有权。
(3) 公共信用权。即发行国债、股票等。

四、财政收入的分类

(一)按财政收入的形式分类

财政收入的形式是指政府取得财政收入的具体方式。在商品经济条件下,财政收入是货币形态的收入。

1. 税收收入

税收收入是政府凭借政治权力,强制参与社会产品分配取得的财政收入。

在市场经济条件下,税收是财政收入的主要形式。在发达国家,税收一般占政府经常性预付收入总额的 90%以上,是公共资金的主要来源。我国的税收收入在财政收入中的比重 1978 年为 45.86%,2010 年已占到财政收入的 93.15%,现在已经占到 95%左右,是财政收入最主要的来源。

2. 债务收入(或公债收入)

债务收入是政府凭借信用,从国内外取得的借款收入,其特点是要还本付息。

3. 非税收入

非税收入是政府通过合法程序获得的除税收、公债收入以外的财政性资金。它包括如下几个方面。

1) 行政事业性收费

行政事业性收费由行政性收费和事业性收费组成,具有强制性、补偿性,以提供某些服务为前提。行政性收费的执收主体是行政、司法机关,主要向被服务对象收取工本费和手续费,又称规费,纳入预算管理,是政府预算收入的组成部分;事业性收费的执收主体是事业单位,主要向被服务对象收取使用费,如高校收取的学费,纳入财政专户管理。

2) 政府性基金

政府性基金是各级政府及其所属部门为支持某项事业的发展,按规定程序,向公民、法人征收的具有专门用途的资金,如电力基金、散装水泥专项资金、邮电附加费、机场建设费、排污费等,具有强制性、专用性,不具有补偿性。

3) 国有资产收益

经营性国有资产收益是政府从国有资产经营收入中取得的利润、股权转让收入。非经营性国有资产收益是非经营性国有资产在使用或处置时取得的收益,如租金。资源性国有资产收益是政府凭借对资源性国有资产的所有权向资源性国有资产的使用经营单位或个人以有偿占用费或使用费形式取得的收益,如土地出让金等。

4) 罚没收入

罚没收入有罚款、没收品收入、赃款、赃物等变价收入。罚没收入是国家工商、税务、海关、公安、司法等管理机关,依照法律或行政规章所取得的收入。

5) 其他非税收入

其他非税收入有国库利息收入、捐赠收入、对外贷款收入等。

(二)按财政收入来源分类

(1) 以财政收入来源的所有制结构为标准分类,有国有经济收入、集体经济收入、个体经济收入、外资经济收入等。

(2) 以财政收入来源的部门结构为标准分类,有工业部门收入、农业部门收入、商业部门收入等或第一产业收入、第二产业收入、第三产业收入。

(三)按财政收入管理方式分类

按管理方式分类,财政收入可分为预算内收入和预算外收入。目前我国财政统计中的"财政收入"属于预算内收入,其特征是纳入预算,按国家立法程序实行规范管理,由各级政府统筹安排使用。预算外收入是各级政府依据法规采取收费形式而获得的专项资金或专项基金,由各部门安排使用,在统计上未纳入"财政收入"统计。

(四)按财政收入的价值构成分类(理论分类)

社会总产品价值量 $W = C(补偿价值)+V(劳动者的报酬)+M(剩余产品价值)$。目前我国基本上没有来自 C 的财政收入。1985 年前有部分折旧基金上缴,1985 年后基本折旧不再上缴财政集中,所以也就不再形成财政收入。

来自 V 的财政收入,目前主要有以下 3 个方面。

(1) 直接向个人征收的税金(如个人所得税、个人交纳的房产税、车船使用税、契税等)。

(2) 向个人收取的规费。

(3) 居民个人购买国债,形成有偿财政收入。还有一些间接的由 V 形成的财政收入,如个人购买高档消费品(烟酒、珠宝等)上交的消费税;以工资接受别人提供的服务的营业税等。

由于我国个人工资收入不高,所以 V 当前一段时间不能形成财政的主要收入,这和西方国家不同。来自 M 的收入,是主要来源。目前我国全社会创造的剩余产品价值 40% 左右为财政所集中,其中国有经济职工创造的 M 量,50%~60%被财政所集中,用于再分配。所以,我们研究财政收入价值构成最重要的理论意义就在于从根本上找出对财政收入产生影响的要害因素,从而采取有效措施增加财政收入。可见,增加财政收入,增加 M 量是核心,必须深入研究影响 M 量增减变动的因素。

影响 M 增减变动的因素有三种,即产量、成本、价格。在商品适销对路和 C、V、M 的构成比例不变的情况下,产量越高,M 的绝对额越大,从而财政收入越多,反之则越少。成本的高低取决于生产中物化劳动的消耗及管理费用的高低,在产量和价格不变的情况下,成本降低，意味着 M 量扩大，反之则缩小。价格变动直接影响财政的货币收入，在市场经济条件下，价格高低往往取决于商品质量，优质优价，劣质低价，甚至无价。所以提高商品质量等于增加 M 量。可见，增加财政收入根本的途径是增加 M 的绝对额或扩大 M 在"C+V+M"中的比重。扩大适销对路的商品产量，提高质量，降低消耗，是增加财政收入的主要途径。

第二节　财政收入规模

一、财政收入规模的含义及衡量指标

(一)含义

财政收入规模是指一定时期内(通常为 1 年)财政收入的总量。通常用某一时期(一个财政年度)财政收入总额(绝对数额)或用财政收入占国内生产总值(GDP)的比重及财政收入占国民生产总值(GNP)的比重(相对数额)来反映。财政收入规模是衡量政府公共事务范围和一国财政状况的基本指标。

保持财政收入持续稳定增长，满足财政支出的需求是各国政府追求的主要财政目标。但是财政支出的需求往往是无限的，而财政收入的供给却总是有限的。一国一定时期财政收入规模有多大、财政收入增长有多快，不是或不仅仅是以政府的意志为转移的。财政收入的规模和速度是受一国政治、经济等条件的影响和制约的。

(二)衡量指标

1. 绝对量指标

绝对量指标为财政总收入，主要包括中央和地方财政总收入、中央本级财政收入和地方本级财政收入、中央对地方的税收返还收入、地方上解收入、税收收入等。财政收入的绝对量指标系列，具体反映了财政收入的数量、构成、形式和来源。

2. 相对量指标

(1) 财政集中率：$K=FR/GDP\times100\%$。FR 表示一定时期内(通常为 1 年)的财政收入总额。它可以根据反映对象和分析目的的不同，运用不同的指标口径，如中央政府财政收入、各级政府财政总收入、预算内财政收入、预算内和预算外财政总收入等，常用的是各级政府预算内财政总收入。同样地，式中的国民收入也可运用不同的指标口径，如国内生产总值、国民生产总值等。财政收入的相对指标具有较强的分析意义。K 越高，表明政府配置的资源越多，市场配置资源的作用就越小。

长期以来，西方发达国家的财政收入占 GDP 的比重普遍处于较高水平，基本在 30%～50%。以 2005 年为例，财政收入占 GDP 的比重最高的是瑞典，为 52.94%，美国为 29.32%，日本为 28.02%，德国为 37.90%，法国为 45.69%，英国为 38.27%。由于政府可以以财政赤字的方式扩大开支，事实上，国家支出占 GDP 的比重更高。2005 年的数据显示，美国为

39.2%，日本为 29.20%，德国为 52.30%，法国为 55.90%，英国为 46.90%。国家消费的重点领域具有明显的公共开支的性质。在西方国家庞大的财政开支中，支出占比最大的四个部分是社会保障和社会福利支出(平均占 15%)，教育支出(平均占 12%)，公共医疗卫生支出(平均占 10%)，国防支出(平均占 8%)。[①]

(2) 宏观税负率：税收收入中 GDP 的比重。税收已成为现代财政收入中最主要和最稳定的来源，税收收入通常占财政总收入的 90%左右。

二、影响财政收入规模的因素

(一)经济因素

经济发展的水平是决定财政收入规模的主要因素。

(1) 经济越发达，GDP 增长越快，财政收入增长就会越快。

(2) 经济越发达，人均 GDP 增加越多，剩余产品增长速度(超过 GDP 增加速度)就会加快，最终财政收入规模增大。

一国的经济发展水平主要表现在人均占有的 GDP 上，它表明了一国生产技术水平的高低和经济实力的强弱，反映了一国社会产品丰裕程度及其经济效益的高低，是形成财政收入的物质基础。如英、法、美等西方主要国家，19 世纪末财政收入占 GNP 的比重维持在 10%左右，而到 20 世纪末，这一比重则上升到 30%~50%。

(二)生产技术因素

(1) 技术的进步会导致生产速度加快、生产质量提高，从而使国民收入增加，并最终使财政收入增加。

(2) 技术的进步会导致物耗比例降低，从而使人均产出率和社会剩余产品价值率提高，最终使财政收入规模增加。

(三)收入分配政策和分配制度

即便在经济发展水平相当的国家，由于政治、社会、经济制度等方面的差别，也会造成财政收入规模的差异。收入分配政策和分配制度对财政收入规模的影响表现在下述两个方面。

(1) 收入分配政策决定剩余产品价值占整个社会产品价值的比例，进而决定财政分配对象的大小。

(2) 收入分配政策决定财政集中资金的比例，即财政收入占社会剩余产品价值的比例。

在计划经济体制国家，政府在资源配置和收入分配上起基础作用，政府掌握较多的社会资源，所以财政收入规模较大。

在市场经济体制国家，市场在资源配置和收入分配上起基础作用，政府掌握较少的社会资源(以弥补市场的缺陷为主)，所以财政收入规模较小。

[①] 资料来源：新浪财经。

(3) 产权制度、企业制度、劳动工资制度、福利制度也会影响财政收入规模。

在 GDP 大小确定的情况下，政府、企业和个人三者之间按照不同的比例分配也会影响财政收入的规模。

(四)价格因素

(1) 价格总水平的变化必然影响财政收入规模(货币收入)。在现实经济运行过程中，价格总水平由于受到各种因素的影响，总是处于不断变化和运动之中。因而，价格总水平对财政收入的影响也可分三种情形。

第一，社会总供给与总需求平衡状况影响价格总水平，进而影响财政收入。

在市场的作用下，供求关系不仅决定着个别商品的价格，而且也决定着价格总水平的变化。这样的价格变化可以导致买卖双方的再分配——提价企业受益，购进提价产品的企业或个人往往不能自我消化提价的负担，因此必须由财政给予补贴，而提价企业因提价带来的税收增量又多被购入提价产品企业的税收减少所抵销，导致财政收入不变甚至减少。反之，降价给购入降价产品的企业带来的税收增量也多为降价企业税收的减少所抵销，而政府给予生产资料降价的企业的补贴毫无疑问增加了财政支出。

第二，币值变化影响价格总水平，从而影响财政收入。

通货膨胀是一种货币现象，即纸币发行过多，造成流通中实际货币量超过客观必要量，单位货币代表的价值减少，从而导致货币贬值，物价总水平上升，形成通货膨胀。从宏观上分析，通货膨胀是由财政赤字和信用膨胀两种因素共同形成的。

当通胀由财政赤字引起的时候，"国家财政就会通过财政赤字从 GDP 再分配中分得更大的份额；在 GDP 只有因物价上升形成名义增长而无实际增长的情况下，财政收入的增长就是通过价格再分配机制实现的"。如果通胀主要是由信用膨胀造成的，则"财政在再分配中有得有失，而且可能是所失大于所得，即财政收入实际下降"。

第三，商品价值量变化引起价格总水平变化，进而导致财政收入变化。

价值是形成商品价格的基础，价值决定价格。根据马克思价值学说，随着社会生产力的不断发展，社会劳动生产率随之提高，单位商品包含的无差别人类劳动减少，即单位商品的价值量减少，导致商品价格降低。由于这一切都是建立在生产力不断进步、经济迅速发展的基础上的，所以 GDP 必然增加，而很大程度上取决于 GDP 增长规模和速度的财政收入增长规模和速度必然相应地呈现增加趋势。

(2) 现行的税收制度必然影响财政收入规模(货币收入)。如果实行的是累进税率，纳税人适用的税率随着名义收入的增长出现"档次爬升"效应，从而财政收入规模增加。如果实行的是比例税率，税收收入的增长率等同于物价上涨率，财政收入只有名义增长而无实际增长。如果实行的是定额税率，税收收入的增长率总要低于物价上涨率，所以，即使财政收入名义增长而实际都是下降的。

(3) 商品的比价关系也影响财政收入规模。商品的比价指在同一时间内，在同一地点，一种商品与另一种商品的价格比例。当商品的比价关系向有利于高税商品变动时，财政收入上升较快。商品比价可以从两个方面影响财政收入。

价格的变动会引起货币收入在企业、部门和个人之间发生转移，形成 GDP 的再分配，使来自不同部门、企业和个人的财政收入分布结构发生变化。例如，提高工业产品的价格，使原有的工农产品比价发生变化,使 GDP 分配更有利于工业,使农业中的一部分 GDP 转移到工业部门,使财政收入中来自工业的收入增加,来自农业的收入减少。

价格的变动,使市场上的买家和卖家之间的 GDP 再分配发生变化,从而影响财政收入。例如,提高农产品收购价格,但保持农产品销售价格不变,会使财政减少来自农产品的财政收入。能源价格的提高,有可能使财政来自这部分的收入增加,但也可能使因能源提价而受到影响的其他部门的收入减少,从而使财政收入也受到影响。

三、我国财政收入规模变化的分析

(一)从绝对数额来看

改革开放以来,我国财政收入的规模随着经济的增长而不断增长。1978—2013 年,我国财政收入绝对数额的增长可以分为三个阶段:水平徘徊阶段(1978—1982)、缓慢发展阶段(1982—1992)、高速增长阶段(1992—2018)。

【阅读资料】

2019年全球各国财政收入:中国居第二!美国收入最高却入不敷出?

2020 年已至,在经历了 2019 年经济的逆风之后,全球各大经济体的发展方向又发生了哪些改变?

1. 2019 年美国财政收入居全球第一,但仍入不敷出?

2019 财年,美国的财政收入总计 34620 亿美元,但仍比市场预期低 100 亿美元,占 GDP 的百分比为 16.3%。而美国的财政支出持续攀升至 44470 亿美元,同比增长 8.2%,占 GDP 的比重为 20.9%。2019 年美国收入虽全球最高,仍入不敷出,财政赤字高达 9840 亿美元。

巨大的财政赤字迫使美国不得不以国家信用为担保,向外举债,一一在账面上补齐。据美国财政部统计,2019 财年,美国从公众借款总额攀升至 16803 亿美元,增长规模高达 10520 亿美元。而截至 2019 年 12 月 31 日,美国国债规模高达 23.16 万亿美元。

其中,美国财政收入削减最厉害的还是进口费用,由于美国推行"美国至上"贸易政策,对其他国家胡乱增加收费,致使世界各国纷纷开始转移出口渠道,使美国在进口费用方面的收入大幅削减,仅为 708 亿美元,比市场预期少了整整 109 亿美元。

2. 中国财政收入大概率将继续位居第二

财政收入,可以说是经济晴雨表。回顾中华人民共和国成立 70 年,中国的财政收入由 62 亿元攀升至约 26 万亿元,大约增 4192 倍。中国财政收入的快速增长也反映出中国经济的快速增长,从一个贫穷落后的国家,跃居为全球第二大经济体,其中日益增长的财政收入对经济发展的支撑与调控作用也是非常重要的。

根据中国财政部 2019 年 12 月 17 日公布的数据,2019 年前 11 个月,全国一般公共预算收入为 178967 亿元(约合 25814 亿美元),同比增长 3.8%;全国一般公共预算支出 206463 亿元(约合 29780 亿美元),同比增长 7.7%。中国的财政规模,保持在全球第二的位置。

(资料来源:新浪财经.)

(二)从相对数额(财政收入占GDP的比重)来看

从相对数额(财政收入占GDP的比重)来看,表现出"U"形的发展态势。下面我们分时间段进行分析。

1. 改革开放到20世纪90年代中期

这一时期,财政收入占GDP的比重一直在下降。

1) 原因

我国财政收入占GDP的比重下降与财政支出的持续增长形成尖锐的矛盾,下降的主要原因有下述3种。

(1) 分配制度发生了急剧的变化。改革以后,GDP分配格局明显向个人倾斜,导致我国财政收入下降。

(2) 经济运行不正常。财政收入占GDP比重下降,这在一定程度上反映了经济结构问题。财政是经济结构的"晴雨表",经济结构越合理,财政收入占GDP的比重就越高。我国财政收入占GDP的比重之所以明显低于发达国家的平均水平,差距就在经济结构上。靠粗放发展,靠过分消耗资源与环境来实现增长,我国的财政收入占GDP的比重只能越来越低。

(3) 财政管理体制不完善。思想理论上的失误,以及税收征管不严、财政监督不力等均导致财政收入占GDP的比重下降。

2) 后果

(1) 政府财力下降,制约着社会公共事业的发展,最终影响民众的根本利益。财政收入占GDP比重,是衡量国民幸福感的最重要指标。现代社会,政府提供"教育、医疗、治安、社会保障、救灾救济、交通、环保、生态环境"等公共产品和公共服务的水平,决定着国民的生活质量和幸福感。我们发展经济的最终目的,也是让所有的人生活得更幸福。那么,政府靠什么来提供公共产品?财政收入!"取之于民,用之于民"是财政之本,财政收入是一个国家或地区维护社会公平、救助弱势群体,实行社会保障的物质基础。财政收入占GDP比重越高,国家就越有能力为国民提供充足的公共服务,越有利于社会公平。反之,这个比例过低,会影响国家财政再分配的保障能力,制约社会公共事业的发展,最终影响民众的根本利益。

财政收入占GDP比重的下降,与国民的普遍感觉相印证。我国的GDP一直在高速增长,而"上学难、看病难、社会保障难"等问题为什么得不到缓解,反而愈演愈烈?一个很重要的原因就是财政收入不足以提供更多的公共服务。

(2) 宏观调控能力下降。

(3) 资金分散,难以保证国家重点建设。

2. 20世纪90年代中期至2018年

这一时期,财政收入占GDP的比重一直在上升。

1995年以来,国民收入的分配格局,越来越向国家倾斜。居民收入占GDP的比重日益下降,而国家财政收入连续以超过GDP增长幅度1倍以上的速度增长。我国财政收入占GDP的比重从1995年的10.7%,逐步增长到2018年的19.9%左右。

我们可以预测的是,中国国家支出结构将逐渐与西方现代国家靠近:逐渐将原由国有企业负担的社会保障和社会福利支出部分,改由国家财政负担;大幅度提高公共卫生开支;连续稳定地提高国防支出;提高教育经费在国家财政开支中的比重;增加对农业的转移支付;与此同时,原来占比较大的国家基本建设投资的占比将逐年下降。以医疗卫生为例,由于国家支付能力的提高,中国将有能力逐步解决这一长期困扰中国人民的问题。最近出台的医疗卫生体制改革明确指出,我国将对中国老百姓提供基本医疗保障,农村将普遍实行新型农村合作医疗制度,城市推广社区卫生服务。对于证券市场而言,惠及面将逐渐从医疗设备、医药流通领域,扩散到药品生产制造领域,进而带动整个国家医药消费的支出。

第三节 财政收入结构

一、财政收入结构的含义

财政收入结构是指财政收入在国民经济各部门、各行业和各地区之间的比例和数量。它反映的是通过国家预算集中财政资金的不同来源、规模和所采取的不同形式,以及各类财政收入占财政总收入的比重和增加财政收入的途径。

二、财政收入结构的分类

(一)财政收入的产业结构

国民经济按产业可分为第一产业、第二产业和第三产业。第一产业包括农业、牧业、林业、渔业等;第二产业包括工业和建筑业;第三产业包括第一、第二产业以外的各业,主要有流通部门、服务业、旅游业、交通运输业、金融保险业等。三大产业在国民经济整体中的地位不同,在财政收入中的地位也不同。研究财政收入的产业结构以及与之相关的价格结构的变化对财政收入的影响,便于根据各部门的发展趋势和特点,客观地组织财政收入,开辟新的财源。

(1) 第一产业是国民经济的基础。第一产业的发展会影响整个国民经济的发展,从这个意义上说,农业也是财政收入的基础。农业作为财政收入的基础主要表现在两个方面:第一,农业直接提供的财政收入主要是农牧业税。随着农(牧)业税的取消,这部分财政收入将逐渐减少。减轻农民负担将有利于农业的发展。第二,农业间接提供的财政收入。长期以来,我国工农业产品交换中存在剪刀差,使农业部门创造的一部分经济价值转移到以农产品为原料的轻工业部门实现。总之,没有农业的发展,就没有其他部门的发展,也就没有国家财政收入的增长。

(2) 第二产业是国民经济的主导,是财政收入的主要来源。我国在1985年以前60%的财政收入来自第二产业。原因包括:①第二产业资金的有机构成高于其他行业,工业的劳动生产率、积累水平较其他部门高,创造的国民收入多;②工业部门国有经济较多,除了上缴税收外,盈利也有相当一部分上缴给国家。因此工业是财政收入的最主要来源。第二产业的发展和经济效益如何,对财政收入的增长至关重要。财政收入能否随第二产业的发展而相应增长,取决于两个条件:一是工业企业和建筑业的经济效益;二是产业内部各部门、各行业比例关系协调。要防止第二产业内部长线部门、行业形成的产品积压浪费,也要防止短线部门、行业形成的瓶颈制约,如目前的电力、煤炭、原材料等制约着工业生产扩大。

(3) 第三产业创造的价值是构成 GDP 的一部分,同时也是构成财政收入的重要来源。随着市场经济体制改革的加快和科学技术的进步,第三产业占 GDP 的比重也越来越大,财政收入来自第三产业的比重也越来越高。目前来自第三产业的财政收入占财政总收入的 40%左右。所以第三产业已成为我国开辟财源、筹集财政资金的重要产业。

(二)财政收入的所有制结构

所谓财政收入的所有制结构是指财政收入作为一个整体,是由不同所有制的经营单位各自上缴的税金、利润和费用等构成的。

财政收入按经济成分分类,有国有经济收入、集体经济收入、私营经济收入、个体经济收入、外资经济收入等。

改革开放以前,我国是以国有经济为主导地位的,国有经济提供的财政收入占整体收入的 2/3 以上。集体经济和其他经济占财政收入的 1/3。改革开放以后,特别是 20 世纪 90 年代中期实行社会主义市场经济体制以来,私营经济、个体经济、外国投资企业发展迅猛,财政收入来自非国有经济的部分逐步上升。这些经济成分约占财政收入的 50%左右(含私营经济、个体经济、中外合营经济、外商独资经济成分),而来自国有经济的财政收入也只有 50%左右,各占半壁江山。所以非国有经济是我国财政收入的重要来源。随着经济体制进一步改革,国有企业将进一步减少,国有经济占财政收入的比重也将进一步缩小。

(三)财政收入的地区结构和生产力布局

财政收入的地区结构和生产力布局是否合理,不仅关系国民经济的平衡发展,也影响财政收入的状况。我国各地区的发展很不平衡。按经济发展水平、交通运输条件、技术水平、地理位置等方面区别,全国可分为东部、中部、西部三大经济地带。由于经济发展程度不一,积累水平相差悬殊,东部地区是我国财政收入主要来源地带。因此,三大经济地带只有将东部的资金、技术、人才优势与中西部的资源优势有机结合起来,帮助中西部地区发展经济、培植财源,才能实现中西部地区财政收入较快增长,改变西部地区财政收入过低、靠中央财政转移支付过多的局面。

本 章 小 结

财政收入是政府为满足社会公共需要,依据一定的权力原则,从国民经济各部门集中的一定量的社会产品价值。它包含两层意思:一是在货币经济条件下,财政收入表现为一定量的货币收入;二是财政收入又是一个过程,它是财政分配的第一阶段或基础环节。财政收入包括税收收入、债务收入和非税收入，其中，税收是财政收入的主要形式。以上各种形式的财政收入所占比例即构成了财政收入结构。财政收入规模是指一定时期内(通常为1年)财政收入来源的总量。财政收入规模是衡量政府公共事务范围和一国财政状况的基本指标。财政收入主要与经济因素、生产技术因素、收入分配政策和价格因素有关。

课 后 习 题

一、名词解释

财政收入 财政收入结构 税收收入 国有资产收益

二、简答题

1. 简述财政收入的概念及种类。
2. 简述财政收入规模的衡量及影响因素。

三、案例分析题

中石化抱怨每天缴税8.8亿遭质疑 实为消费者买单

不要被中石化的3块3忽悠了。

中石化董事长傅成玉在两会上说，2011年中石化给国家上缴税款3298亿元，每天上缴超过了10个亿，2012年国内经济放缓，每天上缴税款8.8亿元。国家拿去后做扶贫、办教育、办交通、转移支付等，国家做这些事的时候，每100块钱里就有中石化的3块3，体现了人民的企业最后要让人民来共享。傅成玉摆这些功劳的意图是什么呢？他是反对央企上缴红利的规定，认为纳税够多，红利就该免了。

傅成玉这个抱怨，在两会后仍然在发酵，近些日子还有财经媒体发表文章探讨中石化的红利与负担问题。但是，探讨的媒体都没有弄清事实真相，完全被傅成玉的3块3给忽悠了。

中石化一家企业所缴纳的税金，占全国税收总额的3.3%，乍看起来确实是够让人肃然起敬的，全国人民应该感恩戴德都来不及，哪还有理由继续要求他们上缴红利？

但事实上，所谓中石化每天上缴10亿元或8.8亿元的说法，其中包含一个巨大的陷阱。中石化确实上缴巨额税金，但是，这些税金并不都是中石化的企业所得税等直接税。这些巨额税金中，绝大多数应该是商品税。企业所得税等直接税与商品税等间接税，其意义是截然不同的。

一个企业给国家的税收贡献，最根本的要看直接税而不是间接税。因为直接税不能转嫁，是将企业自己利润的一部分拿出来，上缴给国家，这减少了企业的财富。而间接税则不然。间接税可以转嫁给上游和下游，名义上的纳税人并不是真实的负税人，名义纳税人所纳税款并不减少他的财富，他不过是把别人的财富代转给政府而已。中石化每天缴给国家的10亿元税金，显然是间接税而不是直接税。

公开数据材料显示，2012年中石化净利润635亿元。按照目前企业所得税25%的税率计算，应纳企业所得税大致为158亿元。这应该是中石化所负担的直接税中最重要的一部分。其他的直接税并不会很多。而按照傅成玉每天 8.8 亿元计算，则去年中石化总纳税为 3212 亿元，是企业所得税的 20 倍。那么，这相差的 3000 亿元税金是怎么回事呢？显然，这 3000 亿元应该是经营中缴纳的间接税，即增值税、营业税、消费税等。数据显示，去年中石化经营收入 27860 亿元，3000 亿元的各项间接税，占此经营总收入的 11% 多一些，正好符合中国间接税税负的实际情况。虽然我们没有中石化所缴增值税、营业税和消费税的详细资料，但是可以肯定，企业所得税之外的 3000 亿元税收，一定是这些间接税。

对于企业来说，间接税虽然也由企业缴纳，但是此税收却完全包含在价格之中，由消费者承担。企业所起的作用仅仅是将千家万户消费者缴纳的税金，转缴税务部门而已。这些税收，对作为经营者的中石化有什么影响呢？影响在于，由于税收导致价格增加，可能使经营额下降，减少经营收入。但是，因为中石化是垄断性企业，其价格弹性小，间接税对经营收入的影响并不会很大。所以说，中石化代缴的 3000 亿元间接税，是作为实际纳税人的消费者的付出，中石化并无什么损失。

经过这么计算就可以理解，中石化对于中国税收的贡献并不是傅成玉所说的那么大。如果以企业所得税而言，中石化一天缴给国家的不到 5 毛钱，国家花出 100 元，其中也仅仅包含不到一毛五分钱的中石化的所得税。而中石化每天缴给国家的 8.8 亿元中，真正来自中石化的，还不到零头。所以，不是作为央企的中石化拿出巨额税款赞助国家"做扶贫、办教育、办交通、转移支付"，而是广大的消费者通过购物消费同时纳税而为国家筹集资金，才使国家有钱进行扶贫教育等项事业。

傅成玉 3 块 3 的说法，让很多人感到内疚和自卑，觉得亏欠如中石化这样的大型央企太多了。显然，人们被间接税造成的财政幻觉给搞晕了。19 世纪，意大利财政学家普维亚尼提出著名的财政幻觉理论，认为"一旦税收实际上被计入个人对私人商品和服务所做的支付中，就会产生幻觉"，他认为特别消费税最为典型(因为那时候尚未有增值税)，这种情况下个人可能完全不知道他在纳税。财政幻觉因为迷惑纳税人，能够起到"拔更多的鹅毛而鹅不叫"的奇效，一直被统治者精心使用。中国由于实行间接税为主的税制，其所制造的财政幻觉迷惑作用非常强烈。这种幻觉下，人们弄不清自己的纳税实情，知道的只是国家有不少纳税大户，成为国家财政的支柱，而个体消费者的纳税贡献则被视同乌有。而纳税大户们则以他们缴纳的实际上来自广大消费者提供的税金，作为向社会讨价还价，谋取更多特权的筹码。此次傅成玉正是利用间接税的隐蔽性，迷幻社会，以达到降低或减免央企红利的目的，不幸的是，很多人，包括财经媒体都被忽悠，一起讨论央企红利是不是合理的问题。

虽然傅成玉的 3 块 3 本质上是忽悠，但此事也从另一方面提醒，商品中的税负确实应该降低，间接税也确实应该逐步让位给直接税了。

(资料来源：中国经营报，梁发芾，2013 年 03 月 30 日.)

问题：

1. 企业缴纳直接税与间接税的区别是什么？
2. 国企缴纳所得税后应不应该再上缴红利？
3. 国企上缴红利的性质与用途是什么？

第四章

税 收 理 论

【学习目标】
- 掌握税收的含义、特征及职能。
- 了解税收的原则。
- 了解税收负担的转嫁方式。
- 掌握税收的主要种类及其含义。

【引导案例】

从烟草消费税看央地税改悖论：到底是减少还是刺激消费？

原标题：从烟草消费税看央地税改悖论：到底是减少还是刺激消费？

(对外经贸大学国际经济贸易学院财政税务学系教授，世界卫生组织烟草控制与经济政策合作中心主任)

日前，国务院印发《实施更大规模减税降费后调整中央与地方收入划分改革推进方案》(以下简称《方案》)。《方案》明确了在目前经济下行、减税降费的大背景下，中央与地方收入分配的改革措施，即增值税保持目前"五五分享"比例稳定，调整完善增值税留抵退税分担机制，在征管可控的前提下，将部分在生产(进口)环节征收的现行消费税品目逐步后移至批发或零售环节征收以拓展地方收入来源，引导地方改善消费环境。《方案》还明确消费税改革调整的存量部分核定基数，由地方上解中央，增量部分原则上将归属地方，确保中央与地方既有财力格局稳定。

消费税的征收不同于增值税，增值税在普遍征收的基础上力求中性，而消费税则要体现"寓禁于征"的调节作用。目前我国消费税的税目涵盖15类商品，包括烟、酒等对健康有损害的商品，小汽车、摩托车、成品油、电池、涂料、鞭炮焰火等环境破坏型商品，贵重首饰珠宝玉石、高档手表、游艇、高尔夫、高档化妆品等奢侈型消费品，以及实木地板、木制一次性筷子等资源耗竭类商品。在这15个税目中，卷烟、酒、汽车、成品油四个税目贡献的消费税税额占全部消费税税额的比重高达99%。《方案》明确先对高档手表、贵重首饰和珠宝玉石等条件成熟的品目实施改革，再结合消费税立法对其他具备条件的品目实施改革试点。

毫无疑问，要推进落实《方案》中关于消费税的改革，必然要包括烟、酒、汽车和成品油这四大类产品。而在这四类商品中，烟草制品的消费税更适合作为推进消费税改革的首选，这主要基于两个方面的原因：一是烟草制品税收贡献最大，2018年烟草行业国内消费税占国内消费税总额的53%左右；二是当消费税征收环节后移到商业环节时，烟草专卖制度保证了在商业环节对烟草制品征收消费税相较于其他商品在税收征管方面更为可控。

基于此，本文以烟草消费税为对象，就《方案》关于消费税的改革方向谈几点想法供讨论商榷，以利于积极稳妥地推进消费税立法和消费税改革。

其一，消费税改革的方向是"寓禁于征"还是刺激消费？《方案》将消费税逐步下划地方，其初衷是为了健全地方税体系，扩大地方税收收入来源，增强地方应对更大规模减税降费的能力。《方案》认为下划消费税给地方将引导地方改善消费环境。那么"改善消费环境"该如何理解？是增加应税消费品的销量还是减少应税消费品的销量？毫无疑问，这一改革之举会刺激地方政府采取措施鼓励消费税应税产品的消费，应税品消费量越大，在完成上解给中央的核定基数后，留给地方的税收收入越多。显然这与消费税限制应税消费品的调节功能相悖，使得"寓禁于征"的消费税，在实际操作中很可能变成了"鼓励消费"的消费税。

以烟草为例，烟草制品是对人类健康有百害无一利但又被合法生产和贸易的商品。为了控制烟草的全球流行，减少烟草使用所带来的健康和经济损失，2003年世界卫生大会批准了《世界卫生组织烟草控制框架公约》(以下简称《公约》)，中国于2003年11月10日签署了《公约》，2006年1月《公约》在中国正式生效。《公约》提出控制烟草流行的一揽子措施，包括实施100%无烟环境、全面禁止烟草广告促销赞助、烟盒警示包装、提供戒烟服务、提高烟草的税收与价格等。其中提高烟草的税收与价格，在全球各国的实践中被经验性地证明是单项最有效的措施。提高烟草税不仅能够增加政府的税收收入，还能够减少烟草消费，获得公共健康收益。烟草税中最重要的税种就是消费税，各国提高烟草消费税的目的是为了减少烟草消费而绝非刺激烟草消费。

其二，《方案》提出消费税下划地方后，改革调整的存量部分核定基数，由地方上解中央，增量部分原则上将归属地方，确保中央与地方既有财力格局稳定。对此笔者担心这一操作实施后，对地方政府来说，基于这样一个制度设计，地方为了获得增量的消费税收入，必然会千方百计地采取措施刺激当地的卷烟消费，甚至会阻止地方无烟立法的推出和实施，如此，全面推进控烟履约的目标(2016年制定的《健康中国2030规划纲要》中提出)，以及全面无烟立法保护的人口于2022年达到30%和2030年达到80%的目标(2019年7月制定的《国务院关于实施健康中国行动的意见》中提出)恐怕无望实现。进一步追问，中央政府提高烟草消费税的意愿会不会被进一步抑制？烟草行业是所有行业中税利贡献最多的行业，来自烟草制品的消费税占到所有消费税收入的五成以上。烟草消费税核定基数上解中央以后，中央来自烟草消费税的收入规模被固化，通过提高烟草消费税增加税收收入的动机自然会被进一步削弱。此外，今年还明确了提高央属国有企业税后利润上缴比例，这一规定无疑也会进一步弱化中央政府提高烟草税的意愿。

作为世界上最大的烟草生产国和消费国，我国现有吸烟者逾3亿，每年因吸烟相关疾病所致的死亡人数超过100万，因二手烟暴露导致的死亡人数超过10万，烟草控制在中国任重而道远。我国当前烟草税占零售价格的比重约为54%，离世界卫生组织建议的75%目标尚有很大差距。可以肯定的是，如果不采取积极有效大幅度的提税提价措施，《健康中国2030规划纲要》提出的到2030年将中国成人吸烟率降低至20%的目标将无法实现。

2015年中国政府提高了烟草消费税和价格，通过此次提税，2014年至2016年，卷烟零售价格平均上涨了11%，最便宜的卷烟品类的价格上涨了20%；税收占零售价格的比重平均从51.7%增加至55.7%；卷烟销量从1270亿包下降至1170亿包，降幅为7.8%；卷烟价格上涨预计使得成人吸烟率降低0.2%至0.6%，这意味着吸烟者人数减少220万至650万。2014年至2016年，烟草税收收入从7400亿人民币增加至8420亿人民币，涨幅为14%。中国2015年上调烟草税的举措证明，提高烟草税是对公众健康和政府收入均有益处的"双赢"策略。

2016年8月，习主席在全国卫生与健康大会上发表重要讲话。他强调，"没有全民健康，就没有全面小康"；"要坚定不移贯彻预防为主方针……"；"……如果这些问题不能得到有效解决，必然会严重影响人民健康，制约经济发展，影响社会和谐稳定。"习主席对健康促进和疾病预防的强调具有革命性意义，维护人民的健康利益绝不仅仅是卫生部门的任务和职责，无论是发展经济还是改善民生的政策，都应体现人民的健康利益，要体现"健康入万策"。税收政策应是"健康入万策"的载体，税收政策的调整尤其是消费税的调整应反映人民的健康需求和健康利益。

在全面建成小康社会和实现中华民族伟大复兴中国梦的新征程中，消费税改革应体现健康导向，烟草作为低质量的消费，与中国未来经济和公民健康的发展彻底违背，在"健康入万策"的大背景下，消费税立法应充分考量烟草的有害性，让政策的制定更科学、更符合人民的健康利益。

(文章仅代表作者观点。责编邮箱：yanguihua@jiemian.com)

(资料来源：郑榕，界面新闻，2019年10月21日，
http://finance.sina.com.cn/roll/2019-10-21/doc-iicezzrr3645823.shtml.)

第一节 税收概论

一、税收概述

(一)含义

税收是个古老的财政范畴，是随着国家的产生而产生的现象。对税收的定义有多种表达。

马克思认为："赋税是政府机器的经济基础，而不是其他任何东西。"

列宁认为："所谓赋税，就是国家不付任何报酬而向居民取得的东西。"

西方税收理论提出了"利益交换说""社会契约论"，如托马斯·霍布斯认为："人们为公共事业缴纳的税款，无非是为了换取和平而付出的代价。"

20世纪30年代后，经济学者从经济运行角度提出了新的税收理论，认为国家征税除了为公共物品的供给筹措经费之外，还发挥了调节经济的功能。

综合各种观点，我国给税收的定义：税收是国家为了实现自身的职能，或预定的社会和经济目标，凭借政治权力，按照法律规定，强制无偿地征集而取得财政收入的一种形式。

这是一种无偿性收入，征税的目的是补偿政府在提供公共商品过程中所花费的成本，同时利用税收配置资源和调节收入分配。

(二)税收的形式

税收从征收形式看，经历了从实物税、劳务税到货币税的发展过程。

在自然经济条件下，税收主要来自农业收入，以实物形式的直接税为主。如土地税、人头税、劳役(无偿向国家提供劳务如修路、修筑军事工程、宫殿)等。

在商品经济条件下，以交易额为对象课征的间接税逐渐成为主导性的税类，如销售税、关税等。

在市场经济条件下，以所得税为主的现代直接税又成为主要的税类。

(三)税收的本质

无论何种形式或类型的税收，实质上均体现为一定的利益关系，即国家与纳税人之间，以及纳税人相互之间的利益关系。

(四)税收存在的依据

(1) 税收是弥补政府提供的公共商品成本的需要。
(2) 税收是政府调节收入和财富分配的需要。
(3) 税收是政府进行持续性调节和"反周期性"调节,保持宏观经济稳定,均衡发展及进行宏观经济调控的需要。

二、税收的特征

(一)强制性

税收的强制性表现为义务形成上的强制性和义务履行上的强制性。

强制性是指国家征税凭借国家的政治权力,通常以颁布的法令来强制实施。税收以强制性为财政收入提供了必要保障,避免了"搭便车"行为。

凭借经济权力取得的收入(如公共收费、国有资产收益、债务收入),要以交易行为为基础,而交易行为具有自愿性。税收的强制性使税收与公债、政府收费和捐款等区别开来。与税收相比,公债取决于债权人的意愿,捐款取决于捐赠者的意愿,它们都是自愿的,不具有强制性。

有人说,税收是人类社会存在的根基。"在我们这里,除了享受阳光和空气之外,都要纳税。"这是西方人形容纳税范围之广的一句经典名言。

(二)无偿性

无偿性具有两层含义。
(1) 非等量的偿还性:双方不具有"等价交换"性质。
(2) 非直接的偿还性:指国家所征税款为国家所有,不需要直接归还给纳税人,即不构成国家与纳税人之间的债务关系。

当然,税收的无偿性是一个相对的概念。因为税收的无偿性与财政支出的无偿性是并存的。

(三)确定性

确定性是指国家征税前就以法律的形式规定了征税对象、征收标准和课征办法等税制要素。这实际上是指程序的确定性,征纳双方都不能任意违背。

三、税收的职能

(一)调节社会分配职能

市场机制不能自发地实现国民收入的公平分配,因为每个国民拥有的生产要素不同,而现代社会认为每个人都有同等的生存权和发展权,两者的矛盾需要很好地协调。

(二)财政收入职能

为了满足社会公共需要,保证政府职能顺利履行,国家必须掌握相应的经济资源。

(三)稳定经济职能

稳定经济职能体现在下述两个方面。

1. "内在稳定器"的作用

这是指税收会随着经济形势的周期性变化自动地发生增减变化,从而对经济的波动发挥自动抵消作用。它是依靠税收制度本身所具有的内在机制,自行发挥作用,以达到稳定经济的目的。

一般来说,在经济扩张阶段,由于累进税率的作用,税收增长会超过国民收入增长速度,使居民的可支配收入相对减少,具有遏制总需求扩张和经济过热的功能。反之,在经济紧缩阶段,由于累进税率的作用,税收增长会低于国民收入增长速度,使居民的可支配收入相对增加,具有促使总需求扩张和经济过热的功能。

2. "相机抉择"的作用

这是指政府根据经济运行的不同状态,有针对性地采取灵活多变的税收措施,以消除经济波动。即在经济扩张阶段,通过提高税率,降低起征点,控制税收减免等手段,增加税收,使居民可支配收入相对减少,限制投资规模,发挥抑制总需求和通胀的作用。在经济衰退阶段,则通过减少税收可以刺激总需求扩张,扩大就业,抑制经济衰退。

(四)经济调控职能

由于市场失灵会导致资源的低效配置。为了弥补市场缺陷,政府利用税收可以对经济进行必要的干预。

四、税收的分类

(一)按课税对象的性质分类

税收按保税对象的性质可分为下述几种。
(1) 商品税。包括增值税、消费税、营业税、关税等。
(2) 所得税。包括个人所得税、公司所得税等。
(3) 财产税。包括房产税、车船税、遗产税、赠与税等。
(4) 资源税。包括资源税、土地使用税、牧业税、耕地占用税等。
(5) 行为税。包括屠宰税、印花税、特产税、证券交易税等。

商品税是指包括所有以商品或劳务流转额为课税对象的税种,如增值税、营业税、消费税、关税等。若以商品或劳务流转过程中的交易额为课税对象,则称为销售税;若以商品或劳务流转过程中在每一流转环节的增值额为课税对象,则称为增值税。根据课税对象范围的大小,还可以将商品流转税进一步划分为一般商品税和特定商品税。一般商品税是对所有商品统一课征的流转税，特定商品税是对某一类特殊商品课征的流转税。

财产税可进一步分为对财产持有的课征和对财产转让的课征。对财产持有的课征，是以一定时期纳税人所拥有或支配的财产数量或价值为课征对象，如房产税、车船税、契税等；对财产转让的课征，是在财产所有权变更时，以被转让财产的数量或价值为课征对象，如遗产税、赠与税。

所谓行为税，是指以纳税人的某种特定经济行为作为课税对象的税收统称，如印花税、屠宰税和筵席税等；所谓资源税，是指对开发和利用自然资源征收的一类税，主要是对矿产资源和土地资源的征税，如土地使用税、农业税、牧业税和耕地占用税等。

从现代世界各国征收的税种来看，商品劳务税、所得税、财产税是现代世界各国通行的三个主要税类。

(二)按税负能否转嫁为标准分类

按税负能否转嫁，税收可以分为直接税和间接税。
(1) 直接税(不能)。纳税人与负税人一致：所得税、财产税；
(2) 间接税。纳税人与负税人不一致：商品税、增值税、消费税。

(三)按税收与价格的关系分类

税收按其与价格的关系，可分为以下两种类型。
(1) 价内税。税金构成商品价格组成部分的，称为价内税，如中国的消费税、营业税。
(2) 价外税。凡税金作为商品价格之外附加的，称为价外税，如增值税。

一般认为，价内税比价外税更容易转嫁，价内税课征的侧重点为厂家或生产者，价外税课征的侧重点是消费者。西方国家的消费税大都采用价外税方式。

(四)按课税标准分类

税收按课税标准可分为以下两种。
(1) 从价税。以课税对象的价值为计税标准，实行比例课税制或累进课税制。
(2) 从量税。以课税对象的实物量为计税标准。适用于特定税种或特定的课税对象，如中国城镇土地使用税，耕地占用税、车船税等。

从量税的税额随课税对象数量的变化而变化，计算简便，在某种意义上，有利于鼓励企业进行商品价值的附加生产。但由于从量税的税负水平是固定的，不能随价格变动而发生变化，如物价上涨而税收不能相应增加，因此是不尽合理的，因而只有少数税种采用这种计税方法，如我国的资源税、车船税等。

按课税对象的价格计算税额则为从价税，如增值税、营业税、关税等。比较而言，从价税更适应商品经济的要求，同时也有利于贯彻国家税收政策，因而大部分税种都采用从价税的方法。

(五)按税种的隶属关系分类(按税收的管理权限)

税收按税种的隶属关系或者按税收的管理权限，可分为中央税和地方税。中央税收入规模大、调节功能强。地方税的税源具有地域性，税基具有非流动性，收入规模相对较小。

五、税收的原则

(一)税收原则理论的历史和发展

1．亚当·斯密的税收四项原则

亚当·斯密在《国民财富的性质和原因的研究》一书中列举了税收的四项原则。
(1) 平等原则。纳税人应按各自能力(收入)的比例来负担税款。
(2) 确定原则。纳税人的应纳税赋是确定的，不得随意变更。
(3) 便利原则。纳税手续尽量从简、便利。
(4) 节约原则。即最少收费原则。

2．瓦格纳提出的税收四项九端原则

德国经济学家阿道夫·瓦格纳在《财政学原理》一书中提出了自己的税收原则。
(1) 财政收入原则。指税收应充分满足财政需要且随财政支出需要的变动而增加或减少。其两个具体原则为：①财政充分原则；②弹性原则。
(2) 国民经济原则。指税源的选择应有利于保护税本，尽可能选择税负难以转嫁或转嫁方向明确的税种。具体两个原则为：①选择税源原则；②选择税种原则。
(3) 社会公平原则。指规定每一个公民都有纳税义务并按照负担能力大小征税。其具体原则为：①普遍原则；②平等原则。
(4) 税务行政原则。指税法应当简明确实，纳税手续应简便，征税费用和纳税费用尽可能节省。其具体原则为：①确定原则；②便利原则；③最小费用原则。

(二)现代西方税收原则理论的基本思想

现代西方税收原则理论的基本思想主要体现在三个方面，即财政原则、公平原则和效率原则。具体内容见表4-1。

表4-1　西方税收原则

财政原则	财政充分原则	选择合理的税制结构模式
		选择合适的主体税种
	税收弹性原则	弹性大于1
		弹性等于1
公平原则	经济效率原则	微观中性原则
		宏观调控原则
	行政效率原则	征税费用最小化原则
		征税费用确实简化原则

续表

效率原则	普遍原则	一视同仁原则
		扫除不平等原则
	平等原则 (社会公平、经济公平)	横向公平(同等能力同等纳税)原则
		纵向公平(不同能力不同纳税)原则

1．财政原则

一国税收政策的确定及税收制度的构建与变革，应保证国家财政的基本需要。为此，财政原则的基本要求如下所述。

1) 财政充分原则

政府的税收政策和构建的税制模式，应与经济发展水平和税收管理能力相适应，使既定的税制能产生足够的收入并具有一定的弹性。

为此，应合理选择税源，正确确定税种，尤其是税制结构中的主体税种。因为主体税种的收入占整个税收收入比重最大。一般来说，应选择税源充裕而收入可靠的税种作为主体税种。

在发展中国家，商品税(税基宽而稳定，征管要求不高)是主要税种，而在发达国家，所得税是主要税种。

2) 弹性原则

税收的弹性是指税收收入增长率与经济增长率之间的数量关系。一般来说，应使税收的弹性大于或等于1。

2．公平原则

1) 公平原则内容

(1) 普遍原则。指征税遍及税收管辖权之内的所有法人和自然人。

(2) 平等原则(经济公平、社会公平)。指国家征税的比例或数额与纳税人的负担能力相称。此原则体现在两个方面：横向公平，即纳税能力相同的人同等纳税；纵向公平，即纳税能力不同的人不同等纳税。

2) 衡量税收公平的标准

(1) 受益标准。是指各社会成员应按各自从政府提供公共物品中享用的利益来纳税，或者说政府应把提供公共物品的成本按各社会成员享用的份额合理分配。

表面来看，此标准有一定合理性。如富人该多纳税，因为他们的财产受到了较多的国家保护；有汽车的人该多纳税，因为他们开车享受了政府提供的公路建设的好处。但实际上，此观点没有很大的说服力。因为，公共物品是一种集合性消费，具有排他的内在属性，每个人的享用程度难以量化，因而受益原则难以普遍应用。如国防费和行政管理费，每个人从中所获得的利益很难说清。

(2) 能力标准。是指按纳税人的支付能力课征税款。该标准不考虑各自对公共物品的享用程度。这一原则具有收入再分配的作用，有利于实现社会公平。这一原则是迄今公认的比较合理也易于实行的标准。但同意按照纳税能力纳税是一回事，怎么测度纳税人的纳税能力是另一回事。对如何测度纳税人的纳税能力的问题有两种观点。①支付能力客观说。

此观点主张以纳税人拥有财富的多少作为测度纳税人纳税能力的标准。一般来说,支付能力的测度可以采用收入、财产和支出三种尺度。这三种尺度可以同时作为课税依据体现在一定的税制中,如所得税是以收入为标准课征的,土地和财产税是以财产为标准课征的,消费税是以支出为标准课征的。②支付能力主观说。主观说以纳税人因纳税而感受的牺牲程度大小作为测定其纳税能力的尺度。而牺牲程度的测定,又以纳税人纳税前后从其财富得到的满足(或效用)的差量为标准。如果税的课征能使每一个纳税人所感受的牺牲程度相同,税收就是公平的。否则就是不公平的。对此,有均等牺牲、比例牺牲和最小牺牲三种尺度。

3. 效率原则

1) 经济效率原则

经济效率原则是指税收对经济资源配置、对经济机制运行的消极影响越小越好。这就要求政府在以课税方式将经济资源从私人部门转移到公共部门的过程中,所产生的额外负担最小和额外收益最大。

税收的额外负担是指课税除了给纳税人带来正常的经济负担外,对资源配置和经济运行产生的不良影响。其产生的主要原因是税制设置不合理导致商品比价关系和人的经济行为扭曲,扰乱市场配置资源的正常机制,使资源配置和人的行为选择难以达到最优状况,从而造成社会福利损失。

税收的额外收益是指课税后经济活动得以促进,社会利益获得增加。税收的额外收益源于税收政策的恰当运用和对市场缺陷的弥补。

要使税收具有经济效益,一方面应尽可能地保持税收对市场机制运行的"中性"影响,充分发挥"看不见的手"对资源配置的调节作用;另一方面应在一定范围内适当运用差别性的税收政策解决市场失灵问题,促进公共利益的增长。

例如,18世纪英国开征了窗户税。纳税人因避税减少了光照、通风等舒适感,政府也未从中获得任何好处,说明了开征窗户税给社会带来了负面效应。这种负面效应就是税收的额外负担(该税不久后被废止)。

2) 行政效率原则

行政效率原则具体指征税费用(包括行政费用和纳税费用)的最小化和确实简化原则。"确实"是指税制对纳税人、课征对象、税目、税率以及征管方式等税制要素,都要在税法和征管法上作出明确而清晰的规定。确实原则实际上也就是依法治税、有法可依的原则。"简化"是指税收的规章制度要简便易行。

(三)税收中性问题

1. 税收中性的含义

税收中性是指政府课税使社会付出的代价应以征税数额为限,除此之外不得给纳税人带来超出税款之外的额外负担,不干扰市场机制的正常运行。

2. 税收中性的前提

税收中性的前提是市场机制的有效性。在市场对资源的配置能获得"帕累托效率"的领域，税收应尽量保持中性。

3. 保持税收的中性和发挥税收的调节作用的一致性

在市场机制条件下，保持税收的中性和发挥税收的调节作用是一致的。因为税收的调节作用是针对市场"失效"而言的，即在市场机制难以有效发挥作用的领域，通过税收干预来实现资源配置达到"帕累托最优"状态。

因此，在市场经济条件下，由于市场机制在资源配置中具有基础性作用，从而使税制结构具有中性是首要的。税收必须在这个前提下发挥调节作用。传统体制下那种税收替代价格甚至超越价格对经济和经济结构发生调节作用的思路和做法必须彻底改变。

但是，也应明确，在现实生活中保持完全税收中性是不可能的。

4. 税收中性原则的实践意义

保持税收中性，在于尽量减少税收对市场经济正常运行的干扰，使市场机制在资源配置中发挥基础性作用，在这个前提下，应有效地发挥税收的调节作用，使税收机制与市场机制两者取得最优的结合。

5. 税收超额负担或无谓负担

税收中性和税收超额负担相关，或者说，税收中性就是针对税收超额负担而言的。税收的超额负担会降低税收的效率。而减少税收的超额负担从而提高税收效率的重要途径，在于尽可能保持税收的中性原则。

税收超额负担是指政府通过征税将社会资源从纳税人向政府部门转移的过程中，给纳税人造成了相当于纳税税款以外的负担。其主要表现在以下两个方面。

(1) 国家征税一方面减少了纳税人的支出，同时增加了政府部门的支出，若因征税而导致纳税人的经济利益损失大于因征税而增加的社会经济效益，则造成在资源配置方面的超额负担。

(2) 由于征税改变了商品的相对价格，对纳税人的消费和生产行为产生了不良影响，则经济运行方面超额负担。

第二节 税 收 制 度

一、税收制度的含义、作用和内容

(一)含义

税收制度简称税制，是国家各种税收法律、法规、条例、实施细则和征收管理办法的总称，是规范国家征税和纳税行为的法律规范。

(二)作用

通过制定税收制度，一方面可以以法律形式约束纳税人，规定纳税人必须履行的纳税义务；另一方面是以法律形式约束税务机关，规定税务机关必须履行的征税职责。税制一旦经国家法律形式确定后，征纳双方都必须遵照执行。可见，作为征税和纳税规范的税收制度是税收分配活动的具体体现，是处理征纳双方分配关系的法律依据。

(三)内容

从内容上看，税制的主体是税种。而每一税种又是由课税对象、纳税人、税率、征税环节、纳税期限等若干个税制要素组成的。

二、税制要素

(一)基本要素

1. 征税对象

1) 征税对象是税法的最基本要素

征税对象作为税法的最基本要素，主要是从两个方面体现出来的。第一体现了征税的基本界线，第二决定了不同税种的性质差别。

2) 征税对象与税目

税目，即征税对象的具体内容，是在税法中对征税对象分类规定的具体的征税税种和项目。规定税目首先是为了明确具体的征税范围。

从总体上讲，税目由两种方法加以确立。一种是列举法，另一种是概括法。

3) 征税对象与计税依据

计税依据是征税对象的计量单位和征收标准化。有的税种征税对象和计税依据是一致的，如各种所得税，征税对象和计税依据都是应税所得额。但是有的税种则不一致，如消费税，征税对象是应税消费品，计税依据则是消费品的销售收入。

4) 征税对象与税源的关系

税源是税收收入的来源，即各种税收收入的最终出处。税源归根结底是物质生产部门的劳动者创造的国民收入。

个人所得税的税源与征税对象一致，而消费税和房产税的税源与征税对象不一致。征税对象与税源是密切相关的。国家通过税收对经济进行调节的作用点是在征税对象上，国家规定对什么征税，如对商品流转额、对所得额、对财产、对各种行为等征税。这些都是国家调节经济的作用点。

2. 纳税人

纳税人是课税主体，从总体上讲纳税人可以分为两类，即自然人和法人。

1) 法人与社会组织

法人是具有民事权利能力和民事行为能力，依法独立享有民事权利和承担民事义务的组织。法人相对于自然人而言，是社会组织在法律上的人格化。法人应当具备下列条件。

(1) 依法成立。

(2) 有必要的财产和经费。

(3) 有自己的名称、组织机构和场所。

(4) 能够独立承担民事责任。

法人能独立起诉和应诉。法人包括全民所有制企业、集体所有制企业、在我国境内设立的中外合资经营企业、中外合作经营企业和外国企业,这是企业法人,此外还包括机关、事业单位和社会团体法人。

2) 纳税人与负税人

在学习纳税人的概念时,我们还应注意负税人的概念。负税人就是最终负担国家税收税款的单位和个人。纳税人同负税人是两个不同的概念,负税人是经济学中的概念,即税收的实际负担者,而纳税人是法律用语,即依法缴纳税收的人。有的税种,税收由纳税人自己负担,纳税人本身就是负税人,如各种所得税。有的税种和税目,纳税人与负税人是不一致的,如消费税的一些税目,纳税人虽是企业,但税款已包括在商品的价格之中,负税人是消费者。税法中并没有负税人的规定,国家在制定税法时,只规定由谁负责缴纳税款,并不规定税款最终由谁负担,但税收制度和税收政策在客观上存在着税收负担,即谁是负税人的问题。因此在考虑税收政策和设计税收制度时,必须认真研究税收负担问题。

3) 扣缴义务人

扣缴义务人是税法规定的,在其经营活动中负有代扣税款并向国库缴纳义务的单位和个人。税务机关按规定给扣缴义务人代扣手续费。同时,扣缴义务人必须按税法规定代扣税款,并按规定期限缴库,否则依税法规定要受法律制裁。对不按规定扣缴的扣缴义务人,除限令其缴纳税款外,还要加收滞纳金或酌情处以罚金。

(二)核心要素

1. 税率

税率是税额与征税对象数量之间的比例,即税额除以征税对象的数量。税率是计算税额的尺度,反映征税的深度。税率的高低直接关系国家的财政收入和纳税人的负担水平,是国家税收政策的具体体现,为税收制度的中心环节。

税率有名义税率和实际税率之分。名义税率就是税法规定的税率,是应纳税额与征税对象的比例,即应纳税额除以征税对象数量。实际税率是实纳税额与实际征税对象数量的比例,即实纳税额除以实际征税对象数量。在实际征税活动中,由于计税依据、减免税、税率制度等不同原因,纳税人实纳税额和应纳税额会不一致,实际征税对象数量与税法规定的征税对象数量也会不一致,实际税率也就会反映纳税人的实际负担率,真实地反映纳税人的负担,我们在研究税收政策、制定税收制度时,应注意名义税率与实际税率的差别。

2. 我国现行税率

我国现行税率主要有三种类型,即比例税率、累进税率、定额税率。其中累进税率是三种税率中的最核心部分。

1) 比例税率

比例税率是应征税额与征税对象数量的等比关系。这种税率,不因征税对象数量的多少而变化。即对同一征税对象,不论数额大小,只规定按一个比率征收的税制。如交通运输营业税的税率是3%，不论纳税人的营业额是10元，还是10000元，税率都是3%。这种税率，税额随着征税对象数量等比例增加。而在一般情况下，名义税率与实际税率相同。比例税率可分为以下几种。

(1) 单一比例税率。即一个税种只规定一个税率，如企业所得税采用的税率为25%。

(2) 差别比例税率。即一个税种规定不同的比例税率。按使用范围可分为产品差别比例税，行业差别比例税，地区差别比例税。

(3) 幅度比例税率。国家只规定最高税率和最低税率，各地可以因地制宜在此幅度内自主确定一个比例税率。

比例税率计算简便，并且不论征税对象大小，只规定一个比例的税率，不妨碍流转额的扩大，适合于对商品流转额的征收。但是用比例税率调节收入的效果不太理想。

2) 累进税率

累进税率是随征税对象数量的增大而提高的税率，即按征税对象数量的大小，规定不同等级的税率，征税对象数量越大，税率越高；累进税率税额与征税对象数量相比，表现为税额的增长幅度大于征税对象数量的增长幅度。累进税率对于调节纳税人收入，具有特殊的作用，所以各种所得税一般都采用累进税率。

(1) 全额累进税率。是累进税率的一种，即征税对象的全部数额都按其相应等级的累进税率计算征收。

(2) 超额累进税率。是把征税对象划分为若干等级，对每个等级分别规定相应税率，分别计算税额，各级税额之和为应纳税额。一定数量的征税对象可以同时适用几个等级的税率。超额累进税率的"超"字是指征税对象数额超过某一等级时，仅就超过部分，按高一级税率计算征税。

3) 定额税率

定额税率又称固定税额，是按单位征税对象，直接规定固定税额的一种税率形式。

定额税率可分为地区差别定额税率、幅度定额税率和分级定额税率。

定额税率计算简便，其征税对象应该是价格固定、质量规格标准较统一的产品。

对于价格稳定、质量规格标准统一的产品，应尽量采用定额税率。一方面，定额税率计算简单；另一方面，定额税率有利于企业改进包装，售价提高而税额不增，避免了从价征税这方面的缺点。此外，定额税率还有利于促进企业提高产品质量。

(三) 一般要素

1) 纳税期限

纳税期限是纳税人向国家缴纳税款的法定期限。各税种都明确规定了税款的缴纳期限。纳税期限是税收固定性特征的重要体现。

在确定纳税期限时应考虑：①根据国民经济各部门生产经营的不同特点和不同的征税对象来决定。如企业所得税，以年所得额为征税对象，分期预缴，年终汇算清缴，多退少补。②根据纳税人交纳税款数额的多少来决定。交纳税款多的纳税人，纳税期限核定短些；反之，纳税期限核定长一些。③根据纳税行为发生的情况，以从事生产经营活动的次数为纳税期限，实行按次征收。例如个人所得税中对劳务报酬所得就是按次征收。④为保证国家财政收入，防止偷漏税，在纳税行为发生前预先交纳税款。比如固定资产投资方向调节税。

2) 减税、免税

减税、免税是税法中对某些特殊纳税人给予减少或免除税负的一种规定。减税是对应征税款减征其中一部分；免税是对应征税款全部予以免征。按照具体内容划分，可分为政策性减免税和照顾困难减免税；按时间划分，可分为长期减免税和定期减免税。

3) 起征点与免征额是与减、免税有关的两个概念。

起征点是税法规定征税对象开始征税的数额。征税对象数额未达到起征点的不征税，达到或超过起征点的就其全部数额征税。如我国现行增值税就有起征点的规定，其中销售货物的起征点为月销售额2000～5000元；销售应税劳务的，为月销售额1500～3000元；按次纳税的，为每次(日)销售额150～200元。

免征额是税法规定的征税对象中免于征税的数额。免征额部分不征税，只对超过免征额的部分征税。例如，我国现行个人所得税，就执行免征额的规定，其中对工资薪金的征税，从2018年10月1日起免征额为5000元。

第三节 税 收 负 担

一、税收负担的含义

税收负担简称"税负"，指的是纳税人因纳税而相应地减少了其可支配收入，从而造成经济利益的损失或使其承受的经济负担的程度加重。

从现象上看，税收负担表现为因国家征税使纳税人承担了一定量的税额，从而给纳税人造成了经济利益上的损失。但在更深层次上，税收负担是国家、企业、个人对创造的国民收入分割份额确定归属的问题，其实质是国民收入分配中国家与纳税各方的分配关系，以及由国家与纳税人之间的分配关系派生出来的纳税人之间的分配关系。

二、税收负担的分类

(一)根据不同的经济层面分类

有宏观税收负担与微观税收负担。

(1) 宏观税收负担。从国民经济总体的角度考察税收负担水平，反映一国社会成员税收负担的整体状况。

其衡量指标是宏观税率，一般是指一定时期内(一年)的国税收入总额与同期国民(国内)生产总值的比率。

(2) 微观税收负担。从纳税人的角度考察企业、个人等微观经济主体的税收负担水平，反映具体纳税人因国家课税而作出的牺牲。其衡量指标是公司、个人所得税负担率。

宏观税收负担与微观税收负担二者具有紧密的内在联系。微观税收负担是基础，宏观税收负担是微观税收负担的综合反映。

(二)根据具体的表现形式分类

有名义税收负担和实际税收负担。

(1) 名义税收负担。又称为法定税收负担,是从税制规定的角度考察纳税人应承担的税收负担水平,表现为纳税人依据税法应向国家缴纳的税款与课税对象的比值。名义税收负担可以用名义税负率来衡量。

(2) 实际税收负担。即在税收征管过程中考虑影响纳税人向政府实际缴付税款的各种因素后,纳税人实际承受的税负水平,一般表现为纳税人实纳税额与课税对象的比值。影响纳税人实际税收负担的因素有税收扣除、减免、退税等合法因素和税收偷逃、以费代税等不合理或不合法因素。实际税收负担可以用实际税负率来衡量。

(三)根据税收负担是否可以转嫁分类

税负负担可分为直接税收负担和间接税收负担两类。

(1) 直接税收负担。是指纳税人直接向国家纳税而承受的税收负担。

(2) 间接税收负担。在存在税负转嫁机制的条件下,纳税人依法直接向国家缴纳的税款,并不意味着最终全部由纳税人自己负担,纳税人有可能通过某些途径全部或部分地将税收负担转嫁出去。这样,被转嫁者虽然没有直接向国家交税,但却实际负担了一部分由他人转嫁过来的税款,这种税收负担即被称为间接税收负担。

三、影响宏观税负的因素

一般而言,影响一国宏观税负的主要因素包括以下三项。

(一)经济发展水平

经济发展水平是税收负担最根本的决定因素。一国宏观税负水平的高低关键要看本国经济效益水平和人均国民收入水平的高低。

作为税收体制中的动态要素,税负的高低说到底应由税源决定。发达资本主义国家的税负水平一般高于发展中国家,主要原因就在于发达资本主义国家的生产力发达,社会财富丰富,人均国民收入高,能够为国家征税提供广阔的税源;而广大发展中国家,由于历史和现实的原因,生产力发展水平相对较低,社会财富并不丰富,人均国民收入较少,难以为国家征税提供允足的税源,因而其宏观税负水平相对低一些。很明显,如果一国生产力发展水平较低,即使影响其宏观税负水平的其他因素已实现理想化目标,该国的宏观税负水平也不会很高。一国宏观税负水平的确定,不仅应立足于本国的经济发展水平,还应充分考虑到对经济发展实际的影响效果,要有利于经济的运行,促进国民经济的稳定增长和微观经济效益的提高。税负过高,超过纳税人的承受能力,会直接影响纳税人在投资、消费及储蓄领域里的信心,会助长有条件的纳税人为减轻税负而向国外进行税收移民或者发生偷逃税行为,在一定程度上影响经济的发展。

(二)国家职能定位

由于人们对政府与市场关系的认识处于不断深化的过程中,不同国家或政府,以及不同时期的同一国家与政府,其职能范围是不同的。政府职能的变化必然影响宏观税负水平。通常来说,随着政府职能的扩大,政府的财政支出势必会增加,宏观税负水平也将相应呈上升趋势。

(三)经济体制与财政体制的模式

体制因素可以直接影响财力的集中度。

(1) 经济体制不同,宏观税负也就不同。传统计划经济体制下,政府不仅担负着社会管理职能,而且承担着大量的经济建设任务,所以宏观税负水平也就很高。

(2) 一国税收制度对宏观税负水平也有影响。税制对宏观税负的影响主要体现在:①税种设置。当各税种税率保持在一个较合理的水平上,税种设置较多,将使征税范围变宽,税基扩大,宏观税负水平就会得以提高。②税制设计。在税制设计中,主体税种和辅助税种的不同选择和搭配对宏观税负水平的影响也比较明显。以商品税作为主体税种,尽管税负可能转嫁,在一些方面或个别环节存在不公平,但对宏观税负水平的影响相对来说要小一些。以所得税作为主体税种,由于所得税尤其是个人所得税具有累进性,对经济变化的反应比较敏感,因而对宏观税负水平的影响相对来说要大一些。③税率。从税率角度考虑,税收体系中适度的整体税率同宏观税负水平具有方向趋同的关系:整体税率提高将会引起宏观税负水平的提高;反之,宏观税负水平则下降。④税基。从税基角度考虑,扩大税基,会使税收收入增加,使宏观税负水平提高;缩小税基,则会造成税收收入的减少,使宏观税负水平降低。值得一提的是,作为税制要素中的两个重要因素,税率和税基的设计如何,不但直接影响宏观税负水平的高低,而且会对税负公平产生重要影响。⑤税收征管机制。一国税收征管机制的高效性对减少偷逃税现象、维护税收和宏观税负水平的稳定性发挥着非常重要的作用。

四、宏观税收负担指标

(一)我国衡量宏观税负的指标

目前,我国对宏观税负的认识有三个口径。

1. 小口径的宏观税负

小口径的宏观税负,即税收收入占 GDP 的比重。小口径的宏观税负最能真实具体地表明政府财政能力的强弱,但不能准确反映我国宏观税负的全貌。

2. 中口径的宏观税负

中口径的宏观税负,指财政收入占 GDP 的比重,即预算内收入,包括税收收入和其他财政收入。

3. 大口径的宏观税负

大口径的宏观税负，指政府收入占GDP的比重。大口径的宏观税负能衡量整个国民经济负担水平，考查企业的负担程度，全面反映政府从微观经济主体取得收入的状况和政府参与国民收入分配的受信任程度。但政府收入并没有全部形成财政可支配财力，不能反映政府的财力状况或财政能力。

(二) 国际衡量宏观税负的指标

1. T/GDP

在国际通行的做法中，一般将税收总额占国内生产总值的比率(T/GDP)即国内生产总值税收负担率作为衡量宏观税负的标准。

2. 世界各国税负的分类

按此标准，世界各国税负总水平大致可以分为下述三类。

1) 高税负国家

这些国家国内生产总值税收负担率一般在35%～45%，主要是经济发达国家，如英国、瑞典、德国、法国、意大利等。这些国家的高税负政策通常是随着国家经济力量的增强逐步演进而成的。它们之所以实行重税，有以下两个重要条件。

第一，这些国家都属于发达资本主义国家，人均国民生产总值在世界各国中是较高的，公民及法人的税负承受能力较强，国家有充分的余地征收较多的税收以满足财政支出需要。

第二，这些国家的公共服务及社会福利支出较大，特别是社会保障的享受面广、标准高，加之国家其他职能的需要，造成了政府庞大的财政支出，需要大量的财政收入。

2) 中等税负国家

这些国家国内生产总值税收负担率一般在20%～30%，一般是发展中国家，非洲和拉美诸国多属此类。这一类国家由于经济发展水平较低，个人及法人的税负承担能力较差，政府的税收收入受税源的影响常常呈不足状态，并且受税收征管体制的限制，税负占国内生产总值的比值不太容易提高。

3) 轻税负国家

国内生产总值税收负担率多为15%左右，不超过20%。轻税负国家通常包括三类。

第一，经济不发达国家，国民生产总值少、税源少，造成财政收支紧张。

第二，实行低税模式的国际避税港(如巴拿马、列支敦士登等国家和地区)，这些国家和地区一般行使单一税管辖权，税种少、税基窄、税率低，税收负担水平较低。

第三，以非税收入为主的资源国(如石油输出国)，因其税收占财政收入的比重很低，因而其税负水平也就比较低。

五、合理的税负水平

确定合理的税负水平是一国税收制度设计所要解决的中心问题。从宏观上判断一国税负水平是否合理，主要有下述两个标准。

(一)经济发展标准

美国供给学派代表人物阿瑟·拉弗所提出的"拉弗曲线"较为形象地说明了经济发展、税收收入和税率之间的内在联系。如图4-1所示,随着税率增加,税收先增加后减少。图中阴影部分表示税率禁区,税率进入禁区后,税率与税收收入呈反比关系。

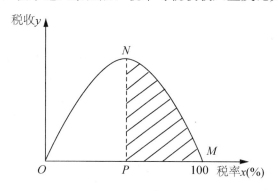

图 4-1 拉弗曲线

拉弗曲线实际上体现的是税收负担与经济增长或发展的关系。因为税率过高导致税收收入下降,其真实原因是税收负担过重抑制了经济活动,损害了税基。

(二)政府职能标准

一国总体税负水平的高低,要视政府职能范围的大小而定。因为政府的职能范围不同,对税收的需要量也不一样。

从各国的实践看,随着社会经济的发展,政府职能范围有所扩大,公共支出需要也不断增加,而税收作为筹集财政资金的主要手段,相应地呈现出一种日益增长的趋势。但在经济发展达到一定高度后,税负水平也会呈现相对稳定的状态。

六、税负转嫁与税负归宿

(一)税负转嫁与税负归宿的含义

税负转嫁,是指纳税人将其所缴纳的税款以一定方式转嫁他人承受的过程。商品交换是税负转嫁的基础。

税负归宿是指经过转嫁后税负的最终落脚点。在这一环节上,税收承担者已不能把其所承受的税负再转嫁出去了。

(二)税负转嫁的方式

1. 前转

前转也称顺转,是指纳税人通过提高商品销售价格将税负转嫁给购买者。这是税负转嫁中最为普通的一种形式。

如在产销环节对消费品征税,生产厂商就可以通过提高该消费品的出厂价格,把税负转嫁给批发商,批发商再将税负转嫁给零售商,最后零售商又把税负转嫁给消费者。从这一过程看,虽然名义上的纳税人是生产厂商,而实际的税收负担者是各种商品和劳务的消费者。

税负前转是税负转嫁最典型也最普遍的形式。

2. 后转

后转也称逆转,是指纳税人通过压低商品购进价格将税负转嫁给商品供应者。

如政府在零售环节对某种商品征税,但该种商品由市场供求关系所决定不能因征税而相应地提高价格,零售商就可以通过压低进货价格而将税收负担向后转嫁给批发商。同样批发商也可通过压低进货价格把税收负担转嫁给制造商,制造商再通过压低原材料和劳动力的价格,把税收负担转嫁给原材料和劳动力的供应者。

3. 辗转转嫁

辗转转嫁是指从进行课税后到实现最后归宿这一过程中,税负的转移可以发生数次。具体又可分为向前辗转转嫁(如从木材加工商到家具生产商,最终把税负转嫁给消费者)和向后辗转转嫁(如从家具生产商到木材加工商,最终把税负转嫁给林木生产者)。

4. 混合转嫁

混合转嫁又称散转,是指同一税额一部分前转,另一部分后转。例如,政府对汽车销售商征收的税收,一部分可以通过抬高售价,将税收前转给消费者;一部分可以通过压低进价,将税收后转给汽车生产者。

5. 消转

消转又称转化或扩散转移,是指纳税人通过改进生产工艺、改善经营管理或改进生产技术等方式,使纳税额在生产发展和收入增长中自我消化,不归任何人承担。从税负转嫁的本意上说,消转并不能作为一种税负转嫁方式。

6. 税收资本化

税收资本化也称税收还原,指要素购买者将所购资本品(主要指固定资产)的未来应纳税款,在购入价中预先扣除,由要素出售者实际承担税负。其实际上是税负后转的一种特殊形式。

(三)影响税负转嫁和归宿的因素

1. 商品的需求弹性和供给弹性

(1) 税负转嫁的主要途径是价格的变动,转嫁的幅度取决于供求弹性。

(2) 需求弹性对税负转嫁的影响表现在:①需求弹性较大的商品,商品价格更多地取决于买方,税负不易转嫁。②需求弹性较小的商品,商品价格更多地取决于卖方,税负容易转嫁。

决定商品需求弹性大小的因素一般有下述几种。

第一，该商品替代品的数量和相似程度。一般而言，如果某种商品存在较多的替代品，且功能较为近似，则该商品的需求弹性就会较大，转嫁就较困难。反之，商品的替代品较少，或功能不相似时，该商品的需求弹性就较小，向消费者转嫁税负就更为容易。

第二，商品对消费者而言是必需品还是非必需品。如果某商品对于消费者来说很重要，如基本生活必需品，价格上升就不会对该种商品的需求量产生很大的影响，这时的需求弹性相对较小，卖方向消费者转嫁税负就比较容易；反之，某商品并不十分必需，消费者可以根据自己的收入和商品的价格来决定是否有必要购买该种商品，这类商品的需求弹性较大，因此向消费者转嫁税负的困难较大。

第三，商品用途的广泛性和耐用性。一种商品的用途越多、使用寿命越长，其需求弹性越大；而一种商品的用途越少，而且是使用寿命非常短的非耐用品，其需求弹性越小。

(3) 供给弹性对税负转嫁的影响表现在：①供给弹性较大的商品，生产者有较大的灵活性，税负容易转嫁。②供给弹性较小的商品，生产者没有较大的灵活性，税负不容易转嫁。

决定商品供给弹性大小的因素有两个，即时间和该商品的性质。一般来说，商品的长期供给弹性大于短期供给弹性。因为就供给方而言，短期内产量对价格的反应能力有限，要改变供给量只能依靠调整可变投入，如劳动力、原材料等；而从长期看，供给方通过改变生产计划和固定资产投入，如土地、厂房建筑物、机器设备等，可以极大地增强产量的变动能力。

从商品的性质看，供给弹性取决于下述三个因素。

第一，该商品生产的难易程度。在一定时期内，容易生产的商品，当价格变动时其产量变动的速度较快，因而供给弹性较大；较难生产的产品，则供给弹性较小。

第二，商品的生产规模和规模变化的难易程度。一般而言，生产规模大的资本密集型企业，其生产规模较难变动，生产调整的周期长，因而其产品的供给弹性小；而规模小的劳动密集型企业，则应变能力强，其产品的供给弹性大。

第三，生产成本的变化。如果随着产量的提高，单位成本只有少量提高，该商品的供给弹性较大；如果单位成本随着产量的提高而明显上升，则供给弹性较小。

(4) 税负转嫁的程度取决于征税后的价格变动。如图4-2所示，仅就税负转嫁的基本形式——前转进行讨论。

2．税负转嫁与被征产品的价格决定模式

价格决定模式主要有两大类，即市场定价和计划定价。

一般来说，计划价格一经确定，短期之内不会改变。虽然政府也有可能根据市场的变化，对计划价格做一些相应的调整，但是计划价格的变动始终是不受市场各种变量影响的。因此在计划价格下，税收难以通过变动的价格而发生税负转嫁。

3．税负转嫁与税收方式

1) 税种对税负转嫁的影响

税收制度中有直接税(如所得税、财产税)和间接税(主要是流转税)两种分类。一般认为，在商品流转过程中直接对商品征收的税负，即流转税或间接税，较容易进行税负转嫁；而在分配过程中对企业利润和个人征收的税，即收益税或直接税，则较难进行税负转嫁。间

接税较为容易转嫁是因为商品课税后会改变该商品的边际成本。

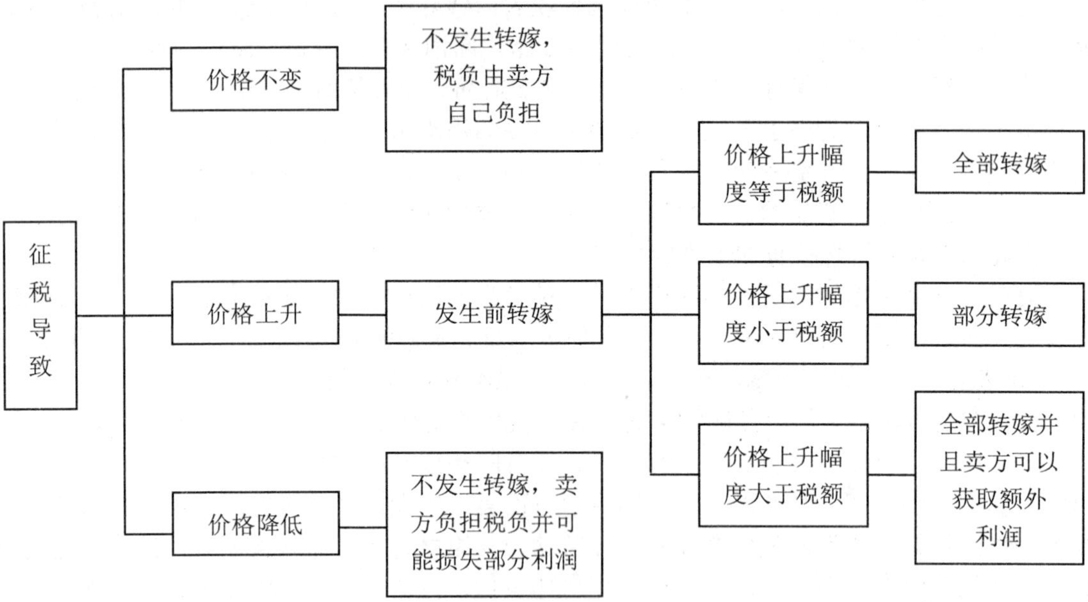

```
                    ┌─ 价格不变 ──── 不发生转嫁,税负由卖方自己负担
                    │
                    │                              ┌─ 价格上升幅度等于税额 ── 全部转嫁
                    │                              │
征税导致 ───────────┼─ 价格上升 ── 发生前转嫁 ─────┼─ 价格上升幅度小于税额 ── 部分转嫁
                    │                              │
                    │                              └─ 价格上升幅度大于税额 ── 全部转嫁并且卖方可以获取额外利润
                    │
                    └─ 价格降低 ──── 不发生转嫁,卖方负担税负并可能损失部分利润
```

图 4-2　税负转嫁的程度与税后的价格变动

2) 课税范围对税负转嫁的影响

课税范围广的商品税容易转嫁(难以找到不征税的替代商品);课税范围窄的商品税不易转嫁(容易找到不征税的替代商品)。

这是因为课税范围越广,涉及大部分甚至全部可作为替代品的商品或生产要素,就越不易产生对商品或生产要素购买的替代效应,需求就越缺乏弹性,因此,被课税商品或生产要素的价格就可能提高,税负较易向消费者转嫁;反之,若课税范围越窄,对商品或生产要素购买的替代效应越大,需求富有弹性,购买者可以去购买无税或低税的商品来替代被征税的商品,课税商品价格较难提高,税负也难向消费者转嫁。课税范围对税负转嫁的影响具体体现在以下几个方面。

第一,就同类商品而言,如同类商品中各种商品都含税,税负易于转嫁;如只有其中某些商品含税,且该商品有其他代用品,则税负不易转嫁。

第二,就不同种类商品而言,对生产资料课税,税负流转次数多,转嫁较易;对生活资料课税,税负流转次数少,转嫁较难。

第三,就征税区域而言,如果某税在相邻的几个区域都课征,消费者无从选择,税负较易转嫁;如果只在某一区域课征,则税负较难转嫁。

3) 课税对象对税负转嫁的影响

由于各种商品具有不同的供给与需求弹性,所以选择不同的商品作为课税对象就会对税负的转嫁和归宿产生不同的影响。如果选择供给弹性大、需求弹性小的商品作为课税对象,那么承担赋税的主要是消费者;反之,若选择供给弹性小,需求弹性大的商品作为课税对象,税负主要由生产者承担。

4) 计税依据对税负转嫁的影响

从量税和从价税对供给和需求曲线的变动也有着不同的影响，自然对税负的转嫁和归宿有着不同的影响。从量税可使供给或需求曲线平行移动；而从价税因为是按一定的比例征收，因此会改变原有的供给、需求曲线的斜率。在竞争市场上，征收同等税额的从量税和从价税，其税负在转嫁和归宿上并没有区别，但是在垄断市场上，从量税与从价税对税负的转嫁和归宿的影响是不同的，在下面部分将详细阐述。

(四)研究税负转嫁与归宿的意义

(1) 研究税负转嫁与税负归宿，能了解税负的运动过程和最终的分布状态，明确因政府课税而引起的各经济主体之间的利益关系变化，以及这种变化对社会经济活动产生的影响。

(2) 此研究对制定税收政策和设计税收制度也是十分重要的，主要表现在以下几个方面。

首先，要实现税收的效率，应考虑税负转嫁的影响。

由于税负的转嫁会导致商品比价关系发生变化，进而影响人们经济行为的选择。为充分发挥市场机制在资源配置中的基础性作用，应努力使因课税造成比价关系变化的经济扭曲控制在最低限度。如对需求弹性小的商品征高税，对需求弹性大的商品征低税。

其次，要体现税收的公平，应考虑税负转嫁的影响。

由于税负的转嫁，会使税制中税收负担的名义公平与实际公平产生矛盾。为了缓解这一矛盾，一方面应适当控制商品课税的比重，逐步提高所得课税的比重；另一方面对消费品课税，应对生活必需品课征低税，而对奢侈品课征高税。

最后，加强税收征管，要考虑税负转嫁因素。

税负转嫁与纳税人自觉纳税的意识存在一定的联系。一般来说，在税负容易转嫁的情况下，纳税人自觉纳税的意识较强，税收偷逃行为较少。因此，税务机关应通过加强征管，尽力防止因税负难以转嫁而出现的税收偷逃行为。

第四节 商品税(流转税)

一、商品税概述

所谓商品税，是指以商品和劳务的流转额为课税对象的课税体系。由于商品税以流转额为课税对象，所以又被称为流转税，主要包括增值税、消费税、营业税等。

(一)商品税的特点

(1) 商品税的课征对象是商品和劳务的流转额，它是与交易行为密切联系在一起的。一种商品从投入流通到最后消费之前，往往要经过多次转手交易行为。每经过一次交易行为，商品随之流转一次，同时也就发生了一次对卖者的商品流转额课征商品税收的问题。

(2) 商品税具有累退性，较难体现公平税负的原则。这是因为商品税一般采用比例税率，即对同一课征对象，不分数额大小，规定相同的征收比例。由于个人消费商品数量的多寡与个人收入并不是成比例的，而且个人消费无论如何总有一定的限度，因此，收入越高的人，消费性开支占其收入的比例越小。在这种情况下，商品税就呈现出一定的累退性。

(3) 商品税税源普遍，收入相对稳定，税负能够转嫁。一方面，商品税是伴随商品和劳务的交易行为而进行课征的，只要发生商品交易行为，就可征税，因而税源普遍。另一方面，商品税可以随着经济增长而自然增长，不受纳税人经营状况的影响，从而收入稳定。商品税是间接税，税负能转嫁，具有隐蔽性。在许多情况下，商品税的缴纳者和税收实际承担人是分开的，纳税人一般很难确切了解自己实际承受的税负，而且商品税在征收上的隐蔽性使其推行的阻力较小。因此，在保证政府财政收入的平衡、及时、充裕及可靠方面，商品税具有其他税种不可替代的作用。

(4) 商品税征收管理的便利性。商品税采用从价定率或从量定额计征，与所得税、财产税相比，计算手续简单。另外，商品税的纳税人为企业，数量较少，相对容易计征和管理。

(5) 配合社会经济政策的有效性。以增值税为代表的商品税更能体现税收中性，不干预企业对经营行为的选择，有利于体现税收的效率原则；另外，政府通过制定差别税率，可调节消费，纠正劣质品问题、外部效应等市场失灵缺陷。一般来讲，当政府对经济运行的控制手段相对弱化，或在税收征管手段相对落后的条件下，采用商品税作为主体税种的模式更容易满足政府发挥税收调节作用的需要。

(二) 商品税的类型

1. 从课税环节的角度分类

从课税环节的角度，商品税可以分为单环节课税和多环节课税两种类型。

单环节课税是指在商品生产(进口)、批发、零售三个环节中任意选择一个环节课税，如加拿大的酒税、烟税是选择在生产环节征收，美国的汽油税是选择在零售环节征收；多环节课税是指在商品流通的两个或两个以上的环节课税，如欧盟成员国实行的增值税是在生产(进口)、批发、零售三个环节征税。

2. 从计税依据的角度分类

从计税依据的角度，商品税可以分为从价税和从量税两种类型。

3. 从课税范围的角度分类

商品税从课税范围的角度可以分为三种类型：①就全部商品和劳务课税，即除了全部消费品外，还将资本品及交通运输等一些劳务也纳入商品税的征收范围；②就全部消费品课税，即将资本品或其他劳务等排斥在课税范围之外；③选择部分消费品课税，如只对烟、酒、小汽车等一些特定的消费品课税。

4. 从税基的角度分类

商品税从税基的角度可以分为三种类型：①按照商品(劳务)流转过程中的新增加值课征，这就是增值税；②按照商品(劳务)的销售收入总额课征，各国实行的营业税基本上都属于这种类型；③按照部分商品(劳务)的销售额课征，特别消费税等属于这种类型。

(三)我国商品税各税种之间的相互关系

我国现行商品税制体系是在 1994 年的税制改革中建立起来的。现行商品税制的四个税种，即增值税、营业税、消费税和关税，在功能作用上相互配合和协调，共同构成商品劳务税制体系。

我国多年来一直以商品劳务课税为主。商品劳务课税不仅是我国财政收入的主要来源，而且也是政府调节社会经济的重要工具。近年来，我国商品劳务课税各个税种占税收总收入的比重呈上升趋势。

二、增值税

(一)增值税的概念

增值税是以商品(含应税劳务)在流转过程中产生的增值额作为计税依据而征收的一种流转税。从计税原理上说，增值税是对商品生产、流通、劳务服务中多个环节的新增价值或商品的附加值征收的一种流转税。实行价外税，也就是由消费者负担，有增值才征税，没增值不征税。

增值税是对销售货物或者提供加工、修理修配劳务以及进口货物的单位和个人就其实现的增值额征收的一个税种。增值税已经成为中国最主要的税种之一，增值税收入占中国全部税收的 60%以上，是最大的税种。增值税由国家税务局负责征收，税收收入中 50%为中央财政收入，50%为地方收入。进口环节的增值税由海关负责征收，税收收入全部为中央财政收入。

(二)增值税的类型

根据对购进固定资产价款的处理规定不同，增值税可分为下述几种类型。

1. 生产型增值税

生产型增值税又称 GNP 型增值税，是以一定时期内纳税人的商品(劳务)销售收入，减去其用于生产而购进的中间产品价值后的余额为课税依据的增值税。此种增值税不允许将任何外购固定资产价款从商品或劳务销售额中抵扣。就国民经济整体而言，其计税依据相当于国民生产总值，所以称为生产型增值税。其特点是税基较宽有利增加收入；不能完全避免重复征税；不利于鼓励投资。

2. 收入型增值税

收入型增值税只准许将当期固定资产折旧从商品或劳务的销售额中扣除。就国民经济整体而言，计税依据相当于国民收入，故称为收入型增值税。其特点是在保障财政收入和鼓励投资方面呈中性。

3. 消费型增值税

消费型增值税允许将当期购进的用于应税产品生产或流通的全部固定资产价款从商品

或劳务的销售额中扣除。就国民经济整体而言，计税依据只含消费品价值而不含资本品价值，故称为消费型增值税。其特点是税基较窄，对实现一定的收入目标而言需要较高的税率，但能刺激投资。

(三)增值税的特点

增值税的特点主要有以下几点。

(1) 征税范围广泛，税源充裕。从实行增值税国家的实践情况看，发达国家一般就全部消费品征税，而发展中国家就全部商品征税，包括消费品和资本品。因此，在保证国家财政收入方面具有优越性。

(2) 不重复征税，有利于社会化专业分工。就纳税环节而言，增值税实行多环节征税，即在生产、批发、零售等各个环节分别课征，只对每一流转环节实现的增值额课税。就此特点而言，增值税有利于鼓励生产和管理效率较高的企业组织形式的发展，如专业化协作的生产组织形式。

(3) 具有税收"中性"效应。由于能避免重复课税，增值税在对绝大多数商品征收同比例税率的情况下，能使不同的税负具有均衡性，因而能较大限度地避免税收对商品比价关系的扭曲性影响，有利于发挥市场机制对资源配置的调节作用。如果实行消费型的增值税，还有利于鼓励投资。

(4) 具有相互制约性。增值税的相关经济主体在纳税上具有相互制约性，有利于减少乃至杜绝税收偷逃行为。

(5) 利于出口退税。增值税有利于出口退税，更能鼓励外向型经济的发展。

(6) 有利于税收征管，防止偷、漏税。实行抵免法的增值税，要求有健全的发票制度，并且将税款单独开列，以扣除前阶段已纳税款。这种计税方法具有相互牵制、自动审核的特点，便于税务机关查核，有利于防止偷、漏税。

(7) 有利于发展对外贸易。增值税消除了重复征税的因素外，方便出口退税和进口征税。由于出口退税，使本国产品以不含间接税的价格进入国际市场，有利于提高本国产品在国际市场上的竞争力。而对进口货物复征，可以使进口产品与本国产品在国内市场上负担相同的税收，实现平等竞争。

增值税的上述特点在另一方面也对实际操作，特别是在征管和缴纳方面提出了更多要求，这在一定程度上也构成了它的局限性。从税务机关方面分析，多环节课征必然带来税务行政费用的增加。纳税户多，计算审查手续比较复杂，对税收人员的素质有较高的要求。从纳税人方面分析，要求企业具有健全的财务会计制度和纳税记录。在这些条件不具备或不充分具备时，征收增值税的难度会相当大。同时，工商企业在登记和处理有关增值税的资料方面也必须负担大量工作。

(四)增值税的税率

从国际增值税实践来看，增值税税率大致可以分为如下三类。

1. 基本税率

基本税率，也称"标准税率"，它能体现出增值税的基本课征水平，适用于一般商品和劳务。基本税率的高低和各国的经济状况、收入水平、税收水平、税收政策等密切相关，各国基本税率差别不大。

2. 低税率

低税率体现的是增值税的优惠照顾政策，适用于税法单独列举的属于生活必需品范围的商品和劳务。例如，法国的增值税，除了规定基本税率为18.6%之外，还区别不同商品和劳务分别规定了7%和5.5%的低税率。

3. 重税率

重税率体现了增值税的限制津贴费政策，主要适用于奢侈品和有害于社会公益的商品和劳务。

(五)增值税的计税方法

从理论上看，增值税有下述三种计税方法。

1. 税基列举法

税基列举法，采取加法计税。
其计算公式为

$$应纳增值税税额 = 适用税率 \times (工资+利息+利润+其他增值项目)$$

此方法误差较大，较少采用。

2. 税基相减法

税基相减法，也称扣额法。其计算公式为

$$应纳增值税税额 = 适用税率 \times (销售收入-法定扣除额)$$

3. 税额相减法

税额相减法，也称扣税法。其计算公式为

$$应纳增值税税额 = 适用税率 \times 销售收入 - 外购商品已纳税金$$

此计算法不仅计税科学、严谨，而且简便易行，应用较为广泛。

三、消费税

(一)消费税的概念

消费税是指以一般消费品或特定消费品(或消费行为)为课税对象而征收的一种税。

中国于1994年设置了消费税税种，对烟、酒、化妆品、贵重首饰等商品征收消费税。消费税实行价内税，只在应税消费品的生产、委托加工和进口环节缴纳，在以后的批发、零售等环节，因为价款中已包含消费税，因此不用再缴纳消费税，税款最终由消费者承担。

(二)消费税的分类

1．按课税的范围不同分类

消费税按课税的范围不同，可分为一般消费税和特别消费税。一般消费税是对一切商品和消费行为征收的税种；特别消费税是对部分商品和消费行为征收的税种。

此种分类的目的在于，除了取得财政收入外，更重要的是利用消费税课征范围的选择和差别利率的安排，达到政府调节消费和收入的目的。

2．按征收领域不同分类

消费税按征收领域不同，可分为国内消费税和国境消费税。国内消费税对国内生产、销售的应税消费品征税；国境消费税对从国外进口的应税消费品征税。

3．按征税项目多寡分类

消费税按征税项目的多寡，可分为综合消费税和单项消费税(如石油税、烟税、酒税)。

4．按计税依据不同分类

消费税按计税依据不同，可分为直接消费税(支出税)和间接消费税。间接消费税以消费品的价格或数量为计税依据，一般由生产者缴纳，由购买者(消费者)间接负担。

(三)消费税的特点

消费税具有如下所述各种特点。

(1) 征税的目的性。征税项目的选择性较强，更重要的是利用消费税课征范围的选择和差别利率的安排，达到政府调节消费和收入的目的。

在大众消费品中有选择地确定若干个征税项目，在税源中列举征税。

(2) 征税环节单一。征税对象大多是最终消费品，主要在生产环节征收，有利于税源控制，降低税收成本，并均衡同一消费品的含税量，减少税收对价格的扭曲。

(3) 按全部销售额或销售量计税。消费税按全部销售额或销售量计税，因而税基较宽，计征也较为简便。

(4) 税率具有差别性。如对需要限制消费的消费品或主要由高收入群体消费、需求弹性较小的高档消费品，征税较重；一般消费品或低档消费品征税较轻。如中国的消费税，最低税率为3%，最高税率为45%。

(5) 具有引导和调节经济行为的作用。征收消费税能调节消费结构，引导消费方向。由于消费税课税对象具有选择性和实行差别税率，对商品比价关系会产生一定的扭曲影响，从而影响人们的消费行为选择。

(6) 纠正市场失灵。特别消费税可以改善由市场决定的资源配置状况。特别是针对某些产生外部成本的行为征税，如汽油消费会导致环境污染，则对汽油征收消费税。

(四)消费税的税率和计税方法

1．税率

消费税一般采用比例税率和定额税率，而且区别不同税目规定差别税率。

2．计税方法

(1) 从价计税。即应纳税额=应税消费品销售额×适用税率

(2) 从量计税。即应纳税额=应税消费品销售数量×适用税率

如对黄酒、啤酒、汽油、柴油采取从量计税。

消费税从理论上说最终由消费者负担，但为了减少纳税人的数量，从而降低征收费用，防止税款流失，消费税最终确定在生产环节征收。

第五节 所 得 税

一、所得税概述

(一)所得税的特点

1．负担的直接性

所得税一般由企业或个人作为纳税人履行纳税义务，并且又由企业和个人最终承担税负。由于纳税人就是负税人，税负不能转嫁，因而又被称为直接税。

2．税收的公平性

所得税在征收环节上选择收入分配环节，是对企业利润或个人所得课征，关系到所得的归属。因此，所得税的征收具有公开性、透明性强的特点，但容易引起税收对抗，推行比较困难。

3．一般都以累进税率来计算税额并进行课征

在应税所得确定后，目前各国一般都以累进税率来计算税额并进行课征，并且又都以超额累进税率为主。个人所得税的累进征税特点，使其能够自动适应国民经济周期的变化，在经济膨胀和经济衰退时发挥稳定经济的作用，也能根据政策的需要相机抉择，调整税收政策，促进国民经济的稳定增长。但是所得课税并非都采用累进税率，公司所得税常常就采取比例税率计征。

4．税收管理的复杂性

所得税不但对企业所得课征，而且还对个人所得课征。由于个人纳税户数量多、税额小、税源分散，征收管理成本高、难度大；同时，所得税是对净所得征税，就企业而言，有成本核算和管理上的难度。因此，征收所得税客观上要求整个社会有较高水平的信息、核算和管理基础。

(二)所得税的类型

1．分类所得税(也称分类税制)

分类税制是将各种所得分为若干类别，对不同来源和性质的所得，以不同的税率课征。

分类所得税制一般是比例税率，采用源泉课征法，课征简便，节省征收费用。也可实行不同类别的差别税率，较好地体现横向公平原则。例如，可将所得税按工资薪金所得、股息利息红利所得、特许权使用费、租金所得等分为若干类，对工资薪金或其他劳务报酬课以薪金报酬所得税，对股息利息红利所得课以股息利息红利所得税，等等。但是，分类所得税制一般不采用累进税率，很难体现税收的纵向公平原则。

分类所得税的理论依据在于不同性质的所得项目应适用不同的税率，分别承担轻重不同的税负。勤劳所得，如工资薪金要付出辛勤的劳动，所以应课以较轻的所得税；投资所得，如股息、利息、红利所得是凭借其所拥有的财产而获得的，所含的辛苦劳动较少，所以应课以较重的所得税。因此，分类所得税的优点就是它按不同性质的所得，分别采取不同的税率，实行差别待遇。分类所得税最早创始于英国，但现在实行纯粹分类所得税的国家已很少，即使采用也是将其与综合所得税配合使用。

2. 综合所得税(也称综合税制)

综合税制是将纳税人在一定期间内的各种所得综合起来，减去法定的减免和扣除项目，就其余额按累进税率进行征税。综合所得税课税的范围广，能体现纳税能力原则。但这种课征制度的课税手续较繁，征收费用多，且容易出现偷、漏税现象。

综合所得税的指导思想在于，既然所得税是一种针对人的税目，课税依据就应该是人的总体负担能力，其应税所得额当然应该综合纳税人全年各种所得的总额，减除各项法定的宽免额和扣除额后，按统一的累进税率课征。所以，综合所得税的突出特点就是其最能体现纳税人的实际负担水平，最符合纳税能力原则。

综合所得税为很多国家所接受，成为当代所得税课征制度的一个重要发展方向。

3. 分类综合所得税(也称混合税制)

混合税制是将分类和综合两种所得税的优点兼收并蓄，实行分项课征和综合计税相结合的税收制度。这种所得税的征收办法，是将纳税人的各项所得，先按分类所得的征收办法课征，从源泉处以一定的比例税率征收；然后在纳税年度结束时，综合纳税人全年各种所得税，扣除法定项目后，得出其该年度的综合应税所得，再乘以应税所得所适用的累进税率，计算综合应纳税款；分类课征阶段已纳的税款，可以冲抵综合应纳税款，年度汇总后，实行多退少补。

分类综合所得税是当今世界上广泛实行的一种所得税类型，它反映了综合所得税与分类所得税的趋同形势。其优点在于，一方面坚持了按支付能力课税的原则，对纳税人不同来源的收入实行综合计算征收；另一方面又坚持了对不同性质的收入实行区别对待的原则，对所列举的特定项目按特定方法和税率课征。此外，它还具有征管方便，有利于减少偷税、漏税行为等方面的优点。

(三)所得税的课税方法

所得税是对所有以所得为课税对象的税种的总称。所得税是国家筹措资金的重要手段，也是促进社会公平分配和稳定经济的杠杆。所得税的课税方法，大致有以下三种。

1. 估征法

估征法即由税收机关根据纳税人的各种外部标志，测定其所得，并据以征税。测定方法可分为三种，即净值法、消费支出法和银行账户法。净值法是以纳税人财产净值为标准，推定其所得额的大小，以决定应纳税额；消费支出法则根据纳税人平日生活和各种消费支出数额，估计其所得额以确定纳税人的应纳税额；银行账户法是根据纳税人银行账户的往来款额，测定纳税人的所得，以决定其应纳税额。估征法一般在无法准确审核纳税人所得时运用，尤其对于逃、漏税严重者，可以起约束和惩罚的作用。但从外部特征去推定应纳税额不能完全符合实际，不能用于大面积的所得税征收。

2. 源泉课征法

源泉课征法是在所得发生之外课征，不直接征之于纳税人，而间接征之于支付所得的人。这种方法的优点在于，课征手续简便，节省征收费用，而且偷、漏税易查。但这种方法并不能适用于各种所得，而且不能采用累进税率，对不同所得的纳税人都按比例税率征收，不符合税收纵向公平原则。

3. 申报法

申报法即纳税人自行申报所得额，由税务机关通过调查核实其有无遗漏或不实之处，然后就核实之数按一定税率计征，由纳税人一次或分次缴纳。申报法的优点是有助于增强国民纳税意识，可以采取累进税率征收，比较符合税收公平原则。但容易出现隐匿伪报和偷、漏税现象，而且征收费用较高。

二、企业所得税

(一)企业所得税的概念及特点

1. 概念

企业所得税是对我国境内的企业和其他取得收入的组织的生产经营所得和其他所得征收的一种所得税。

2. 特点

(1) 课税对象是税法规定范围内的企业净所得，计征较为复杂。企业净所得的核算只允许扣除与取得应税收入相对应的必要的费用(成本)支出。

(2) 既可采用累进税率，也可采用比例税率。采用累进税率有利于量能负担，采用比例税率有利于鼓励投资。

(3) 可以以调整计税依据的形式体现国家的导向政策。企业所得税除了可以设置差别税率外，还可以通过放宽或严格扣除项目或扣除标准，以及直接调整应税所得额等方式来影响纳税人的税收负担，从而实现一定的政策目标。如加速折旧、盈亏互抵就是常见的一种以缩小税基来刺激投资的所得税措施。

(4) 实行按年计征，分期预缴的征收办法。

(二)企业所得税的课征范围

企业所得税的课征范围是由各国所行使的税收管辖权所决定的。一般将企业分为居民企业和非居民企业。

居民企业负有无限纳税义务,即就其来源于全世界范围的所得在本国缴纳企业所得税。

非居民企业负有有限纳税义务,即就其来源于本国的所得缴纳企业所得税。

换句话说,各国企业所得税的课征范围包括居民企业取得的来源于全世界范围的所得及非居民企业取得的来源于该国疆域内的所得。

主权国家根据其法律在课税方面所拥有和行使的权力称作"税收管辖权"。按其内涵不同,一国行使税收管辖权所遵循的原则可分为"属地主义"和"属人主义"两种类型。

所谓属人主义,是指一国以人的概念作为其行使课税权力的指导原则,即按纳税人的国籍、登记注册所在地或者住所、居所和管理机构所在地为标准,确定其税收管辖权。按属人原则确定税收管辖权,又可分为居民管辖权和公民管辖权两种。所谓居民管辖权,是指一国对该国的居民行使征税权力,对其来源于该国内、外的收入或所得征税。这里行使征税权力的依据是纳税人的居民身份,而不论其所得的来源地是国内还是国外。居民身份的判定,各国采用的标准不同。自然人居民,一般是指在本国有住所,或在本国居住达一定时间(1年或半年以上)的人;法人居民,一般是指在本国注册登记的法人,或总机构、管理机构设在本国的法人。

(三)企业所得税的适用税率

世界各国在企业所得税上大多采用单一的比例税率,即便是实行累进税率的国家,其累进程度也较为缓和。部分国家表面上企业所得税税率不止一个,但那是按照纳税人的不同性质而定的,就一个特定企业来说,并没有因为所得额的大小而区别适用不同税率,因而实际上也属于单一的税率结构。这是因为,企业所得税实质上不是"对人课税",课税依据也并非个人的综合负担能力,所以没必要按照所得额的高低规定不同的税率。

(四)企业所得税的征收方式

企业所得税一般按月(季)预缴,年终汇算清缴。企业所得税征收方式有两种,即查账征收和核定征收。两种征收方式的税率都是25%。

1. 查账征收

查账征收主要是指财务制度健全,能准确计算收入,核算成本、费用和利润,能按规定申报缴纳税款的纳税人。

企业所得税按照应纳税所得额,依照25%的税率计算缴纳。即应交企业所得税=应纳税所得额×适用税率(其中:应纳税所得额=收入总额-不征税收入-免税收入-各项扣除-允许弥补以前年度亏损)。

2. 核定征收

核定征收方式包括定额征收和核定应税所得率征收两种。

(1) 定额征收。是指税务机关按照一定的标准、程序和办法，直接核定纳税人年度应纳企业所得税额，由纳税人按规定进行申报缴纳的方法。

(2) 核定应税所得率征收。是指税务机关按照一定的标准、程序和方法，预先核定纳税人的应税所得率，由纳税人根据纳税年度内的收入总额或成本费用等项目的实际发生额，按预先核定的应税所得率计算缴纳企业所得税的办法。实行核定应税所得率征收办法的，应纳所得税额的计算公式如下所述。

$$应纳所得税额 = 应纳税所得额 \times 适用税率$$
$$应纳税所得额 = 收入总额 \times 应税所得率$$

或 $应纳税所得额 = 成本费用支出额 / (1-应税所得率) \times 应税所得率$

(五)企业所得税辅助政策

企业所得税可能存在一定的减少利润、阻碍投资的问题。发达国家一般都实行促进投资的行之有效的措施以配合企业所得税的征收，主要政策有：①加速折旧政策。发达国家为了促进投资和设备更新改造，采取了增加折旧额、加速折旧的对策。具体措施为按重置价格计提折旧、缩短固定资产标准折旧年限及其他新的折旧方法。②投资抵免政策。这是指政府允许企业从其应缴纳税款中减去一部分用于弥补其进行的投资，实际上是政府用减免税的方式支持投资，对经济增长形成强有力的刺激。③资源折耗扣除政策。这是给予从事自然资源(石油、天然气和木材等)开发的采掘企业的一种特殊的税收优惠待遇。④亏损弥补政策。发达国家一般实行允许企业在不同年度之间以盈补亏的政策。亏损弥补政策的目的在于降低私人投资的风险，对刺激投资具有重要的意义。

三、个人所得税

个人所得税是调整征税机关与自然人(居民、非居民人)之间在个人所得税的征纳与管理过程中所发生的社会关系的法律规范的总称。个人所得税的纳税义务人，既包括居民纳税义务人，也包括非居民纳税义务人。

英国是开征个人所得税最早的国家，1799年英国开始试行差别税率征收个人所得税，到了1874年才成为英国一个固定的税种。

(一)个人所得税的概念及特点

1. 概念

个人所得税是国家对本国公民、居住在本国境内的个人所得和境外个人来源于本国所得征收的一种所得税。在有些国家，个人所得税是主体税种，在财政收入中占有较大比重。

2. 特点

个人所得税制度相当烦琐，具体到每个国家又各具特色，这里仅讨论其共同点。

(1) 个人所得税有助于实现社会公平。所得被认为是衡量纳税能力较好的标准，因此，征收个人所得税符合纳税能力原则。随着经济的高度发展，社会中贫富悬殊的问题十分突出,成为社会不稳定的根源。对所得按累进率税征收,可减轻社会分配不公的程度,缓和社会矛盾,符合税收的公平原则。

(2) 个人所得税符合税收普遍原则,财政收入稳定。个人所得税的课征对象是自然人的所得,大部分人都有所得,如薪金收入、劳动收入、动产和不动产收入等,而这些所得都必须纳税。因此,在人均 GNP 较高的国家,个人所得税是重要的税源之一,而且税源广泛,能满足政府财政收入的需要。

(3) 个人所得税具有自动稳定的功能。由于个人所得税采用累进税率,在经济繁荣时期,税收增加的速度超过个人所得增加的速度,可以自动遏制通货膨胀;反之,在经济萧条时期,税收减少的速度比个人收入降低的速度还要快,可阻止紧缩的趋势。这样,就能起到自动稳定的作用。此外,对个人所得税的课征,会影响纳税人的消费、储蓄和投资行为,进而对社会总需求和总供给产生很大的影响。

但是,个人所得税也有缺点。如果对个人所得课征较重,会减少个人投资、储蓄和消费的愿望,从而减少社会总需求,导致经济发展缓慢。个人所得税计征手续复杂烦琐,对征收手段和技术条件要求较高,同时要求税收稽查人员具有较高的素质。这一方面增加了个人所得税的征收成本,另一方面征收的复杂性也容易导致隐匿所得和偷、漏税行为的发生。

(二)个人所得税的课征对象及内容

1. 课征对象

1) 法定对象

我国个人所得税的纳税义务人是在中国境内居住有所得的人,以及不在中国境内居住而从中国境内取得所得的个人,包括中国国内公民,在华取得所得的外籍人员和港、澳、台同胞。

2) 居民纳税义务人

在中国境内有住所,或者无住所而在境内居住满 1 年的个人,是居民纳税义务人,应当承担无限纳税义务,即就其在中国境内和境外取得的所得,依法缴纳个人所得税。

3) 非居民纳税义务人

在中国境内无住所又不居住或者无住所而在境内居住不满 1 年的个人,是非居民纳税义务人,承担有限纳税义务,仅就其从中国境内取得的所得,依法缴纳个人所得税。

2. 征税内容

1) 工资、薪金所得

工资、薪金所得是指个人因任职或受雇而取得的工资、薪金、奖金、年终加薪、劳动分红、津贴、补贴以及与任职或受雇有关的其他所得。这就是说,个人取得的所得,只要是与任职、受雇有关,不管其单位的资金开支渠道或以现金、实物、有价证券等形式支付的,都是工资、薪金所得项目的课税对象。

2) 劳务报酬所得

劳务报酬所得是指个人从事设计、装潢、安装、制图、化验、测试、医疗、法律、会计、咨询、讲学、新闻、广播、翻译、审稿、书画、雕刻、影视、录音、录像、演出、表演、广告、展览、技术服务、介绍服务、经济服务、代办服务以及其他劳务取得的所得。

3) 稿酬所得

稿酬所得是指个人因其作品以图书、报纸形式出版、发表而取得的所得。这里所说的"作品",是指包括中外文字、图片、乐谱等能以图书、报刊方式出版、发表的作品;"个人作品"包括本人的著作、翻译的作品等。个人取得遗作稿酬,应按稿酬所得项目计税。

4) 特许权使用费所得

特许权使用费所得是指个人提供专利权、著作权、商标权、非专利技术以及其他特许权的使用权取得的所得。提供著作权的使用权取得的所得,不包括稿酬所得。作者将自己文字作品手稿原件或复印件公开拍卖(竞价)取得的所得,应按特许权使用费所得项目计税。

5) 经营所得

经营所得包括个体工商户的生产、经营所得和对企业事业单位的承包经营、承租经营所得。

6) 利息、股息、红利所得

利息、股息、红利所得是指个人拥有债权、股权而取得的利息、股息、红利所得。利息是指个人的存款利息、贷款利息和购买各种债券的利息。股息也称股利,是指股票持有人根据股份制公司章程规定,凭股票定期从股份公司取得的投资利益。红利也称公司(企业)分红,是指股份公司或企业根据应分配的利润按股份分配超过股息部分的利润。股份制企业以股票形式向股东个人支付股息、红利即派发红股,应以派发的股票面额为收入额计税。

7) 财产租赁所得

财产租赁所得是指个人出租建筑物、土地使用权、机器设备、车船以及其他财产取得的所得。财产包括动产和不动产。

8) 财产转让所得

财产转让所得是指个人转让有价证券、股权、建筑物、土地使用权、机器设备、车船以及其他自有财产给他人或单位而取得的所得,包括转让不动产和动产而取得的所得。对个人股票买卖取得的所得暂不征税。

9) 偶然所得

偶然所得是指个人取得的所得是非经常性的,属于各种机遇性所得,包括得奖、中奖、中彩以及其他偶然性质的所得(含奖金、实物和有价证券)。个人购买社会福利有奖募捐奖券、中国体育彩票,一次中奖收入不超过 10000 元的,免征个人所得税;超过 10000 元的,应以全额按偶然所得项目计税。

10) 其他所得

除上述应税项目以外,其他所得应确定征税的,由国务院财政部门确定。

个人取得的所得,如果难以界定是哪一项应税所得项目,由主管税务机关审查确定。

(三)个人所得税的适用税率

个人所得税根据不同的征税项目,分别规定了下述三种不同的税率。

1. 综合所得税率

综合所得(工资、薪金所得,劳务报酬所得,稿酬所得,特许权使用费所得),适用7级超额累进税率,按月应纳税所得额计算征税,如表4-2所示。该税率按个人月工资、薪金应税所得额划分级距,最高一级为45%,最低一级为3%,共7级。

表4-2 7级超额累进个人所得税税率表(综合所得适用)

级 数	全年应纳税所得额	税率/%
1	不超过36000元	3
2	超过36000元至144000元的部分	10
3	超过144000元至300000元的部分	20
4	超过300000元至420000元的部分	25
5	超过420000元至660000元的部分	30
6	超过660000元至960000元的部分	35
7	超过960000元的部分	45

2. 经营所得税率

经营所得适用5级超额累进税率。适用按年计算、分月预缴税款的个体工商户的生产、经营所得和对企事业单位的承包经营、承租经营的全年应纳税所得额划分级距,最低一级为5%,最高一级为35%,共5级。

3. 比例税率

对个人的利息、股息、红利所得,财产租赁所得,财产转让所得,偶然所得和其他所得,按次计算征收个人所得税,适用20%的比例税率。

(四)个人所得税扣除项目的类型

1. 个人所得税免征额规定

2018年6月19日,个人所得税法修正案草案提请十三届全国人大常委会第三次会议审议,这是个税法自1980年出台以来第七次大修。依据决定草案,基本减除费用标准拟确定为每年6万元,即每月5000元,3%到45%的新税率级距不变。2018年8月31日,修改个人所得税法的决定通过,基本减除费用标准调至每月5000元,2018年10月1日起实施。

2. 个人所得税专项附加扣除

专项附加扣除项目包括如下所述6项。

(1)子女教育。纳税人的子女接受全日制学历教育的相关支出,按照每个子女每月1000元的标准定额扣除。

(2)继续教育。纳税人在中国境内接受学历(学位)继续教育的支出,在学历(学位)教育期间按照每月400元定额扣除。同一学历(学位)继续教育的扣除期限不能超过48个月。纳税人接受技能人员职业资格继续教育、专业技术人员职业资格继续教育的支出，在取得相关证书的当年，按照 3600 元定额扣除。

(3) 大病医疗。在一个纳税年度内，纳税人发生的与基本医保相关的医药费用支出，扣除医保报销后个人负担(指医保目录范围内的自付部分)累计超过 15000 元的部分，由纳税人在办理年度汇算清缴时，在 80000 元限额内据实扣除。

(4) 住房贷款利息。纳税人本人或者配偶单独或者共同使用商业银行或者住房公积金个人住房贷款为本人或者其配偶购买中国境内住房，发生的首套住房贷款利息支出，在实际发生贷款利息的年度，按照每月 1000 元的标准定额扣除，扣除期限最长不超过 240 个月。纳税人只能享受一次首套住房贷款的利息扣除。

(5) 住房租金。纳税人在主要工作城市没有自有住房而发生的住房租金支出，可以按照以下标准定额扣除：①直辖市、省会(首府)城市、计划单列市以及国务院确定的其他城市，扣除标准为每月 1500 元；②除第一项所列城市以外，市辖区户籍人口超过 100 万的城市，扣除标准为每月 1100 元；市辖区户籍人口不超过 100 万的城市，扣除标准为每月 800 元。

(6) 赡养老人。纳税人赡养一位及以上被赡养人的赡养支出，统一按照以下标准定额扣除：①纳税人为独生子女的，按照每月 2000 元的标准定额扣除；②纳税人为非独生子女的，由其与兄弟姐妹分摊每月 2000 元的扣除额度，每人分摊的额度不能超过每月 1000 元。可以由赡养人均摊或者约定分摊，也可以由被赡养人指定分摊。约定或者指定分摊的须签订书面分摊协议，指定分摊优先于约定分摊。具体分摊方式和额度在一个纳税年度内不能变更。

【计算】

已婚人士小李在北京上班，月收入 1 万元，"三险一金(养老保险、医疗保险、失业保险、住房公积金)"专项扣除为 2000 元，每月租金 4000 元，有一子女上幼儿园，同时父母已经 60 多岁。

起征点为 3500 元的情况下，没有专项附加扣除，每月需缴纳 345 元个税；

起征点为 5000 元的情况下，没有专项附加扣除，每月需缴纳

$$(10000 - 5000 - 2000) \times 3\% = 90 \text{ 元个税}。$$

根据新政策，小李就可以享受住房租金 1200 元扣除、子女教育 1000 元扣除、赡养老人 1000 元扣除(跟姐姐分摊扣除额)，每月需缴纳

$$(10000-5000-2000-1200-1000-1000) \times 3\% = 0 \text{ 元个税}。$$

【阅读资料】

中国个人所得税历史沿革

中国在中华民国时期，曾开征薪给报酬所得税、证券存款利息所得税。

1950 年 7 月，政务院公布的《税政实施要则》中，就曾列举有对个人所得课税的税种，当时定名为"薪给报酬所得税"。但由于我国生产力和人均收入水平低，实行低工资制，虽然设立了税种，却一直没有开征。

1980 年 9 月 10 日，通过并公布了《中华人民共和国个人所得税法》。同年 12 月 14 日，经国务院批准，财政部公布了《个人所得税施行细则》，实行了仅对外籍个人征收的个人

所得税。我国的个人所得税制度至此方始建立。

1986年9月，针对我国国内个人收入发生很大变化的情况，国务院发布了《中华人民共和国个人收入调节税暂行条例》，规定对本国公民的个人收入统一征收个人收入调节税。

1993年10月31日，通过了《关于修改〈中华人民共和国个人所得税法〉的决定》的修正案，规定不分内、外，所有中国居民和有来源于中国所得的非居民，均应依法缴纳个人所得税，同日发布了新修改的《中华人民共和国个人所得税法》。

1994年1月28日国务院配套发布了《中华人民共和国个人所得税法实施条例》。

1999年8月30日，通过了《关于修改〈中华人民共和国个人所得税法〉的决定》，把个税法第四条第二款"储蓄存款利息"免征个人所得税项目删去，而开征了"个人储蓄存款利息所得税"。

2002年1月1日，个人所得税收入实行中央与地方按比例分配。

2003年10月22日，商务部提出取消征收利息税，提高个人收入所得税免征额等多项建议。

2005年10月27日，通过了《关于修改〈中华人民共和国个人所得税法〉的决定》(第三次修正)，免征额1600元，于2006年1月1日起施行。

2007年6月29日，通过了《关于修改〈中华人民共和国个人所得税法〉的决定》，对个人所得税法进行了第四次修正。第十二条修改为"对储蓄存款利息所得开征、减征、停征个人所得税及其具体办法，由国务院规定"。

2007年12月29日，通过了《关于修改〈中华人民共和国个人所得税法〉的决定》(第五次修正)。个人所得税免征额自2008年3月1日起由1600元提高到2000元。

2008年暂免征收储蓄存款利息所得个人所得税。

2009年取消"双薪制"计税办法。

2010年对个人转让上市公司限售股取得的所得征收个人所得税。

2011年6月30日，将个人所得税免征额从现行的2000元提高到3500元，同时，将现行个人所得税第1级税率由5%修改为3%，9级超额累进税率修改为7级，取消15%和40%两档税率，扩大3%和10%两个低档税率和45%最高档税率的适用范围等。该决定自2011年9月1日起实施。

2012年7月22日，中央政府有关部门已经准备在2012年启动全国地方税务系统个人信息联网工作，为"按家庭征收个人所得税"改革做好技术准备。此前业内一直呼吁的综合税制有望在未来实现。

2018年3月5日，国务院总理李克强作政府工作报告指出：提高个人所得税起征点，增加子女教育、大病医疗等专项费用扣除，合理减负，鼓励人民群众通过劳动增加收入、迈向富裕。

2018年7月1日起，科技人员取得职务科技成果转化现金奖励，个人所得税可享优惠。

2018年6月19日，个人所得税法迎来了一次根本性变革：工资薪金、劳务报酬、稿酬和特许权使用费等四项劳动性所得首次实行综合征税；个税起征点由每月3500元提高至每月5000元(每年6万元)；首次增加子女教育支出、继续教育支出、大病医疗支出、住房贷款利息和住房租金等专项附加扣除；优化调整税率结构，扩大较低档税率级距。

2018年8月29日上午，全国人大常委会分组审议了该草案。新个税法拟于2019年1

月1日起全面施行，拟自2018年10月1日至2018年12月31日，先将工资、薪金所得基本减除费用标准提高至5000元/月，并适用新的综合所得税率。

2018年10月1日起，施行最新起征点和税率。新个税法规定，自2018年10月1日至2018年12月31日，纳税人的工资、薪金所得，先行以每月收入额减除费用5000元以及专项扣除和依法确定的其他扣除后的余额为应纳税所得额，依照个人所得税税率表(综合所得适用)按月换算后计算缴纳税款，并不再扣除附加减除费用。

(资料来源：根据百度文库资料整理而成.)

四、社会保障税

(一)概念

社会保障税是以劳动者的工资薪金为课税对象的一种税种，也称工薪税，在绝大多数OECD国家以及部分发展中国家开征。我国尚未开征社会保障税，社会保障还是以费用形式收取。

(二)社会保障税的课税对象

社会保障税的课税对象是在职职工的工资、薪金收入额和自营人员的事业纯收益额。这里的工资、薪金收入额具有如下特点：第一，不是全部的工资、薪金收入额，而只是对一定限额以下的工资收入额课征，即有最高应税限额规定；第二，不允许有宽免或费用扣除，而是把毛工薪收入额直接作为课税对象。

(三)社会保障税的特点

(1) 社会保障税是一种目的税。其收入专门用于社会保障支出，这种专款专用的性质不同于其他所有税。

(2) 它具有税收的累退性。由于社会保障税采用比例税率，而且设有最低生活费标准，也不进行其他减免，并对应税所得额采取封顶办法，对超过最高限额的工资部分不征税。因此，工资较高者纳税额占工资收入总额的比重相对较小，这是不符合税收纵向公平原则的。

(3) 社会保障税征管方便。由于社会保障税税基不包括纳税人的非工薪收入，如资本利得等，并且直接将毛收入作为课税对象，所以，不需经过复杂的计算过程，而纳税人也没有逃避税收的机会。

(4) 它具有税收的转嫁性。社会保障税一般以工资支付额为课税对象，由雇主和雇员双方按工资的一定比例各出一部分。但雇主上缴部分，虽名义上向雇主征收，却无法阻止他们把税负转嫁出去。因为社会保障税代表了雇主劳动力成本的增加，这将促使劳动力需求降低，为使均衡就业量保持不变，工资率必然趋于下降。按照这一推理，社会保障税中雇主上缴的部分，有相当部分可以转嫁给雇员，即雇主上缴的部分是以低工资的形式由雇员支付的。

(四)社会保障税的课征范围

西方国家社会保障税的课征范围大都很广。只要是在本国有工资、薪金收入的人,都是社会保障税的纳税人。

(五)社会保障税的税率

社会保障税适用比例税率。

第六节 资源税与财产税

一、资源税

(一)资源税的性质和分类

资源税是以自然资源为课税对象的税类。可分为一般资源税和级差资源税两种类型。一般资源税是指国家对国有资源,根据国家的需要,对使用某种自然资源的单位和个人,为取得应税资源的使用权而征收的一种税。级差资源税是对占用或开发国有资源者因资源条件差异而获得的级差收入征收的一种税。

(二)资源税的作用

征收资源税的作用体现在以下三个方面。
(1) 促进资源合理开发,节约使用有效配置。
(2) 调节资源级差收入,实现公平竞争。
(3) 增加财政收入。

二、财产税

(一)财产税的概念及特点

1. 概念

财产税是对纳税人所拥有或支配的财产课征的一种税类。

2. 特点

(1) 财产税的税负不易转嫁,具有直接税的性质。
(2) 财产税是对财富的存量进行课税(所得税的课税对象是财富的流量)。
(3) 财产税符合税收的量能纳税原则,有财产者必有纳税能力。
(4) 财产税收比较稳定,不易受经济变动因素的影响。
(5) 财产税具有收入分配的职能。财产税的征税原则是有财产者纳税,无财产者不纳税；财产多者多纳税，财产少者少纳税。这就可以在一定程度上避免社会财富分配不均。

(二)财产税的局限性

(1) 财产税的税收负担存在一定的不公平性。这是因为在课征手段和评估技术上存在种种弊端。财产中的动产，常常成为隐匿对象，不动产也较难估价，征收管理较难掌握，因此，容易导致税负的不公平。而且，课征财产税会减少投资者的资本收益，降低投资者的投资积极性。在经济不发达时期，课征财产税在一定程度上有碍资本的形成。

(2) 财产税的征收弹性较小。财产税对财产价值课税，一般情况下，财产价值不易发生变动，因此财产税收不易随着财政需要而变动。

(三)财产税的类型

以课税范围为标准，可将财产课税分为一般财产税和特别财产税。一般财产税是就某一时点纳税人所有的一切财产综合课税，课税时要考虑对一定价值以下的财产和生活必需品进行免税，并允许负债的扣除；特别财产税则是就纳税人所有的某一类或某几类财产，如土地、房屋等单独或分别课税。

以课税对象为标准，可将财产课税分为静态财产税和动态财产税。前者是就一定时点的财产占有额，依其数量或价值进行课税，如一般财产税和特定财产税；后者是就财产所有权的转移或变动进行课税，如遗产税和赠与税。

1. 一般财产税

1) 概念

一般财产税是以财产所有者某一时点所拥有的全部财产价值为课税对象，实行综合课税，税率多采用比例税率，也有的国家采取累进税率。其纳税人主要是个人，也有的国家对公司法人课税。

2) 类型

从当代国际税收实践看，一般财产税大体上可分为两种类型。

(1) 名为一般财产税，实际上是有选择的财产税，即以列举的几种财产估计价值(不规定扣除项目)为课税对象，如美国的财产税制。

(2) 名为一般财产税，实际上是财产净值税，即以应纳税财产总额减去负债后的净值额为课税对象，并有免税项目的规定(生活费宽免等)，如德国、荷兰等国的财产税制。

2. 特别财产税

1) 土地税

土地税是以土地为课税对象的税收。它既是一个古老的税种，也是世界上施行最广泛的特别财产税。课征土地税的国家，采用了各种名称，如土地税、家地税、荒地税、已开发土地税、土地增值税、土地租金税、地价税等属于针对土地收益和所得的税种。其中的土地财产税，是以土地的数量或价值额为课税依据。它又可分为从量课征和从价课征两种。前者是指地亩税，以土地的单位面积为课税依据，即规定每单位面积土地的税额；后者是指地价税，它是以土地的单位价值为课税依据，应税土地的价值必须经过征收部门估算核定。

2) 房产税

房产税是以附着于土地上的房屋及与该房屋不可分割的有关建筑物为课税对象的一个税种。由于房屋与土地密切相关，难以单独估价，故一般连同土地一起并征房地产税。财产课税性质的房产税是以房屋的数量或价值为课税标准，按规定税率征收的一个税种。早期的房产税采用从量计征方式，多以房屋明显的外部标志为课税依据，如灶税、窗户税等；现代的房产税普遍实行从价计征方式，即以房屋的账面价值或市场价值作为课税依据。

3. 财产转移税

财产转移税是对财产所有权变更进行的课征税种，包括遗产税、赠与税等。

1) 遗产税

(1) 概念。遗产税是对财产所有权人死亡后遗留下来的财产课征的税种，在财产课税体系中占有重要的地位。近代遗产税于 1598 年起源于荷兰。目前世界上有 2/3 以上的国家课征了遗产税。

(2) 优点。遗产税作为世界上各国普遍课征的税种，其优点是显而易见的。

首先，遗产税采用累进税制，可以平均社会财富，缓和社会矛盾。

其次，遗产税以财产为课税对象，有稳定的税源，可以增加财政收入。

最后，遗产税可以抑制社会浪费，消除人们对遗产继承的依赖心理，有利于推动社会进步。

(3) 分类。遗产税大致可以分为以下几类。

第一，总遗产税制。它以财产所有人死亡后的遗产总额为课税对象，以遗嘱执行人或遗产管理人为纳税人。总遗产税制的特点是在遗产处理上采用"先税后分"的方式，即先征遗产税，然后才能将税后遗产分给遗产继承人或受遗赠人。遗产税一般设有起征点，并采用累进税率，其税负水平不考虑继承人与被继承人之间的亲疏关系。总遗产税在计税时，按遗产总额减去负债后的净额课征；规定免税额，对小额的遗产可以免征；准予分期纳税或以实物缴纳。

第二，分遗产税制。它就各继承人取得的遗产份额课税，以遗产继承人或受赠人为纳税人。在遗产的处理上表现为"先分后税"，即先按国家有关继承法令分配遗产，然后就各继承人分得的遗产课税。一般采用累进税率，税负高低与继承人同被继承人之间的亲疏关系有关。分遗产税在计税时，凡继承人为直系亲属的，税率较轻，非直系亲属的，税率较重；继承人所继承或分得的财产数额越多，税率越高；按被继承子女的多少课以不同的税率，子女越少，税率越高。分遗产税制有公平合理的优点，但征管复杂、征收成本较高，目前选择该类型的国家主要有日本、德国等。

第三，混合遗产税制。它将总遗产税制和分遗产税制综合在一起，对财产所有人死亡时留下的遗产先课征一次总遗产税，然后再对税后遗产分配给各继承人的遗产份额课征一次分遗产税，在遗产的处理上表现为"先税后分再税"。这种遗产税的优点是既控制了税源，又体现了公平负担原则，但税收征管复杂，加拿大、意大利、爱尔兰等国实行了该种遗产税制度。

(4) 纳税人的选择。在遗产税税收管辖权方面有两种类型，一种是属人和属地相结合的税收管辖权,即本国居民死亡时,应将其境内、境外全部遗产征税;非本国居民死亡时,只就其境内遗产征税。另一种是属地主义税收管辖权,即仅就纳税人在本国境内的遗产征税。开征遗产税的国家一般都采用前一种类型。

(5) 课税对象的选择。世界各国遗产税的课税对象都确定为财产,包括动产、不动产和其他具有财产价值的权利。其中,动产包括现金、银行存款、有价证券、金银首饰等;不动产包括土地、房屋、矿产等;具有财产价值的权利包括保险权益、债权和土地占有权等。对上述财产的估价各国多采用市场价值,即以财产所有者死亡时的财产市价为标准。

(6) 税率的选择。绝大多数开征遗产税的国家在税率选择上都采用累进税率,这样的税率可以体现公平原则,达到调节社会财富分配的目的。西方发达国家由于长期主张对高额遗产课以重税,故税率都比较高。20世纪70年代,美国、日本最高税率均在75%以上,直至80年代末减税改革后,日本最高税率仍为70%,美国最高税为50%;发展中国家由于开征遗产税的时间比较晚,同时受经济发展水平和人们生活水平等因素的影响,最高税率设计得比较低,在50%左右。

2) 赠与税

(1) 概念。赠与税是对财产所有者或被继承人所赠与他人的财产课征的税收。

(2) 分类。①总赠与税。就赠与人在课税年度内所赠与他人的财产总额课征,以赠与人为纳税人;②分赠与税。就受赠人在课税年度内的受赠财产课征,以受赠人为纳税人。

(3) 实质。赠与税实质上是遗产税的辅助税种,以防止纳税人逃避税收,确保财产转让税税源不致流失。凡实行总遗产税的国家,多同时实行总赠与税;凡实行分遗产税的国家,多同时实行分赠与税。

本 章 小 结

税收是个古老的财政范畴,是随着国家的产生而产生的现象。税收是国家为了实现自身的职能,或预定的社会和经济目标,凭借政治权力,按照法律规定,强制无偿地征集而取得财政收入的一种形式。税收具有强制性、无偿性、确定性等特征。税收的主要种类有商品税、所得税、财产税及资源税等。其中商品税是指以商品和劳务的流转额为课税对象的课税体系。由于商品税以流转额为课税对象,所以又被称为流转税,主要包括增值税、消费税、营业税等。所得税是指对所有以所得为课税对象的税种的总称。所得税是国家筹措资金的重要手段,也是促进社会公平分配和稳定经济的杠杆。资源税是以自然资源为课税对象的税类,而财产税是对纳税人所拥有或支配的财产课征的一个税种。

课 后 习 题

一、名词解释

税收　税率　税负转嫁　商品税　增值税
消费税　营业税　个人所得税

二、简答题

1. 简述税制要素包括哪些方面。
2. 我国个人所得税的征收方式有哪几种？

三、案例分析题

中国公民赵某是某公司一高级工程师，2019年3月取得收入情况如下。

(1) 工资收入5400元，季度奖4000元；取得2018年年终奖12000元。

(2) 接受某公司邀请担任技术顾问，当月取得收入35000元，从中拿出9000元通过希望工程基金会捐给希望工程。

(3) 撰写的一本专著由境外某出版社出版，稿酬36000元，已在境外缴纳所得税3000元。

(4) 2018年购入1000份债券，每份买入价10元，购进过程中支付的税费共计150元。本月以每份15元的价格卖出其中600份，支付卖出债券的税费共计110元。

问题：

1. 赵某取得工资和各项奖金收入应缴纳的个人所得税为多少？
2. 赵某担任技术顾问应缴纳的个人所得税为多少？
3. 赵某出版专著取得的收入应在我国补缴多少个人所得税？
4. 赵某售出债券应缴纳多少个人所得税？

第五章

公　债

【学习目标】
- 掌握公债的含义及分类。
- 了解公债的产生和发展。
- 掌握公债与财政的关系。
- 掌握公债的发行与偿还方式。

【引导案例】

欧洲央行或启动 OMT 无限量购买公债

新华财经北京 3 月 26 日电 消息人士称,欧洲央行支持必要时启用 2012 年设计的直接货币交易计划(OMT),无限量地购买公债。

因消息未公开而不愿具名的知情人士称,尽管欧洲央行管委会上周在紧急会议上仅简要提到 OMT 计划,但显而易见的是启用该计划会得到广泛支持。此次会议讨论重点是批准另一项资产购买计划。

知情人士透露,一旦政府做好铺垫工作,欧洲央行委员愿意在必要时启用他们最有力的购债工具,以应对新冠疫情的经济影响。

2012 年前行长德拉吉承诺"采取一切手段"挽救身陷欧债危机的欧元,OMT 于当年被设计出来。它赋予了欧洲央行几乎无限量购买成员国国债的能力,从而可以把国债收益率从财政刺激措施可能承受不起的水平压下来。

在欧洲央行行长拉加德及其同事可以启动该计划前,成员国政府必须获得欧洲稳定机制(ESM)某种形式的援助,欧洲央行管委会成员 Francois Villeroy de Galhau 已经在敦促他们这样做。

(资料来源:王姝睿. 中国金融信息网,2020 年 3 月 26 日.)

第一节 公债概述

一、公债的含义

公债是指政府为筹措财政资金,凭其信誉按照一定程序向投资者出具的,承诺在一定时期支付利息和到期偿还本金的一种格式化的债权债务凭证。公债是国家财政收入的一种特殊形式,是调节经济的一种重要手段。对于公债的具体含义,我们可以从以下几个方面来理解。

(1) 公债是各级政府借债的统称。中央政府的债务称为中央债,又称国债;地方政府的债务称为地方债。我国地方政府无权以自身名义发行债务,故人们常将公债与国债等同起来。

(2) 公债是政府收入的一种特殊形式。公债具有有偿性和自愿性的特点。除特定时期的某些强制性公债外,公众在是否认购、认购多少等方面,拥有完全自主的权利。

(3) 公债是政府信用或财政信用的主要形式。政府信用是指政府按照有借有还的商业信用原则,以债务人身份来取得收入,或以债权人身份来安排支出,也称为财政信用。公债只是财政信用的一种形式。财政信用的其他形式包括政府向银行借款、财政支农周转金、财政部门直接发放的财政性贷款等。

(4) 公债是政府可以运用的一种重要的宏观调控手段。

二、公债的产生与发展

(一)公债的产生

公债最早产生于约公元 5 世纪到 7 世纪的地中海沿岸的一些国家。中世纪以后，地中海沿岸的意大利城市热那亚、威尼斯等地，由于其地理位置优越，成为世界商业中心。与商业的发展相适应，信用制度也迅速发展起来。在中世纪以前的奴隶社会末期由高利贷者发展起来的银行，由于利息率太高，无法满足商人低利率贷款的要求，威尼斯和热那亚的商人首创了信用组合。这种信用组合又逐步演变为后来的划拨银行，一种比高利贷先进的专门从事信用的行业便应运而生。与此同时，由于封建制国家的职能有所扩大，加上财政管理不善，入不敷出，导致财政收支矛盾加剧。因此，划拨银行便出高于一般利率的贷款给国家，这样，就产生了公债。到 16~17 世纪，手工工场向机器大工厂过渡，社会劳动生产率大大提高，加上海上贸易和殖民地战争，商人和高利贷者从国内外获得了大批货币财富。这批积累起来的货币资本超过了工场手工业生产发展的需要，在大量多余资本找不到理想投资场所时，资本所有者便把闲置的货币资本投放到能保证获得高收入的公债上。同时，国家通过举债的实践，认为用发行公债的办法来解决财政困难要比增加税收容易得多，因此，公债很快在欧洲资本主义各国得到广泛的发展。

公债虽然很早以前就产生了，但只是到资本主义社会才得到迅猛的发展。而且，公债作为政府筹集财政资金的重要形式以及发展经济的重要杠杆，已经成为当今世界各国财政不可缺少的组成部分。政府财政收不抵支是公债产生的必要条件，而闲置资本的存在则为公债的产生提供了可能性。

(二)公债的发展

公债的产生，对资产阶级极为有利。资本主义商品经济的发展是公债强有力的经济基础，同时，公债往往又是同国家财政困难相联系的。因此，公债虽然早在中世纪就已经产生，但是公债的急速增长却是在资本主义财政形成以后的第二次世界大战期间。第二次世界大战期间，参战各国军费迅速增长，税收已远远不能满足战争需要，于是公债成了筹集军费的重要途径，资本主义各国的公债总额猛增。

到 20 世纪 70 年代，资本主义世界各国奉行凯恩斯主义的赤字财政政策。根据凯恩斯的理论，增加政府开支，削减联邦税收，虽然会出现财政赤字，但整个社会的有效需求提高后，可以刺激、推动经济的发展。而弥补财政赤字的有效办法是发行公债。因此，公债增长的速度越来越快，资本主义国家发行的公债达到了空前的规模。以发行公债较早的美国为例，1800 年公债总额只有 0.83 亿美元，到 1930 年上升到 163 亿美元，1980 年达到 9302 亿美元，到 1984 年又猛增到 15723 亿美元，截至 1986 年美国累计公债总额达 20082 亿美元。

我国公债最早出现在清朝末年。我国第一次发行的国内公债是 1898 年清王朝发行的"昭信股票"，总额为 1100 万两银子。1911 年清王朝又发行一次公债。北洋军阀时代和国民党时期政府也多次发行公债。旧中国的公债基本上属于资本主义公债的类型，但带有半封建半殖民地色彩。

中华人民共和国成立以来，我国先后多次发行公债：1950年发行了人民胜利折实公债，1954—1958年连续5年发行国家经济建设公债，1981年至今每年都发行公债。

三、公债的分类

(一)按照公债的发行地域分类

按照公债的发行地域分类，可以将公债区分为国内公债和国外公债。

国内公债是指本国政府以债务人的身份向本国境内的居民或单位所发行的公债；国家在国外发行的公债称为国外公债。

(二)按照公债的发行主体分类

按照公债的发行主体分类，可以将公债区分为中央政府发行的国债、政府关系债和地方政府债券。

中央政府发行的国债，包括用于融通国库资金、弥补预算资金不足的国库券和以扶持社会经济发展为目的而发行的各种专项债券；政府关系债，指由政府某些特许机构或特殊法人发行的主要用于铁路、交通、基础设施、中小企业发展、技术开发等特定公共项目的债券；地方政府债券，即各级地方政府为筹集地方建设性投资所需资金而发行的债券。

(三)按照公债的发行本位分类

按照公债的发行本位分类，可以将公债区分为货币本位券和实物(折实)本位券。

货币本位券又可分为用同一种货币还本付息的本国货币计价债券、外国货币计价债券和用本国货币与外国货币两种货币计价的双重货币债券；实物(折实)本位券是指该公债的募集和还本付息均以实物为计算单位。

(四)按照公债的形态分类

按照公债的形态分类，可以将公债区分为附息债(剪息债)和贴现债。

附息债指券面上附有息票，在规定的时期以息票兑换的形式支付利息的债券，其中又可分为发行利率固定不变的固定附息债券和发行利率随市场利率浮动的浮动利率债券；贴现债券面上不附有息票，而是采用低于面额的价格发行，发行价格与偿还金额之差即为利息。

(五)按照有无担保分类

按照有无担保分类，可以将公债区分为政府担保债和非政府担保债。

本利的支付由政府作担保的公债叫作政府担保债，反之为非政府担保债。政府担保债主要适用于与公共设施、技术开发和政策扶持目标相一致的政府关系债和地方政府债券。

(六)按照是否记名分类

按照是否记名分类，可以将公债区分为现货债与注册债(登记债)。

现货债是指公债债券本身是权利化了的纸质物，一般为不记名债券；注册债指按照一定的法律规定，在注册机关准备的注册簿上记上公债债权人的姓名及权利等内容，由注册机关定期向债权人发放利息收据，在本利支付场所进行支付，其转让也是由公债债权人向注册机关提出申请转移手续来进行，注册债同时也是记名债。

(七)按照偿还期限的长短分类

按照偿还期限的长短分类，可以将公债分为短期债券、中期债券、长期债券和超长期债券。

根据不同时期的不同情况，有不同的区分方法，一般偿还期限在一年以内的为短期债券；2～5年的为中期债券；6～10年的为长期债券；11年以上的为超长期债券。

(八)按照募集方式分类

按照募集方式分类，可以将公债分为公募债券和私募债券。

前者指以不特定的多数投资者为对象广泛募集的债券；后者指发行时不面向一般投资者，而仅向与发行人有特定关系的投资者募集，又称"缘故债券"。

第二节 公债与财政

公债从产生起就与财政赤字紧密相连。公债发行、偿还的整个运行过程，都与国家财政收支、财政赤字有着密切的联系。

一、公债与财政收入

公债的作用首先是弥补财政赤字，此外，还可以筹集建设资金，调节经济运行，主要是调节货币流通量。在现实生活中，国家发行公债可以用于弥补赤字，也可以用于固定资产投资等专项用途，还可以用于偿还到期的公债。公债是国家进行宏观调控的重要工具之一，我国在1998年以来通过发行长期建设国债筹集了大量的建设资金，扩大了市场投资规模，拉动了国内需求，克服了亚洲金融风暴带来的困难，保持了国民经济的稳步发展。虽然公债需要还本付息，会加重以后年度的财政负担，但运用得当则可以推动经济快速、稳定、协调发展，用明天的钱办今天的事，经济发展了，税收自然会增加，对于以后的财政平衡也是非常有利的。

从广义上来说，公债也是财政收入的一部分，但在许多市场经济国家中，一般不把公债列为正常收入看待。公债和税收都是市场经济体制下组织财政收入的手段，但公债和税收还是有一定区别的。

(1) 税收是公债的信用基础。公债是政府根据需要创造出来的金融商品，其所包含的价值，是以财政税收作为担保的，即国家在公债发行时所承诺的公债价值，在兑现时以财政税收作为物质保证。只要国家继续存在，购买公债的投资者就肯定可以获得稳定的收益。正因为公债有财政税收作为信用基础，公债才能成为有价证券市场中最具安全性的"金边债券"。

(2) 公债是财政收入重要的补充。公债最初就是因为税收不能满足财政支出需求而产生的，现在公债已成为世界上大多数国家政府税收之外筹集财政资金的重要渠道。在现代财政中，公债作为税收的补充，主要表现在两个方面：一是补充税收数量的不足。随着政府的社会和经济活动领域不断扩大，税收不能满足支出需要已成为大多数实行市场经济制度国家普遍存在的现象，若靠增加税种或提高税率来扩大收入规模，则会对经济发展产生抑制作用，不利于促进国民经济的增长。因此，向国内居民举借债务，就成为大多数国家财政弥补税收不足最常用的方法。二是弥补税收在调节收入分配结构方面的不足。税收具有强制性和无偿性。税收的制定要通过比较严格的立法程序，一旦确定，就不宜经常更改和变动。因此，税法一旦通过立法程序得以确定，对收入分配格局的影响将在比较长的时期内保持稳定，对于时刻都处于变动之中的市场收入分配格局的调节作用有局限性。公债则可以根据需要随时发行，而且可以专门针对特殊的对象发行定向公债，在调节分配结构时比较灵活，弥补了税收在调节收入分配结构方面的局限性。

(3) 税收具有强制性，而公债一般是自由认购的。虽然公债也有强制公债，但强制公债一般是在战争时期以及紧急情况下发行的，正常情况下，公债一般多采用自由认购的方式。

(4) 税收具有无偿性，而公债是有偿的。国家征税，无须承担偿还义务，而公债属于借贷性质，国家要承担还本付息的责任。因此，从财政成本效益来看，税收优于公债，这是公债在财政收入形式中只能作为辅助手段的一个主要原因。

二、公债与财政支出

公债与财政支出密切相关，主要表现在下述各方面。

(1) 财政支出规模直接影响公债的发行规模。公债作为弥补财政收支差额的重要手段，其规模大小受财政支出的影响很大。因为作为财政收入主体的税收，其规模主要取决于经济规模、增长速度和税收制度三项因素。这三项因素的可预见性相对较强，年度与年度之间的变化比较容易把握，而支出的可变性比较大，不可预见的因素也比较多，年度与年度之间的变化很大，常常超过收入规模。因此，支出的扩大往往意味着公债当年发行规模的扩大。公债的发行规模与财政支出规模呈正相关。

(2) 现有的公债规模将影响将来的财政支出规模。一方面，公债发行规模的扩大，意味着可供财政支配的资金增多，为扩大财政支出创造了条件。另一方面，财政发行的公债是有偿的，是未来财政收入的预支，到期必须还本付息。因此，当期的发行规模必然要影响到将来的财政支出。从大多数国家的实践来看，往往是财政支出规模的扩大导致了公债发行规模的扩大，而公债发行规模的扩大又把财政支出提升到一个新的高度，形成财政支出和公债发行规模相互推动、共同扩张的格局。

(3) 财政支出结构影响公债的结构。发行什么种类的公债，主要取决于用于财政支出的具体用途。若是用于生产建设性投资，则应发行中长期公债；若是为了解决临时性的资金周转需要,则可以发行一年期以内的短期公债。支出需求是多样性的,公债结构也应该是长、中、短期相结合的,公债的灵活性能充分满足支出多样性的需求。另外,为了适应现实经济生活中的通货膨胀现象,在公债的利率结构方面也需要加以调整,即处理好固定利率的公债和浮动利率的公债之间的比重问题。浮动利率公债的发行有利于减少投资者和筹资者双方的风险,通货膨胀上升,浮动利率跟着上调,有利于投资者的利益;反之,通过膨胀减轻,浮动利率下调,有利于减轻财政支出的负担。

三、公债与财政赤字

(1) 财政赤字是发行公债的重要原因。财政赤字就是财政年度中出现的财政支出大于财政收入的差额,公债的发行就是为了弥补这个差额。弥补财政赤字的办法虽然很多,如增加税收、压缩财政开支等,但是,增加税收、压缩财政开支都很困难,而用公债来弥补财政赤字是一种最方便、最灵活、最有效的手段,因此,世界各国通常都用发行公债的方法弥补财政赤字。财政赤字是公债发行的重要原因,反过来发行公债导致的利息支付又会加大财政赤字,因此,财政赤字与公债有着互相促进、互为因果的关系。

筹集财政资金、弥补财政赤字是公债的初始职能。在现代经济生活中,公债还被许多国家作为调节经济的杠杆,如用以调节市场货币流通量、稳定经济等。因此,出于调节经济的目的而发行的公债,并非财政赤字所致。所以,财政赤字是发行公债的重要原因,但不是唯一的原因。

(2) 公债是弥补财政赤字的理想方式。公债的发行及时、灵活、方便,是弥补财政赤字的理想方式。首先,用发行公债筹集财政资金,较课税来得及时迅速,而且什么时间发行,主动权掌握在国家手中。其次,根据财政收支不同性质的矛盾,以及财政收支的不同需要,国家可以发行形式多样的公债。例如,为弥补财政季节性收支差额,可发行短期公债;为弥补年度财政收支差额,可发行中期公债;为解决国家重点建设项目的资金不足,可发行长期建设公债;为偿还旧债,可发行新债等。

许多资本主义国家都由银行以"创造信用"的方式来承购公债。这样,公债的发行就会导致货币供应量的增加,从而成为财政赤字到通货膨胀的中间过渡。很显然,若公债发行量适度,公债发行对象主要为个人,即通过公债形式把居民个人手中的闲置货币集中起来,则不会增加货币供应量。

(3) 发行公债可以平衡国际收支。任何国家在与其他国家及国际组织、机构的经济贸易往来中,如收入不足以抵充支出,就会出现国际收支逆差,这将影响该国的货币汇率和经济实力。这时,除了动用外汇储备之外,最有效、最能迅速地扭转局面的办法即是对外发行公债,用以平衡国际收支。

第三节 公 债 规 模

公债的规模通常是指年末公债余额,而年末公债余额是由两部分构成的:一部分是以前年度发行的至本年末尚未偿还的部分;另一部分是本年度新发行的至年末尚未偿还的部分。公债规模的大小并不仅仅是一个绝对量的表现,还受多种因素的影响和制约。确定合理的公债规模,取决于多种因素,概括地讲,包括政治因素与经济因素。

影响公债规模的首要因素是国家需要资金的多少。国家需要的资金量越大,发行量就越大;反之,发行量则越小。当前不举借公债的国家很少,但发行规模上却有很大差异。这不仅和各个国家的财政状况有直接关系,还取决于该国奉行的公债政策,即适度偏小、以偿还能力为限,还是越多越好、以满足需要为宜。其次是政治局势。剔除强制发行的因素,人们对政府的信赖程度,特别是政治局势是否安定,是承购者自愿购买公债的重要原因。

社会经济发展水平的高低,决定了国家运用公债政策的规模。只有商品经济的发展达到一定的水平,社会物质财富才会有相当的积累;国民生活普遍富足,社会游资充斥,国家才有可能大规模举借债务。也只有经济发展了,各种金融机构才可能发挥其助国举债的功能。公债规模的大小,主要取决于公债的承受能力和偿付能力。

一、公债的承受能力

中央政府发行公债是为了加速本国的经济发展或弥补某一财政年度的财政赤字。公债的承受能力包括公债发行主体即中央政府财政和公债发行对象即社会经济组织和居民个人的承受能力和负担能力。中央政府确定公债发行规模时必须同时考虑这两个方面的承受能力。

(一)中央财政的承受能力

公债发行与财政收支的关系最为直接,也最为密切。第一,发行公债一般是为了弥补某一时期的财政赤字,保证一定规模的财政支出,从而满足经济增长的资金需求;第二,偿还公债也主要依靠以后年度的财政收入偿还。衡量公债发行主体承受力的主要指标是公债依存度和公债偿还率。

1. 公债依存度

公债依存度是指财政年度内公债发行数额占财政支出总额的比率,计算公式为

$$公债依存度 = 年度公债发行额 \div 年度财政支出总额 \times 100\%$$

这一指标反映了财政支出中有多少是依靠发行公债来筹措的。当公债发行量过大、依存度过高时,表明财政支出过分依赖债务收入,财政处于脆弱状态,并会对财政的未来发展构成潜在威胁。这是因为公债收入是一种有偿性的收入,国家财政支出主要应当依赖于税收,债务收入只能作为一种补充性收入。因此,公债规模的合理与否可以根据这一指标来判断。

2. 公债偿债率

一般以一定财政年度的还本付息额与财政收入的比值作为公债的偿债率指标,计算公式为

$$公债偿债率 = 年底还本付息额 \div 年度财政收入总额 \times 100\%$$

偿债资金可能来源于预算收入划出的部分、公债资金投资创造的收益或借新债还旧债，但最终都是来源于财政收入。这一指标反映了中央政府偿还公债的能力。偿还能力越大，对公债的承受能力也就越大。因此，公债流量与公债的偿还能力有着直接的关系。

(二)公债发行对象的承受能力

除考虑公债发行主体的承受能力外，要确定合理的公债规模还必须考虑公债发行对象的承受能力。首先，应考虑整个国民经济的承受能力，举借公债实质上是一种社会再分配，它直接或间接地占用了可用于社会再生产的资金。如果举债过多，就会影响正常的分配与再分配，对经济和社会的发展造成危害。其次，应考虑公债购买者的承受能力。我国公债的购买者主要是个人、企事业单位以及各类金融机构，他们各自的承受能力是确定公债合理规模的重要依据。衡量公债发行对象承受能力的指标有很多，其中最主要的指标是国民经济承担率，该指标从宏观上反映了整个国民经济的债务承担能力。国民经济承担率是当年公债余额占当年国内生产总值的比重，用公式表示为

国民经济承担率＝当年公债余额÷当年国内生产总值×100%

当年公债余额占当年国内生产总值的比重越大，则国民经济的债务承受能力越小。

二、公债的偿付能力

确定公债发行量还必须考虑到公债的偿付能力，最为重要的是考虑公债承受能力与公债偿付能力的对比状况。通常认为，当公债负担持续几年小于偿债能力时，公债负担便是安全的。而在持续出现公债负担大于或者等于偿债能力的现象时，就应缩小公债规模。

偿债能力是指国家财政在一定时期可以用于偿还公债本息的能力。它虽然与国家经济发展水平和财政收入规模有直接的联系，但决定偿付能力的只是中央财政收入中扣除一般支出后的部分，这是因为国家财政只能支配国民收入中的一部分，偿付公债只能从国家财政收入中支付。再进一步分析，一个国家的财政收入必须用于满足社会一般公共需要和其他方面的需求，不可能全部用于偿还债务。如果将满足社会一般公共需要和其他方面需要的支出称为财政一般支出，则从国家职能上讲，这些一般支出在一定时期必定有一个最低的极限值；财政支出若低于该极限值，国家财政将无法行使其应有的职能。因此，公债的最大偿付能力就是国家财政收入中扣除最低限度一般支出后的财力。

公债规模主要由其承受能力、偿付能力所决定。除此之外，公债的存量结构与投向结构、公债发行的经济背景以及中央政府在公开市场上操作公债的能力等因素，对公债规模的形成也有不同程度的影响。政府应综合考虑上述因素，合理确定公债的规模。

三、公债的发行与管理

公债的发行已不再单纯是弥补财政赤字的手段，已成为国家调节经济的一种经济杠杆。因此，现代国家运用公债，已逐渐建立起一套完整的公债管理体系，以发挥公债在现代经济生活中的作用。

(一)公债期限长短的配套

期限长短不等的公债，对于债权人和债务人的利益是不同的。一般情况下，发行长期公债对于政府比较有利，长期公债偿还期限长，政府除每年付息外，在短期内不需筹措还本资金，因而不致增加财政负担。但是，在严重通货膨胀的情况下，债券期限愈长，公债贬值的程度就愈大，债券持有者的损失就愈大。若政府发行长期公债时能考虑到通货膨胀的因素，在还本付息时采取一些弥补措施，那么，利率较高的长期公债对于购买者还是有吸引力的。短期公债具有流动性大、风险小、发行容易的特点。因此，债券期限长短的合理配套，债权人与债务人利益的有机统一，就能使公债的发行经常化。

在进行公债期限结构选择的同时，还必须结合公债利率结构的分析。公债期限结构选定的目标是：公债期限长短的配套能够满足财政支出的需要；而公债利率结构的选择是，既能满足财政的"公债利息成本最低"的要求，又能使公债顺利发行。

1．预期利率的变动与公债期限长短的选择

如果人们预期利率将上升，那么债券购买者就不会倾向于购买长期债券；而对于公债的发行者来说，则希望能在利率上升前借到钱。如预期利率将上升，公债发行者则应该选择多发行长期公债，因为公债的利率在发行时就已经确定，公债到期时，虽然市场利率上升，但公债的偿还付息仍可按原定较低的利率支付。同理，如果人们预期利率下降，债券购买者就会倾向于购买长期公债，而对于公债发行者来说，这时不宜多发行长期公债，应以发行短期公债为好。所以，对于公债管理者来说，必须结合预期市场利率的变动来选择公债的期限。

2．预期通货膨胀率的变动与公债期限长短的选择

如果预期通货膨胀率上升，公债购买者在选择长期公债时就会很谨慎，一般倾向于选择短期公债，所以对于公债发行者来说，在制定长期公债利率时必须考虑预期通货膨胀率上升的因素，否则公债难以推销。如果预期通货膨胀率保持稳定，则不会对公债利率结构产生影响。实际上，长期公债与短期公债各有利弊，无论是对于公债的发行部门还是对于公债的持有者来说，期限长短混合、配套合理的公债结构，肯定优于期限单一的公债结构。

(二)公债发行价格的确定

一般来讲，公债发行有平价、溢价、折价三种不同形式。采取何种发行价格形式，除了公债期限这一既定条件外，关键还取决于公债票面利率和市场利率的差异。公债发行价格的计算公式为

$$发行价格 = (票面金额 + 票面金额 \times 发行利率 \times 期限) \div (1 + 市场利率 \times 期限)$$

1．平价发行

平价发行是指公债的发行价格与公债票面金额相等。政府按票面金额取得收入，到期按票面金额还本，公债发行收入与偿还本金支出相等。在市场化发行条件下，当市场利率与公债票面利率不一致时，平价发行会使发行者承担高利率成本，导致公债销售不畅。

2. 溢价发行

溢价发行是指公债发行价格高于公债票面金额。政府按高于票面金额的溢价取得收入，到期按票面金额还本，公债发行收入高于偿还本金的支出。公债之所以能够溢价发行，是因为公债票面利率定得较高，超过市场利率。因此，公债就成为供不应求的投资品，这样其发行价格可望提高，直至其收益率与市场利率基本一致时为止。

3. 折价发行

折价发行是指公债发行价格低于公债票面金额。政府按低于票面金额的折价取得收入，到期按票面金额还本，公债发行收入低于偿还本金的支出。折价发行，可能是由于一开始公债票面利率定得太低，导致公债销售不畅，于是降低发行价格才能完成发行任务。

(三) 公债发行方式

公债可以采用公募和私募两种方式发行。公募是指中央财政向不特定的社会公众公开发行公债。私募是指中央财政不公开发行公债，只是向少数投资者发行。少数投资者通常是资产雄厚的大金融机构、大企业。私募受发行对象的限制，公债推销虽然数额不大，但购买者集中，一次性购买量较大。当政府需要通过公债将某些特定主体的国民收入集中到财政手中时，用私募方式最为有效。现代经济国家大都采取公募方式，因为它体现了开放性、市场性原则，通过众多投资者的市场选择，对社会资金进行合理配置，为公债良性循环创造了条件。

公募发行方式又可分为直接公募发行和间接公募发行。直接公募发行是指中央财政直接向投资者推销公债。但其发行成本较高，只有在公债品种比较单一时适用。间接公募发行就是通过金融中介机构参与推销公债，具体有承购包销、公开招标、公开拍卖等。

1. 承购包销

承购包销是指中央财政和承购包销团签订承购包销合同销售公债，由承销人向投资者分销，未能售出的余额由承销人自行认购。这种方法通过承销合同确定发行者和承销人的权利和义务，两者具有平等的关系，承销团承担推销的风险。承购包销团由商业银行、信贷机构和证券商组成，确定一家主干事、若干家副主干事和几十家一般干事，主干事承担有限责任。政府与承购包销团协商决定发行价格，讨价还价的结果往往是一种接近市场供求状况的利率水平。承购包销团在确定承销份额上，可采用固定份额和变动份额两种方法。固定份额方法适用于金融体制比较稳定的国家，承销人对自己应承担的份额心中有数，有利于及早安排资金。变动份额方法适用于金融体制变动较大的国家，承销人可根据情况灵活变动资金。

2. 公开招标

公开招标是由发行人提出含有公债发行条件和所需费用的标的，向投标人发标，投标人直接竞价，然后发行人根据竞价结果发行公债。公开招标方式确定的价格或利率是由市场供求状况所决定的，体现了市场公平竞争原则。

根据所竞标的标的不同，公开招标可分为价格招标和利率招标两种类型。价格招标是指公债的利率与票面价格之间的联系固定不变,投标人根据固定利率对未来金融市场利率变化的预期加以投标,投标价格可低于面值,也可高于面值。招标人将投标结果按其价格高低排列确定中标者,依次配售,售完为止。若中标者的认购额超过了预定发行规模,则按比例配售。所有中标者根据各自不同的投标价格购买公债,这种方式称为"第一价格招标",最有把握中标的是报价最高的投标人,但容易产生垄断招标行为;反之,所有中标者都按统一价格购买公债,这种方式称为"第二价格招标",最有把握中标的仍是报价最高的投标人,但其认购价格接近市场价格水平,降低了少数投标人垄断市场的可能性。利率招标即发行人只确定发行规模和票面价格,发行利率由投资者投标确定。发行人以投标人报出的最高利率作为公债的发行利率,从报出的最低利率开始依次选定投资认购额,直至售完预定发行数额。如果中标人以某一利率中标,其认购额超过了预定发行规模,则按比例配售。利率招标对所有中标人都按统一利率发行。

根据报价竞争性的不同,公开招标又可分为竞争性招标和非竞争性招标。前者是由投标人竞争报价,后者是投标人只对认购限额投标,不报价格和利率,在招标结束后,非竞争性投标人首先以统一利率购买,然后是竞争性投标人购买。

3. 公开拍卖

公开拍卖是指在拍卖市场上按照例行的经营性拍卖方法和程序,由发行人公开向投资者拍卖国债。公开拍卖完全由市场决定公债的发行价格和利率。目前,大多数发达国家皆采用这种方式。根据叫卖顺序的不同,公开拍卖可分为公开叫卖升序排列和公开叫卖降序排列。公开叫卖升序排列是指拍卖人按照不断上升的价格顺序向一组投标人招标,在拍卖过程中,当报出第一价格时,有关投标人报出其认购数额,招标人公布全部需求数量,然后不断提高价格,继续公布各个价格的需求数量,直到全部需求小于招标数额为止。当达到这一点时,招标人可以确认前次价格是完成全部发行的最高价格。公开叫卖降序排列是指拍卖人按不断降低的价格顺序报价,公债以逐渐降低的价格出售,直到全部需求小于招标数额为止。公开拍卖方式能使信息交流更为畅通,投标人易于认识国债的公认价值,避免成功投标人总是吃亏的不正常现象。

【阅读资料】

改革开放以来,我国公债发行方式经历了20世纪80年代的行政分配,90年代初的承购包销,到目前的定向发售、承购包销和招标发行并存的发展过程,总的变化趋势是不断趋向低成本、高效率的发行方式,逐步走向规范化与市场化。

(1) 定向发售。定向发售方式是指定向养老保险基金、失业保险基金、金融机构等特定机构发行公债的方式,主要用于国家重点建设债券、财政债券、特种公债等品种。

(2) 承购包销。承购包销方式始于1991年,主要用于不可流通的凭证式公债,它是由各地的公债承销机构组成承销团,通过与财政部签订承销协议来决定发行条件、承销费用和承销商的义务,因而是带有一定市场因素的发行方式。

(3) 招标发行。招标发行是指通过招标的方式来确定公债的承销商和发行条件。根据发行对象的不同,招标发行又可分为缴款期招标、价格招标、收益率招标三种形式。

招标发行将市场竞争机制引入公债发行过程,从而能反映出承销商对利率走势的预期和社会资金的供求状况,推动了公债发行利率及整个利率体系的市场化进程。此外,招标发行还有利于缩短发行时间,促进国债一、二级市场时间的衔接。基于这些优点,招标发行已成为我国公债发行体制改革的主要方向。

(资料来源:https://wenda.so.com/q/1458760680727671.)

(四)公债的偿还

发行的公债到期以后就要还本,同时还要支付利息。各国一般通过制定公债偿还制度对公债的偿还以及与偿还相关的各个方面作出具体的规定,以保证公债的正常运行。

公债的偿还是指按期偿还公债本金与支付利息。其中,还本通常是政府按照债券面额偿还;付息则是按期、按条件支付。公债的偿还方式主要有下述几种。

(1) 一次偿还法。它是指政府对定期发行的公债,在债券到期后一次还本付息的方法。

(2) 购销偿还法。它是指政府按市场价格在公债流通市场上买入公债而销售债务的方法。实践中,这种方法多以短期的上市公债为主。

(3) 调换偿还法。它是指政府发行新公债来换回公债持有者手中的旧公债而清偿债务的方法。对于政府而言,它的债务数量并没有减少,只是债务期限延长了而已。对于投资者而言,其债权人的地位未变,增加的只是新债权。

(4) 比例偿还法。它是指政府在公债的偿还期内,对所有公债债券号码采用抽签方式确定的每年按一定比例轮流分次偿还的方法。

(五)公债种类的配套

不同种类的公债有各自不同的特点,种类齐全的公债,能把社会上各种性质的闲散资金吸引到公债市场上来,既能满足各种闲散资金的投资需要,又能满足财政的需要。

从我国目前的情况来看,公债品种比较单一,公债的流通市场不够活跃。公债的品种与公债的流通市场有密切的关系,如果公债的品种单一,公债的流通市场也就不会兴旺。而公债的二级流通市场与公债的一级发行市场也有密切的关系。要使公债的发行长期化、正常化,就必须建立一个发达的流通市场,而在发达的流通市场中,须有品种较多的公债。所以,对于公债管理者来说,必须研究市场中各种资金的性质,结合财政的需要,发行品种多样的公债,为使流通市场健全发达而提供品种多样的金融商品。

(六)公债使用方向的控制

国家运用财政信用动员的资金,与国家通过税收等动员的资金有本质上的区别。运用财政信用筹集的债务收入,必须考虑将来的还本付息。公债是有偿的,而税收是无偿的。不能把有偿借入和无偿交纳的收入混同起来,都作为无偿收入的资金使用。必须明确债务收入使用方向,严格进行债务收入使用的成本与效益核算,保证债务还本付息的资金来源,减轻公债的负担。

我国20世纪80年代发行的国库券,虽说用于经济建设,但事实上,1979年以来我国连年发生财政赤字,不能排除有一部分国库券是用于弥补财政赤字的。世界上多数国家不把公债作为预算收入，而我国却把公债收入打入预算收入并与正常预算收入统一使用。这种做法在实践上会带来两个方面的弊病：一方面很难分清公债收入究竟用于弥补财政赤字，还是用于经济建设，这样就掩盖了财政赤字的本质，不利于全面分析财政赤字产生的原因，从而很难实现真正的财政收支平衡；另一方面把有偿借入和无偿取得两种不同性质的收入混同起来作为无偿资金使用，这样就无法对公债收入的使用方向、投资效益和偿还能力进行统一的考核。

为了使公债的发行能正常、持久地进行，使公债真正成为国家筹集资金、加快建设的手段之一，必须明确国家债务收入的使用方向，严格债务收入的使用。因此，在财政预算上，应将债务收入单列，专款专用，明确投资方向，以收定支。同时，应对投资项目进行科学的测算，严格考核其经济效益，有偿使用，有借有还，谁借谁还，做到以债养债，以减轻公债还本付息所带来的财政负担。

(七)公债的市场运行机制

1. 完善一级市场的发行体系

根据目前公债市场发展的实际情况，形成一个科学合理的公债期限结构，实行长中短结合，既能满足投资者的多种需要，也有利于公债发行任务的顺利完成。

在发行时间上要改变目前公债发行的不确定性。要借鉴国际经验，根据中央预算的资金需要，提早发布阶段性的公债发行时间表，使之步入更规范化的轨道，便于各类投资者及早调动资金。

要根据机构投资者的布局和现状，建立相对固定的承销团制度，进一步明确承销机构的权利和义务，鼓励承销机构建立自己的分销网络，从而形成和建立起相对稳定的公债发行机制。

要进一步探索并采取多种市场化的发行方式。公债发行的原则及未来的方向是进行市场化，但要根据我国现状，探索多种渠道与形式。

2. 理顺二级市场的框架体系

把银行间债券交易场所发展成机构间的场外交易市场，按照规范的场外交易规则进行交易，可以提高公债的流动性；拓展二级市场的参与主体，任何投资者都可以通过中央公债登记公司的托管结算系统参与公债投资，在货币市场与资本市场之间搭建一条以公债为媒介的渠道，可以为社会资金的流动性提供保证，也便于央行货币政策顺畅地传递。参与广泛、流动性强的公债二级市场可以为中央政府低成本、高效率地发行公债提供最可靠的保障。

充分利用现有交易所的交易网络，引导一些中小投资者购买公债，稳定、规范并促进交易所的公债交易，使之成为一个零售性的场内交易市场。

在上述场外、场内市场发展的基础上，建立统一的公债托管结算系统，有利于确保公债市场乃至整个金融市场的安全、高效运行，也有利于建立公债发行市场的良性循环机制。

本章小结

公债是政府为筹措财政资金，凭其信誉按照一定程序向投资者出具的，承诺在一定时期支付利息和到期偿还本金的一种格式化的债权债务凭证。在市场经济条件下，公债除具有弥补财政赤字、筹集建设资金等基本功能之外，还具有投资功能以及政府宏观调控经济的功能。公债从产生之日起就与财政赤字紧密相连。公债发行、偿还的整个运行过程，都与国家财政收支、财政赤字有着密切的联系。公债的规模通常是指年末公债余额，其规模的大小并不仅仅是一个绝对量的表现，还受多种因素影响和制约，概括地讲，包括政治因素与经济因素。公债的发行方式主要有定向发售方式、承购包销方式以及招标发行方式；偿还方式主要有一次偿还和比例偿还等几种。目前，我国公债的发行应增加品种，控制公债使用的方向性，并进一步完善公债的市场运行机制。

课后习题

一、名词解释

公债　公债规模　偿债能力

二、简答题

1. 简述公债的分类。
2. 简述公债与财政的关系。
3. 简述衡量公债发行主体承受能力的指标有哪些。
4. 简述公债发行价格的几种形式。
5. 简述公债的发行方式主要有哪些。
6. 简述公债的偿还方式主要有哪几种。

三、案例分析题

国家发行国债可以用于弥补财政赤字，也可以用于固定资产投资等专项用途，还可以用于偿还到期的国债。国债是国家进行宏观调控的重要工具之一，我国自1998年以来通过发行长期建设国债筹集了大量建设资金，扩大了市场投资规模，拉动了国内需求，克服了亚洲金融风暴带来的困难，保持了国民经济的稳步发展。截至2007年年末，我国国债余额53 365.53亿元，比当年财政收入的总额还多。虽然国债需要还本付息，会加重以后年度的财政负担，但运用得当则可以推动经济快速、稳定、协调地发展。用明天的钱办今天的事，经济发展了，税收自然会增加，对于以后的财政平衡也是非常有利的。

问题：

1. 如何理解我国1998年以来国债规模的扩大？
2. 国债规模以多少为宜？有哪些判断指标？

第六章

财政政策

【学习目标】
- 掌握财政政策目标及财政政策工具。
- 了解财政政策实践。

【引导案例】

财税改革列为首要任务　积极财政政策再延续

自 2011 年起，中国告别"积极的财政政策和适度宽松的货币政策"组合，转而实施"积极的财政政策和稳健的货币政策"。2014 年，这一政策组合第四次写入预算报告。

刚刚公布的政府预算报告显示，今年拟安排财政赤字 13500 亿元，比上年增加 1500 亿元，其中中央财政赤字 9500 亿元，由中央代地方发债 4000 亿元。财政赤字和国债规模随着经济总量扩大而有所增加，但赤字率稳定在 2.1%，体现了财政政策的连续性。

此外，预算报告显示，2014 年全国财政收入 139530 亿元，增长 8%；全国财政支出 153037 亿元，增长 9.5%。相比去年全国财政收入（执行数据）增长 10.1%，支出增长 10.9%，有一定程度下调。这也反映出中央政府对于积极财政政策的理解不在于扩大财政规模，而更偏重于结构性调整。

政策组合延续

从形式上看，今年的预算报告较往年有两处明显的改动。

一是在"2013 年中央和地方预算执行情况"部分，首次增加了"落实全国人大预算决议情况"内容；二是在"2014 年中央和地方预算草案"部分，一改历年先报财政收支数据的传统写法，开篇先讲"2014 年财税改革工作重点"，继而介绍"2014 年财税政策"，之后才是"2014 年收支预算"。

对于这一改变，财政部新闻发言人戴柏华表示，今年报告结构的调整，更凸显 2014 年是深化财税体制改革关键年的特色，突出了深化改革、支持经济社会发展的各种财税政策，尤其是各种支出政策。

今年是"积极的财政政策和稳健的货币政策"组合实施的第四个年头。

全国政协委员、财政部财科所所长贾康表示，"总体来看，我国赤字率仍处在安全区之内，赤字率不变，政策扩张的力度不变。"

贾康认为，财政货币政策基调之所以四年不变，与这几年类似的经济形势有关。在国际金融危机冲击下，我国经济发展下行压力加大且面临种种不确定性，实行一松一紧的调控政策，既有利于防范前几年积累的流动性带来的物价上涨压力，也能更好地突出结构导向，增加有效供给。

预算报告还显示，2014 年，我国中央财政国债余额限额为 100708.35 亿元，这一规模占 GDP 的比重不足 20%。这意味着如果今年的宏观经济跌出政府设定的下限，积极的财政政策仍有增加力度的空间和余地。

国家发展改革委经济研究所副所长宋立认为，今年财政政策重心在优化支出结构。民生、结构调整和创新、基础设施薄弱环节等领域都会成为调整完善支出结构的重点。同时，应加大结构性减税力度，除了进一步扩大"营改增"试点，还应更多地为中小企业减负。

支出的结构性调整在预算报告中体现得非常明显。中央预算一般公共服务支出 1245.15 亿元，仅增长 2.6%，维持去年以来的低增速，体现了政府过紧日子的要求。而在国有资本经营预算中，中央国有资本经营支出 1578 亿元，增长 61.3%，调入公共财政预算用于社会保障和民生支出 184 亿元，增长 183.1%。

第六章 财政政策

改革力度加大

相比财政政策的延续,更让人关注的是正在加速推进的财税体制改革。

戴柏华表示,"预算报告不再是简单地向代表报账",而是更多地向代表报告改革和政策安排,再根据改革和发展需要确定收支安排,体现了对"三中全会"深化改革的重视。

党的十八届三中全会在部署未来改革时着重强调了财税体制改革的重要性,并将财政上升到国家治理的基础和重要支柱地位。而这些在2014年财政预算报告中得到详细的体现。

全国人大代表、中国社科院副院长李扬注意到财政预算报告结构的变化:"今年预算报告改变了编写结构,在部署2014年财政工作时,将财税改革任务放在首位,突出了今年改革的重要性。"

此外,报告对于公众关注的财税改革热点问题均有正面回答。

"继续推进'营改增'改革,在全国范围内实施铁路运输和邮政服务业'营改增'试点,抓紧研究将电信业纳入'营改增'范围的政策,力争今年4月1日实施。""实施煤炭资源税从价计征改革,进一步扩展小型微利企业税收优惠政策。"这些均体现出了财税改革在持续发力。

在一些方向明确、条件成熟的改革领域,预算报告对改革目标的表述非常明确。"明确提出将专项转移支付由2013年的220个减少到150个左右。"这在以往的财政预算报告中十分罕见。

"中国改革的难点在于制度,改革就需要打破旧制度,建立新制度。"李扬说。距离2020年改革要取得决定性成果还有7年时间,今明两年将是我国财税体制改革任务最繁重的时期。

(资料来源:中国粮油信息网,http://finance.chinanews.com/cj/2013/03-08/4627904.shtml,2014-03-06.)

思考:
财政政策有哪些执行工具?中国在不同时期都采用何种财政政策?

第一节 财政政策概述

一、财政政策的含义

财政政策作为政府宏观调控经济的重要手段,是为政府的经济发展目标服务的,是政府调节经济的一系列手段和措施的总称。在市场经济中,政府调控在市场失灵领域发挥着重要作用,能够为市场经济的正常运转提供保障。

二、财政政策的类型

财政政策根据作用和目标的不同,可分为不同的类型。

(一)根据财政政策对经济的影响分类

根据财政政策对经济的不同影响,可将其分为扩张性财政政策、紧缩性财政政策和中性财政政策。

(1) 扩张性财政政策是指通过财政分配活动来增加和刺激社会的总需求。扩张性的财政政策的作用机理是通过减税和增加财政支出规模来扩大社会的投资需求和消费需求。

(2) 紧缩性财政政策是指通过财政分配活动来减少和抑制总需求。在经济繁荣时期,国民收入高于充分就业的均衡水平,存在过度需求。这时政府通常会采取紧缩性财政政策,增加政府税收和减少政府支出。

(3) 中性财政政策是指财政的分配活动对社会总需求的影响比较温和,财政收支总量在原有基础上只做小幅度调整,而主要对收入结构或支出结构作适度调整,对总需求既不产生扩张效应,也不产生紧缩性效应的政策,在维持社会总供求对比的既定格局条件下,保持社会总供求的同步增长。

扩张性财政政策的目的是提升经济,拉动经济增长。它通过减少税收、扩大财政支出和赤字来实行。

紧缩性财政政策的目的是收缩经济,避免经济过热。它通过增加税收、减少财政支出来实行。

中性财政政策的目的是维持经济稳定,对经济发展起中性作用。它通过维持财政收支平衡来实行。

(二)根据财政政策的实施手段分类

按照财政政策实施手段的不同,可将其分为税收、公债、投资、补贴、公共支出、预算等方面的财政政策。

(三)根据财政政策对调节经济周期的作用分类

根据财政政策对调节经济周期的作用,可将其分为自动稳定和相机抉择两种财政政策。

(1) 自动稳定的财政政策是指这种政策本身具有内在的调节功能,能够根据经济波动情况,无须借助外力而自动地发挥稳定作用。财政政策的自动稳定性主要表现在两个方面:一是税收的自动稳定效应;二是公共支出的自动稳定效应。税收的自动稳定效应表现为通过税收增加,收紧政策;税收减少,扩张政策。公共支出的自动稳定效应表现为公共支出扩大,扩张政策;公共支出减少,紧缩政策。

(2) 相机抉择的财政政策可分为扩张性财政政策、紧缩性财政政策和中性财政政策三类,是政府有意识地利用财政政策工具根据经济形势进行调节的行为。

【阅读资料】

适度从紧的财政政策

适度从紧的财政政策,不等于一般的紧缩性财政政策。适度从紧的财政政策其主要内容是加强收支管理、整顿财税秩序、努力增收节支、控制财政赤字。具体措施是全面强化税收征管，使财政收入保持较快增长，与国内生产总值的增长相适应；坚持量入为出，控制支出总量，优化支出结构，保证重点需要，促进经济结构的调整与优化，使财政支出的增长低于收入的增长；压缩财政赤字，控制债务规模；加强预算外资金管理。

积极的财政政策

积极的财政政策，不等于扩张性财政政策。积极的财政政策的主要内容，一是发行长期建设国债，扩大政府投资，重点用于农村水利、交通通信等基础设施和基础产业建设，并加大对企业技术改造的支持力度，增加对重大项目装备国产化、高新技术产业化、环保与生态建设以及科学教育方面的投资。二是调整税收政策，包括暂停征收固定资产投资方向调节税、调整企业所得税等有关税收政策以带动投资需求，提高出口退税率以刺激外贸出口等。三是调整收入分配政策，促进消费需求的扩大。

稳健的财政政策

稳健的财政政策，不等于中性财政政策。稳健的财政政策包括两个方面：总量与结构。从总量上看，既不扩张，也不紧缩，即既不继续大规模发行长期建设国债、扩大赤字规模，使税收持续过快增长；也不全部停发长期建设国债，不放弃已采取的、被实践证明具有"稳定经济和结构优化相结合"效果的"结构性"减税措施，而是把握一定的力度，使长期建设国债规模、财政赤字规模、税收增长处于一个合理的区间，合理确定财政支出的比重和投向。从结构上看，实行"有保有压"，一方面可以促进瓶颈、短缺部门的发展；另一方面可以控制那些偏热行业的发展，以减少经济增长过程中出现的结构性扭曲现象。

(资料来源：学易网，www.studyez.com.)

思考：
每种财政政策都在何种情况下采用？我国的财政政策在不同时期有什么不同？

第二节 财政政策的目标及工具

一、财政政策的目标

财政政策的目标主要有经济增长、充分就业、物价稳定、国际收支平衡。

(一)经济增长

经济增长通常是指在一个较长的时间跨度上，一个国家人均产出(或人均收入)水平的持续增加。经济增长率的高低体现了一个国家或地区在一定时期内经济总量的增长速度，也是衡量一个国家或地区总体经济实力增长速度的标志。经济增长通常用国内生产总值增长率指标来度量。一般来说，发展中国家年经济增长率在3%以内为低速增长，4%~6%为中速增长，大于6%为高速增长。

(二)充分就业

充分就业,一是指有劳动能力并愿意工作的社会成员都能获得就业机会;二是指在岗的劳动者在法定工作时间内能够得到充分有效的利用,不存在"隐性失业"(指员工被减少薪水、无薪休假、缩减工时、削减福利等弹性工作安排)。充分就业的衡量指标是失业率。失业率的高低是判断总供给和总需求是否平衡的主要标准之一。一般来说,失业率在4%以下,就被认为经济体系已达到充分就业水准。

(三)物价稳定

稳定物价(又称"稳定币值"),就是要抑制通货膨胀、避免通货紧缩、维持币值的稳定。其衡量指标是物价上涨率或通货膨胀率。政府调控所要实现的稳定物价的目标,主要是防止和克服物价在短期内的大幅波动和严重通货膨胀。通行的标准是物价年上涨率在2%以下为稳定,3%~5%为平和,一旦超过5%则预示着经济总量和经济结构可能失调,需要采取措施加以控制,而达到两位数时,治理通货膨胀就要成为压倒一切的任务。

(四)国际收支平衡

国际收支平衡,是指一国国际收支净额即净出口与净资本流出的差额为零,即国际收支净额=净出口-净资本流出=0。

一般来说,顺差意味着该国的外汇收入超过支出,而外汇收入增加,则意味着国内市场的货币供应量增加。同时,顺差也意味着商品量的输出大于商品量的输入,相对地减少了国内市场的商品量供给。

反之,逆差意味着该国的外汇支出超过收入,而外汇收入减少,则意味着国内市场的货币供给量减少。同时,逆差也意味着商品量的输入大于商品量的输出,相对地增加了国内市场的商品量供给。

就中国实际来看,在国际收支中一直处于顺差地位,这对经济发展有积极和消极两方面影响:积极影响是可以促进经济增长,保证企业利润;消极影响是在国际市场上会引起以美国为首的国家不满,同时中国经济发展不平衡,加剧了内需不足。

【阅读资料】

靠贸易战无法解决美国贸易逆差问题

在由美国发动的这场中美贸易战中,美国的贸易逆差即使不是美方最"青睐"、最"理直气壮"引用的理由,至少也是之一。但是,只要具备宏观经济学常识,就会明白这样的认识何其令人啼笑皆非,因为一国贸易差额本质是其国民储蓄与投资缺口的体现,美国的贸易逆差根源在于其国民储蓄过低,并非所谓"外国不公正贸易行为";而美国国民储蓄过低又是源于其财政开支、社会保障两大领域的不合理。

同时,国民储蓄高于投资,以贸易顺差的形式出口国民储蓄供贸易伙伴利用;国民储蓄低于投资,以贸易逆差的形式进口贸易伙伴的国民储蓄在国内使用;能够经历长期大规模贸易逆差而保持宏观经济稳定,这本身就是美国受益于国际贸易、受益于对华贸易的一种表现,并非所谓"吃亏"。以此为由喋喋不休,颇有"得了便宜卖乖"之嫌。

国民储蓄率低下导致美国贸易收支格局转折

"二战"后初期,顺差是美国货物贸易收支的常态。1968 年之前,仅 1959 年出现过 6.01 亿美元的逆差,其余历年均为顺差(本文国际贸易数据除特别注明来源外,均引自联合国贸发会议数据库)。1968 年、1969 年连续两年,美国货物贸易分别逆差 12.87 亿美元、9.80 亿美元,1970 年顺差 7.97 亿美元,1971 年逆差 47.93 亿美元,1972 年货物贸易逆差翻番至 96.63 亿美元,逆差从此成为美国货物贸易收支的常态。1971 年至 2017 年间,除 1975 年顺差 29.75 亿美元之外,其余历年均为逆差,且总体趋势是逆差日益扩大,1974 年首次突破百亿美元达到 110.41 亿美元,1984 年首次突破千亿美元达到 1224 亿美元,2006 年达到迄今年度货物贸易逆差最高峰 8921 亿美元,2017 年为 8628 亿美元。

为什么会发生这样的转变?比较美国与日本的国民储蓄数据便知原因。日本是"二战"后数十年间东亚工业化"头雁",1968 年以来西方世界第二经济大国。自 20 世纪 50 年代以来,日本总储蓄率便一直在 24% 以上;进入 60 年代以来,几乎所有年份总储蓄率均高于 30%,其中 1967 年至 1974 年间超过 35%,1970 年达到 40.2% 的高峰。反观美国,在此期间总储蓄率最高纪录不过 22.0%(1965 年),而且总体呈下降趋势,1970 年以来总储蓄率低于 20% 成为常态。在长达数十年的时间里,美国总储蓄率几乎年年都比日本低 10 个百分点以上,差距最大的年份高达 21.5 个百分点。

"二战"后美国总储蓄率低下,根源在于个人储蓄率和政府储蓄率低下,企业储蓄率则一直保持着较高水平。日本家庭储蓄率一直保持在两位数,美国个人储蓄率则从 20 世纪 50 年代至 60 年代百分之七八的常态一路下降,到 90 年代后期已经跌到 3% 上下的水平。美国个人储蓄率之所以一路走低,最重要的原因是社会保障体制,过多过滥的福利项目消解了美国民众的储蓄动机。在储蓄率低甚至没有储蓄的情况下追求经济增长,美国就得从国外进口资本,同时导致联邦赤字不断扩大。

美国政府财政为什么会出现持续的财政赤字?关于这一点,可以追溯到席卷资本主义世界的 1929 年至 1933 年大危机,美国财政的功能正是由此逐渐从平衡预算转向有意识地运用赤字财政并使之长期化,政府财政的基本功能被定位为稳定经济,其首要目的是创造无通货膨胀的充分就业,即经济平衡而非预算平衡。这样的财政政策乃至于之后的逐步升级,有力地推动了美国货物贸易收支格局在 20 世纪 60 年代至 70 年代之交从贸易顺差转为贸易逆差直至今天。

国际分工体系导致美国贸易逆差集中于对华贸易

美国贸易逆差之所以集中于对华贸易,是国际分工体系所致,而美资企业便是这一国际分工体系积极的参与者和建设者,并从中获取了巨大收益。商务部 2017 年发布的《关于中美经贸关系的研究报告》显示,在华美资企业业绩良好、利润丰厚,2015 年销售收入 5170 亿美元,利润 362 亿美元。

德意志银行 2018 年《估算中美两国相互的商业利益规模》报告开篇也用这样的语言描述这种互利分工:"美国通用汽车公司去年在中国销售的汽车数量超过了美国。中国有 3.1 亿部苹果手机开机运行,是美国的两倍多。这些汽车和手机没有被统计为美国对中国的出口,因为它们是在中国被制造和销售。美国在中国的商业利益远远大于美国对中国的出口。

中美贸易战一旦升级将使这些利益处于风险之中。"

特朗普希望引导制造业回流美国，缩小美国经常项目收支逆差。但正是基于上述宏观经济学常识，他只有全面改革美国福利制度和财政体系，减少居民、政府两部门的储蓄缺口，才能减少美国经常项目收支逆差。他只有深刻全面改革美国工会制度，才能有效改善美国制造业发展环境，增强美国制造业国际竞争力。搞贸易保护，发动贸易战，不仅无助于上述改革，反而会增强美国国内分利集团拒绝自我更新自我提高、乞灵于贸易保护的道德风险。

经济景气和贸易战将加剧美国国际收支逆差

在美国不愿大幅度放松、消除其对华贸易管制的情况下，美国对华贸易逆差扩大是其当前经济景气不可避免的副产品，无视客观经济规律而企图用指令性计划减少对华贸易逆差，注定要在现实中碰壁。作为经济增长主要动力源于内需的国家，美国近年的经济繁荣必然导致进口需求迅速增长，但其出口能力建设不可能一蹴而就，经济繁荣就是这样造成了贸易逆差扩大的后果。进一步审视美国决策层某些人企图通过贸易战来压缩美国贸易逆差的思路，只能说这纯属南辕北辙。

对于包括美国在内的各国出口商而言，更重要的是中国开放经济发展正在进入第三阶段，其主题从第一阶段的"以平等身份进入国际市场"、第二阶段的"以国际市场求发展"进入第三阶段的"引领全球化市场"，而进一步大幅度开放国内市场正是其题中应有之义。这一转变不仅会给海外客商带来更加丰富多彩的中国货物、服务出口商机，更会带来中国进一步大幅度开放国内市场、中国进口贸易增长提速的前景。

在此次中美贸易战中，美方一批势力提出要同时收紧对中资的限制，这只能进一步恶化美国对华贸易收支和整个国际收支构成。中国经常项目收支顺差必定要以某种形式回流海外市场，要么是对外直接投资，要么是对外国证券的投资；而从特朗普本人对实体经济部门的偏好来看，他应当更加激励中国对美直接投资，一方面提升实体部门直接投资在中国贸易顺差回流美国总量中所占比例，另一方面有助于为美国出口部门获取投资并绑定中国买主，从而加快其贸易平衡进程。

美国持续的国际收支逆差根源在于国内而非国外，贸易战只能加剧其国际收支逆差问题。无论此次中美贸易战结果如何，都不会动摇中国进一步大幅度扩大对外开放的决心和意志。但"山姆大叔"究竟是要选择搭上中国新一轮开放的契机，还是亲手关闭自己进入中国市场的大门，从而进一步加剧自己的国际收支逆差问题，取决于自己。

(资料来源：经济日报，梅新育，http://theory.gmw.cn/2018-07/15/content_29871054.htm，2018-07-15。)

思考：
美国贸易逆差的根本原因是什么？

二、财政政策工具及其作用途径

财政政策工具包括国家预算、税收、公债、财政投资、财政补贴、公共支出等。

(一)国家预算

国家预算是指国家通过预算形式调节财政收支,预算包括以下几方面:①调节收支规模和收支差额;②调整财政支出结构;③选择和编制预算,如单式预算和复式预算。

国家预算通过财政收支规模及支出结构可以影响国民收入分配的规模与结构。

(二)税收

税收是指国家为了实现其职能,按照法定标准,无偿取得财政收入的一种手段。

税收通过调整税种、征税范围、税率、减免税等可以影响市场主体的生产与消费行为。

(三)公债

公债也被称为"金边债券",是调节经济活动、实现政府政策目标的重要手段。它对调节通货、抑制通胀或提升经济有重要的辅助作用。

公债通过调整债务规模大小、发行对象、期限、利率等可以影响流通中的货币量。

(四)财政投资

财政投资主体多元化、决策分散化,对调节资金使用、提高资金效益有重要作用,可有效调节供求,改善国民收入格局,影响产业结构。

财政投资通过投资规模大小、投资方向等可以影响社会总需求,带动社会资金投资,引导产业发展方向。

(五)财政补贴

政府通过价格、工资等,对鼓励的行业和企业给予补贴,可以提高该行业、企业产量和利润。财政补贴通过补贴金额大小、补贴内容、补贴对象等手段可以调节企业和居民的收入分配结构,影响生产和消费行为。

(六)公共支出

公共支出是国家在预算中安排的行政、国防、社会事业等支出的总称。对国民经济和社会发展有长期的、潜在的重要作用,可以调节生产、消费、产业结构、收入分配等。公共支出通过支出规模大小、支出方向等可以影响社会总需求,扶持弱小产业发展,促进社会事业进步。

三、财政政策工具的运用及意义

改革前,我国财政政策工具的使用没有完整的体系,主要是运用预算、税收、财政支出、补贴、公债等工具调节经济发展;1992年后,通过借鉴国际经验,开始自觉运用多种政策手段。

政府调控经济不能直接干预，而是要遵循市场经济的原则和规律，充分发挥市场机制配置资源的基础性作用，调控的目的是弥补市场机制的不足和失灵。在实践中，我国逐步由行政干预经济转向通过产业政策、财政政策、货币政策等经济手段进行间接调节。具体表现在通过预算收支规模扩大或缩小，引起社会总需求同向增加或减少；通过购买性支出增加或减少，引起社会总需求同向增加或减少；通过税收增加或减少，引起居民可支配收入反向减少或增加，居民可支配收入的变化与社会总需求的变化是同向的；通过转移性支出增加或减少，引起居民可支配收入同向增加或减少，居民可支配收入与社会总需求同向变化。

每一种财政工具都有不同的特点、不同的作用方式，不同的组合可以获得不同的效果。财政政策工具的综合运用，对于政府更好地实现调节经济的职能发挥着重要作用。当市场自发调节存在问题，需要政府出手来解决时，恰当地运用财政政策工具，可影响社会总供求平衡、经济增长、居民收入分配、物价、就业、国际收支平衡等，以实现抑制通货膨胀、扩大总需求、经济增长等目标。

第三节　财政政策实践

1978 年改革开放以前，我国采取计划经济体制，政府对经济的调控主要是通过计划手段和行政措施来实现的，很少主动运用财政政策。改革开放以来，政府开始有意识地主动运用财政政策来调控经济。1992 年确立社会主义市场经济体制改革目标后，我国政府开始加快市场经济步伐，逐步较好地实现了由直接行政手段为主向经济手段为主的间接方式的转变。

1993 年以来政府所运用的财政政策分阶段分析如下所述。

一、从紧的财政政策(1993—1997)

1993—1997 年，我国政府为应对经济过热和通货膨胀，实施了适度从紧的财政政策，即紧缩性财政政策，实现了反周期调节的预期目标，促进了经济的稳定增长。这也标志着政府对经济的调控开始从以行政手段为主转为以经济手段为主，财政政策开始成为保障宏观经济稳定，促进经济协调发展的重要调控工具。

(一)适度从紧财政政策实施的前提

1993—1996 年，由于投资需求过度扩张，生产资料价格迅速攀升，国民生产总值增长率连续五个季度在两位数以上，出现了明显的通货膨胀。

因此，此期间，我国宏观调控的着力点是控制通货膨胀，此轮通货膨胀主要表现为"四热"，即房地产热、开发区热、集资热和股票热；"四高"，即高投资膨胀、高工业增长、高货币发行和信贷投放、高物价上涨；"四紧"，即交通运输紧张、能源紧张、重要原材料紧张、资金紧张；"一乱"，即经济秩序特别是金融秩序混乱。

(二)适度从紧财政政策的内容

财政部门采取了一系列措施,具体包括:一是通过适当压缩财政开支逐步减少财政赤字,控制固定资产投资规模和社会集团购买力,采取有效措施增加有效供给,缩小社会供求总量的差额;二是通过税制改革,调整税种结构和税率,严格控制税收减免,清理到期的税收优惠政策,进一步规范分配秩序;三是实行分税制财政管理体制改革,提高中央财政收入占全国财政收入的比重,增强中央财政的宏观调控能力;四是整顿财经秩序,健全规章制度,强化财税监管,加大执法力度,大力打击逃税骗税和设"小金库"等违法违纪行为,加强对预算外资金使用情况的监督检查;五是支持汇率改革,实行以市场供求为基础的、单一的、有管理的浮动汇率制,完善出口退税制度,促进外贸出口增长。

(三)适度从紧的财政政策实践

在货币政策的配合下,1996年我国国民经济成功实现了"软着陆",既有效地抑制了通货膨胀,挤压了过热经济的泡沫成分,又保持了经济的快速增长。1996年国内生产总值增长9.6%,物价指数比上年增长6.1%,形成了"高增长、低通胀"的良好局面。对此,国际上的评价是非常高的,说中国避免了一次经济灾难。在这一时期,财政投资和税收是财政调控的重要杠杆。

二、积极的财政政策(1998—2004)

积极的财政政策在类型上属于扩张性的财政政策,是在特定时期采取的应对经济下滑的宏观调控政策。

自1997年7月起,爆发了一场始于泰国、后迅速扩散到整个东南亚并波及世界的东南亚经济危机,使许多东南亚国家和地区的汇市、股市轮番暴跌,金融系统乃至整个社会经济遭受严重创伤。

1998年,由于亚洲金融危机的影响,加上国内商品供求矛盾逐步由卖方市场转向买方市场,需求不足的问题成为主要矛盾。经济增长明显受到需求不足的制约,实际上是通货紧缩。1997年以前,中国经济面临的最大问题是通货膨胀,因此没有治理通货紧缩的经验。在国际上,也是治理通货膨胀的经验比较多,一般都采用控制银行货币投放量、提高利率、控制财政支出等手段。对于治理通货紧缩,最关键的是扩大需求,使社会总供给与社会总需求趋向平衡。党中央、国务院果断决策,及时调整宏观调控政策,由"适度从紧""稳中求进"转向了"扩大内需",实施了积极的财政政策,实质上就是扩张的财政政策,主要是通过发行长期建设国债、增加财政赤字、扩大政府支出,特别是增加投资性支出等来扩大需求,拉动经济增长。这其中,国债、税收和投资是财政调控的重要杠杆。主要措施包括:一是发行长期建设国债,带动全社会固定资产投资;二是调整税收政策,刺激需求增长;三是调整收入分配政策,改善居民消费心理预期;四是规范收费制度,减轻社会负担,推动、扩大消费。五是支持国民经济战略性调整,促进国有企业改革和产业结构优化。

在稳健的货币政策的配合下,积极的财政政策基本实现了预期的宏观调控目标:加强了基础设施建设，调整了经济结构，促进了企业技术改造，提高了居民的收入，更重要的是拉动了经济增长，国债投资每年拉动 GDP 增长 1.5～2 个百分点，平均每年拉动 1.8 个百分点，从单一的投资拉动到扩大投资和刺激消费并重，使我们掌握和积累了应对通货紧缩趋势的经验。这一时期，中国经济增长速度基本上保持在 7%～9%，又一次实现了国民经济"软着陆"，从而避免了中国经济的大起大落。

三、稳健的财政政策(2005—2008 年年初)

从 2003 年开始，我国的宏观经济运行出现了一些新的问题，物价由负增长变为正增长。2004 年居民消费价格总水平上涨 3.9%。这些数据说明，我国经济告别了通货紧缩，开始进入上升阶段，呈现出加速发展的态势，但还存在着经济结构不合理，经济增长方式粗放等问题。一是钢铁、冶金、房地产、建材等行业发展太快，局部过热；二是经济社会发展中还有能源、交通、农业、教育、公共卫生、社会保障等许多薄弱环节需要加强。党中央、国务院看到了宏观经济中的问题，从 2003 年起，及时采取一系列宏观调控政策，初步消除了经济发展中的不稳定、不健康因素，避免了经济出现大的波动。但一些深层次的问题还没有解决，主要是粮食增产和农民增收的机制尚不完善、固定资产投资反弹压力大、能源和运输瓶颈约束依然突出等。

积极财政政策的实质是扩张性的财政政策，当通货膨胀逐渐成为影响宏观经济发展的压力时，继续实施这一政策，不仅不利于控制固定资产投资的过快增长，而且易于形成逆向调节；不仅不利于减缓通货膨胀的趋势，而且易于加剧投资与消费比例失调的程度，加大经济健康运行的风险和阻力。因此，积极财政政策应当适时转向。再加上目前投资规模很大，社会资金较多，也有条件调整财政政策的取向。此外，目前我国经济并非全面过热，农业、教育、公共卫生、社会保障等许多薄弱环节有待加强，而且没有强烈信号表明近期会发生高通货膨胀，因此，积极财政政策不宜一下子转向紧缩的财政政策。在这种情况下，中央提出从 2005 年起实行稳健的财政政策。

实行稳健的财政政策的核心是松紧适度，着力协调，放眼长远。具体说来，就是要注重把握"控制赤字、调整结构、推进改革、增收节支"十六个字。

(1) 控制赤字，就是适当减少财政赤字、适当减少长期建设公债发行规模，使中央财政赤字规模大体保持在 3 000 亿元。同时随着 GDP 的不断增长，财政赤字占 GDP 的比重也会不断下降。继续保持一定的赤字规模和长期建设公债规模，是坚持"发展是党执政兴国的第一要务"的要求，也是保持一定宏观调控能力的需求。

(2) 调整结构，就是要进一步按照科学发展观和公共财政的要求，着力调整财政支出结构和公债资金投向结构。

(3) 推进改革，就是转变主要依靠公债项目拉动经济增长的方式，按照既立足当前，又着眼长远的原则，在继续安排部分公债项目投资，整合预算内基本建设投资，保证一定规模中央财政投资的基础上，适当调减公债项目规模，腾出一部分财力，用于大力推进体制和制度改革创新，为市场主体和经济发展营造一个相对宽松的财税环境，建立有利于经济自主增长的长效机制。

(4) 增收节支，就是在总体税负不增或略减税负的基础上，严格依法征税，确保财政收入稳定增长，同时严格控制支出增长，在切实提高财政资金的使用效益上下工夫。

四、积极的财政政策(2008 年以来)

(一)2008 年到 2009 年的积极的财政政策

1. 背景

2008 年的美国次贷危机，是因次级抵押贷款结构破产、投资基金被迫关闭、股市剧烈震荡引起的金融风暴。那次危机导致全球主要金融资产出现流动性不足，影响很大。

美国次贷危机对中国的影响：作为世界经济增长最快的新兴经济体，中国对外贸易的依存度已经达到了 70%的高水平，经济危机的冲击，使中国经济和社会发展出现了一系列困难。根据 2008 年国民经济运行情况(国家统计局数据)，我国全年国内生产总值为 300670 亿元，比上年增长 9.0%，其中一季度增长 10.6%，二季度增长 10.1%，三季度增长 9.0%，四季度增长 6.8%。而最新的统计数据表明，中国 2009 年一季度 GDP 增长率仅为 6.1%(增长主要是靠国家兴建基础设施拉动的)。

可以看出，从 2008 年第三季度开始，我国经济明显进入了下滑通道，同时国家财政收入的增速逐步放缓甚至出现负增长，中国宏观经济增速明显放缓，各项宏观数据急转直下。表现为进出口总值下降，工业增加值增长速度持续回落，股市财富大幅缩水，失业人数大幅增加，外部需求明显收缩，部分行业出现产能过剩，部分企业经营困难，就业问题突出，经济增长下行压力加大。

在这种不利影响下，需要提振经济。由于出口和投资是拉动中国经济增长的主要动力，受美国次贷危机影响，外部需求不足，因此只有通过扩大国内需求和投资来拉动经济增长，以避免经济衰退引起的就业困难、财政收入下降，企业倒闭引发的银行贷款困难、社会震荡等问题。

2. 具体内容

2008 年 11 月 5 日，中国政府决定实行积极的财政政策和适度宽松的货币政策，出台更加有力地扩大国内需求的措施，加快民生工程、基础设施、生态环境建设和灾后重建，提高城乡居民特别是低收入群体的收入水平，促进经济平稳较快增长。当日召开的国务院常务会议确定了进一步扩大内需、促进经济增长的十项措施，主要包括加快建设保障性安居工程；加快农村基础设施建设；加快铁路、公路和机场等重大基础设施建设；加快医疗卫生、文化教育事业发展；加强生态环境建设；加快自主创新和结构调整；加快地震灾区灾后重建各项工作；提高城乡居民收入；全面实施增值税转型改革；加大金融对经济增长的支持力度。为了实施"十项新政"，保证经济较快的增长，政府史无前例地出台了 30 年来规模最大的财政刺激计划，到 2010 年年底投资总额约 4 万亿元人民币。会议决定，2008 年四季度先增加安排中央投资 1000 亿元，2009 年四川、甘肃、陕西三省灾后重建基金提前安排 200 亿元，带动投资总规模达 40000 亿元。这一重大举措被称为"4 万亿投资计划"。此后，又实施了结构性减税、"家电下乡"，以及鼓励汽车、家电以旧换新等政策措施，以扩大投资和消费；完善出口信贷保险和出口税收政策，适时调整出口退税等政策，以稳定出口。同时，实施了十大产业调整振兴计划、国家科技重大专项、发展高技术产业集群、加强企业技术改造等政策，以调整优化经济结构；另外，稳定农业发展，促进农民增收，制定实施稳定和扩大的就业政策，提高离退休职工的离退休金和养老金，提高最低保障水平和最低工资标准等措施，以改善民生。上述各项调控措施统称为"一揽子计划"。

3. 政策效果

中国政府应对全球金融危机的措施较为有力且及时，效果明显，表现为生产增速稳步回升；国内需求增长加快；经济结构调整积极推进；民生继续得到改善。

随着积极财政政策"一揽子计划"的逐步落实，我国有效地应对了国际金融危机的冲击，稳定了经济金融大局，经济运行中出现了一系列积极的变化。2009年一季度的统计数据显示，重要的先行经济指标——制造业采购经理指数连续4个月从低位回升，并在2009年3月一举突破50点关口，达到52.4；同时，工业增长速度明显加快，3月工业增加值增长速度同比达到8.3%，比1～2月上升4.5个百分点，已经恢复到2008年10月的增长水平。制造业进入扩张状态表明工业的存货调整正在逐步完成，正在产生新的增长动能，而工业增长速度明显回升，则为整个经济企稳回暖提供了最重要和最关键的支撑。

在新的积极财政政策经济刺激计划的作用下，我国宏观经济系统抵挡住了国际金融危机的冲击，经济企稳回暖的态势已初步形成。

尽管2008年至今，中国政府一直采用积极的财政政策，但随着2008年经济危机的影响逐渐远去，政策的重点和经济形势都出现了新的变化，因而积极的财政政策虽然在持续，但力度正在不断弱化。

【阅读资料】

传统工具捉襟见肘　财政政策创新迫在眉睫

随着宏观经济形势的变化，作为核心政策工具之一的财政政策，正面临着新的挑战。对此，充分认清财政政策实施中存在的问题，厘清未来的发展方向，是当前宏观调控与经济转型的必然需要。

应该说，在2009年这轮宏观调控过程中，财政政策对于刺激内需起到了重要作用，但过度依赖财政投资性支出政策，对于税收政策、财政消费性支出政策、国有资本运营政策等其他财政政策工具的重视相对不够，同时，对于财政政策与货币金融政策的协调，也有许多不足之处。这些都制约了财政政策的作用的发挥。

对财政政策的结构效果重视也不足。从产业结构来看，财政政策支持对象，更多是重工业和基础设施等领域，一定程度上加重了长期困扰中国经济的产能过剩和重复建设问题。从企业结构来看，财政政策实施的受益者，更多是国有企业、大型企业，而对于民营企业、中小企业的支持力度还严重不足，这也使后者在危机中复苏的程度远远落后于前者。再从区域结构和城乡结构来看，在充分调动了地方政府的投资热情之后，财力充足的各地方政府，进一步增大了财政投资的扩张程度，并且首先保障城市领域的投资，而财力较弱的地方则对财政投资政策运用乏力，致使原有的区域结构失衡和城乡结构失衡问题更加突出。

财政政策对居民消费与社会福利的支持，也还有所不足。虽然从规模和增幅来看，近年来中央财政的相关支出不断增加，但与迅速增长的投资性支出相比较，这些支出却已相对落后，难以满足经济社会发展的需要。甚至在地方政府层面上，为了配合和保障中央积极财政政策的实施，对社会福利和保障性支出还间接产生了"挤出效应"。

在政府迫切运用财政政策来刺激内需的过程中，财政资金的使用效率经常被忽视。一方面，财政资金在拨付之后，对于后续使用的情况缺乏客观科学的评价和管理。另一方面，财政投资的管理存在弊端，如同一个项目有多个部门管，地方针对同一个项目，还可以分头向多个部门要钱。正是由于缺乏对资金使用效率的重视，去年在积极财政政策执行过程中，地方政府主导的公共建设项目大量出现过度投资和重复投资，降低了财政资金的实际运用效率和效果。

为了使财政政策在未来经济发展中发挥更有效的作用，笔者认为，在政策思路上有几方面问题亟须有所突破。

其一，积极财政政策如何适度退出。2010年是中国经济结构调整的关键年份，因此如何有效地实施"退出"，是财政政策面临的重点挑战。这有两方面含义，一是所谓"退出"，并非是指财政投资性政策的迅速弱化，而是如何在保障前期公共投资后续支持的前提下，根据宏观经济与财政状况变化，动态地改革以财政投资为主的政策运行方式。二是更加重视财政政策的结构效果，今后的财政政策可能需要更加关注解决产能过剩和重复建设问题。

其二，财税体制改革已经迫在眉睫。毫不夸张地说，在2009年经济运行中出现的一些问题，无论是地方融资平台的风险积累，还是地方政府"土地财政"模式下的房地产市场波动，其背后都反映出现有财税体制存在的弊端和矛盾。因此，为了完善财政政策运用，更有效地作用于经济社会，财税体制改革在目前尤其需要重视，如物业税改革、地方政府债券改革等。

其三，财政政策需要更加重视民生。不可否认，近年来财政政策对于民生的关注程度不断提高，但与社会公众日益增长的需求相比，如与经济社会的发展阶段相比，政府"让利于民""支持民生"的程度还远远不足，这不仅使经济增长成果难以被多数社会公众所享受，增加了社会不稳定性，而且也难以实现经济的持续发展、从"出口导向"向"依靠内需"的转变等战略目标。在经济进一步复苏过程中，这些问题将受到社会各界的广泛重视。

其四，经济社会发展中的新问题、新情况不断出现，而传统的财政政策工具和手段在应对这些问题时效果很难尽如人意，财政政策创新的迫切性大大增加。例如，低碳经济的迅速发展，使相关的绿色税收制度建设的迫切性大为提高；国有企业影响力的不断增强，使新形势下创新国有资本运营政策也显得非常重要。对此，下一步的财政政策运行，亟待在理论和实践方面有所创新和突破。

最后，财政政策的内外协调更加重要。一方面，面临更加复杂的国内外经济形势，以及外汇储备管理体制改革、利率市场化改革、国库管理制度改革等方面的要求，财政政策与货币政策的配合也亟待创新。此外，财政政策与产业政策、土地政策、环保政策等的协调，也需要有更多、更好的创新尝试。另一方面，在财政政策工具的内部运用方面，也需要进一步协调优化，尤其体现在财政投资支出与消费支出政策之间、税收政策与支出政策之间、税收政策与非税收政策之间等，从而在整体上提高财政政策效率。

（资料来源：杨涛（作者系中国社会科学院金融研究所副研究员）. 上海证券报，2010-05-28.）

(二)2010 年到 2020 年的积极的财政政策

2009 年、2010 年积极的财政政策主要表现在公共投资的扩张方面。

2010 年 3 月 5 日,十一届全国人民代表大会第三次会议报告指出,要继续实施积极的财政政策。一是保持适度的财政赤字和国债规模。二是继续实施结构性减税政策,促进扩大内需和经济结构调整。三是优化财政支出结构,有保有压,继续向"三农"、民生、社会事业等领域倾斜,支持节能环保、自主创新和欠发达地区的建设。严格控制一般性支出,大力压缩公用经费。四是切实加强政府性债务管理,增强内外部约束力,有效防范和化解潜在财政风险。

2011 年及以后的积极财政政策将主要表现在民生上。与 2010 年 1.05 万亿元的规模相比,2011 年预算财政赤字减少 1 500 亿元,赤字率也从去年的 2.8% 下降到 2% 左右。同时,要着力优化财政支出结构,增加"三农"、欠发达地区、民生、社会事业、结构调整、科技创新等重点支出。十一届全国人大四次会议审查的财政预算报告,根据预算安排,2011 年,中央财政用在与人民群众生活直接相关的教育、医疗卫生、社会保障和就业、文化方面的民生支出安排将增加至 10 509.92 亿元,而 2010 年上述五方面的民生支出合计 8 898.54 亿元。要再开工建设保障性住房、棚户区改造住房共 1000 万套,改造农村危房 150 万户。重点发展公共租赁住房。抓紧制定保障性住房使用、运营、退出等管理制度,提高透明度,加强社会监督,保证符合条件的家庭受益。结构性减税,同样是一项惠民举措。像个人所得税的调整,有利于提高低收入阶层的购买能力和工作积极性,同时调整税率档次则有利于全面降低居民纳税额,提高居民收入,有利于提振消费者信心。

2012 年,中国继续实施积极的财政政策,根据形势变化适时适度预调微调,进一步提高政策的针对性、灵活性和前瞻性。2012 年的积极的财政政策主要体现在以下几个方面。

第一,进一步完善结构性减税政策,减轻企业和居民的负担。

第二,进一步增加城乡居民的收入,努力提高消费能力。

第三,进一步优化财政支出的结构,保障和改善民生。

第四,进一步促进经济结构调整与区域协调发展,推动经济发展方式加快转变。

2013 年更好地发挥了积极财政政策在稳增长、调结构、促改革、惠民生中的作用。一是适当增加财政赤字和国债规模。二是结合税制改革完善结构性减税政策。重点是加快推进营业税改征增值税试点工作,完善试点办法,适时扩大试点地区和行业范围。三是着力优化财政支出结构。继续向教育、医药卫生、社会保障等民生领域和薄弱环节倾斜,严格控制行政经费等一般性支出,勤俭办一切事业。

2014 年实施积极的财政政策,适当扩大财政赤字,保持一定的刺激力度,同时赤字率保持不变,体现宏观政策的稳定性和连续性,促进经济持续健康发展和财政平稳运行。围绕使市场在资源配置中起决定性作用,加强和改善财政宏观调控,发挥财政政策促进结构调整的优势,把实施财政政策同全面深化改革紧密结合起来,明晰政府和市场的边界,处理好政府和市场的关系,着力提高宏观调控水平,推动经济更有效率、更公平、更可持续发展。一是优化财政支出结构。严控"三公"经费等一般性支出,据实安排重点支出。增加一般性转移支付的规模和比例,清理、整合、规范专项转移支付,严格控制新增项目和资金规模,建立健全定期评估和退出机制。盘活财政存量资金,腾出资金重点用于民生保障等领域的支出。二是完善有利于结构调整的税收政策。进一步扩展小型微利企业税收优惠政策。完善促进养老、健康、信息、文化等服务消费发展和企业创新的财税政策。三是切实防控财政风险。建立以政府债券为主体的地方政府举债融资机制，对地方政府性债务实行分类管理和限额控制。进一步加强地方融资平台公司举债管理，规范融资平台公司融资行为，建立债务风险预警及化解机制。

2015年财政政策特征：一是适当扩大财政赤字规模和动用以前年度结转资金，加大直接支出力度。二是实行结构性减税和普遍性降费，加强对实体经济的支持。结合税制改革，在清理规范税收等优惠政策的同时，力争全面完成营改增任务，进一步消除重复征税。同时，落实好普遍性降费措施，减免涉及小微企业的有关行政事业性收费和政府性基金，继续清理乱收费，以实实在在的举措减轻小微企业的负担。三是加大盘活财政存量资金力度，提高财政资金使用效益。清理结转结余资金，将盘活的财政资金重点投向民生改善、公共服务和基础设施等领域。清理财政专户，设定预算周转金和预算稳定调节基金的上限，编制三年滚动财政规划，防止产生新的资金沉淀。四是保持一定的政府投资规模，更好地发挥好投资引导作用。2015年安排中央基建投资4776亿元，比上年增加200亿元。这些资金将主要用于国家重大工程，跨地区、跨流域的投资项目以及外部性强的重点项目，竞争性领域投入和对地方的小、散项目投资补助进一步减少。

2016年财政政策重点：一是着力推动供给侧结构性改革，促进发展动力顺利转换。加快财税体制改革，推进中央与地方事权和支出责任划分改革，适度加强中央事权和支出责任，完善中央和地方收入划分，调动中央和地方两个积极性。二是支持做好补齐短板工作，提高发展的协调性和平衡性。强化财政综合扶贫投入体系，财政支农投入新增部分重点用于扶贫开发，中央财政一般性转移支付、涉及民生的专项转移支付，进一步向贫困地区倾斜，积极吸引金融资金、社会资金参与，多渠道增加扶贫开发资金。三是增强风险防控意识和能力，努力保持财政经济稳定运行。处理好发展经济与保障民生的关系，严格控制提标增幅，对一些不合理的支出或由于政策环境发生变化的支出，要压减或取消，增强民生保障的可持续性。四是扎实开展国际财经合作，增强发展的内外联动性。积极践行互利共赢的开放战略，统筹考虑和综合运用国际国内两个市场、两种资源、两类规则，以深化国际财经合作带动创新、推动改革、促进发展，进一步维护和增进国家利益。

2017年财政政策特征：一是从"积极"到"积极有效"，更加"积极"，表现在2017年财政政策继续实施了减税降费政策，进一步减轻了企业负担，赤字率仍保持在3%的水平，赤字规模随国内生产总值增长而相应增长、适度扩大；更加"有效"，表现在2017年财政政策更加注重发挥"结构性"优势，突出了保障重点，提高了支出的有效性和精准度。二是，从"需求侧总量"调控到"供给侧结构性"调控，2017年财政政策已经明显侧重"供给侧"，而从"十二五"时期至今，积极财政政策实际上逐步实现了从侧重"需求侧"到侧重"供给侧"的转变。

2018年财政政策重点：第一是进一步减税，2018年至2020年年底，将企业研发费用加计扣除比例提高到75%的政策由科技型中小企业扩大至所有企业，初步测算全年减收650亿元。第二是对已确定的先进制造业、现代服务业、电网企业增值税留抵退税返还的1130亿元，在9月底前基本完成，尽快释放政策红利。第三是助力解决小微企业融资困难，加快组建国家融资担保基金。落实不低于600亿元基金首期出资，协同省级融资担保和再担保机构，支持融资担保行业发展壮大，扩大小微企业融资担保业务规模，努力实现每年支持 15 万家(次)小微企业和新增 1400 亿元贷款的政策目标。对地方拓展小微企业融资担保规模、降低小微企业融资担保费用取得明显成效的予以奖补。会同有关部门抓紧出台操作办法，将符合条件的小微企业和个体工商户贷款利息收入免征增值税单户授信额度由 100 万元提高到 500 万元。第四是加强相关方面衔接，加快今年 1.35 万亿元地方政府专项债券发行和使用进度，在推动在建基础设施项目上早见成效。

2019 年财政政策重点："减"——大规模减税降费为全社会减负；"加"——重点支出不减力助力高质量发展；"防"——有效防范化解财政金融风险；"深"——重点突破继续深化财税体制改革。

2020 年财政政策：坚决落实积极财政政策更加积极有为，将从质和量两个方面下工夫，做好加法和减法，调整结构，有保有压。受疫情影响，财政收入下降，政府工作报告将赤字率提高到 3.6%以上，比去年提高 0.8 个百分点，新增 1 万亿元财政资金。中央财政还将发行 1 万亿元抗疫特别国债。中央财政从国有资本经营预算等调入近万亿元资金。此外还将增加地方政府专项债券规模 1.6 万亿元。财政做减法则体现在减税降费方面。政府工作报告预计 2020 年给企业等市场主体减税降费规模约 2.5 万亿元。

本 章 小 结

本章首先介绍了财政政策，从财政政策的含义、类型及目标进行分析；接着介绍了财政政策工具，包括财政政策工具及作用途径，运用及其意义；最后介绍了财政政策实践，1993 年至 2021 年财政政策的变化：从紧、积极、稳健、再到积极这样一个变化过程。

课 后 习 题

一、名词解释

财政政策　自动稳定的财政政策　相机抉择的财政政策　财政政策目标　财政政策工具

二、简答题

1. 简述财政政策工具及其作用途径。
2. 简述我国 1993 年以来的财政政策变化。

三、案例分析题

我省综合运用多种财政政策手段推动企业创新发展

安徽广播网 2 月 14 日讯(记者：徐军) 去年以来，我省财政部门通过资金扶持、税收减免、融资服务等多种手段，加快企业自主创新和产业升级步伐。芜湖三花自控元器件有限公司生产的空调截止阀，是用于空调制冷剂充注的关键部件，目前公司每天有 8 万件空调截止阀下线，被美的、格力、松下、富士通等国内外大企业争先采用，国内、国际市场的占有率已经分别达到了 40%和 30%。公司总经理蔡荣生表示，这个销售业绩的取得与芜湖市财政部门出台的资金扶持与税收减免政策密切相关:"政府给企业的优惠政策应该说是非常大的,比方说给我们企业所得税率是 15%等等,让我们企业对芜湖三花的发展非常有信心。"

为帮助企业更好地进行自主创新和产业升级,省财政部门开辟了支持企业发展的资金拨付"绿色通道",2012 年累计拨付支持企业和园区建设资金 248.2 亿元,并通过融资担保、贷款贴息等政策措施进一步为企业发展助力。如合肥市包河区就通过认购一定比例的企业债券,为辖区内企业提供了数亿元的融资服务。合肥市包河区财政局局长岳华表示:"政府承担的债券是不收任何利息的,主要是为了支持企业,降低企业的融资成本,同时我们要求担保公司要降低担保的相关费用。"

2012 年,省财政还安排了 7 亿元专项资金推进合芜蚌综合试验区(合肥、芜湖、蚌埠三市)和国家技术创新工程试点省建设,并安排 5 亿元专项资金支持战略性新兴产业、省主导产业和各市首位产业发展。省财政厅厅长罗建国说:"创新发展、创新驱动一直作为安徽科学发展的一个主引擎,所以我们财政在这方面按照省委省政府要求,设置了专项资金,从项目上进行支持,给企业以贴息,同时按照国家要求,通过结构性减税给企业,特别是给创新性企业、科技性的研发,提供支撑和帮助,推动转型发展、产业升级、结构调整。"

(资料来源:编辑常远君,安徽广播电视台,http://www.ahradio.com.cn,2013-02-14.)

问题:
1. 安徽省运用了哪些财政政策手段推动企业创新发展?
2. 你所在的省运用了哪些财政政策手段推动企业创新发展?

第七章

财政预算管理

【学习目标】
- 掌握财政预算的含义及演变。
- 了解财政预算的程序及改革,财政管理体制的含义及改革。

【引导案例】

全国两会将推出《政府预算解读》

京华时报讯(记者商西) 全国人大常委会预算工作委员会预决算审查室主任夏光近日接受媒体采访时提到，为方便代表和社会公众读懂财政预算报告，今年两会将推出一个《政府预算解读》。另有多位专委会负责人介绍了全国人大常委会的相关工作。

预算法修改

根据协商情况安排

全国人大常委会法工委研究室副主任梁鹰表示，在落实十八届三中全会决定改革任务方面，法工委承担的一项非常重要的任务就是制定和修改法律，其中预算法的修改备受关注，因为这事关管好国家的"钱袋子"。

预算法修正案草案2011年年底首次提交全国人大常委会审议，2012年6月二审，三审原本纳入去年全国人大常委会立法工作计划，但至今未进行。

全国人大常委会法工委经济法室副主任杨合庆介绍，十八届三中全会的决定对完善预算制度提出很多要求，需就此同财政部、国务院法制办等进行沟通协商，再根据情况安排审议。

全国人大常委会预算工委预决算审查室主任夏光提到，过去有很多全国人大代表反映财政预算报告看不懂，为释疑解惑，今年预算工委准备和财政部一起提交给大会一个《政府预算解读》，方便代表和社会公众读懂预算报告。

(资料来源：2014年全国两会，京华时报，http://news.qq.com/a/20140227/001358.htm，2014-02-27.)

思考：
你认为政府应如何提高财政预算透明度？

第一节　财政预算的含义及演变

一、财政预算的含义

财政预算又称国家预算、政府预算、政府财政预算，是指国家预算部门经过法定程序编制、审查、批准的，以收支一览表形式体现的国家年度财政收支计划。预算执行过程中，政府必须接受国家权力机构的授权和委托，预算活动体现的是国家权力机构和全体公民对政府活动的制约和监督。

预算由预算收入和预算支出组成。预算收入包括：①税收收入；②依照规定应当上缴的国有资产收益；③专项收入；④其他收入。

预算支出包括：①经济建设支出；②教育、科学、文化、卫生、体育等事业发展支出；③国家管理费用支出；④国防支出；⑤各项补贴支出；⑥其他支出。

二、财政预算的组成

财政预算的组成，是财政预算的分级管理。各级政府的财政收支活动，都构成一级预算。目前，世界上大多数国家实行多级预算。

我国财政预算的级次是按照一级政权设立一级预算的原则建立的，我国预算由中央预算和地方预算组成，预算管理实行分级别分税制。地方预算包括省(直辖市、自治区)、省辖市(自治州、直辖市辖区)、县(自治县、市、旗)、乡(镇)4级组成，如图7-1所示。

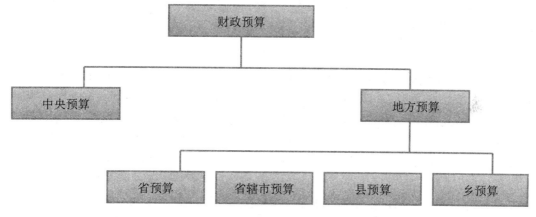

图7-1 财政预算的组成

中央预算是中央政府的预算，是经法定程序批转的中央政府的财政收支计划，它由中央各部门(含直属单位)的预算组成，包括地方向中央上缴的收入数额和中央对地方返还或者给予补助的数额。中央各部门预算由本部门所属各单位组成。单位预算是指列入部门预算的国家机关、社会团体和其他单位的收支预算。

地方预算是经法定程序批准的地方各级政府的财政收支计划的统称。由各省、自治区、直辖市总预算组成。地方各级总预算由本级政府预算和汇总的下一级总预算组成，本级政府预算由本级各部门预算组成。本级各部门预算，由各部门所属单位预算组成。

部门预算是指各主管部门汇总编制的本系统的财政收支计划，由本部门所属各单位的预算组成，这些部门包括与本级政府财政部门直接发生预算拨款关系的地方国家机关、军队、政党组织和社会团体。

单位预算是由事业行政单位根据事业发展计划和行政任务编制的，并经过规定程序批准的年度财务收支计划，反映单位与财政部门之间的资金领拨关系。单位是指列入部门预算的国家机关、社会团体和其他行政单位的财政收支计划。

三、财政预算的形式

财政预算的形式复杂多样，根据不同的分类，形成不同的预算，下面介绍几种预算形式。

(一)根据预算编制形式划分

根据预算编制的形式范围不同,财政预算可分为单式预算和复式预算。

1. 单式预算

单式预算是将预算年度内全部的财政收入与财政支出汇编在一个预算内,形成一个收支项目安排对照表,而不区分各项财政收支的经济性质的预算形式。单式预算能从整体上反映某一年度财政收支的状况,便于了解政府财政的全貌,也便于立法机关审批和社会公众了解,但是它不利于政府对复杂的财政活动进行深入分析和管理。在第二次世界大战前,世界上大多数国家都采用单式预算的组织形式。

2. 复式预算

复式预算是将预算年度内的全部财政收支按收入来源和支出性质的不同,分别编成两个或两个以上的预算,从而形成两个或两个以上的收支对照表。复式预算的形式大体可分两种:一种形式是双重预算,即按经济性质把财政收支分别编入经常预算和资本预算。经常预算反映政府在一般行政上的经常收支,而资本预算反映政府的资本投资和国家信用。这是复式预算的典型形式。另一种形式是多重预算,即由一个主预算和若干个子预算组成,如日本的中央预算。

复式预算是随着政府职能范围的扩大和政府预算功能的变化,在单式预算的基础上演化而来的。编制复式预算,一方面便于考核预算资金的来源和用途;另一方面有利于分析预算收支对社会需求的影响。但它同样具有明显的不足:①由于把国家信用收入作为资本预算的正常收入项目,这就使得资本预算不论整个预算的收支状况如何总是平衡的,容易掩盖预算财政赤字。②经常预算支出的资金来源主要是税收收入。西方国家的税收收入在整个预算收入中所占的比例很大,容易掩盖支出浪费。③由于经常预算和资本预算科目划分标准很难统一,给预算编制带来了麻烦。

单式预算和复式预算的区别表现在以下几个方面。

从形式上看,单式预算是把财政收支全部列入统一的表格中;复式预算是把全部财政收支按经济性质分别列入两个或两个以上的表格中。

从内容上看,单式预算的收大于支,即为预算盈余,反之则为预算赤字;而复式预算中由于资本预算主要以国债和依照规定应当上缴的国有(或公营)资产收益为收入来源,一般不允许出现赤字,但往往将经费预算的盈余或赤字转入资本预算。

从对国债收支的处理方法上看,单式预算通常把国家债务收支作为一般的收支项目对待,纳入总的收支项目中统一核算预算收支的平衡状况;复式预算的经常预算只列债务利息支出,不列债务本金,债务本金放在资本预算中用于安排投资性支出,或者用建立偿债基金的方法,把债务收支单独放在资本预算中加以反映。

从对财政活动的反映程度看,单式预算具有全面性和综合性的特点,可以较为准确地反映财政活动的总体情况,更符合统一性和完整性的预算原则,但不能明确反映财政收支的结构性,更不能反映政府投资性支出的经济效益状况;复式预算虽然不如单式预算那样全面集中,但对收支结构、债务规模和经济建设状况的反映较为明确,更符合宏观调控的要求，因而采用比较普遍。

(二)根据预算内容和关系的不同划分

根据预算内容和关系的不同划分，财政预算可分为总预算和单位预算。

总预算是基于各级政府汇总的本级政府预算和下级政府预算所编制的预算。

单位预算是各级政府机关、社会团体、事业单位的经费预算和国有企业的财务收支计划。

(三)根据财政预算组成环节的层次不同划分

根据财政预算组成环节的层次不同划分，财政预算可分为中央预算和地方预算。

中央预算由中央各部门(含直属单位)的预算组成。

地方预算由各省、自治区、直辖市总预算组成。

(四)根据财政预算期限长短的不同划分

根据财政预算编制期限长短的不同，财政预算可分为年度预算和中长期预算。

财政预算通常按年度编制，即年度预算。预算年度是编制和执行国家预算的起止期限，通常为一年。世界各国主要采用历年制，即从1月1日到12月31日，以中国、法国等国为代表。有些国家采用跨年制：英国、日本等国是从4月1日到次年3月31日；澳大利亚等国是从7月1日到次年6月30日；美国等国从10月1日到次年9月30日。

中长期预算是从较长时期来考察预算收支是否平衡，现在世界上许多国家在编制年度预算之外再编制不同形式的中长期预算，从3～5年到更长时间。

(五)按是否考虑经济效果分类

按项目是否考虑经济效果分类，财政预算可分为项目预算与绩效预算。

1. 项目预算

项目预算是指只反映项目的用途和支出金额，而不考虑其支出经济效果的预算。

2. 绩效预算

绩效预算是20世纪50年代初，由美国胡佛委员会建议，在联邦预算中推行的一种预算形式。所谓绩效预算，是以项目的绩效为目的、以成本为基础编制和管理的预算。在编制绩效预算时，要求政府各部门先制订有关的事业计划或工程规划，计算出每项实施的计划的成本和效益，然后择优把项目列入预算。在绩效预算执行后，要用对比计划和实际、本期和前期成本效益的方法，考核行政部门使用预算资金的每项工作或业务的绩效。因此，绩效预算又称成本预算或部门预算。

绩效预算是以成本的观念来衡量工作成果，对于监督和控制财政支出、防止浪费有积极的作用，但对有些部门支出的成本效益的评估却难以操作，如国防部门的绩效支出。

3. 计划项目预算

计划项目预算是在绩效预算的基础上，依据国家确定的目标，着重按项目安排和运用定量分析方法编制的预算。

实行计划项目预算的基本步骤是：要求按政府确定的目标划分项目；要确定完成项目所必需的资源，对选定的项目配置资源，在此基础上确定这部分资源的费用。

计划项目预算的优点主要是：①可以把预算中安排的项目和政府的中、长期计划相结合，做到长计划短安排，有利于政府活动的开展。②由于在选择和安排项目的过程中，重视成本效益，因而要求依据各项资料进行经济分析和评估，并通过项目之间的比较，降低各个项目的费用和提高财政资金的使用效果。③考虑到许多项目往往是跨年度的，按项目安排预算，可以根据发展变化情况，对目标、计划和预算进行调整。其缺点是成本效益分析不能覆盖所有预算项目，且预算编制复杂，推行困难。

绩效预算和计划预算都是着眼于预算支出的成本收益分析的预算。不同的是，绩效预算侧重于预算评估，其重点放在一个预算年度上；而计划项目预算侧重于计划的制订，它把政府活动规划结合起来考虑，属于滚动式预算。

(六)按预算方法划分

按预算方法不同，财政预算可分为零基预算和增量预算。

1. 零基预算

零基预算是对每一年(或每一项目)预算收支的规模进行重新审查和安排，而不考虑基期的实际支出水平，即以零为起点而编制的预算。这种方法强调从头开始，从根本上分析研究所有项目(包括原有的和新的)和每一项目的全部支出(包括已支出和未支出)的成本和效益，在此基础上确定其预算收支数。

零基预算的优点是没有现成的框框，不受现行预算执行情况的约束，能够充分发挥各级管理人员的积极性和创造性，促进各级预算单位精打细算。同时，使政府可以根据需要确定优先安排项目，减轻政府为满足不断增加的财政支出而增税或扩大债务的压力。其缺点是工作量大，需要较多高素质的管理人员。

2. 增量预算

增量预算是指财政收支计划指标在以前财政年度的基础上，按新的财政年度的经济发展情况进行调整后确定的预算。由于增量预算有前期的基础和参考，工作量减少且比较合理，各国主要采用此种预算方法。

四、财政预算的原则

(一)公开性原则

公开性原则是指国家预算反映政府的活动范围、方向和政策，与全体公民的切身利益息息相关，国家预算及其执行情况必须采取一定的形式公布于众，让公众了解财政收支情况并进行监督。

(二)可靠性原则

可靠性原则是指国家预算的每一收支项目的数字指标必须运用科学的方法、依据充分翔实的资料来确定，不得假定、估算，更不能任意编造。

(三)完整性原则

完整性原则是指列入国家预算的一切财政收支都要反映在预算中，不得打埋伏、造假账或者在预算外另加预算。国家允许的预算外收支也应在预算中有所反映。

(四)统一性原则

统一性原则是指尽管各级政府都设有财政部门，也有相应的预算，但这些预算都是国家预算的组成部分，所有地方政府预算连同中央预算一起共同组成统一的国家预算，要求设立统一的预算科目，每一个科目都要严格按统一的口径、程序计算和填列。

(五)年度性原则

任何一个国家预算的编制和实现都有时间上的界定，即所谓的预算年度。它是指预算收支计划起讫的有效期限，通常为一年。预算的年度性原则是指政府必须按照法定预算年度编制国家预算，这一预算要反映全年的财政收支活动，同时不允许将不属于本年度的财政收支内容列入本年度的国家预算之中。

应当指出的是，上述预算原则不是绝对的，一种预算原则的确立不仅要以预算本身的属性为依据，而且要与本国的经济实践相结合，要充分体现国家政治、经济政策。一个国家的预算原则一般是通过制定国家预算法来体现的。

第二节　政府预算程序

一、政府预算编制

(一)政府预算编制的时间

政府预算编制的组织程序按"两上两下"即"自下而上、自上而下、两上两下、上下结合"的方式，其过程为单位、部门提出概算，下达预算收支指标，编制汇总预算，审批预算。

部门预算要求：国务院于每年7月份向省、自治区、直辖市政府和中央各部门下达编制下一年度预算草案的指示，提出编制预算草案的原则和要求。

中央预算草案经全国人民代表大会批准后，为当年中央预算。财政部应当自全国人民代表大会批准中央预算之日起30日内，批复中央各部门预算。中央各部门预算应当自财政部批复本部门预算之日起15日内，批复所属各单位预算。

地方各级政府预算草案经本级人民代表大会批准后，为当年本级政府预算。县级以上地方各级政府的财政部门应当自本级人民代表大会批准本级政府预算之日起 30 日内，批复本级各部门预算。地方各部门应当自本级财政部门批复本部门预算之日起 15 日内，批复所属各单位预算。

(二)政府预算编制的依据

各级政府编制年度预算草案的依据有：①相关法律、法规。②国民经济和社会发展计划、财政中长期计划以及有关的财政经济政策。③本级政府的预算管理职权和预算管理体制确定的预算收支范围。④上一年度预算执行情况和本年度预算收支变化因素。⑤上级政府对编制年度预算草案的指示和要求。

各部门、各单位编制年度预算草案的依据有：①相关法律、法规。②本级政府的指示和要求以及本级政府财政部门的部署。③本部门、本单位的职责、任务和事业发展计划。④本部门、本单位的定员定额标准。⑤本部门、本单位上一年度预算执行情况和本年度预算收支变化因素。

二、预算编制的内容

(一)预算收支的含义

国家预算由预算收入和预算支出组成。预算收入包括税收收入；依照规定应当上缴的国有资产收益；专项收入；其他收入。

预算支出包括经济建设支出；教育、科学、文化、卫生、体育等事业发展支出；国家管理费用支出；国防支出；各项补贴支出；其他支出。

预算收入可划分为中央预算收入、地方预算收入、中央和地方共享收入。预算支出可划分为中央预算支出和地方预算支出。

(二)预算编制的内容

中央预算的编制内容包括本级预算收入和支出；上一年度结余用于本年度安排的支出；返还或者补助地方的支出；地方上解收入。

中央财政本年度举借的国内外债务和还本付息数额应当在本级预算中单独列示。

地方各级政府预算的编制内容包括本级预算收入和支出；上一年度结余用于本年度安排的支出；上级返还或者补助的收入；返还或者补助下级的支出；上解上级的支出；下级上解收入。

三、部门预算编制流程

(一)中央部门编制预算的总流程

首先，中央各部门编制、汇总和上报本部门的预算建议数；财政部业务司局再按照其管理职能分别对部门预算建议数进行审核，并下达预算控制数；各部门根据预算控制数编制预算，上报财政部；财政部门再对部门预算数进行审核汇总，报送国务院审定后报送全国人大批准；最后，根据全国人大批准的预算，由财政部统一批复给各部门。

(二)部门编报预算的流程

部门或单位在编报预算的过程中可以利用"中央部门预算编报子系统"，编制和上报部门预算建议数，根据预算控制数编制和上报部门预算数。

(三)财政部审核和上报预算的流程

财政部在管理部门预算的过程中根据现行管理职能将部门预算拆分给各业务司局；各业务司局再在自己的权限范围内审核各部门预算数据，给各部门下达部门预算控制限额；最后，根据全国人大批准后的中央预算，预算司向各部门批复预算。

(四)财政部批复预算的流程

全国人大批准中央预算后，财政部在一个月之内将预算批复到各部门。

四、政府预算的执行

政府预算的执行指经过法定程序批准的预算的具体实施过程，包括组织预算收入和拨付预算资金等内容。预算的执行原则是"统一领导、分级管理"。各级预算由本级政府组织执行，具体工作由本级财政部门负责。执行机关有财政部门、税务部门、中国人民银行、海关等。

预算年度开始后，在各级政府预算草案获得本级人民代表大会批准前，本级政府可以先按照上一年同期的预算支出数额安排支出；预算经本级人民代表大会批准后，按照批准的预算执行。

预算收入征收部门，必须依照法律、行政法规的规定，及时、足额征收应征的预算收入。不得违反法律、行政法规规定，擅自减征、免征或者缓征应征的预算收入，不得截留、占用或者挪用预算收入。有预算收入上缴任务的部门和单位，必须依照法律、行政法规和国务院财政部门的规定，将应当上缴的预算资金及时、足额地上缴国家金库(以下简称国库)，不得截留、占用、挪用或者拖欠。各级政府财政部门必须依照法律、行政法规和国务院财政部门的规定，及时、足额地拨付预算支出资金，加强对预算支出的管理和监督。各级政府、政府各部门、各单位的支出必须按照预算执行。

政府预算部门负责预算执行的具体工作，主要任务有如下几点。
(1) 研究落实财政税收政策的措施，支持经济和社会的健康发展。
(2) 制定组织预算收入和管理预算支出的制度和办法。
(3) 督促各预算收入征收部门、各预算缴款单位完成预算收入任务。
(4) 根据年度支出预算和季度用款计划，合理调度、拨付预算资金，监督检查各部门、各单位管好用好预算资金，节减开支，提高效率。

(5) 指导和监督各部门、各单位建立健全财务制度和会计核算体系，按照规定使用预算资金。

(6) 编报、汇总分期的预算收支执行数字，分析预算收支执行情况，定期向本级政府和上一级政府财政部门报告预算执行情况，并提出增收节支的建议。

(7) 协调预算收入征收部门、国库和其他部门的业务工作。

五、政府决算

政府决算是经法定程序批准的年度预算执行结果的会计报告。目的是总结和评价全年的预算收支活动，为过去一年预算收支的执行和管理提供信息；总结一年来的预算执行情况，总结经验教训，弥补预算建立和执行环节的不足。

中国政府决算管理主要由以下几个环节构成：①政府决算的部署；②年终清理和结账；③政府决算的编制；④政府决算的审查和批准。

财政部应在每年的第四季度制定编制决算草案的原则、要求、方法和报送期限，制发中央各部门决算、地方决算及其他有关决算的报表格式，布置编制决算的工作。县级以上地方政府财政部门根据财政部的部署，布置编制本级政府各部门和下级政府决算草案的原则、要求、方法和报送期限，制发本级政府各部门决算、下级政府决算及其他有关决算的报表格式。地方政府财政部门根据上级政府财政部门的部署，制定本行政区域决算的报表格式。地方政府财政部门根据上级政府部门的部署，制定本行政区域决算草案和本级各部门决算草案的具体编制办法。各部门根据本级政府财政部门的部署，制定所属各单位决算草案的具体编制办法。

政府财政在每一预算年度终了时，应当清理核实全年预算收入、支出数字和往来款项，做好决算数字的对账工作。不得把本年度的收入和支出转为下年度的收入和支出，不得把下年度的收入和支出列为本年度的收入和支出。不得把预算内收入和支出转为预算之外，不得随意把预算外收入和支出转为预算之内。决算各项数字应当以经核实的基层单位汇总的会计数字为准，不得以估计数字替代，不得弄虚作假。

各单位应当按照主管部门的布置，认真编制本单位的决算草案，在规定期限内上报。各部门应在审核汇总所属各单位决算草案的基础上，连同本部门自身的决算收入和支出数字，汇编成本部门决算草案并附决算草案详细说明，经部门行政领导签字后，在规定期限内报本级政府部门审核。

第三节　预算管理改革

预算管理主要涉及部门预算、国库集中支付制度、预算外资金"收支两条线"、政府采购制度、分税制等。下面就这几个主要方面进行分析。

第七章　财政预算管理

一、部门预算改革

部门预算是部门依据国家有关政策规定及其职能的需要，审核、汇总所属基层预算单位的预算和本部门机关的经费预算，经财政部门审核后提交立法机关批准的涵盖本部门各项收支的财政计划。

部门预算相对于传统的功能预算，发生了如下变化：①扩大了预算的编制范围，有利于提高预算的综合性；②一个部门一个预算；③改变了代编预算的方式，提高了准确性；④建立了新预算管理机制。编制部门预算要求统一预算分配权，为此，财政部的内设机构及其职能也相应进行了重新调整：一是由预算司作为统一管理预算的部门；二是改变了原来按经费性质设置机构的做法，基本上做到了一个部门归口财政部的一个业务司；三是统一了国有企业资产和财务管理，统一预算内外资金管理，编制综合预算，使预算编制、执行和监督相对分离，初步建立起了分工合理、责任明确、相互制约的运行机制；四是调整了预算批复的主体，由财政部预算司统一批复；五是预算批复方式由财政部各司独立向各部门批复改为由财政部预算司统一批复，有利于及时批复预算。

为深化部门预算改革，财政部又推进了支出预算管理改革及强化基础管理两项基础工作。

(一)支出预算管理改革

支出预算管理改革包括以下两方面。

1. 基本支出预算管理改革

基本支出预算管理改革具体内容，一是完善行政单位定员定额标准。根据中央部门履行职能情况、有关政策调整等因素，提出完善现行定员定额标准体系的思路，提高预算编制的规范性和准确性。对符合定员定额管理条件的事业单位，在总结试点经验的基础上，做好相关制度、标准的制定工作。二是推进实物费用定额试点工作。制定和完善实物费用定额标准，扩大试点部门，加快实现实物定额由"虚转"向"实转"转变，建立定员定额与实物费用定额相结合的定额标准体系。三是做好事业单位改革工作。按照事业单位体制改革的总体部署，积极研究事业单位经费的供给范围和供给方式，将符合条件的事业单位逐步纳入定员定额试点范围。

2. 项目支出预算管理改革

项目支出预算管理改革的内容，一是加强对经常性专项业务费的管理。选择一些符合条件的经常性专项业务费项目，明确界定其支出范围，并制定出相应的管理办法，切实加强对此类项目的预算管理。二是积极探索项目支出预算滚动管理的合理途径。按照中央本级项目支出管理办法的规定，项目支出预算采取项目库管理方式，项目库分为中央部门项目库和财政部项目库。将部门上报但未批复项目、部门预算执行中申请追加的项目与项目库有机对接。做到既严格控制执行中的追加，又保证预算编制、执行追加审核标准的统一、规范，维护预算的严肃性和权威性。

(二)强化预算基础管理改革

为完善财政管理,加强财政监督,提高资金使用效益,促进行政工作任务的完成和事业的发展,财政部于 2001 年印发了《中央部门项目支出预算管理试行办法》,规定了编制项目支出预算的基本方法。该规定适用于中央级行政事业单位由行政事业费开支的项目,主要包括大型修缮、大型会议和其他行政事业性项目;通过项目库的设立,规范大额支出的申请及列入预算的程序,规定必须经过科学论证,以确保资金用在刀刃上。2006 年财政部根据基本支出改革的进展情况,对基本支出管理办法进行修订,进一步完善"e 财网"指标管理系统,建立中央行政事业人员的基础数据库,进一步加强结余资金管理,按照《中央部门预算财政拨款结余资金管理暂行规定》的要求,真正做到将部门项目预算安排和结余资金清理使用情况相结合,提高预算编制的准确性。在不断细化项目支出预算的同时,切实提高包括横向分配预算资金在内的预算资金年初到位率。通过压缩年初代编预算规模,减少执行中的追加事项。同时,加强对执行中追加预算的审批。对部门在预算执行中提出的追加申请,要严格控制和审批。年初代编预算在执行中追加的项目,应符合年初代编的项目范畴要求。

二、国库集中收付制度改革

在改革前,中国的财政性资金缴库和拨付方式,是通过征收机关和预算单位设立多重账户分散进行的。这种在传统体制下形成的运作方式,越来越不适应社会主义市场经济体制下公共财政的发展要求。其主要弊端是重复和分散设置账户,导致财政资金活动透明度不高,不利于对其实施有效管理和全面监督;财政收支信息反馈迟缓,难以及时为预算编制、执行分析和宏观经济调控提供准确依据;财政资金入库时间延滞,收入退库不规范,大量资金经常滞留在预算单位,降低了使用效率;财政资金使用缺乏事前监督,截留、挤占、挪用等问题时有发生,甚至出现腐败现象。因此,必须对现行财政国库管理制度进行改革。

财政国库管理制度改革的指导思想是按照社会主义市场经济体制下公共财政的发展要求,借鉴国际通行做法和成功经验,结合中国具体国情,建立和完善以国库单一账户体系为基础、资金缴拨以国库收付为主要形式的财政国库管理制度,进一步加强财政监督,提高资金使用效益,更好地发挥财政在宏观调控中的作用。

财政国库管理制度改革的主要内容是按照财政国库管理制度的基本发展要求,建立国库单一账户体系,所有财政性资金都纳入国库单一账户体系管理,收入直接缴入国库或财政专户,支出通过国库单一账户体系支付到商品和劳务供应者或用款单位。国库单一账户体系包括财政部门在中国人民银行开设的国库单一账户、按资金使用性质在商业银行开设的零余额账户、在商业银行为预算单位开设的零余额账户、在商业银行开设的预算外资金财政专户、在商业银行为预算单位开设的小额现金账户和特殊过渡性专户。建立国库单一账户体系后,相应取消各类收入过渡性账户。预算单位的财政性资金逐步全部纳入国库单一账户管理。在建立健全现代化银行支付系统和财政管理信息系统的基础上,逐步实现由国库单一账户核算所有财政性资金的收入和支出,并通过各部门在商业银行的零余额账户处理日常支付和清算业务。

三、预算外资金"收支两条线"改革

预算外资金是指各地区、各部门,全民所有制企业,事业、行政单位根据国家财务制度的规定收取、提留和安排使用,不纳入国家预算管理的资金。1996 年《国务院关于加强预算外资金管理的决定》中明确指出,预算外资金是财政性资金,并规定财政部门在银行设立预算外资金专户,实行"收支两条线"管理。

"收支两条线"管理是针对预算外资金管理的一项改革,其核心内容是将财政收支纳入预算管理范围,形成完整统一的各级预算,提高法制化管理和监督水平。对合理合法的预算外收入,不再自收自缴,而是实行收纳分离,纳入预算或实行财政专户管理。取消各执行单位自行开设和管理的过渡收入账户,改为由财政部门委托的代理银行开设预算外资金财政汇缴专户,只用于预算外收入的收缴,不得用于执收单位的支出。对于支出,实行收支脱钩,即执收单位的收费和罚没收入不再与其支出安排挂钩,单独编制支出预算,由财政部门通过政策途径安排。财政部 2001 年 11 月 5 日发布了《关于深化收支两条线改革进一步加强财政管理的意见》,在对部分部门的预算外收入纳入预算或实行收支脱钩管理的基础上,总结经验,逐步扩大试点范围,重点研究解决预算外资金的管理问题。对实行收支脱钩管理的部门原用预算外资金安排的支出,中央财政将根据其履行职能的基本需要准确核定,并通过财政拨款予以保障。

四、政府采购制度改革

政府采购制度是指各级政府为了开展日常政务活动和为公众提供公共服务,以公开招标、投标为主要方式从市场上为政府部门或所属公共部门购买商品、工程和服务的一种制度。政府采购制度作为财政制度的一个重要组成部分,在国外已经有相当长的历史,英国在 1782 年设立文具公用局,美国在 1778 年的《宪法》中就有了政府采购的条款。政府采购制度在各国的经济管理中有着十分重要的地位,目前发达国家的政府采购占 GDP 的比率较高,一般为 10%~20%,如美国为 20%,欧盟为 15%~20%,日本为 10%,东南亚国家大体在 5%左右。政府采购制度具有公开性、公平性和竞争性的特征。公开竞争是政府采购制度的基石,它体现了公平的原则。通过竞争,政府能买到具有最佳价格和性能的物品和劳务,节约财政资金,使公民缴纳的税金产生最大的效益,它同时又体现了效率的原则。

(一)政府采购需要的条件

1. 专门的机构及人员

从各国的经验来看,一般把财政部门作为政府采购中的一个重要管理机构。其职责主要是制定政府采购法规或指南,管理招标事务,制定支出政策,管理和协调采购委员会的工作等。由于政府采购是一项专业性、系统性较强的工作,因而要由一批专门的人才来执行。

2．明确规范的采购原则

一般建立政府采购制度的国家都把货币价值最大化、公开、公平竞争、透明度、效率、防止腐败等作为政府采购普遍遵循的原则。

3．法定的采购程序

采取招标方式或是非招标方式，要看采购对象的数量、金额或特点而定。但无论采取哪种方式，都要遵循严格的法定程序。

4．权威的仲裁机构

仲裁的主要内容是招投标和履约双方在一些程序、协议条款和运作方式上产生的各种异议。

(二)政府采购的范围、方式和程序

1．政府采购的范围

政府采购的范围较广，内容十分庞杂。一般按政府采购对象的性质可将其分为三大类，即货物、工程和劳务。货物包括原料产品、设备和器具；工程包括建造房屋、兴修水利、改造环境、交通设施建设和铺设地下水管等；服务包括专业服务、技术服务、资讯服务、营运服务、维修、培训、会务等。

2．政府采购方式

政府采购方式包括公开招标、邀请招标、竞争性谈判、单一来源采购、询价等。其中，公开招标是最基本的方式，即邀请所有潜在的供应商参加投标，采购部门通过事先确定并公布的标准从所有投标者中评出中标供应商，并与之签订采购合同的一种采购方式。

3．政府采购程序

政府采购程序一般包括三个阶段，即确定采购要求、签订采购合同和执行采购合同。

(三)改革进程

我国的政府采购制度是在社会主义市场经济的大背景下逐步发展起来的。自1996年以来，我国的政府采购制度改革经历了研究探索、试点初创、全面试点、全面实施四个阶段，采购范围和规模不断扩大，经济效益和社会效益大幅提高，法律框架基本形成，管采分离的管理体制初步建立，调控经济和社会发展的政策功能逐步显现。1996—1997年为研究探索阶段，财政部提出了把推行政府采购制度作为我国财政支出改革方向的政策建议，上海市、河北省、深圳市等地开展了试点工作；1998—1999年为试点初创阶段，财政部制定发布了《政府采购管理暂行办法》；2000—2002年为全面试点阶段，财政部在国库司内设立了政府采购管理处，2002年全国政府采购规模突破了1000亿元；2003年至今为全面实施阶段，2003年1月1日，《中华人民共和国政府采购法》正式实施，标志着政府采购制度改革试点工作结束，进入了全面实施阶段。

十几年来，全国各级政府采购规模增长迅速。1998年仅为31亿元，2010年全国各级政府采购规模达到8422亿元。"十一五"期间，全国采购规模由2005年的2928亿元增加到2010年的8422亿元，年均增长23.5%，累计节约财政资金4000多亿元。据了解，"十一五"时期，我国政府采购规模持续扩大，经济效益显著提高。政府采购实施范围从传统的货物类采购向工程类、服务类采购扩展。货物类采购从通用类货物向专用类延伸，服务类采购从传统的专业服务快速扩展到公共服务、服务外包等新型服务领域，工程类采购也逐步纳入了政府采购管理范围。同时，政府采购资金构成从财政性资金逐步向单位自筹资金、BOT(建设—经营—转让)项目市场融资等方面扩展。与财政支出结构调整相适应，采购活动也逐步涵盖一些公益性强、关系民生的支出项目。在此基础上，我国政府采购活动规范化水平得到显著提升。

(四)完善的思路

尽管改革取得了很大的进展，但还需要进一步完善，主要应从以下几方面来考虑。

(1) 明确政府采购制度的目标和原则。借鉴国际上政府采购规范中的目标和原则，将经济有效地使用国家资金、提高资金使用效益作为政府采购制度的首要目标，同时坚持公开、公平、公正和充分竞争的原则，促进采购机构和采购队伍的廉洁。

(2) 完善立法，建立有效的异议、申诉和救济机制，健全政府采购管理模式。从国际立法来看，建立健全完备有效的质疑、申诉和救济机制，是政府采购制度的重要内容，也是政府采购制度有效运行和实现政府采购目标的重要保证。中国应当完善政府采购法律法规中质疑、申诉机制和救济机制，允许政府采购合同的双方当事人通过磋商、仲裁、司法或行政等手段，对不正当的采购行为提出质疑和申诉，保证采购实体、供货商或承包商或服务提供者的正当权益。

(3) 改进现行的行政、事业单位的财务管理体系和具体操作方式。实行政府统一采购的前提条件之一，是实行国库单一账户，即实行账款分离制。这样，实行政府采购制度后，财政部门可以不再简单按预算拨付经费，而按批准的预算和采购合同的履约情况直接向供货商拨付货款。由于这部分支出采取直接付款形式，财政部门能对政府部门和公共部门的商品和服务的采购行为实施有效的监督。

五、分税制改革及完善对策

国家预算管理体制是在中央和地方政府之间，以及地方各级政府之间划分预算收支范围和预算管理权限的一项制度。

预算管理体制的根本任务是划分预算收支范围和规定预算管理职权，促进国民经济和社会发展。

预算管理体制的内容，主要包括预算管理主体和级次的确定(我国预算管理主体分为中央、省、市、县、乡五级)；预算收支范围的划分；预算管理权限的划分；预算调整制度和方法。

预算管理体制建立的原则为统一领导、分级管理的原则；与国家政权结构及经济管理体制相适应的原则；财权与事权统一、权责组合的原则。

中华人民共和国成立后，我国预算管理体制经历了多次演变和改革：①1950年到1952年是"统收统支"体制，是高度集中的预算体制。地方组织的一切收入逐级上缴中央，地方一切收支由中央核定。这种体制适用于特殊时期集中财力物力，由中央统一支配，地方权限很小。②1953年到1979年是"统一领导，分级管理"体制。中央统一制定预算政策和预算制度，地方按预算级次实行分级管理。③1980—1993年的"划分收支、分级包干"体制。中央各职能部门不再下达指标，地方政府由原来被动安排财政收支变为主动参与经济管理，注重政府间收入在所有制关系下的划分，缺乏合理依据。④1994年至今的分税制。我国在借鉴国际经验的基础上，结合国内实际，开始了分税制试点和改革。

(一)分税制的基本内容

1. 中央与地方事权和支出的划分

中央预算主要承担国家安全、外交和中央国家机关运转所需的费用，调整社会经济结构、协调地区经济发展的政策支出，以及由中央直接管理的事业发展支出。具体包括中央行政管理费、国防费、外交和援助支出以及中央统管的基本建设支出等。

地方预算主要承担地区政权机关运转所需支出，以及本地区经济、事业发展所需支出。具体包括地方行政管理费、部分武警经费，地方统筹发展的级别建设投资，地方企业的技术改造和新产品试制费，支农支出，价格补贴及其他支出。

2. 中央与地方收入的划分

根据中央和地方的事权划分情况，按照财权和事权相统一的原则，有关部门将税种划分为中央收入、地方收入和中央与地方共享收入。将有利于国家权益、实施宏观调控所必需的税种划分为中央固定收入，将适合于地方征管的税种划分为地方固定收入，将同经济发展直接相关的主要税种划分为中央与地方共享收入。具体划分情况如下所述。

中央固定收入包括关税，海关代征的增值税和消费税，消费税，中央企业所得税，地方银行、外资银行及非银行金融企业所得税，铁道部、各银行总行、保险总公司等部门集中缴纳的收入(包括营业税、所得税、利润和城市维护建设税)，中央企业上缴利润等，外资企业出口退税(除了1993年地方已经负担的20%部分列入地方上缴中央基数外，以后发生的出口退税全部由中央预算负担)。

地方固定收入包括营业税(不含铁道部门、各银行总行、各保险总公司等集中缴纳的营业税)、地方企业所得税(不含地方银行、外资银行及非银行金融企业所得税)，地方企业上缴利润、个人所得税、城镇土地使用税、城市维护建设税(不含铁道部门、各银行总行、各保险总公司集中缴纳的部分)、房产税、车船税、印花税、耕地占用税、契税、遗产税和赠与税(尚未开征)、土地增值税、国有土地有偿使用收入等。

中央与地方共享收入包括增值税、资源税、政权交易税。增值税中央分享75%，地方分享25%；资源税按不同资源品种划分，海洋石油资源税作为中央收入，其他资源税作为地方收入，政权交易税，原规定中央与地方各分享50%，后调整为中央与地方"八二"分享。

根据形势的变化，从2002年1月1日起，取消按企业隶属关系划分企业所得税收入的分配办法，除了铁路运输、国家邮政、中国工商银行、中国农业银行、中国银行、中国建设银行、国家开发银行、中国农业发展银行、中国进出口银行以及海洋石油等特殊行业企业交纳的所得税，继续作为中央收入外，对其他企业所得税和个人所得税实行中央与地方按比例分享。以2001年为基期，基数内的收入全归地方；2002年企业所得税增量，中央、地方各享50%；2003年所得税增量，中央分享60%，地方分享40%；以后年度另行规定。

3. 中央对地方税收返还数额的确定

现行分税制度还建立了中央对地方税收的返还制度。税收返还以1993年为基期核定。按照1993年地方实际收入以及税制改革后中央与地方收入的划分情况，核定1993年中央从地方净上划的收入数额(即：消费税+75%的增值税-中央下划收入)，并以此作为中央对地方的税收返还基数，以保证1993年地方既得利益。

1993年以后，税收返还额在1993年基数上逐年递增，递增率先是按全国增值税和消费税增长率的1∶0.3系数确定，后为了调动地方政府发展生产，增加财源的积极性，促进增值税和消费税的合理增长，改为按各地区增值税和消费税增长率的1∶0.3确定，即本地区增值税和消费税每增长1%，中央对地区的税收返还额增长0.3%。对1994年以后上划中央收入达不到1993年基数的，则相应扣减返还数额。

(二)现行分税制存在的问题

1. 中央与地方事权不清晰

现行分税制将财力作为改革的重点，在改革方案中未对事权划分进行必要调整，改革未能全面触动旧体制的根基，仍存在将地方政府视为单一的利益主体，使地方政府在改革中的调控手段和财力基础较少，中央和地方的事权仍有交叉和模糊等问题。还需要进一步深化改革。

2. 中央与地方收入划分尚不够科学

分税制改革尽管采取分税的办法来划分中央和地方的收入，但在确定企业所得税归属时，仍保留了按企业行政隶属关系划分的做法，即中央企业的所得税归属中央收入，地方企业的所得税归属地方收入。这种做法从利益关系上固化了企业与各级政府间的行政隶属关系，不利于资源优化配置和现代企业制度的建立，并由此产生了下述几方面的负面效应。

(1) 强化了旧体制下形成的地方保护主义倾向。
(2) 强化了国有资产地方政府所有的观念。
(3) 在一定程度上保留了地方政府盲目发展高利产业的利益机制，不利于产业结构的优化调整。

3. 地方税体系不健全

现行分税制尽管在地方税体系建设上迈出了重要步伐，但离地方税体系的目标模式尚有较大的差距。主要表现在下述方面。

(1) 地方税主体税种缺位，规模过小，难以支撑地方财政运行局面。
(2) 地方税税权较小，地方政府难以利用必要的税收管理权来调节本地经济，并实施本级财政管理。

4. 转移支付制度不规范

中央对地方的转移支付制度已初步建立，但受改革步伐阶段的影响，制度还不规范、不成熟。主要表现在下述几方面。

(1) 转移支付方式不规范。目前转移支付是以税收返还的方式进行的，地方从中央获取的税收返还额主要取决于其基期年既得收入数额。这种方式保留了原有的利益分配格局和地区间收入水平悬殊的状况，难以发挥转移支付调节地区间收入差距的功能。

(2) 现行税收返还数额的确定仍未完全摆脱基数法，尽管一些地区采取了不同程度、不同形式的因素法，但还很不成熟，有待进一步完善。

(3) 现行税收返还制度尚难体现中央的宏观调控意图，对地方政府行为倾向的调节作用有限。

(三)完善现行分税制的基本思路

(1) 按照市场经济的要求合理划分各级政府的事权，为科学划分财权提供科学、可靠的依据。①要按照社会主义市场经济的要求对政府事权和企业事权合理定位，推进政府机构改革，尽快转变政府职能，将政府事权范围控制在市场失效的领域和宏观经济层次。②要按照区域性原则和受益性原则来划分各级政府间的事权，即按区域性原则明确各级政府管理本地区社会事务、提供区域性公共产品的责任和权力；按受益范围确定各级政府的经济管理事权，将区域性的基础设施建设、产业结构调整及其他本地区相关的宏观经济管理事权划归地方政府。③进一步落实地方政府统筹本地区社会经济发展的权利，凡是需由地方政府开发的事业，都应由地方政府自行规划和决策。

(2) 按照分级财政管理的要求划分税种，税种划分应体现主体税种合理配置原则；责任与受益对等原则；经济分权原则。

(3) 加强地方税建设，形成与地方政府职能相适应的地方税体系。①实行分税制后，中央财政收入增加，其中一部分收入通过转移支付的办法返还地方。②要合理分配税权，形成与国家政权结构相统一、有利于分级财政管理的税权结构。③要加强地方税法制建设，推进地方税征管体制改革，形成高效、科学、严密的地方税征管体系。

(4) 建设科学的转移支付制度。首先，要完善转移支付额的确定办法，用因素法来取代基数法；其次，要完善转移支付方式，既要采用一般性补助方式，又要有针对性地采用专项补助方式，以充分发挥转移支付的调节功能。

【案例】

百家中央部门集中"晒预算"进一步打造"阳光财政"

2019年4月2日，随着财政部、审计署等部门陆续公布2019年度部门预算，一年一度的中央部门预算公开拉开大幕。据统计，当日有约100家左右的中央部门集中"晒预算"。

翻阅各中央部门预算"账本"可以发现，各部门均公开了收支总表、财政拨款收支总表等8张报表。除法定涉密信息外，一般公共预算支出公开到支出功能分类项级科目，其中的基本支出公开到经济分类款级科目。

据财政部有关负责人介绍，今年中央部门预算公开有三大变化。

——公开更早。为加快预算执行进度，财政部及早谋划，及时做好批复部门预算准备工作，今年比去年提前11天公开中央部门的部门预算。

——公开更多。今年有约100家左右的中央部门公开了部门预算，比去年公开的89个中央部门进一步增加。

——公开更细。各部门积极回应群众关切，细化解释说明，重点说明了党中央国务院有明确要求、社会公众较为关注的支出事项。

"例如，今年政府工作报告提出，一般性支出压减5%以上、'三公'经费再压减3%左右。对此，各部门对压减非刚性、非重点项目支出等情况进行了说明。"这位负责人说。

中国红十字会总会贫困大病儿童救助项目、中国福利彩票发行管理中心开奖费项目、国家发改委经济体制综合改革项目……在今年中央部门预算"账本"中，项目预算公开是一大看点。

"在去年公开36个项目情况的基础上，今年又增加了14个，向社会公开的项目数达到50个。"这位负责人说，自2017年首次公开项目预算以来，中央部门项目预算公开力度逐年加大。

从公开的内容来看，项目概述、立项依据、实施主体、实施方案、实施周期、年度预算安排等各种信息都包括在内。"下一步，财政部将继续推动部门公开项目支出，不断扩大公开的部门范围、增加公开的项目数量。"这位负责人说。

值得注意的是，在今年项目预算公开的同时，50个重点项目绩效目标也一并公开。

据介绍，此次公开的绩效目标内容主要包括项目中期目标和年度目标，具体的绩效指标，如产出的数量指标、质量指标、时效指标、社会效益指标、可持续影响指标、服务对象满意度指标等。

"公开的绩效目标信息量很大，通过审读目标，就知道政府准备做什么、如何做。"中央财经大学教授童伟说，今年中央部门公开绩效目标的数量较去年进一步增多，公开深度进一步增加，标志着中央财政在推进预算绩效管理方面又向前迈出重要一步。

专家表示，通过公开项目绩效目标这一手段，可以强化部门责任意识，督促资金使用单位加强管理，推动中央政策落实"不跑偏、不走样"。

自2010年中央部门预算首次公开以来，我国中央部门预算公开已进入第十个年头。

"十年来，我国中央部门预算公开范围进一步扩大，公开内容进一步丰富。"中国财政科学研究院研究员王泽彩说，部门预算被越来越充分地置于社会公众的监督视野之中，有助于进一步打造"阳光财政"，倒逼预算编制更加科学规范，促进部门完善政策、改进管理，提高财政资金使用效益。

（资料来源：新华网，http://www.ccgp.gov.cn/news/201904/t20190404_11856626.htm，2019-04-04.）

本 章 小 结

预算管理体制是财政中的重要问题，主要研究财政资金的使用和规划。本章从财政预算的含义出发，研究了财政预算的组成、形式及原则，政府预算程序中财政预算的编制、内容、流程及执行，预算管理改革中的部门预算改革、国库集中支付制度改革、预算外资金"收支两条线"、政府采购制度改革、分税制度改革分析，尤其是中国预算管理体制的改革及存在的问题。

课后习题

一、名词解释

财政预算　绩效预算　零基预算

二、简答题

1. 简述财政预算的编制原则。
2. 简述分税制管理体制改革及完善的对策。

三、案例分析题

预算公开要告别"低水平"状态

中央部门和地方政府"三公"经费公开步伐正在加快。近几年来，部委与地方政府在"三公"经费公开方面，不断有所作为。本报今天对此作了相关报道。

有人将规范、真实地公开"三公"经费，视为政府机构往自己头上"套箍"。"三公"经费公开的质量越高，即表明透明政府建设越有成效。不过，正如接受本报采访的学者所谈及的，在很多预算外的"三公"经费并未纳入的条件下，单单公开"三公"经费，意义有限。关键还在于，要推动包括"三公"经费在内的政府整体预算的公开。

社会各界对于政府预算公开，可谓相当关注。政府预算公开，是建设透明政府的必需，也是政府依法必须履行的义务。政府代表的是公众利益，财政预算理当依法向公众公开。很遗憾，预算公开在这几年里虽然有所进步，但仍处于低水平。

围绕政府的财政透明度，许多研究机构都给出过并不乐观的评价。中央此前的表态亦很坦诚："财政预算公开工作进展不平衡，公开还不够细化，与人民群众的期望仍存在一定差距。"这番表态背后的现实，确实是存在各种各样的乱象。

就态度而言，部委也好，地方政府也罢，无一例外是高调支持的，但语言与行动之间却有不小的距离。预算公开方面的粗糙，表现在很多地方。比如，预算内容较为含糊，一般公众看不太懂；不少公开内容还太笼统，细化不够，且往往缺乏要点；公开的内容有选择性，且公开渠道太分散，不便于公众查看和监督；功能分类太粗放，没有分类到项目，如此等等。

某些研究也表明，尽管一些地方官员口头上支持预算公开，但在实际工作中，地方政府财政信息主动公开的意识并不强，外界通过公开出版物或网站能够获得的财政预算信息非常少。财政预算不透明，公共财政体制必定是跛脚的，又谈何民主财政？

财政预算公开一直不尽如人意，说到底，是这项工作触及利益分配的规范和利益格局的调整。对于要公开预算信息的部门来说，属于自己给自己找茬的事，其中有阻力可想而知。任何"革自己命"的改革都会阻力重重，任何要让人给自己头上"套箍"的事，也必定困难多多。没有人喜欢跟自己的利益过不去，特别是当政府预算公开方面存在一定的弹性空间时，有些部门选择性地、不痛不痒地进行公开，也就不奇怪了。

诚然，推动政府预算公开，不可能一蹴而就，但诸多部委和地方政府徘徊在低水平的状态，也非改变不可。地方人大在推动政府预算和"三公"经费公开方面，应当发挥更大作用。促使政府依法公开预算信息，依法监督政府预算公开的质量，人大天然地负有责任。有些地方人大已经开始在这方面进行探索，这是很有必要的。

同时，要在制度建设层面推动《预算法》的完善，借助法制的进步促使政府预算公开。对于财政预算信息公开的内容、范围、程序和时间，理应有更清楚的要求。在制度更完善的基础上，推动财政的透明。该公开的财政信息就必须公开，而不是犹抱琵琶半遮面，也不能糊弄公众、干扰视听。

另外，政府的问责制度，也要对在预算公开方面失责的官员有所惩戒。如果缺少有痛有痒的惩罚，光是舆论的批评指责和呼吁，效果可能未必好。有责不问，或问责无力，则许多美好愿望落空，也在意料之中。

因此，中央部门和地方政府"三公"经费公开步伐正在加快，确是好事。但对这种进步估价不宜太高，对它产生的作用也要有清醒认识。未来该如何作为，则是需要深思的。

（资料来源：第一财经日报，http://news.hexun.com/2014-03-19/163158660.html，2014-03-19.）

问题：
1. 政府预算公开的障碍有哪些？
2. 对于推动政府预算公开，政府需要做什么？

第八章

货币与货币制度

【学习目标】
- 了解货币产生和发展的历史,货币形式的演变过程,西方国家货币层次划分的内容,货币制度的演变。
- 了解货币的本质,货币层次划分的意义和依据,货币的职能。
- 掌握现代货币形式,我国货币层次的划分;掌握货币在现代经济中的基本功能,货币制度基本内容,我国人民币制度有关内容。

【引导案例】

2019版第五套人民币的发行

《韩非子》云:"世异则事变,事异则备变。"对于印钞造币行业来说也是如此。中国经济发展的速度令世界瞩目,与之相应的现金流通情况也发生了巨大变化。同时在安全防伪领域,也时刻上演着"魔高一尺、道高一丈"的追逐赛。假币伪造形式多样化,货币防伪技术更新换代加快,这些都对人民币的设计水平、防伪技术和印制质量提出了更高的要求。为适应人民币流通使用的发展变化,提升人民币整体防伪能力,保持第五套人民币系列化,中国人民银行于2019年4月29日宣布,定于2019年8月30日起发行2019版第五套人民币50元、20元、10元、1元纸币和1元、5角、1角硬币。

2019年8月30日,2019版第五套人民币正式发行。在保持现行第五套人民币图案等相关要素不变的前提下,新版提高了票面色彩鲜亮度,优化了票面结构层次与效果,提升了整体防伪性能和印制质量,使得公众和自助设备更容易识别。此次发行的2019版第五套人民币中没有100元和5元纸币。对此,人民银行相关人士表示,人民银行已于2015年11月发行了新版100元纸币,其防伪能力和印制质量已有明显提升。而面额较低、流通量较小的5元纸币正在进行相关新技术的应用研究,其发行工作另做安排。

2019年,中华人民共和国成立70周年。作为共和国的名片,人民币在2018年12月1日度过了自己70岁的生日。70年来,人民币作为国家法定货币、经济主权的象征,伴随着共和国孕育、诞生和成长,承载着几代人的记忆,走过了光辉的历程。

(资料来源:根据新华网2019年8月30日新闻、环球网2019年7月27日新闻整理而成。)

"她在美索不达米亚平原的泥板上,她在亚细亚海边的贝壳里,她在太平洋岛上的石头上,她在印第安人的珍珠项链里。她阳光,成就了一切的一切,让自由成为自由,让财富成为财富;她冰冷,定义了今天的格局,让欲望成为欲望,让战争成为战争。人们知道她从哪里来,但却不知道她将往哪里去。她,就是人们熟悉而又陌生的货币。"这是央视大型纪录片《货币》的一段解说词。货币是人们既熟悉又困惑的东西。说熟悉,是因为日常生活中离不开它;说困惑,是因为对于到底什么是货币,货币的本质是什么,不容易把握。从古至今,无数的经济学家、银行家、政治家都倾注了大量的心血,花费了极大的精力去研究和探索货币,但其神秘的色彩还是不会轻易地褪去。

本章我们将从货币的起源谈起,为大家详细地介绍有关货币及货币制度的知识,主要包括货币的产生与发展、货币形态的演进、货币的职能、货币制度的内容及其演进、我国的人民币制度。

第一节 货 币

一、货币的产生

货币自其产生距今已有几千年的历史。关于货币的产生,长期以来一直众说纷纭。古今中外有各种关于货币起源的学说。

(一)早期西方学者的货币起源学说

一些早期西方经济学家认为货币是为了克服直接物物交换的困难而产生的，即货币是便利交换的产物。持有这种观点的代表人物如英国经济学家亚当·斯密，他认为货币是聪明人为了克服直接物物交换的困难而协商出来的。原始的以物换物存在着时间和空间上的局限性，交换双方只有同时需要对方的商品，而且在价值量上大致相等，交换才能实现。随着商品交换的进一步发展，人们发现，如果先用自己的商品去交换一种大家普遍愿意接受的商品，然后再拿这种物品去交换能满足自己需要的商品，就会使商品交换变得容易得多。于是通过媒介的商品交换成为交换的主要形式，这种充当商品交换的媒介就是货币。货币的出现克服了物物交换的困难，免受"双重巧合"的限制，节省了寻觅交易对象、收集市场信息的时间和资源，把人们从浪费精力的周旋中解脱出来，用于生产更多的产品和提供更多的劳务，从而促进了简单商品经济向市场经济的发展。

(二)马克思的货币起源说

马克思从商品和商品交换入手，用完整的劳动价值理论论证了货币产生的客观必然性。货币是价值形态与交换发展的必然产物。从历史的角度来看，交换发展的过程，可以浓缩为价值形态的演化过程。当商品的价值形态发展到货币形态之后，货币便成了表现(其他)一切商品价值的价值尺度。商品的价值形态的发展经历了下述四个阶段。

(1) 简单的价值形式。一种商品个别地、偶然地表现在别种商品上。

(2) 扩大的价值形式。一种商品的价值表现在其他一系列商品上。

(3) 一般价值形式。一切商品的价值共同表现在从商品中分离出来、充当一般等价物的商品上。

(4) 货币价值形式。货币成为表现其他一切商品价值的固定的一般等价物。

从价值形态的演化过程中可以看出，第一，货币是一个历史的经济范畴。它并不是从人类社会一开始就有的，而是在人类社会发展到一定阶段，伴随着商品和商品交换的产生和发展而产生的，所以货币的根源在于商品本身。

第二，货币是商品经济自然发展的产物，而不是人们发明或协商的结果，它是在商品长期的交换发展过程中，为了适应交换的客观需要而自发地从一般等价物中分离出来的。

第三，货币是交换发展的必然产物，是社会劳动与私人劳动矛盾发展的产物。从价值形态的演变过程中可以看出货币是价值形态发展的必然结果，而价值形态的发展又取决于交换的发展，交换的发展又要受商品经济的内在矛盾——社会劳动与私人劳动这一矛盾的发展的制约。因为存在这一矛盾，只有通过交换才能实现商品生产者之间的联系。而直接的物物交换本身就存在着一定的局限性，限制了商品交换的进一步发展，所以，妨碍着商品生产者之间的进一步经济联系。货币就是为了解决这一矛盾而在交换发展的过程中自发地产生的。

二、货币的本质

研究货币的本质就是要解决货币是什么的问题。在日常生活中,我们通常把货币称为"钱",比如:"你带钱了吗?""比尔·盖茨很有钱""张三做生意赚了很多钱"。然而经济学和金融学意义上的"货币"并不等同于生活中的"钱"。

在经济学中,不同学者对货币本质有不同的认识,他们从不同的角度来给货币下定义。

(1) 从一般等价物的角度定义货币。马克思的货币本质理论认为,货币是从商品中分离出来的、固定充当一般等价物的特殊商品。货币与其他商品一样都是人类劳动的产物,具有商品的共性,是价值与使用价值的统一体。货币是作为一般等价物的商品,不是普通的商品。它能代表其他一切商品的价值,是价值的外在尺度,在商品经济中,一切商品的价值都要用货币来表现和衡量。

(2) 从货币职能的角度定义货币。现代西方经济学家从货币的职能角度来界定货币,比如:货币是在一定时间或地点购买商品或劳务时或支付开支时能为人们普遍所接受的东西;货币是具有一般购买力的、能被用来结清债权债务合同的价格的东西;货币是购买力的"栖息所",具有为一般人所接受的交换媒介的职能。

三、货币形式的演变

货币形式又称货币形态,是指以什么材料来充当货币。在货币产生的几千年中,随着商品交换和信用制度的发展,货币的形式也在不断地发展演进,不同货币形态适应了不同社会生产阶段和历史阶段的需要。从历史上来看,货币形式从具体的商品逐渐演变成抽象的符号,经历了由低级到高级不断演变的过程。

(一)实物货币

实物货币是以自然界存在的某种物品或人们生产的某种物品来充当货币。它是人类历史上最古老的货币,是货币形态发展的最原始形式。中外历史上有很多实物充当过货币,比如牛羊、盐、烟草、可可、海贝、农具、布帛等。实物货币是货币发展史上不可逾越的阶段。实物货币是以货币商品本身的价值为基础的实物商品,其特点是作为非货币用途的价值和作为货币用途的价值相等,是足值的货币。

【阅读资料】

古老的贝币

在我国古代,以贝壳作货币有着较长的历史。司马迁写道:"农工商交易之路通,而龟贝金钱刀布之币兴焉。所从来久远,自高辛氏之前尚矣,靡得而记云。"贝壳、贝币可以说是我国使用时间最早而且延续时间最长的一种实物货币。贝壳成为货币的条件有以下几个:第一是本身有实用的功能(如其装饰品的用途);第二是具有天然的单位;第三是坚固耐用;第四是便于携带。尤其是其天然的单位,在熔解金属技术尚不发达的古代,具有它独到的天然优势。古代人民使用贝币,多用绳索将它们穿成一串,所以一串也成一单位。贝币最早的货币单位为"朋",即十枚成一串,两串为一朋。在我国古代的甲骨文中,贝朋两字常连在一起,贝字的意义,和现在的"财"字差不多。至今中国的文字中,许多与货币意义有关的字,如财、贵、贫、贱、贷等,都是以贝字作为偏旁。

(资料来源:郭晓晶,丁辉关.金融学.)

随着商品生产和商品交换的发展,实物货币不易分割、不易保管、携带不便的特点越来越难以适应日益增加的商品交换对货币的需求。因此,伴随着商品交换的发展,金属替代了实物商品来充当货币,货币形态进入了金属货币时代。

(二)金属货币

金属货币是以金、银、铜、铁等金属作为币材的货币。严格地说,金属货币也是一种实物货币。金属冶炼技术的出现与发展是金属货币广泛使用的前提。金属货币具有价值含量高且稳定、易于计量、便于储藏和携带等优点,这些自然属性使其比一般商品更适宜充当货币材料,所以,世界上几乎所有的国家都采用过金属作为货币。金属货币经历了从贱金属到贵金属、从金属称量到金属铸币制的发展过程。

货币金属最初是贱金属铜和铁,多数国家和地区用的是铜,铁由于冶炼技术发展而价值较低,用于交易过于笨重,且易生锈腐蚀不便保存,因此流通范围有限。随着经济的发展和财富的增长,需要用价值量更大的贵重金属充当货币,币材向金银过渡。19世纪上半叶,金、银代替了贱金属成为主要币材。

金属称量制是直接以金属的自然形状流通,并以重量单位为流通计价单位的货币制度。如流通中的金锭、银锭、金元宝、银元宝等均以两、钱等重量单位为流通标准。最早的金属货币采用金属条块的形式,每次交易时都要鉴定成色、称量和分割,这非常麻烦。随着商品交换的发展,金属货币由条块形式发展成铸币形式。金属铸币制是指将金属货币铸成有一定形状,且具有一定重量、一定成色的铸造货币,并标明计量单位的货币制度。铸币的出现是货币形式发展的一大进步,奠定了近代货币制度的基础。

金属货币和实物货币一样是足值的货币,其作为金属商品的自身价值与其作为货币的价值是相等的,这样就可以保证其价值的稳定性,从而为商品的生产和交换提供一个稳定的货币环境,有利于商品的生产和交换。

但金属货币也存在其自身难以克服的缺点,即其数量的多少受制于金属的贮藏量和开采量,无法随着商品数量的增长而同步增长。因此随着生产力的提高,金属货币的数量越来越难以满足大量商品交换对交易媒介的需求,加之大宗交易时,金属货币过于沉重,不便携带,因此渐渐出现了代用货币。

【阅读资料】

历史悠久的"铜钱"

铜钱是我国流通时间最长,对古代社会经济影响最大的一种货币。从秦始皇到清朝末年,大约流通了2100多年,这在世界货币史上也是绝无仅有的。铜钱是在早期铜铸币的基础上产生的。战国末期，各国商品生产发展较快，商业繁荣，地区间贸易往来也很频繁，货币的使用范围和数量也愈来愈大。但是另一方面，各诸侯国以至大的城邑货币制度极不统一，货币种类相当繁杂，形形色色、大小轻重不一，代表的价值相差悬殊，给商品交换带来极大的不便。秦始皇兼并六国，建立全国统一的政权，推行统一的铜钱制度，适应了当时社会经济发展的需要和人民群众的要求，从此开创了钱币的历史。铜钱的形状，是一个周圆孔方的金属圆饼。这种外圆内方的形态，在世界上是东方货币的典型代表，它体现了中国古代天圆地方的宇宙观，象征着君临万方，皇权至上的思想。把钱币和天地宇宙相比拟，说明中国的货币发展到钱币阶段，货币在人们的心目之中已处于极重要的地位。有人给钱币起个别号为"孔方兄"，认为它是万能的，说"死生无命，富贵在钱""钱之所在，危可使安，死可使活。钱之所去，贵可使贱，生可使杀。"铜钱的形制也就是货币拜物教思想的体现。

(资料来源：说钱网，www.shuoqian.net。)

(三)代用货币

代用货币是贵金属流通制度下，由政府或银行发行的代替金属货币流通的纸币符号。早期的铸币面值与其实际价值是基本一致的，铸币使用频繁，容易磨损而成为不足值货币，但人们只关心铸币上标明的购买力而并不关注其实际的质量，仍按足值货币去使用，从而使铸币有了可用其他材料制成的符号或象征来替代的可能性。后来，货币发行机构就发行了不具有实际价值的纸质货币来替代金属货币，即代用货币。代用货币作为金属货币的替代物在市场上流通，充当商品交换的媒介，不但有足值的金属货币作为准备金，而且可以与所代表的金属货币自由兑换，因而被人们普遍所接受。代用货币结束了金银等贵金属的使用历史，携带方便，易于保管和计量，成本低廉，因而在近代货币史上存在了很长时间。但由于代用货币的发行必须以足量的金银作为保证，其发行量受到贵金属准备的限制，不能满足社会经济发展的需要。代用货币逐渐退出货币的历史舞台，被信用货币所取代。

【阅读资料】

中国历史上的白银与纸钞

中国是世界上最早使用纸钞的国家。最早的纸钞产生于北宋四川地区，它比欧洲最早的银行券(瑞典银行，1661年)早了六百多年。然而，宋元明历代政府的纸币流通最终都陷入十分无序的窘境，导致了货币体系的崩溃。清咸丰年间纸钞发行，也因流通困难、不断被贬值而停发、废止。元代宝钞是最早的纸币实物，它见证了中国在11世纪已经颁布施行的当时世界上最先进的货币制度，但也因当局者不合理使用这一货币制度而最终导致货币经济崩坏，国家灭亡。

光绪三十三年(1907)清政府设立大清银行，才重新发行新式的国家银行兑换券。这距离欧洲最早的中央银行英格兰银行发行第一批银行券要晚了近二百年。自此，中国的纸币发行再未中断，并朝着新式货币银行体系的方向发展。清末民初，中国纸币的发展经历了一段繁盛时期。清代银本位制下，白银是主要货币，鸦片战争以后的各种赔款却令白银损失惨重。社会商品经济的发展和商品贸易客观上对白银货币的需求增大，中央、地方政府以及商业资本不但铸造发行白银货币,也发行银票以代表对应的白银发挥货币功能。

中国传统的银两、新式银元、外国银元并存的局面使市场上出现的银票呈现五花八门的局面,它们在一定程度上简化了交易过程,提高了效率,对经济和贸易的发展起到了积极作用。但是由于它们的性质仍然是兑换券,仅代表对应的白银货币发挥作用,而不是信用货币,因而清末的银票体系同复杂的白银体系并存,反而增加了货币系统的复杂性。这一复杂局面直到法币实行才得以结束。白银货币的发展史,体现了中国白银货币从银两向银元制度发展的历史,其中的关键在于全球化贸易推动了明代晚期中国银本位制的确立,以及推动了清末民初银元制度改革和近代纸钞的发展。

(资料来源:上海博物馆,中国财税博物馆,四川省文物考古研究所.
"熠熠千年:中国白银的变迁".《检查风云》2019(6).)

(四)信用货币

信用货币是以信用作为保证,通过一定信用程序发行和流通的货币。它是代用货币进一步发展的产物,其形态与代用货币一样也是纸质货币。信用货币自身没有价值,不代表任何贵金属,是一种纯粹的价值符号,其购买力远远大于货币币材的价值。信用货币就是一种由国家政权强制提供的购买力信用。它作为一般的交换媒介必须具备两个条件:一是货币发行的立法保障;二是人们对此货币抱有信心。目前世界上几乎所有国家都采用这种货币形态。信用货币是通过银行信贷方式投入流通的,其主要形式是现金和存款货币。现金由中央银行经国家授权发行,是中央银行的负债。存款货币是指能够发挥货币作用的银行存款。信用货币在现代经济中发挥着十分重要的作用,已经成为现代经济主体中主要的货币形式。信用货币完全摆脱了黄金储备的限制,中央银行掌握了发行货币的权利,可控制货币发行量的规模。

(五)电子货币

以计算机技术为核心的信息技术的发展,引起了人们的生产和生活方式的巨大变革,并再一次推动了货币形态的发展。方兴未艾的电子商务,开发出了种种电子支付手段和工具,人们称为电子货币。电子货币是当代信用货币的一种,是当代科学技术发展过程中出现的电子化、信息化的支付工具。根据巴塞尔银行监管委员会的定义,电子货币是指通过销售终端和设备直接转账,或通过电脑网络来完成支付的储存价值或预先支付机制。一方面,电子货币并没有带来新的货币创新,只是纸币物理属性上的一种电子化转变。电子货币的价值与纸币等值,其背后的信用支撑或者直接来源于各国央行,或者由商业银行直接提供支持、央行依靠委托-代理关系给予间接信用支撑。

以信用卡为代表的传统电子支付创新及金融机构电子钱包的出现,都属于货币形态的电子化转变。从这个意义上看,电子货币所含范围极广,如信用卡、储蓄卡、借记卡、IC卡、消费卡、电话卡、煤气卡、电子支票、网络货币、智能卡、第三方支付等,几乎包括了所有与资金有关的电子化支付工具和支付方式。

若将电子货币进行分类,有如下几种。

1. 借记卡和贷记卡型

借记卡是指先存款后消费(或取现)、没有透支功能的银行卡。它具有转账结算、存取现金、购物消费等功能，可以通过 ATM 机转账、提款、缴费，但不能透支，账户内的金额按活期存款计息。

贷记卡又叫信用卡，是一种可以先消费后还款的银行卡。它具有借记卡的所有功能，而且可以透支。

【阅读资料】

世界上最早的信用卡

世界上最早的信用卡是美国人于 1915 年发明的。当时一些汽油公司、旅行社、娱乐业、饭店和百货公司为了招引顾客，在一定范围内发行了信用卡，持卡人可凭卡购买该公司及其附属机构的货物和劳务，无须支付现金。当时，这样的信用卡没有第三者银行参加，它只是买卖双方之间的信用工具。后来银行插手其间，使之变为一种银行信贷形式。电子计算机出现及应用以来，使快速而准确的记账、结算成为可能，并使信用卡在西方国家得到普遍应用，成为一种国际流行的支付方式，有"一卡在身，通行世界"之说。

在我国，信用卡最早出现于 1978 年。为了促进我国外事活动和旅游事业的发展，方便来华旅游者，增加国家外汇收入，1978 年中国银行广州分行首先同香港东亚银行签订了在广州试办东亚签证卡兑付协议书，信用卡从此在我国出现。

(资料来源：信用卡知识大全.)

2. 电子支票型

电子支票指启动支付过程后，计算机屏幕上出现支票图像，出票人用电子方式做成支票并进行电子签名而出票。

以上两种类型都是使用电子技术和支付方式相结合的系统，把存款或其他资金存入另一个账户，没有新的货币形态创造，没有新的信用产生，而只有新的电子化支付方法。对于储值和信用卡型的初级"电子货币"，只能视为查询和划拨银行存款的电子工具或者对现存货币进行支付的电子化工具，并不能真正构成货币形态的一种。

3. 智能卡型

智能卡型电子货币可以认为是一种"有限的电子货币"。购买者购买了一定金额的智能卡后，该智能卡是把金额和相关信息记录在镶于该卡上的芯片或磁条上，取代了纸币在特定的范围内使用，也脱离了银行账户。持卡人占有、支配该卡就跟使用传统货币一样。在收款人的终端上刷卡，就可以支付一定的款项，不再涉及银行或其他资金账户。但其受限制之处一方面在于流通范围有限，也要借助一定的终端设备；另一方面是还不能像传统货币一样地循环使用，以实现个人与个人的支付，该卡用完了就必须重新购买或充值。对智能卡的支配就是对物的支配，对其使用就能实现价款或资金的支付，有限取代纸币的流通，是一种作为交换媒介的物的形态的革命，所以可以认为智能卡型"电子货币"是有限的"电子货币"。

4. 第三方支付与移动支付型

第三方支付是指在通过第三方支付平台的交易中，买方选购商品后，使用第三方平台提供的账户进行货款支付，由第三方通知卖家货款到账并进行发货；买方收到并检验物品后，就通知付款给卖家，第三方再将款项转至卖家账户。第三方支付实质上作为信用中介，为交易的支付活动提供一定的信用保障，从而消除由于买卖双方不对称信息而产生的信用风险问题。

移动支付是指使用智能手机完成支付或确认支付，而不是用现金、银行卡或者支票支付。买家可以使用移动手机购买一系列的服务、数字产品或者商品。移动支付是第三方支付的衍生品。是互联网时代的一种新型支付方式，其以移动终端为中心，通过移动终端对所购买的商品进行结算支付，移动支付的主要表现形式为手机支付。

【阅读资料】

中国的移动支付居世界第一

在中国，86%的人口使用移动支付，比世界第二高出近20个百分点。根据普华永道会计事务所报告，中国的移动支付普及率遥遥领先。移动支付市场高速发展，保持世界第一的位置。

在中国的许多城市，即使是小摊贩也可以用手机进行交易。越来越多的中国人，出门不带现金和信用卡。研究表明，移动支付可以使消费频次增长23%以上，从而起到拉动内需的作用。移动支付还促进新业态发展，如无人零售产业、二维码产业等。

移动支付的普及来自通信、金融、安全等许多行业的共同努力。但其中最关键的问题是人们能够普遍使用手机，并且有非常好的移动通信信号。

如今移动支付的代表支付宝和微信，两者纷纷走向海外市场，其中，支付宝在境外38个国家和地区，接入了数十万个当地各类商户和景点，微信也登陆包括中国台湾、日本、韩国等19个境外国家和地区，使我们在境外购物、就餐、搭乘交通工具都可以使用支付宝和微信。

我国的移动支付，现在已经融入人们日常生活中的方方面面，可以说移动支付在我国的发展要远超欧美等发达国家，就连外国媒体都感叹中国手机支付的普及速度太惊人了！甚至被很多网友笑称，是中国新四大发明之一。

(资料来源：根据新华社2019年9月19日消息、大头实验公众号2019年1月24日发布文章整理而成.)

(六)数字现金型

数字货币是以国家信用为背书、能够发挥货币的基本职能、通过加密技术存储于数字钱包并运行在特定数字货币网络中的加密数字串，是信用货币在特定技术条件下的一种货币创新。数字货币必须由货币当局发行，具有(部分)中心化的特征，以适应现代信用货币体系、保证币值稳定和效率安全。

数字货币不是简单的纸币变形，它虽然是以电子形式存在，但数字货币与电子货币不同，它是基于加密算法将现金数值进行转化并包含相关信息(发行者、所有者、金额等)的加密数字串，而电子货币仅仅是账户余额的数字化表现。当然，数字货币也可以转化为电子货币，就如目前的纸币可以转化为电子货币一样。

【阅读资料】

英国的央行数字货币 RSCoin 原型系统

2015 年英国央行和伦敦大学学院的研究人员合作开发了全球首个央行数字货币模型 RSCoin，并进行了初步测试。

RSCoin 参与者包括央行、用户、mintette 三方，"系统总体设计采用了中央银行—商业银行的二元分层体系结构，基于区块链技术实现了分层管理的分布式账本。"(姚前，2017)

中心化发币和账本管理机制：央行应用密码技术创造 RSCoin，集中统一管理投放；生成全局账本(higher-level block)向整个系统发布最终交易数据；授权认证负责维护低层账本的 mintettes；定期向全系统发布授权的 mintettes 名单。

分布式账本维护：获得授权的 mintettes 负责收集、校验用户提交的交易信息，把通过验证的交易信息生成低层账本(lower-level block)，定期向央行提交，由中央银行汇总生成全局账本，并对外发布确认的交易数据。

分片式交易处理：RSCoin 采用分片策略提高系统处理交易的能力，即把 mintettes 分为若干小组，把交易分发给各小组处理，从而提高整个系统的处理能力。理论上 mintettes 数量越多，系统交易容量就越大。在 30 个 mintettes 的情况下，可达到 2000 笔/秒的交易速度。

交易账本可审计：RSCoin 使用交叉日志机制保证账本具有较高透明度和可审计性。每个 mintettte 都可记录维护有关交易验证和提交的信息，通过用户改送给其他 mintettes，每个 mintette 都会互相保存对方日志，形成日志交叉，如果做任何篡改，都会被其他 mintettes 发现，提高了账本的可审计性。

有的学者认为 RSCcoin 方案是"在央行的集中化模式下引入比特币交易模型，反而增加了系统处理交易的复杂性"(蔡维德等，2016)。其设计基于第一代区块链技术，缺乏扩展性，不免存在一些缺陷：一是中心化管理机制下，单点故障会导致系统运行缺乏弹性。二是交叉日志会随着时间发展变得更复杂，降低了可审计性。大量对账工作由央行承担，处理能力有可能成为瓶颈(姚前，2017)。三是分片式交易处理方式会因为某分组故障导致其他分组不能正常运行。

但作为央行数字货币先行者，RSCoin 的问世意味着"法定数字货币发行及流通体系的研究大幕已徐徐拉开"。

(资料来源：巴比特资讯，2020 年 1 月 22 日.)

四、货币层次的划分

2020 年 1 月 16 日，中国人民银行发布的数据显示，2019 年 12 月末，广义货币(M2)余额 198.65 万亿元，同比增长 8.7%；狭义货币(M1)余额 57.6 万亿元，同比增长 4.4%。我们也经常能够在各种经济报道中听到 M0、M1、M2，它们分别是什么意思呢？其实它们都是货币，分别代表不同的货币层次。

货币是在购买商品或劳务时被广泛接受的支付手段，我们手中的通货，即钞票和硬币当然是被广泛接受的。但是在现代社会中，企业之间可通过支票来进行购买和支付，我们在银行中的各种存款可以转换成现金，信用卡也是一种被广泛接受的支付手段。此外，人们所持有的商业票据、债券、股票等都可以在一定条件下转换成货币，在一定程度上执行货币的某些职能。因此，货币的范围不仅包括流通中的货币，还包括银行存款，甚至各种有价证券等。通常，这些被排除在货币定义之外，但又和货币的定义颇为相似的如银行存款、有价证券等被称为准货币。可见流通中的纸币或辅币只是货币的一部分，而不是货币的全部。货币包含的范围要比通货大得多，因此货币可以划分为若干层次。

(一)货币层次划分的标准

目前，国际通用的划分货币层次的方式是以金融资产的流动性为标准，把货币划分为 M0、M1、M2，流动性是指一种金融资产能迅速转换成现金而对持有人不发生损失的能力。它取决于买卖的便利程度和买卖时的交易成本。货币流动性越强，其变现能力越强。现金和活期存款可以作为流通手段和支付手段使用，具有完全的流动性，其货币性最强。定期存款和储蓄存款虽然也会形成购买力，但需转化为现金才能变为现实的购买力，提前支取需要遭受一定损失，因此其流动性稍差一些。

(二)货币层次的划分

1. 国际货币基金组织对货币层次的划分

国际货币基金组织将货币划分为三个层次，即 M0、M1、M2。

(1) M0(现钞)，是指流通于银行体系以外的现钞，即居民手中的现钞和企业单位的备用金，不包括商业银行的库存现金。

(2) M1 (狭义货币)，由 M0 加上商业银行活期存款构成。由于活期存款随时可以签发支票而成为直接的支付手段，所以它同现金一样是最具有流动性的货币。各种统计口径中的"货币"，通常是指 M1。M1 作为现实的购买力，对社会经济生活可以产生最广泛而直接的影响。因此，许多国家都把控制货币供应量的主要措施放在这一层，使之成为政策调控的主要对象。

(3) M2(广义货币)，由 M1 加上准货币构成。准货币由银行的定期存款、储蓄存款、外币存款以及各种短期信用工具如银行承兑汇票、短期国库券等构成。准货币本身虽非真正的货币，但它们在经过一定的手续后，能比较容易地转化为现实的货币，加大流通中的货币供应量。广义货币相对于狭义货币来说，范围扩大了，它包括了一切可能成为现实购买力的货币形式。M2 层次的确立，对研究货币流通整体状况具有重要意义。特别是对金融制度发达国家货币供应的计量以及对货币流通未来趋势的预测均有独特的作用。近年来，许多经济和金融发达国家，就出现了把货币供应量调控的重点从 M1 向 M2 转移的趋势。

2. 我国货币层次3个口径的划分

根据我国目前的经济形势和金融管理体制以及各类货币的流动性特点，可以将货币划分为以下三个层次。

(1) M0。流通中的现金。

(2) M1。M0+可开支票的活期存款。

(3) M2。M1+准货币(企业单位定期存款+城乡居民储蓄存款+证券公司的客户保证金存款+其他存款)。

其中，M1是我国的货币供应量，通常也称为狭义货币，是中国人民银行管理和调控货币流通的重点目标。M2是通常所说的广义货币。商业票据和短期融资债券属于准货币。

五、货币的职能

不同的学者对货币的职能有不同的阐述，但他们之间并没有本质上的区别。

(一)马克思对货币职能的论述

货币在商品经济中执行以下五种职能：价值尺度、流通手段、贮藏手段、支付手段、世界货币。前两个是货币的基本职能，也是货币本质最基本的体现；后三个是在基本职能基础上派生的职能。

1. 价值尺度

价值尺度又叫价值标准。货币作为价值尺度，就是以货币作为尺度来表现和衡量其他一切商品价值的大小。货币之所以能够执行价值尺度的职能，是因为货币本身也有价值。

商品的价值表现在货币上，就是商品的价格。价格是价值的货币表现。货币执行价值尺度的职能，实际就是把商品的价值表现为一定的价格。

【思考】

有人会问，为什么在商店里，说明商品价值的大小只要摆放一个小小的价目表、写出它的单价即可，而不用摆放该商品所值的货币？

这是因为，货币执行价值尺度职能时，并不需要现实的货币，而只是观念上的货币。例如，一双皮鞋价格为10元，一件衬衣价格为5元，等等。只要人们在观念上想一下某商品的价格是多少就可以了。即表明某一商品值多少钱，而不是真正用商品与货币相交换。正如马克思所说："货币在它的价值尺度功能上，本来也只是作为观念的或想象的货币。"

2. 流通手段

货币作为流通手段，也就是货币充当商品交换的媒介。我们平常从商品买卖过程中所看到的货币的作用，就属于这一种。所以，这种职能又叫作购买手段。不说自明，作为流通手段的货币，不能是观念上的货币，而必须是实实在在的货币。任何一个商品所有者都绝不会允许有人凭空拿走其商品、侵害其利益的事发生。

在货币执行流通手段这一作用的前提下，商品与商品不再是互相直接交换，而是以货币为媒介来进行交换。商品所有者先把自己的商品换成货币，然后再用货币去交换其他商品。这种有货币做媒介的商品交换，叫作商品流通。

作为流通手段的货币，起初是贵金属条、块，以后发展成铸币，最后出现了纸币。纸币是从货币作为流通手段的职能中产生的。因为在流通过程中，货币只是交换的手段，人们关心的不是货币本身是否有内在价值,而是关心他手中的货币能否稳定地换到自己所需要的商品。在现实生活中,磨损的不足值的货币照样流通。只要有权威机构保证,币值稳定,充当流通手段的货币也不一定要有内在价值的货币实体来充当,而可以用不足值的或本身没有价值的货币符号来代替。流通手段的这一特点就决定了纸币的产生。

3. 贮藏手段

货币的贮藏手段是指货币作为社会财富的一般代表退出流通领域被贮藏起来。即商品生产者卖出商品以后不随之买进商品,而是将所获得的货币,贮藏起一部分,以备不时之需。

从本质上讲,发挥贮藏手段职能的货币必须既是实在的货币,又是足值的货币。典型的代表如金银铸币、金银条块等。在金属货币流通的条件下,由于贵金属货币可以自由铸造和熔化,货币作为贮藏手段起着货币流通中的蓄水池作用:当流通中所需要的货币量减少时,多余的金属货币便会被熔化成金属,退出流通成为贮藏价值的手段;反之,当流通中所需要的货币量增多时,一部分贮藏货币又会重新进入流通成为流通手段。由于贮藏货币具有这种作用,所以在足价的金属货币流通的条件下,便不会产生流通中货币量过多的现象,不会发生通货膨胀。

【思考】

去银行存钱属于货币的哪种职能

按照货币基本理论,货币在发挥贮藏手段职能时,必须是真实的、足值的货币;那么,为什么今天人们还常常在家里存放小额度的人民币,甚至将大量的人民币储存在银行不用于流通呢?

从本质上讲,纸币没有贮藏价值的功能,因为它仅仅好似一张纸,一张被赋予了法定购买力的纸,具有对商品的要求权。虽然无内在价值,但有国家信誉作保证,因此在纸币价值稳定的前提下,对于个人和单位来说,具有推迟购买力储存价值的意义;对于国家和社会来讲,纸币的贮存和储蓄,仅仅是通过银行信用动员社会闲置资金用于社会扩大再生产的一种方式,没有价值贮藏的实际意义。

4. 支付手段

货币的支付手段职能又称为延期支付的标准。该职能产生于商品的赊销、预付。在货币执行流通手段职能时,商品交换必须钱货两清,没有钱拿不到货,没有货也拿不到钱,缺一不可。而货币支付手段职能出现后,可以通过赊销和预付的方式实现没有钱可以先进货,和没有货可以先收钱。货币作为支付手段,可以在钱货存在时空上的不均衡的条件下,更大范围地调节资金和货物的平衡,使社会生产得以顺利进行,使商品得以顺利流通,从而极大地促进了商品经济的飞速发展。

【思考】

在现行工资制度下,货币在工资的发放中执行支付手段职能还是流通手段职能

分析:二者的区别在于商品的让渡与货币的回流之间是否存在时间间隔。流通手段下为一手交钱,一手交货,钱货两清,商品让渡与货币回流之间不存在时间间隔;支付手段下商品让渡和货币回流之间存在时间间隔。在现行工资制度下,无论是月工资制度还是周工资制度,劳动是一段时间内的持续行为而工资只在某一天发放,因此货币执行支付手段职能而非流通手段职能。

5. 世界货币

马克思对贵金属在国际经济中所起的作用曾有论述,认为国与国之间的债权债务关系的产生和清偿导致了货币在世界市场上充当一般等价物的职能。这一作用主要表现在:第一,作为一般的购买手段,用来购买外国的商品。第二,作为一般的支付手段,用来平衡国际收支差额。第三,作为社会财富的代表,由一国转移到另一国。随着贵金属货币退出流通领域,黄金在世界范围内的非货币化,当今世界,国际上部分发达国家的货币充当了世界货币的职能,如美元、欧元、日元、英镑。国际货币基金组织又创设了"特别提款权"这一记账单位(又称纸黄金)作为国际的支付手段。

【阅读资料】

人民币加入特别提款权货币篮子,国际化迎来里程碑

央广网北京10月2日消息(记者柴华)据中国之声《新闻和报纸摘要》报道,昨天(10月1日)起,人民币正式加入国际货币基金组织特别提款权(SDR)货币篮子,人民币由此向国际储备货币再进一步,人民币国际化迎来重要里程碑。业内人士认为,加入SDR有助于稳定人民币汇率、缓解跨境资金流动压力,同时通过多种国际化努力,促进企业和居民的跨境投资生活更为便利化。

此前,特别提款权(SDR)货币篮子,由美元、欧元、英镑和日元四种货币按一定比例构成,其中美元占比超过40%。中国人民银行研究局局长陆磊就曾明确表示,加入SDR对人民币国际化是重要的肯定。陆磊:加不加入,是有实际意义的。既能够使我们在国际金融治理体系中有更多的话语权,也能够使得人民币的国际地位进一步提高,也符合世界各国稳定金融的战略性诉求。人民币真正成为SDR的第五位成员,并占有着将近11%的份额,由此带来的人民币国际地位的提升将首先体现在资金的流入上。

中信银行国际首席经济师廖群:IMF也认为,人民币在这方面在进步,起码在很大程度上已经可以自由兑换了,实际上对人民币长远来讲,会建立更进一步的信心,还是有助于人民币汇率的稳定。

而事实上,我们已经可以看到,人民币在向一种投资货币演变,并正稳步迈向储备货币。汇丰2016年进行的一项调查显示,目前全球已经有32家央行持有人民币资产,而2012年的时候这个数字还只有"3"。加入SDR标志着IMF及其成员国官方对人民币的认可。长期而言,随着人民币国际化的持续推进,资本账户的开放和国内资本市场改革有望吸引更多资本流入。

浙商银行分析师杨跃:人民币加入SDR之后,其他国家会进一步提升对人民币资产的配置的比例。一方面,央行货币政策就不会像以往那样更多地局限于,因为外汇占款而使他的货币(政策)的独立性受到一定影响。另一方面,他对国内的经济建设会带来比较多的增量资金。另一方面,特别是这种"一带一路"战略,当人民币加入(SDR)之后,有利于人民

币更好地在国际贸易中直接结算的作用，也有利于相关战略的拓展。

与此同时，纳入 SDR 意味着人民币的国际信用提升，在国际上使用的范围就会更加广泛，对于企业和普通老百姓也是实惠多多。以前投资者跨境投资需要把人民币兑换成美元或欧元，而人民币加入 SDR 之后，长远看去，持有人民币就可以到美国、欧洲，投资企业、购买金融资产，买股票，企业跨境投资与合作可能由此逐步增长。

在这样的背景下，宏观到金融投资，微观到老百姓出国留学、访问、旅游，持有人民币都将逐步实现可结算，不需要提前一两个月预约排队到银行兑换外币。

时事评论员李炜：如果孩子还小，还没生孩子，准备将来孩子长大到美国、英国留学，给他存点外汇，以后不用存外汇了，存人民币就行了，因为等孩子长大之后，人民币就可以到世界各地自由兑换了，就没必要家里还特别存点美元或者存点英镑，这是对老百姓的直接影响。

不过，根据特别提款权的设计，SDR 每五年评估一次。央行副行长易纲此前就曾明确表示，加入 SDR 不是一劳永逸的，一种货币在符合条件的时候可以加入 SDR，当它不符合条件的时候也可以退出 SDR。

鉴于 SDR 并非可交易工具，所以预计人民币加入 SDR 货币篮子短期内并不产生太多实际影响。但它会加快中国的市场改革进程，随着时间的推移，未来可以期待的资本账户进一步开放，资本双向流动，才是人民币国际化的下一个关键里程碑。

复旦大学金融研究中心主任孙立坚：一是要确保经济的活力，保持贸易的规模，在世界经济中依然扮演着重要的角色，这样对人民币在市场的流通、结算、清算将会发挥非常大的作用。另外，要开放我们的金融市场，鼓励资金双向的流动，而且能够很好地分散今天投资所遇到的各类风险。

(资料来源：东方网，2016 年 10 月 02 日，http://finance.sina.com.cn/stock/t/2016-10-02/doc-ifxwkvys2524072.shtml)

(二)货币职能的其他表述

马克思关于货币的论述是以劳动价值论为基础，是在金属货币流通条件下提出的。随着商品经济的发展，货币的形式和构成都发生了重大的变化，货币的职能也在不断发展。西方经济学家从实用主义出发，把货币的职能概括为交换媒介、价值标准、价值贮藏、延期支付的标准。

第二节　货币制度

货币的产生，解决了商品交换的困难，但是货币产生以后，如何统一其价值、确定其质量和成色，以及如何有效地组织货币流通并充分发挥货币流通的作用，又产生了新的矛盾与问题。这就迫切要求国家制定相关的法律、法规及条例，形成完整的货币制度来解决上述矛盾与问题。因此，货币产生以后，货币制度也就随之产生了。

一、货币制度的形成

货币制度,又称为"币制",是指一个国家或地区以法律的形式确立的货币流通结构及其组织形式。其宗旨是加强对货币发行和流通的管理,维持货币币值的稳定,规范国家的经济金融秩序,促进经济稳定健康发展。货币制度是一个不断完善的过程,也是现代经济条件下经济金融活动赖以存在的基础。

货币制度的发展并不完全与货币本身的发展同步,在实物货币流通时期没有成形的货币制度。货币制度是伴随着金属铸币的出现而开始形成的。最早的货币制度出现在国家统一的铸币流通时期。由于早期铸币在形制、质量、成色等方面都有较大的差异,加上民间私铸、盗铸,使货币流通更加混乱,要求国家对此进行管理,这样便产生了国家对货币方面的法律规定。

近代货币制度是随着资本主义经济制度的建立而逐步形成的。在前资本主义时期,金属货币流通在相当长的时期内占有重要地位。但是由于铸币权的分散和铸币的变质贬值等原因,货币流通呈现混乱状况。资产阶级在取得政权后,先后颁发和实施了有关货币流通的法令和规定,逐步建立了统一的、完整的货币制度。

二、货币制度的基本内容

货币制度大体涉及货币材料的确定;货币单位的确定;货币种类的确定;货币的支付能力;货币铸造、发行和流通的程序;规定准备制度等方面。

(一)货币材料的确定

货币材料的确定是整个货币制度的基础,也是一种货币制度区别于另一种货币制度的依据。比如,用银、金银并用或用金,还是用纸来作为货币材料,就分别构成了银本位制、金银复本位制、金本位制及纸币本位制。

货币材料的确定并不是由各国政府任意选择的,恰恰相反,它是由客观经济发展的进程所决定的。资本主义发展初期,广泛流通的是白银,但同时黄金也开始大量进入流通,并有排除白银的趋势。这时,资本主义国家就把金银同时规定为货币金属。当黄金在流通中占据统治地位以后,各国又不得不规定黄金为货币金属。随着生产的发展和商品流通的扩大,黄金产量无法满足流通的需要,这时,各国均以纸币和银行券取代了金属货币。

【阅读资料】

英国:流通现钞转向塑料钞

据统计目前已有13个国家的全套钞票都采用塑料钞,英国是其中一个,不仅该国央行计划发行全套塑料钞,其他几家有发钞权的商业银行如苏格兰皇家银行、克莱兹代尔银行、北爱尔兰银行等近年也开始转向发行塑料钞,看中的就是它耐磨损、耐脏,流通寿命长。据测算,对于换手率高、流通层次相对较低的小面额钞票来说,塑料钞的流通寿命至少是纸钞的 2.5 倍(最初说是 4 倍)。10 英镑发行后，英格兰银行也曾官宣，5 和 10 英镑的流通寿命平均应为 5 年(英格兰银行，2017)。根据央行的测算，所有面额转向塑料钞可以减少的生产成本达 1 亿英镑。

(资料来源：巴比特资讯，2020 年 1 月 22 日.)

(二)货币单位和价格标准

货币材料确定之后，就要规定货币单位的名称及其所含货币金属的质量，也叫价格标准。在金属货币流通条件下，价格标准是铸造单位货币的法定含金量。如英国的货币单位定名为"镑"，根据 1816 年 5 月的金币本位法案规定，1 英镑含成色 11/12 的黄金 123.27447 格令(合 7.97g)。美国的货币单位定名为"美元"，根据 1934 年 1 月的法令，美元的含金量规定为 13.714 格令(合 0.888671g)。中国在 1914 年的"国币条例"中曾规定货币单位的名称为"圆"，并规定每圆含纯银库平 6 钱 4 分 8 厘(合 23.977g)。

在纸币本位制度下，货币不再规定含金量，货币单位与价格标准融为一体，货币的价格标准即是货币单位及其划分的等份，如元、角、分。

世界各国的货币单位均有不同的名称。如美国的货币单位是美元，英国的货币单位是英镑，欧盟成员国的货币单位是欧元……

(三)规定货币种类、偿付能力及其发行铸造程序

一国流通中的货币可以分为本位币和辅币。它们有不同的铸造、发行与流通程序。

本位币又称主币，是一个国家的基本通货和法定的计价、结算货币。在金属货币流通条件下，本位币是用贵金属按照国家规定的货币单位所铸成的铸币。在现代信用货币流通条件下，一个货币单位以上的现钞也被称为主币，由此可见，主币最小的规格是一个货币单位，如 1 美元、1 英镑、1 元人民币。

在金属货币流通的条件下，本位币可以自由铸造。所谓自由铸造，是指每个公民都有权把货币金属送到国家造币厂请求免费铸成本位币。本位币具有无限的法定支付能力。法律规定，在各种经济交易中，不论每次支付的金额有多大，如用本位币支付，出卖者或债权人均不能拒绝接受。

【阅读资料】

【探秘印钞厂】这里生产着全中国最受欢迎的"产品"！

首先播报一则事关每个人的大新闻：2019 年 8 月 30 日，2019 年版第五套人民币 50 元、20 元、10 元、1 元纸币和 1 元、5 角、1 角硬币将要正式发行。在发行日前的几天，《金融时报》的记者和小编来到隶属于中国印钞造币总公司的石家庄印钞有限公司，这家公司负责生产新版 20 元纸币。记者和小编一进门就看到了新版的 20 元钞票！！！一大版！！！就在记者和小编激动地欣(liú)赏(kǒu)着(shuǐ)的时候，工作人员纠正我们，这还不叫"钞票"，也不叫"纸币"。在印钞厂，这叫"产品"。

这应该是全中国最受欢迎的"产品"没错了！

(与旧版 20 元相比，新版 20 元色彩更加亮丽)

印钞厂探秘

印钞属于印刷行业，需要特殊的工艺，大致包括胶印工序、凹(wā)印工序、丝网和凸版工序、正背面涂布、检封装箱这些工序。在这些工序开始之前，带有水印和安全线的钞纸已经来到印钞厂的车间。钞纸属于特殊纸张，运到印钞厂的钞纸被称作"承印物"。

胶印

胶印工序主要完成钞票正背面底纹图案的印刷。通过鲜亮、精美的底纹图案，赋予钞票特定的色彩美感。

凹印

凹印是印钞生产体系中的核心工序。凹印图纹具有明显的立体感、凹凸手感，防伪性能突出。

钞票中的主席人像、行名、国徽、背面主景、年号等重要图案都是采用凹印印刷。

丝网、凸版、涂布

丝网印刷完成了钞票正面光彩光变面额数字的印刷，其印刷的面额数字具有重要的防伪功能。凸版印刷主要完成钞票冠字号码、无色荧光图案印刷。

什么是光彩光变面额数字？

喏，就是这。改变观察角度，会发现面额数字颜色出现变化，还有一条亮光带上下滚动。

（灯光下可以看到面额数字上的亮光带）

（紫外线下的防伪标识）

中国印钞造币总公司技术总监刘永江：从防伪技术方面，应该说我们纸币采用了两项高水平光学防伪技术，其中一项是光彩光变面额数字，那么这项技术在100元券上也有应用，但是这一次我们在50元、20元、10元上应用的叫作二代光彩，它的整个颜色更加亮丽，它的光条更加精准。

石家庄印钞有限公司工作人员：现在这个特征我们最开始已经在2015年版100元纸币上应用了。但是今年在技术的应用上有了很大的提升。

检封与装箱

检封与装箱是最后一道工序，将大张产品裁切为规定尺寸的小张产品，对符合质量标准的成品完成分百、捆千、塑封和装箱。

裁切、扎捆、封装

封装好之后的"崭新产品"由印钞厂运到人民银行发行库，人民银行再投放到商业银行。大家去到商业银行取款，就能拿到新版人民币了。

现在移动支付这么发达，生活中对现金的依赖似乎越来越小，为什么要发行新版人民币呢？

先来看一组数据：根据央行统计，2018年，流通中货币(M0)余额7.32万亿元，同比增长3.6%。全年净投放现金2563亿元。

也就是说，流通中现金的规模很大，而且还在逐年增长，央行需要持续向社会上投放现金。现金在流通领域中的地位依然稳固。而且，旧版的50元、20元、10元、1元纸币和1元、5角、1角硬币已发行流通十多年。在此期间，现金流通情况发生巨大变化，现金自动处理设备快速发展，假币伪造形式多样化，货币防伪技术更新换代加快，这些都对人民币的设计水平、防伪技术和印制质量提出了更高要求。新版人民币采用了先进的防伪技术，提高防伪能力和印制质量，变得更安全、更亮丽、更易于识别。

央行人民币宣传视频
来源：金融时报客户端　记者李国辉　视频韩昊

(资料来源：和讯名家，2019-08-29，https://m.hexun.com/news/2019-08-29/198378010.html.)

辅币是本位币以下的小额通货，是供日常零星交易与找零用的货币。辅币一般面额较小，且流通频繁，易磨损，因此通常用贱金属铸造。辅币的实际价值虽然低于名义价值，但法律规定，辅币可以按固定比例与本位币自由兑换，这样就保证了辅币可以按名义价值流通。辅币不能实行自由铸造，而必须由国家用属于国库的金属来制造。因为辅币是不足值的，如果可以自由铸造，就会充塞流通领域，排挤足值的本位币。有的国家对辅币规定了有限的支付能力，也就是说，在一次支付行为中，在一定的金额内可以用辅币支付，如超过一定金额，卖方或债权人可以拒绝接受。

【阅读资料】

银行拒收硬币是"不该发生的故事"

据中国之声《新闻纵横》报道，在福州开小店的王先生最近遇到了麻烦事，他的小店都是零售批发面粉、白糖等食品，平日里常常收到一毛钱的硬币，仅仅在一年多的时间里就攒下了近一百万枚，大约有 3 吨重。他想将硬币存到银行，可是跑遍了当地各家银行网点，却没有一家愿意接这一单业务。这笔存不了、用不掉的钱，已经成了全家人的负担。

将一百万枚一角钱的硬币存到银行，就银行营业窗口而言，清点起来，既需要人力，又耗费时间，确实比较麻烦，但银行因为怕麻烦将客户拒之门外显然不妥。这是因为《中华人民共和国商业银行法》和《人民币管理条例》等有关法律法规都明确规定，包括零辅币在内的人民币均是我国的法定货币，储户到银行存取款自由，银行不能拒取拒收。因此，王先生所在的福州各家银行营业网点拒收硬币，是一种违法违规行为。

拒收零辅币，也反映了银行服务意识的欠缺。银行既是经营货币的特殊企业，也是具有公共服务职能的窗口单位，需要有很强的服务意识。近年来，各家银行为吸引客户，竞相推出优质服务措施，并把客户称为"上帝"。但拒收硬币之举，显然有悖于银行的服务宗旨。拒收零辅币，还与对零辅币兑换"绿色通道"宣传不够、外部监管乏力有关。实际上，在央行和银监部门督促下，一些地方已经开办了零辅币兑换业务，并指定了兑换点，但由于宣传不够，老百姓不知道去何处办理。一旦出现银行拒收零辅币情况，只有在客户投诉或媒体曝光后才进行处理，且往往是由"拒收"改为"受理"了事，当事银行和相关人员未受到应有的处罚，以至此类事件重复发生。

如何使较大数额的零辅币顺利存进银行，让公交公司、个体工商户等不再为此伤脑筋，显然是银行需要解决的具体问题之一。毫无疑问，首先，这需要强化银行的法规意识，使银行及其工作人员认识到，拒收零辅币是违法违规的，从而使银行不能拒收。其次，需加大监管力度。央行和银监机构要加强这方面的监督检查，对拒收零辅币的银行和相关责任人要予以处罚，使银行及其工作人员不敢拒收。最后，银行要完善受理数额较大零辅币存款业务机制。如采取客户预约制，以便为此做好接收的准备工作。还应统一调配力量，网

> 点受理客户预约后须及时上报，由上级机构组织人员，协助网点清点接收零辅币。
>
> 　　金融是现代经济的核心，服务市场、服务经济、服务大众是银行的天职，这不仅是经济和社会发展的需要，也是银行赖以生存的根基。从这个意义上讲，银行拒收硬币，应该成为今后"不该发生的故事"。

(资料来源：侯文学. 华声在线，2014 年 5 月 30 日.)

(四)发行准备制度

　　发行保证制度也称发行准备制度，通常以货币金属作为发行信用货币的保证。在金属货币流通的条件下，国家规定货币金属必须集中于中央银行或国库。金属准备的用途有三点：①作为世界货币的准备金；②作为国内货币流通的准备金；③作为支付手段和兑换银行券的准备金。

　　1973 年以后，各国都取消了货币发行保证制度。目前，世界各国金属准备的第二、第三个用途已不复存在，黄金只用作世界货币的准备金。但当今一些发达国家的货币也可充当世界货币，如美元、英镑。

三、货币制度的发展与演变

　　从历史上看，货币制度曾经历了从金属货币制度到不兑现的信用货币制度的演变过程。其中金属货币制度包括银本位制、金银复本位制、金本位制。

(一)金属货币制度

1. 银本位制度

　　银本位制是指以白银为本位货币币材的一种货币制度。在货币本位制度的演变过程中，银本位是最早的货币制度。它是与封建社会经济发展相适应的货币制度。

　　银本位制的基本内容是规定以一定质量与成色的白银为本位币；银币可以无限制自由铸造，政府与金融机构可以固定价格无限制购买白银；公众可以自由无限制地熔化银币；银币与其他货币可以平价自由兑换；白银及银币可以自由输出及输入，银币为无限法偿货币，具有强制流通能力。

　　银本位制的最大缺点是银价不稳定，易受产银国白银政策的影响而剧烈波动，银价猛升猛跌，都会严重影响经济的稳定。价格上涨时，白银大量外流，引起物价下跌和通货紧缩造成经济萧条；当国际白银价格下跌时，白银大量流入，造成通货膨胀，经济又会出现过度繁荣，不利于经济稳定。

　　西方国家随着经济的发展与交易额的增大，白银的数量渐渐不能满足交易的需要，从19 世纪起，各国都先后放弃了银本位制，改为金银复本位制。

2. 金银复本位制

　　金银复本位制是指金银两种金属同时被法律承认为货币金属，即金币和银币同时作为本位币，都可以自由铸造，都具有无限法偿能力。它于1663年由英国开始实行，随后欧洲各主要国家纷纷采用。这种本位制度在其历史发展过程中有三种不同的形态。

1) 平行本位制

平行本位制是金银两种货币按其所含金属的实际价值流通，国家对两种货币的交换比率不加规定。在这一体制里，一方面，金银比价随市场供求关系变化而经常发生变动，给大量的延期支付及债务清偿带来了混乱。另一方面，当各国市场上金银比价发生差异时，由于金银可以自由输出输入，黄金将流入金价较高的国家，使该国演变为金本位制；而白银将流入银价较高的国家，也使该国货币制度蜕变为银本位制。如此一来，将使这种平行本位制变得极不稳定。

2) 双本位制

双本位制是指金银两种货币由政府规定固定的比价，按法定比价流通。双本位制在19世纪曾被广泛采用，以克服平行本位制条件下金银比价频繁变动的缺陷。然而，事与愿违。在双本位制条件下，金银供求形势不断变化，但国家官方比价不能快速依照金银实际价值比进行调整，致使金银市场比价与法定比价差别较大，导致市场上往往只有一种货币流通而非两种货币同时流通。例如金币和银币的法定比价为1∶15，而黄金白银的市场比价则为1∶16，此时黄金的市价较高，这时，金币的持有者就会将金币熔化成黄金，到市场上兑换白银，铸成银币，这样市场上持有金币的人就会越来越少，而银币的流通就会越来越多，金币会退出流通领域。反过来，若市场金银比价为1∶15而法定比价为1∶16，白银市价高于法定比价，市场上的银币就会退出流通领域。这种现象被称为"劣币驱逐良币"。

所谓"劣币驱逐良币"，就是在两种实际价值不同而名义价值相同的货币同时流通的情况下，实际价值较高的货币(所谓良币)必然会被人们熔化、收藏而退出流通领域；而实际价值较低的货币(所谓劣币)反而充斥市场。这一规律是16世纪英国财政家汤姆斯·格雷欣(Thomas Gresham)首先发现的，故又称为"格雷欣法则"。

【阅读资料】

古代的"劣币驱逐良币"

早在16世纪的英国伊丽莎白时代，英国财政学家汤姆斯·格雷欣(Thomas Gresham)发现了一个秘密。消费者喜欢用成色较低的金属货币在市场交易、流通，把成色较高的金属货币储藏起来，久而久之，流通领域中就到处可见贵金属含量低的"劣币"，贵金属含量高的"良币"则因被人们收藏起来而越来越少。于是他在给英国女王的一份铸币改革建议书中首次提出"劣币驱逐良币"的现象。约三百年后，英国经济学家麦克劳德(MacLeod)在其著作《经济学纲要》中称之为"格雷欣法则"。实际上，自从人类赋予金钱以一定的币值时起，格雷欣法则就起作用了。

例如，在古罗马时代，人们就习惯从金银钱币上切下一角，这就意味着货币在充当交易媒介时，价值含量减小了。古罗马人并不是傻瓜，他们很快就觉察到货币变得越来越轻。当他们知道货币减轻的真相时，就把足值的金银货币收藏起来，专门去使用那些不足值的货币进行交易。这个例子说明，坏钱把好钱从流通领域中排挤出去了。为了控制这一现象的蔓延，政府发行了带锯齿的货币，足值货币的边缘都有细小的沟槽。如果货币边缘的沟槽被挫平，就知道这枚货币被动过手脚了。

> 再比如在中国古代，西汉的贾谊曾指出"奸钱日繁，正钱日亡"的事实，这里的"奸钱"指的就是劣币，"正钱"指的就是良币。
>
> （资料来源：张振东，周峰．每天10分钟学点金融学．）

3）跛行本位制

跛行本位制是指国家规定金币可以自由铸造而银币不允许自由铸造，并且金币与银币可以固定的比例兑换。实际上，银币已经降为附属于金币的地位，起着辅币的作用。跛行本位制只是复本位制向金本位制过渡的一种中间形式而已。

3. 金本位制

金本位制是以黄金为本位币的相对稳定的一种货币制度，其内在特征保证了货币价值对内和对外的稳定，从而促进了商品生产的发展和商品流通的扩大。它在金属货币制度中占有重要地位。金本位有金币本位、金块本位、金汇兑本位三种形式，金币本位是典型的形式。

1）金币本位制

19世纪中叶到第一次世界大战前，主要资本主义国家均采用金币本位制。其特点如下所述。

第一，金币可以自由铸造，自由熔化，具有无限法偿能力。其他金属铸币则限制铸造。金币的自由铸造、自由熔化能够自发调节流通中的货币量，保证金币的币值与其所含黄金的价值保持一致，使金币币值与实际价值保持相符。

第二，流通中的辅币与银行券等可以自由兑换金币。

第三，黄金可以自由地输出输入国境，黄金的自由输出输入可保持外汇行市的相对稳定，有利于国际贸易的顺利开展。

2）金块本位制

金块本位制又称"生金本位制"，是指没有金币的铸造和流通，而由中央银行发行以金块为准备的纸币流通的货币制度。它与金币本位制的区别有如下几点。

第一，金块本位制以纸币或银行券作为流通货币，不再铸造、流通金币，但金币仍为本位货币，货币单位仍规定含金量。

第二，金块本位制不再像金币本位制那样实行辅币和价值符号同黄金的自由兑换，而是规定黄金由政府集中储存，居民只有用一定数额以上的银行券或纸币才能按法定含金量兑换金块。例如英国1925年规定至少需要1700英镑的银行券才允许兑换一次金块，这样高的限额对于大多数人来说是达不到的。英、法、比、荷等国在1924—1928年实行的就是这种金块本位制。

3）金汇兑本位制

金汇兑本位制也称"虚金本位制"，是指以银行券作为流通货币，通过外汇间接兑换黄金的货币制度。实行这种货币制度的国家，货币不再与黄金直接发生关系，但选择一个关系密切的金本位国家，将本国货币与金本位国家的货币确定固定的比价，同时将黄金与外汇存于该金本位国家，作为汇兑基金，并随时按固定价格买卖外汇，以此维持汇率的稳定。本国居民不能用银行券直接兑换黄金，只能通过兑换外汇，从而间接兑换黄金。采用这种币制，必然使本国货币依附于与之相联系的国家的货币，本质上是一种附属的货币制度。

金块本位制和金汇兑本位制都是削弱了的金本位制，是不稳定的货币制度。因此，在1929—1933年的世界经济危机后，金本位制也就被不兑现的信用货币制度所代替。

【阅读资料】

牛顿"成就"英国金本位制

13世纪开始，地中海周边的商人们在大宗交易中一直使用金币。但是直到18世纪，英国才正式抛弃了银币，确立了金本位。金本位与英国的国力互为帮扶，一路助推这个大西洋岛国成为日不落帝国。在这一过程中，著名科学家牛顿居然阴差阳错地起到了关键作用。

"上帝说，要有牛顿，于是一切隐藏在黑暗中的自然规律都被照亮了。"少年成名的牛顿，到了四十来岁的时候却陷入了近似抑郁症的中年危机，失眠、沮丧、厌食。幸亏有位财政大臣的推荐，让他出任"钱多、事少、离家近"的大英帝国皇家铸币局局长的职位。

贵金属货币有着天生的缺陷——容易磨损。由于不足值的货币增多，会使以国家信用和统治者权威担保的货币逐步失去信用，最终一个国家的货币体系就会难以正常运转下去，所以，国家不得不频繁重铸货币。

18世纪的英国旧货币磨损贬值，新货币不受信任而遭抛弃，海外贸易导致货币外流，造币厂以次充好，白银储量不断告急。当时英国金银比率为15.93∶1，而在国外如德国汉堡，金和银的比率却接近于15∶1，国内和国外的巨大利差使阻止白银的外流和禁止黄金的进口几乎是不可能的。白银的外流愈加严重，人们纷纷以白银换取黄金，连铸币局自己也开始大量储存价值相对稳定的黄金。市场需求量的增加导致金价上扬，金子成为炙手可热的商品，而伴随黄金的大量流入，金价也开始自动回落，正式成为价格受市场调控的流通贵金属。

面对白银危机这个不可改变的事实，牛顿认为与其坐以待毙，不如顺应潮流。他并没有主张实行金本位、彻底放弃白银，而是建议将铸造金币的价格降低，使黄金的价格固定下来。1717年，议会采纳牛顿的建议，将黄金定为每盎司3英镑17先令10便士。牛顿本来是想做拯救白银的最后努力，但是结果却是解放了黄金。从此，黄金正式与英镑面值挂钩，并逐渐取代了白银，成为主要支付手段。通过规定英镑与黄金的比价，英镑成为国际货币，英镑在世界市场流通，自由兑换。

金本位作为一种稳定的货币制度，促进了国家商品生产的发展和国际贸易的扩展和资本输出。金本位制确立后，英国贸易快速发展，伦敦成为国际金融中心，资本实现自由流动，金融市场快速发展。而战争和金融是密不可分的，欧洲诸强的战争背后需要货币的关键支持，实行金本位最终使英国在战场上战胜西班牙、法国等银本位国家。英国成为世界霸主，日不落帝国的殖民地遍布世界，殖民地在英国的影响下开始实行金本位制，和英国经济联系密切的国家，如葡萄牙，也逐渐开始实行金本位制。19世纪普法战争后，战胜国德国用法国的赔款购入大量黄金后，也开始实行金本位制。与此同时，德国大量抛售白银，导致国际上银价暴跌，引起其他国家通货膨胀，实行银本位制的国家被迫改为实行金本位制。金本位制于19世纪中期开始盛行，成为世界上大多数国家实行的货币制度。

(资料来源：耿强，田紫漪. 新华日报，2019年12月9日.)

(二)不兑现的信用货币制度

不兑现的信用货币制度，又称纸币本位制，是指以政府或中央银行发行的不兑换黄金的信用货币作为法定货币。金本位制崩溃后，流通中的银行券丧失了直接或间接地与黄金兑换的条件，被不兑现的纸币所代替。纸币的流通是以国家信用为后盾，靠国家法律强制流通的无限法偿货币，一般由中央银行发行。

不兑现的信用货币制度的优点：第一，货币供应不受金银数量的限制，具有较大的伸缩性，它可以根据经济发展需要进行调节，对于稳定经济发展具有重大意义。第二，纸币与贵金属脱钩，纸币对外汇率也不受国际贵金属价格的影响，通过调节本国货币供应量，可以对国内经济发展和国际收支进行调节。第三，纸币的制作成本低，便于流通和携带。

不兑现本位制度也存在明显的缺点：第一，由于纸币供应不受黄金储备限制，供给弹性较大。有些国家为了弥补赤字，往往超量发行纸币，导致纸币贬值甚至通货膨胀，危及社会经济的安全与稳定。第二，各国纸币与贵金属脱钩，致使各国货币对外汇率变化波动较大，从而影响到国际贸易发展与国际资本的流动。第三，纸币本位制度的管理操作依赖于政府有效的管理控制，成败与否与管理者的知识经验与判断决策能力直接相关，过多的人为因素往往成为纸币本位制度产生不稳定的因素。

四、我国的人民币制度

我国现行的人民币制度是一种不兑现的信用货币制度，人民币是我国大陆的法定货币，人民币既不与金银挂钩，也不依附于任何一种外国的货币。我国人民币制度是独立自主的、统一的、稳定的货币制度。其内容主要包括人民币的单位、发行、流通、黄金外汇储备、汇率以及保护国家货币的规定等。

人民币制度有以下几个基本特点。

(1) 人民币是集中统一的货币。中华人民共和国境内唯一合法货币是人民币，也就是说，在我国国内市场上只准人民币流通。中国人民银行以国家信用作保证发行人民币。中国人民银行根据国家授权统一掌管人民币，负责集中统一印制和发行人民币，管理人民币流通。法律保护人民币，任何损害人民币的行为，都将受到法律的制裁。

(2) 人民币是相对稳定的货币。人民币是一种不兑现的信用货币，没有法定的含金量，靠充分的物资保证和不断增加的金融储备作为币值稳定的坚强后盾。但是，人民币是受纸币流通规律所制约的，在一定条件下也会出现通货膨胀的危险，所以，人民币的稳定是相对的，这就要求将"稳定币值"突出地放在货币政策目标的首位。

(3) 人民币采取主辅币流通结构。人民币主币的"元"是我国经济生活中法定计价、结算的货币单位。辅币供日常零星使用。在流通中，两者的比例应根据商品流通的客观需要，以满足金额大小不同的购买支付需要。

【阅读资料】

人民币的发行

1948年12月1日，中国人民银行发行了第一套人民币，共12种券别62种版别。

1955年3月1日发行的第二套人民币，主币有1元、2元、3元、5元、10元5种，辅币有1分、2分、5分、1角、2角、5角6种，共计11种券别。为便于流通，国务院于1957年12月1日起发行了1分、2分、5分3种金属分币，自此我国进入了纸、硬币混合流通阶段。

第三套人民币于1962年4月20日起陆续发行，计有1角、2角、5角、1元、2元、5元、10元7种券别，13种版别；从1980年4月15日起，增加发行了1角、2角、5角和1元4种金属币。

从1987年4月27日起陆续发行的第四套人民币，计有主币1元、2元、5元、10元、50元、100元6种券别，辅币1角、2角、5角3种券别。从1992年6月1日起发行了新版1角、5角、1元硬币。

从1999年10月1日起陆续发行的第五套人民币，包括100元、50元、20元、10元、5元、1元、5角、1角八种面额，适应了改革开放以来我国经济飞速发展对货币流通的要求，是我国货币制度建设的一件大事，是对我国货币制度的进一步完善和发展。

2005年8月31日发行了2005版第五套人民币，其中包括100元、50元、20元、10元、5元、1角。

2015年11月12日发行2015版第五套人民100元纸币，采用了很多新的防伪技术。

2019年8月30日发行了2019版第五套人民币50元、20元、10元、1元纸币和1元、5角、1角硬币。

(资料来源：中国人民银行网站，www.pbc.gov.cn.)

本 章 小 结

货币产生后，许多学者从理论上对货币的起源曾予以解说。马克思的货币起源说是其中的一个典型代表，它从商品和商品交换入手，用完整的劳动价值理论富有逻辑地论证了货币产生的客观必然性。除了从商品交换的历史演进中探索货币的起源外，一些学者还从减低交易成本的思路对货币的产生进行了论述。

从币材演变的角度看，货币形式经历了从实物货币到信用货币的演变过程。推动货币形式演变的真正动力是商品生产、商品交换的发展对货币产生的需求。伴随着商品生产的发展，规模越来越大的商品交换对充当交换媒介的货币产生了更高的要求，不仅货币的数量要能够伴随着不断增长的商品数量而保持同步的增长，而且还要使交换更加便利、安全和快速。正是为了适应这种需求，货币对自身的外在表现形式进行不断的扬弃，从低级逐渐走向高级。

不同学者对货币的职能有不同的表述，但他们的表述并没有本质上的区别。货币职能主要有价值尺度、流通手段、支付手段、价值贮藏。

货币制度是指国家对货币的有关要素、货币流通的组织和管理等进行一系列的规定。国家制定货币制度的目的是保证货币和货币流通的稳定，为经济的正常运行提供一个稳定的货币环境。货币制度的构成要素主要有规定货币材料、规定货币单位、规定流通中的货币种类、规定货币的法定支付能力、规定货币的铸造或发行等。

国家货币制度的类型大致经历了银本位制、金银复本位制、金本位制和不兑现的信用货币制度，其中前三种被称为金属货币制度。

课后习题

一、名词解释

实物货币　金属货币　代用货币　信用货币　电子货币　货币制度　本位币　辅币　无限法偿　有限法偿　金本位制　银本位制　金银复本位制　劣币驱逐良币

二、简答题

1. 马克思是如何论证货币起源的？
2. 货币为什么具有价值贮藏职能？
3. 货币形态的演变经历了哪些阶段？
4. 货币制度的构成要素有哪些？
5. 不兑现的信用货币制度的特点有哪些？我国人民币制度的主要内容包括哪些？

三、案例分析题

拒收现金是否合理合法

随着社会的飞速发展，国家对于通信网络建设日益完善，应运而生的微信支付、支付宝支付等现代化电子支付方式随之逐渐渗透到生活的方方面面。在电子支付第三方平台的各种激励手段吸引下，众多商家、个体商户纷纷成为助推潮流的参与者。不难发现，大街小巷有生意的地方都拥有二维码支付或扫码支付等电子支付标识，大到商场、酒店，小到早餐摊、菜市场，无一例外。同时，各路商家为顺应潮流、抢占市场、推动消费，相继推出如"88无现金日""618购物节"等一系列活动引导公众进行网络购物，刺激网络消费市场。部分城市以建设"无现金城市"为口号，与蚂蚁金服、微信等第三方平台合作，力求实现从单纯消费领域的无现金化向交通、医疗、保险等民生领域的"无现金化"辐射，以期达到全领域的覆盖。在愈来愈普遍的网络平台与移动支付中，从最初的可以使用移动支付到鼓励使用移动支付方式，直到现在出现了部分商家拒绝收取现金，旅游景点只能扫码支付，以无钱找零为由谢绝现金，只接受移动支付、非现金支付等现象。

问题：

你认为无纸化支付有哪些优点？哪些缺点？未来会进入到无现金社会吗？拒收现金合理合法吗？

第九章

货币政策

【学习目标】
- 了解货币政策的发展历史及在我国的运用。
- 掌握货币政策的概念、目标分类及货币政策工具。

【引导案例】

货币政策空间打开　定向降准已在路上

2020年3月10日召开的国务院常务会议指出,抓紧出台普惠金融定向降准措施,并额外加大对股份制银行的降准力度,促进商业银行加大对小微企业、个体工商户贷款支持,帮助复工复产,推动降低融资成本。

近段时间,有关部门按照国务院要求,引导金融机构实施3000亿元专项再贷款和5000亿元再贷款再贴现政策,以优惠利率资金有力支持了疫情防控物资保供、农业和企业特别是小微企业复工复产。

同时,央行昨天公布的数据显示,2月末,广义货币(M2)余额203.08万亿元,同比增长8.8%,增速分别比上月月末和上年同期高0.4个和0.8个百分点;狭义货币(M1)余额55.27万亿元,同比增长4.8%,增速分别比上月月末和上年同期高4.8个和2.8个百分点;流通中货币(M0)余额8.82万亿元,同比增长10.9%。当月净回笼现金5062亿元。

可以明显看到,M2增速已明显回升。"今年以来,人民银行实施降准、加大公开市场操作,并下调政策利率,保持流动性合理充裕。"中国民生银行首席研究员温彬解读,2月末,M2同比增长8.8%,增速分别比上月月末和上年同期高0.4个和0.8个百分点。一方面前两个月人民币新增贷款同比多增1308亿元,派生存款增加;另一方面前两个月财政存款增加4210亿元,比去年同期少增4369亿元,有助于金融体系流动性改善。

在温彬看来,货币政策空间打开。近期全球主要经济体央行再次开启降息周期,随着2月份我国CPI涨幅开始回落,我国货币政策空间打开,有利于稳健货币政策更加灵活适度。下阶段,将在扩总量的同时发挥好结构性政策工具的作用,进一步加大对复工复产和制造业、新基建、民营、小微企业的支持力度,并释放LPR改革潜力,适时适度下调存款基准利率,切实降低实体经济融资成本。

值得一提的是,国常会上还明确提出"额外加大对股份制银行的降准力度"。"股份制银行机制比较灵活,客户以中小型企业为主,在支持中小微企业方面有独特优势,额外加大对股份制银行的降准力度。"温彬表示,这可为企业提供长期低成本资金,优化其负债结构,降低其负债成本,促使其更好地发挥在支持实体经济,尤其是中小微企业方面的比较优势。

(资料来源:北京日报,http://news.sina.com.cn/,2020-03-12.)

第一节　货币政策目标

一、货币政策目标的含义

货币政策是一国(或地区)的中央银行通过控制货币与信贷总量、调节利率和汇率水平等手段,影响社会总需求和总供给水平,促进宏观经济目标实现的方针和措施的总称。货币政策是现代国家经济政策的重要内容。在现代市场经济条件下,国民经济商品化、货币化、信用化的程度不断加深,整个国民经济都必须借助于货币来运行,因此就必须制定一个能够符合客观经济规律的货币政策。

货币政策目标是指中央银行制定和实施某项货币政策所要实现的特定的经济目标，这种目标就是货币政策所要实现的最终目标。因此货币政策是为宏观经济管理服务的，以实现宏观经济调控目标为己任。

二、货币政策目标的分类

按照中央银行对货币政策的影响力、影响速度和影响方式等，货币政策目标可分为最终目标、中介目标和操作目标三大类。

(一)最终目标

货币政策的最终目标，是指中央银行组织和调节货币流通的出发点和归宿，它反映了社会经济对货币政策的客观要求。货币政策的最终目标，一般可以概括为四项，即稳定物价、充分就业、经济增长和国际收支平衡。

1. 稳定物价

稳定物价一般是指物价水平在短期内不发生显著波动，以维持国内币值的稳定。稳定物价目标是中央银行货币政策的首要目标，而物价稳定的实质是币值的稳定。所谓币值，原指单位货币的含金量，在现代信用货币流通条件下，衡量币值稳定与否，已经不再是根据单位货币的含金量而定，而是根据单位货币的购买力判断，即在一定条件下单位货币购买商品的能力。它通常以一揽子商品的物价指数或综合物价指数来表示。目前各国政府和经济学家通常采用综合物价指数来衡量币值是否稳定。物价指数上升，表示货币贬值；物价指数下降，则表示货币升值。稳定物价是一个相对概念，就是要控制通货膨胀，使一般物价水平在短期内不发生急剧的波动。衡量物价稳定与否，从各国的情况看，通常使用的指标有三个：一是GNP(国民生产总值)平均指数，它以构成国民生产总值的最终产品和劳务为对象，反映最终产品和劳务的价格变化情况。二是消费物价指数，它以消费者日常生活支出为对象，能较准确地反映消费物价水平的变化情况。三是批发物价指数，它以批发交易为对象，能较准确地反映大宗批发交易的物价变动情况。需要注意的是，除了通货膨胀以外，还有一些属于正常范围内的因素，如季节性因素、消费者嗜好的改变、经济与工业结构的改变等，也会引起物价的变化。总之，在动态的经济社会里，要将物价冻结在一个绝对的水平上是不可能的，问题在于能否把物价控制在经济增长所允许的限度内。这个限度的确定，各个国家不尽相同，主要取决于各国的经济发展情况。另外，传统习惯也有很大的影响。有人认为，物价水平最好是不增不减，或者只能允许在1%的幅度内波动，这就是物价稳定；也有人认为，物价水平不增不减是不可能的，只要我们能把物价的上涨幅度控制在1%~2%就算稳定了；还有人认为，物价每年上涨在3%左右就可以称为物价稳定。

2. 充分就业

充分就业是指将失业率降到一个社会能够承受的水平。在充分就业的情况下，凡是有能力并自愿参加工作者，都能在较合理的条件下随时找到适当的工作。

充分就业是针对所有可利用资源的利用程度而言的。但是要测定各种经济资源的利用程度是非常困难的,一般以劳动力的就业程度为基准,即以失业率指标来衡量劳动力的就业程度。所谓失业率,是指社会的失业人数与愿意就业的劳动力之比,失业率的大小,也就代表了社会的充分就业程度。失业,理论上讲,表示了生产资源的一种浪费,失业率越高,对社会经济增长越不利。因此,各国都力图把失业率降到最低的水平,以实现其经济增长的目标。失业的类型按造成失业的原因可分为如下四种。

一是周期性失业,这是在经济周期中的经济危机与萧条阶段,由于需求不足所造成的失业。

二是摩擦性失业,当一个国家某个地区的某一类职业的工人找不到工作,而在另外一些地区却又缺乏这种类型的工人时,就产生了摩擦性失业。

三是季节性失业,有些行业的工作季节性很强,而各种季节性工作所需要的技术工作又不能相互替代,因而产生了季节性失业。季节性失业可以设法减少,但无法完全避免。

四是结构性失业,在动态的经济社会中,平时总有一些人要变换他们的工作,或者换一个职业,或者换一个雇主,有的可能调到其他地区工作,当某项合同到期时也会出现劳动力多余现象。这些劳动力,未找到另一个工作之前,常常会有短暂的失业,也就是结构性失业。

3. 经济增长

经济增长通常指一个较长时间跨度内,一个国家人均产出(或人均收入)水平的持续增加。对一国经济增长速度的度量,通常用经济增长率来表示。经济的合理增长需要多种因素的配合,最重要的是要增加各种经济资源,如人力、财力、物力,并且要求各种经济资源实现最佳配置。中央银行作为国民经济中的货币主管部门,将直接影响其中财力作用的发挥,对资本的供给与配置会产生巨大作用。因此,中央银行以经济增长为目标,指的是中央银行在接受既定目标的前提下,通过其所能操纵的工具对资源的运用加以组合和协调。一般地说,中央银行可以用增加货币供给或降低实际利率水平的办法来促进投资增加;或者通过控制通货膨胀率,以消除其产生的不确定性和预期效应对投资的影响。

4. 国际收支平衡

国际收支平衡,是指一国对其他国家的全部货币收入和货币支出持平,略有顺差或略有逆差。由于国际收支状况与国内市场货币供应量关系密切,所以对于开放条件下的宏观经济而言,一国货币政策的独立有效性正面临着越来越严峻的考验。

根据国际货币基金组织的定义,国际收支是指某一时期一国对外经济往来的统计表。就国际收支平衡表上经济交易的性质而言,主要可分为两种:一种是自主性交易,或叫事前交易,它是出于经济上的目的、政治上的考虑以及道义上的动机而自动进行的经济交易,如贸易、援助、赠予、汇兑等。另一种是调节性交易,或叫事后交易,它是为弥补自主性交易的差额而进行的,如获得国际金融机构的短期资金融通、动用本国黄金储备、外汇储备以弥补差额等。若一国国际收支中的自主性交易收支自动相等,说明该国国际收支平衡;若自主性交易收入大于支出,称为顺差;若自主性交易支出大于收入,则称为逆差。

判断一国的国际收支平衡与否,就是看自主性交易平衡与否,是否需要调节性交易来弥补。如果不需要调节性交易来弥补，则称为国际收支平衡；反之，如果需要调节性交易来弥补，则称为国际收支失衡。

(二)中介目标

中介目标，又称为中间目标、中间变量等，是介于货币政策工具和货币政策最终目标变量之间的变量指标。货币政策中介目标的选择主要是依据一国经济金融条件和货币政策操作对经济活动的最终影响确定的，由于货币政策中介目标具有特殊的传导机制和调控作用，可为货币政策的实施提供数量化的依据，因此，准确地选择货币政策中介目标，是实现货币政策最终目标的重要环节。中央银行选择货币政策中介目标的主要标准有三个：一是可测性，央行能对这些作为货币政策中介目标的变量进行比较精确的统计；二是可控性，央行可以较有把握地将选定的中介目标控制在确定的或预期的范围内；三是相关性，作为货币政策中介目标的变量与货币政策的最终目标有着紧密的关联性。

可以作为中介目标的金融指标主要有长期利率、货币供应量和贷款量。

1. 长期利率

长期利率是短期利率的对称，是指融资期限在一年以上的各种金融资产的利率，如各种中长期债券利率、各种中长期贷款利率等，是资本市场的利率。西方传统的货币政策均以利率为中介目标。利率之所以能够作为中央银行货币政策的中间目标，是因为：①利率不但能够反映货币与信用的供给状态，而且能够表现供给与需求的相对变化。利率水平趋高被认为是银根紧缩，利率水平趋低则被认为是银根松弛。②利率属于中央银行影响可及的范围，中央银行能够运用政策工具设法提高或降低利率。③利率资料易于获得并能够经常汇集。

2. 货币供给量

以弗里德曼为代表的现代货币数量论者认为宜以货币供给量或其变动率为主要中介目标。他们的主要理由是：①货币供应量的变动能直接影响经济活动。②货币供应量及其增减变动能够为中央银行所直接控制。③与货币政策联系最为直接。货币供应量增加，表示货币政策松弛，反之则表示货币政策紧缩。④货币供应量作为指标不易将政策性效果与非政策性效果混淆，因而具有准确性的优点。

3. 贷款量

以贷款量作为中介目标，其优点是：①与最终目标有密切相关性。流通中现金与存款货币均由贷款引起，中央银行控制了贷款规模，也就控制了货币供应量。②准确性较强，作为内生变数，贷款规模与需求为正值相关；作为政策变数，贷款规模与需求也是正值相关。③数据容易获得，因而也具有可测性。以贷款量作为中间目标，在具体实施中各国情况也有差异。政府对贷款控制较严的国家，通过颁布一系列关于商业银行贷款的政策及种种限制，自然便于中央银行控制贷款规模。反之贷款控制不严的国家，中央银行不易控制贷款规模。贷款量的指标。各国采用的计量口径也不一致，有的用贷款余额，有的则用贷款增量。

(三)操作目标

操作目标介于政策工具和中介目标之间,是货币政策工具影响中介目标的传送点。之所以选择操作目标,一方面,由于中央银行有时不能通过政策工具直接影响中介目标,为了及时掌握政策工具对调节中介目标的效果,有必要在政策工具和中介目标之间设置一些中间变量,然后通过这些中间变量来判断中介目标的未来变化;另一方面,由于货币政策最终目标不仅受货币政策措施的影响,同时还会受到一些非货币政策措施(如财政政策等)的影响,为了将这些影响与货币政策的影响区分开,需要在政策工具与中介目标之间设置一些能够及时、准确地反映货币政策操作力度和方向的中间变量。

各国中央银行通常采用的操作目标主要有短期利率、商业银行的存款准备金、基础货币等。

1. 短期利率

短期利率通常指市场利率,即能够反映市场资金供求状况、变动灵活的利率。它是影响社会的货币需求与货币供给及银行信贷总量的一个重要指标,也是中央银行用以控制货币供应量、调节市场货币供求、实现货币政策目标的一个重要的政策性指标,如西方国家中央银行的贴现率、伦敦同业拆放利率等。作为操作目标,中央银行通常只能选用其中一种利率。过去美国美联储主要采用国库券利率,近年来转为采用联邦基金利率。日本采用的是银行同业拆借利率。英国的情况较特殊,英格兰银行的长、短期利率均以一组利率为标准,其用作操作目标的短期利率有隔夜拆借利率、三个月期的银行拆借利率、三个月期的国库券利率;用作中介目标的长期利率有五年公债利率、十年公债利率、二十年公债利率。

2. 商业银行的存款准备金

中央银行以准备金作为货币政策的操作目标,其主要原因是无论中央银行运用何种政策工具,都会先行改变商业银行的准备金,然后对中间目标和最终目标产生影响。因此可以说变动准备金是货币政策传导的必经之路,由于商业银行的准备金越多,银行贷款与投资的能力就越大,从而派生存款和货币供应量也就越多。因此,银行准备金增加被认为是货币市场银根放松,准备金减少则意味着市场银根紧缩。

3. 基础货币

基础货币是中央银行经常使用的一个操作指标,也常被称为"强力货币"或"高能货币"。从基础货币的计量范围来看,它是商业银行准备金和流通中通货的总和,包括商业银行在中央银行的存款、银行库存现金、向中央银行借款、社会公众持有的现金等。通货与准备金之间的转换不改变基础货币总量,基础货币的变化来自那些提高或降低基础货币的因素。

第二节 货币政策工具

货币政策工具是指中央银行为实现货币政策的目标而采取的具体手段和措施。一般来说,中央银行货币政策工具可分为一般性货币政策工具和选择性货币政策工具。

第九章 货币政策

一、一般性货币政策工具

一般性政策工具是指中央银行调控的常规手段。主要调节货币供应总量、信用量和一般利率水平,因此,又称为数量工具。一般性货币政策工具主要包括存款准备金制度、再贴现政策和公开市场业务三大工具,即所谓的"三大法宝"。

(一)存款准备金制度

存款准备金是指金融机构为保证客户提取存款和资金清算需要而准备的在中央银行的存款,中央银行要求的存款准备金占其存款总额的比例就是存款准备金率。存款准备金制度的初始意义在于保证商业银行的支付和清算,之后逐渐演变成中央银行调控货币供应量的政策工具。其基本内容为:①规定法定存款准备率。凡商业银行吸收的存款,必须按照法定比率提留一定的准备金存入中央银行,其余部分才能用于贷款或投资。②规定可充当法定存款准备金的标的。一般只限存入中央银行的存款,英国的传统做法允许商业银行的库存现金抵充存款准备金;法国规定银行的高流动性资产(如政府债券)也可作为存款准备金的组成部分。③规定存款准备金的计算、提存方法。一是确定存款类别及存款余额基础,二是确定缴存准备金的持有期。计算存款余额,有的以商业银行的日平均存款余额扣除应付未付款项后的差额作为计提准备金的基础,有的以月末或旬末、周末的存款余额扣除应付未付款项后作为计提基础。确定缴存准备金的持有期一般有两种办法,一种是同期性准备金账户制,即以结算日的当期存款余额作为计提持有期,另一种是延期性准备金账户制,即以结算期以前的一个或两个时期的存款余额作为计提持有期。④规定存款准备金的类别,一般可分为三种,即活期存款准备金、储蓄和定期存款准备金和超额准备金。有的国家还规定某些特殊的准备金,中央银行一般不计付利息,实际存款低于法定准备限额的,须在法定时限内(一般是当天)补足,否则要受处罚;超过法定准备限额的存款余额为超额准备金,中央银行给予付息并允许随时提用。

(二)再贴现政策

再贴现政策是指中央银行通过制定或调整再贴现利率来干预和影响市场利率,从而收缩或扩充信用,调节市场货币供应量的一种金融政策,是西方国家中央银行传统的三大货币政策工具之一。中央银行实行再贴现政策的目的:①保存中央银行的准备金。如,在国际收支逆差,黄金外流,从而中央银行感到准备金有枯竭的危险时,为了阻止此种趋势并吸收外国资本,往往提高自己的再贴现率。②影响商业银行对客户所提供的信用数额。当中央银行提高再贴现率时,势必增加商业银行向中央银行借款的成本,迫使商业银行缩减对客户的信用。中央银行提高再贴现率实行的是信用收缩政策。反之,如中央银行要实行信用扩张政策,就采用降低再贴现率的方法。③间接影响市场利率的升降,从而调节信用的规模。在经济萧条期间,降低再贴现率以扩大信用;在经济高涨阶段,提高再贴现率,以压缩信用。贴现政策的实行,在不同时代具有不同的特点:在前垄断资本主义时代,中央银行一般采取高贴现率政策,因为银行是信用中介,高贴现率的实行,有可能牺牲工商业家的利益而增加自己的利润。在帝国主义时代，中央银行一般采用低贴现率政策。第二次世界大战后，帝国主义国家对再贴现率政策增添了新的内容。如：在调节再贴现率的基础上再给银行规定一个贴现限额，对限额内部分，按规定的再贴现率办理，对超过限额部分，则使用较高的"惩罚性利率"。再贴现率政策的实行有较大的局限性：①再贴现政策等信用工具的采用，只能促进生产的发展和缩减，却不能决定生产周期的发展过程；②贴现政策等信用工具的采用，虽然能在一定程度上影响信用的规模，但却不能决定信用的规模；③贴现政策等信用工具的采用，还会由于各种因素的影响而受到限制。如英国，英格兰银行每周公布一次再贴现率，叫作"银行率"，这就是它对票据商及贴现公司所提出的票据再贴现利率。另外，在金融市场上还有所谓"市场率"，这是票据商、贴现公司以及商业银行对票据的再贴现率。所以，再贴现率不完全决定于中央银行的意志，而决定于市场资金的供求状况。20世纪30年代，在中央银行开展调节社会信用业务的早期，贴现政策曾被认为是信用调节的主要货币政策工具。由于是否贴现以及贴现多少的主动权仍掌握在商业银行手中，因此中央银行处于较为被动的地位。然而近年来，贴现政策在很大程度上已让位于具有较为主动性的政策工具——公开市场业务。贴现政策在各西方国家中的运用有较大差距，其中以英国最为著名。英格兰银行公布的再贴现率即"银行率"，对整个英国及其他西方国家的利率都有深刻影响。

(三)公开市场业务

公开市场业务是指中央银行通过有价证券等的公开买卖控制金融市场、调节货币供应量和信用规模的一种业务。即在证券市场上买卖有价证券(主要是国家债券)和票据(银行承兑的)，以影响储备额的增长和证券市场的信用条件，达到控制市场的目的。公开市场业务的作用主要有两种效果：首先是利率效果。因为中央银行常在证券市场上买卖大量证券，故影响力大。当它买进证券时，则市场证券需求量增加，促使利率下降，使货币供应量增大，引起经济扩张，证券市场活跃；相反，中央银行在证券市场卖出证券，则使货币供应量减少，促使利率上升，缩小信贷规模。其次是法定储备效果。一般来说，中央银行在证券市场上买进证券，则银行系统的储备增加，促使贷款和投资能力扩张；大量卖出证券时，则储备水平下降，促使贷款和投资增长力削弱。根据美国情况，联邦储备系统所有证券交易都须通过设在纽约联邦储备银行内的交易台进行。交易台由联邦公开市场业务账户经理即纽约联邦储备银行副主席管理，受联邦公开市场业务委员会监督和领导，定期在华盛顿特区开会。所有联邦证券交易都要通过美国政府证券交易商。有一半的交易商是商业银行，银行内都设证券部；另一半约有6种，是私人证券商。储备金、公开市场业务、贴现率被称为西方国家中央银行执行其货币政策的"三大法宝"。在美国，认为公开市场业务是最重要的，故常利用进入公开市场交易来控制证券市场。因为如果商业银行不向中央银行贴现，调整贴现率则不起作用；变动法定储备率虽有较大作用，但不宜经常使用；而公开市场业务政策灵活性强，中央银行可以随时进入证券市场，直接影响金融市场的货币流通和商业银行的信贷能力，可调节市场利率的高低，从而对工商业活动产生影响。因此，人们一般认为公开市场业务是"三大法宝"中最重要、最有力的货币政策工具。

二、选择性货币政策工具

选择性货币政策工具是中央银行针对某些特殊的经济领域或特殊用途的信贷而采用的信用调节工具,主要有消费者信用控制、证券市场信用控制和不动产信用控制等。

(一)消费者信用控制

消费者信用控制是指中央银行对消费者不动产以外的耐用消费品分期购买或贷款的管理措施。目的在于影响消费者对耐用消费品有支付能力的需求。其主要内容包括:①规定分期付款等消费信贷购买各种耐用消费品时,第一次付款的最低金额;②规定用分期付款等消费信贷购买各种耐用消费品借款的最长期限;③规定用分期付款等消费信贷方式购买耐用消费品的种类,并规定哪些耐用消费品可以分期付款购买;④以分期付款等消费信用方式购买耐用消费品时,对不同的耐用消费品规定不同的放款期限。

(二)证券市场信用控制

证券市场信用控制是指中央银行对有价证券的交易规定应支付的保证金限额,目的在于限制用借款购买有价证券的比重。它是对证券市场的贷款量实施控制的一项特殊措施。中央银行规定保证金限额的目的,一方面是为了控制证券市场的信贷资金的需求,稳定证券市场价格;另一方面则是为了调节信贷供给结构,通过限制大量资金流入证券市场,使较多的资金用于生产和流通领域。证券市场信用控制的内容是信用购买股票、证券时,规定保证金比例。对证券保证金额进行管理,即在证券交易中对必须以现金支付部分进行管理。如中央银行规定保证金比率为60%,则买方要缴纳购进证券价格60%的现款,只能向银行贷款40%。中央银行根据经济形势和金融市场的变化,可以随时调整保证金比率,最高可达100%。这样,中央银行就可间接地控制流入证券市场的资金数量。

(三)不动产信用控制

不动产信用控制是中央银行对商业银行等金融机构向客户提供不动产抵押贷款的管理措施,主要是规定贷款的最高限额、贷款的最长期限和第一次付现的最低金额等。采取这些措施的主要目的在于限制房地产投机,抑制房地产泡沫。不动产信用控制的主要内容有规定不动产贷款的最高额度、分期付款的期限、首次付款的金额及还款条件等。

(四)优惠利率

优惠利率是指中央银行对国家拟重点发展的某些部门、行业和产品规定较低的利率,以鼓励其发展,促进国民经济产业结构和产品结构的调整和升级换代。优惠利率多为发展中国家所采用,主要配合国民经济产业政策使用。实行优惠利率有两种方式:①中央银行对一些需要重点扶持发展的行业、企业和产品规定较低的贷款利率,由商业银行执行;②中央银行对这些行业和企业的票据规定较低的再贴现率,引导商业银行的资金投向和投量。

第三节 货币政策实践

一、转型经济中的货币政策变革(1998—2002)

(一)货币政策中介目标

中国目前采用以货币供应量为目标的货币政策框架,公开市场操作等是主要的货币政策工具,操作目标为基础货币(基础货币包括:流通中现金 M 加金融机构准备金存款),中介目标为货币供应量(货币供应量按层次分为:M0=流通中现金;M1=M0+企业活期存款,M2=M1+储蓄存款+定期存款;M3=M2+证券公司保证金+金融性公司保证金等),最终目标为通货膨胀率和经济增长率。表 9-1 为 1998 年至 2002 年间中国货币供应量和通货膨胀率的目标值和实际值。

表 9-1 中国货币供应量、贷款增加额和通货膨胀率的目标值和实际值(1998—2002)

增长率 年份	M1 目标值	M1 实际值	M2 目标值	M2 实际值	金融机构贷款增加额 目标值	金融机构贷款增加额 实际值	物价水平 目标值	物价水平 实际值
1998	17	11.9	16~18	15.3	9000~10000	11491	5	-2.6
1999	14	17.7	14~15	14.7	13550	12846	2	-1.4
2000	15~17	16.0	14~15	12.3	11000	13347	1	0.4
2001	13~14	12.65	15~16	14.42	13000	12913	1~2	0.7
2002	13	16.82	13	16.78	13000	18475	1~2	-0.8

(二)货币政策操作工具

1. 准备金制度改革

1998 年 3 月 21 日,中国人民银行改革了存款准备金制度。在这以前,准备金账户与备付金账户分设,商业银行接收一笔存款需交存中央银行 20%左右,影响了商业银行的资金运用。改革后,法定准备金账户与备付金账户合并,设立单一的准备金账户,准备金率为 13%,其中 8%为法定准备金率,依旧不可动用,超过部分用于支付与清算。改革后银行可用资金比率从 80%提高到 87%。1999 年 9 月份存款准备金率由 8%下调到 6%。

2. 再贴现

1998 年 3 月 24 日,中国人民银行设置了独立的再贴现利率。此前,贴现利率按金融机构同档次贷款利率下浮 5%~10%确定,再贴现利率按同档次再贷款利率下浮 5%~10%确定,贴现和再贴现利率是脱节的。改革后,再贴现利率参照再贷款利率确定,贴现利率在再贴现利率的基础上加点生成,解决了贴现与再贴现利率脱节的问题。中央银行在此之后到 1999 年 6 月连续 4 次下调再贴现利率,给商业银行较大利差,推动了贴现和再贴现业务的开展。2001年下半年，根据商业银行资金比较宽松和总体利率水平较低的状况，9月份提高了再贴现利率，由2.16%上升到2.97%，减少了商业银行对再贴现贷款的需求。

2002年年初，再贴现利率(2.97%)高于货币市场的平均利率(2.2%)，使再贴现贷款减少。到2002年年底，再贴现余额只有67.7亿元，比年初余额减少587.7亿元，加上2001年再贴现窗口收回的603亿元，2001年和2002年两年中央银行共收回再贴现贷款1190.7亿元。

3．公开市场操作

1998年5月，公开市场的债券交易得到恢复，当年净投放基础货币701亿元，市场交易成员从14家增加到29家，交易工具由短期国债一种扩展到国债、政策性金融债、中央银行融资券等多种。从2000年开始，中央银行从前两年以投放基础货币为主转向收回商业银行过多的流动性，从8月1日起在已有逆回购操作的基础上启动正回购操作，以收回商业银行过多的流动性。

2002年，公开市场操作的主要内容是对冲外汇占款的快速增长。2002年以后，中央银行购入外汇的数量持续上升。为对冲购汇投放过多的流动性，从同年6月25日开始，中央银行进行公开市场正回购操作。

4．发行中央银行票据

由于中央银行在国债公开市场操作中持有债券的数量有限，央行2002年9月24日决定，将6月25日至9月24日进行的公开市场业务未到期正回购转换为中央银行票据，转换后的中央银行票据共19只，发行总量为1937.5亿元。从2003年4月底到9月初，人民银行通过发行中央银行票据主动开展对冲操作。这一时期外汇占款持续大幅增加，商业银行贷款增长过快。为防止基础货币增加过快，从4月22日至9月23日，人民银行共发行央行票据5450亿元，同期利用发行央行票据净回笼基础货币4254.3亿元。

(三)利率政策

1．银行存款贷款利率的调整

自1996年5月到2002年，人民银行连续8次调整银行存款贷款利率，表9-2为其间中国8次调整利率的情况。

如表9-2所示，2002年2月21日的调息，在利率期限结构上采取短期存贷款利率降幅大于长期存贷款利率的做法，这主要为达到长期内稳定居民利率预期、短期内增加消费和投资的目的。

2．利率市场化改革

1998年以来利率市场化取得明显进展。

(1) 放开了利率。到1999年年底，已经放开了银行间同业拆解利率，放开了贴现市场、债券回购及现券市场利率，政策性金融债和国债发行市场化，实行利率招标。

(2) 扩大了金融机构贷款利率的浮动范围。1998年金融机构对小企业贷款利率浮动幅度从10%提高到20%，农村信用社贷款利率浮动幅度从40%扩大到50%。1999年4月将县以下金融机构贷款利率浮动幅度从20%扩大到30%，9月将中小企业贷款利率浮动幅度从

20%扩大到30%。2001年对农村信用社利率进行改革试点，试点农村信用社存款利率可以上浮20%，贷款利率可上浮50%。

表9-2　1996年5月到2002年中国8次调整利率的情况

利率 利率调整时间	中央银行基准利率		商业银行存款利率		商业银行贷款利率	
	准备金存款利率	中央银行再贷款利率（1年期）	居民储蓄存款（1年期）	活期储蓄存款利率	短期贷款（1年期）	中长期贷款（3年期）
1996.5.1	8.82	10.98	9.18	2.97	10.98	13.14
1996.8.23	8.28	10.62	7.47	1.98	10.08	10.98
1997.10.23	7.56	9.36	5.67	1.71	8.64	9.36
1998.3.25	5.22	7.92	5.22	1.71	7.92	9.00
1998.7.1	3.51	5.67	4.77	1.44	6.93	7.11
1998.12.7	3.24	5.13	3.78	1.44	6.39	6.66
1999.6.1	2.07	3.78	2.25	0.99	5.85	5.94
2002.2.21	1.89	3.24	1.98	0.72	5.31	5.49

(3) 扩大了农村信用社科学改革试点范围。2002年后，在全国总共91个县的农村信用社开展扩大存贷款利率浮动幅度试点，将贷款利率浮动幅度扩大到100%，存款利率最高可上浮50%。

(4) 保持本外币利率政策的协调。1999年美元利率水平上升，人民银行批准商业银行当年4次提高外币存贷款利率。2000年9月，对外币利率进行了三项改革，即外币贷款利率由金融机构自行确定；外币小额存款利率由银行业协会统一制定，人民银行审批；300万美元以上的大额外币存款利率由商业银行与客户协商确定。2001年共9次下调外币存款利率，2002年11月再次下调了境内小额外币存款利率。

二、继续稳健实施的货币政策(2002—2013)

2002年至2013年，我国步入了稳健实施货币政策的关键年，主要体现在以下几个方面。

1. 稳健的货币政策取得预期成效

前瞻性地加强预调微调，两次下调存款准备金率共1个百分点，灵活开展公开市场双向操作；两次下调一年期存贷款基准利率，分别为0.5个和0.56个百分点，引导市场利率适当下行，发挥差别准备金动态调整机制的逆周期调节作用，促进货币信贷合理适度增长。在加强总量调控的同时，注重发挥宏观信贷政策在转方式、调结构中的积极作用。引导金融机构加大对"三农"、小微企业、节能环保和事关全局、带动性强的重大在建续建项目的支持力度。督促落实差别化住房信贷政策。货币信贷保持合理增长，信贷结构进一步优化，促进了经济持续健康发展。

2. 金融改革发展稳定工作取得新进展

新进展包括进一步完善了人民币汇率形成机制；在银行间外汇市场开展了人民币对日元的直接交易；利率市场化改革迈出了重要步伐；上海银行间同业拆放利率(Shibor)基准作用进一步提升；继续推动大型商业银行深化改革，农业银行"三农金融事业部"改革试点取得重要进展；推动落实中国出口信用保险公司改革方案；积极稳妥地推动珠江三角洲、浙江温州、福建泉州、浙江丽水等地方金融改革试点；加大金融风险监测力度，开展金融稳定压力测试，推进金融机构稳健性评估。

3. 人民币跨境使用范围进一步扩大

跨境贸易人民币结算业务全面推开，进出口企业可以自主选择以人民币计价、结算和收付。跨境贸易人民币结算量和外商直接投资人民币结算量大幅增长。国际货币合作进一步扩大。境外人民币市场发展良好。

4. 金融市场在创新和规范中加快发展

建立了公司信用类债券部际协调机制，继续推动债券市场规范发展。银行间债券市场年交易量达 217 万亿元，全年累计发行短期融资券 8356 亿元、中期票据 8423 亿元、中小企业集合票据 100 亿元。推出银行间市场黄金询价交易，稳妥做好非法黄金及黄金衍生品交易处置工作。

5. 外汇管理重点领域改革取得显著成效

货物贸易外汇管理制度改革推广至全国，取消了货物贸易外汇收支逐笔核销。全面改进和调整直接投资外汇管理，基本实现了直接投资可兑换。简化境外直接投资资金汇回和境外放款外汇管理，放宽个人对外担保管理。实行银行结售汇综合头寸正负区间管理。大幅提高合格境外机构投资者(QFII)和人民币合格境外机构投资者(RQFII)的投资额度，稳步扩大合格境内机构投资者(QDII)的范围。继续保持对违规资金的高压打击态势，集中力量查办地下钱庄、非法买卖外汇等违法犯罪案件。

6. 金融服务与管理工作迈上新台阶

《征信业管理条例(草案)》已经国务院审议通过。金融统计标准化进一步推进。会计财务工作转型稳步推进。第二代支付系统、中央银行会计核算数据集中系统(ACS)建设按计划实施。网络和重点信息系统应急灾备建设加快。科学组织发行基金调拨。流通中货币整洁度大幅提高。假币"零容忍"专项治理活动取得成效。强化经理国库职能。机构信用代码全国推广工作基本完成。深化风险为本的反洗钱监管，我国成为第一个符合反洗钱金融行动特别工作组(FATF)标准的发展中国家。

7. 国际(地区)金融交流与合作取得新成果

稳步推进国际金融标准与准则在我国的实施。推动扩大清迈倡议多边化资金规模。稳步推进与港澳地区金融合作，建立两岸货币清算机制取得重要进展。

8. 系统建设和内部管理工作不断加强

采取多种形式，加大对货币政策和重大金融改革举措的宣传解读，有效地引导了市场预期。全面推进政务公开，公开总行本级和直属事业单位预决算、"三公"经费和行政经费，在全系统推行公务卡结算。进一步规范基建、固定资产和集中采购管理。深入开展预算管理、基建管理等重点专项审计。所有分支机构都建立了职工代表大会制度。充分发挥共青团组织的作用。离退休干部服务工作不断改善。参事、调研咨询成效显著。直属企事业单位服务保障能力不断提高。

三、2014年至今货币政策走向

中国人民银行公布的2014年1月金融统计数据报告显示，当月人民币贷款增加1.32万亿元，创近4年来最高水平；社会融资规模达2.58万亿元，创单月规模历史新高；而人民币存款锐减9 402亿元，同比少增2.05万亿元。一些学者将数据的这些异常解读为季节性因素，但有的学者认为这其中也有结构性因素的作用。我国中央银行未来货币政策有以下几个走向。

(1) 继续实施稳健的货币政策，着力提高调控的前瞻性、针对性和灵活性。要处理好稳增长、调结构、控物价、防风险的关系，把握好货币政策调控的重点、力度和节奏。合理运用流动性管理工具组合，发挥好宏观审慎政策工具的逆周期调节作用，保持货币信贷总量和社会融资规模平稳适度增长。完善信贷政策导向效果评估，继续引导金融机构加大对国家重点在建续建项目、"三农"、小微企业、现代服务业、新兴产业等的信贷支持。继续完善民生金融，努力支持就业、扶贫、助学等民生工程。落实好差别化住房信贷政策。

(2) 进一步深化金融重点领域改革，提高金融服务实体经济的质量和水平。继续推进大型商业银行和其他大型金融企业完善现代金融企业制度。推动农村信用社深化改革，扎实推进农业银行深化"三农金融事业部"改革试点，持之以恒地通过改革完善农村金融服务体系。坚持推进和深化政策性金融机构改革。稳步推进利率市场化改革。进一步完善人民币汇率形成机制。落实中央政策，支持加快发展民营金融机构。

(3) 进一步推动人民币跨境使用。简化跨境贸易人民币结算手续和审核流程。继续支持香港特区等境外人民币市场发展，鼓励人民币在境外的使用和循环。开展跨境个人人民币业务。稳妥推进人民币合格境外机构投资者(RQFII)试点，积极做好合格境内个人投资者(QDII)试点相关准备工作。继续推动双边本币互换，落实双边本币结算协定。

(4) 坚持市场化取向，推动金融市场规范发展。继续推动债券产品创新，创新利率风险管理工具，稳步推进信贷资产证券化试点。做好境内金融机构赴香港发行债券，以及境外机构投资银行间债券市场试点的准入和市场监管。进一步强化信息披露和信用评级等约束机制，规范做市商制度、结算代理业务和货币经纪业务。

(5) 加强金融风险监测和排查，牢牢守住不发生系统性、区域性金融风险的底线。进一步健全系统性和区域性金融风险监测评估和预警体系，完善风险防范处置应对预案。加强对具有融资功能的非金融机构的风险监测，探索开展金融机构稳健性现场评估和银行业风险业务专项现场评估，抓紧推进建立存款保险制度的各项工作，继续推动"两管理、两综合"工作。

(6) 继续深化外汇管理改革，防范跨境资本流动风险。落实好货物贸易外汇管理改革措施，将监管重心逐步转移至总量核查、动态监测和分类管理。稳步推进资本项目可兑换，完善直接投资便利化措施，逐步扩大民间对外投资。改进银行结售汇综合头寸管理。坚持外汇储备多元化投资策略，加强风险防范，创新运用方式。加强跨境资本流动监测，继续严厉打击地下钱庄等违法犯罪行为。

(7) 扎实推进金融服务现代化，进一步提升金融服务与管理水平。继续完善金融法律制度体系。深入推进全面、统一、共享的金融业综合统计体系建设。探索与现代中央银行制度相适应的人民银行会计标准和会计财务制度。做好第二代支付系统、中央银行会计核算数据集中系统(ACS)上线工作。鼓励和引导支付业务创新，强化支付服务市场监督管理。加快金融信息化建设，加快金融IC卡在公共服务特别是交通卫生等领域的普及推广。科学调拨发行基金，继续提升流通中的货币整洁度，改进普通纪念币发行管理，务实推进反假货币工作。加快构建现代化国库，加强国库监管。推动金融业统一征信平台建设，继续推进中小企业和农村信用体系试验区建设。实施反洗钱法人监管政策。建立健全金融消费权益保护工作机制。

(8) 继续参与全球经济金融政策协调和国际金融规则制定。加强区域金融合作。利用好多边开发机构平台，深化融资合作，支持企业和金融机构"走出去"。稳步推进与港澳台地区的金融合作。

对于2019年稳健的货币政策，李克强表示，稳健的货币政策要松紧适度。广义货币M2和社会融资规模增速要与国内生产总值名义增速匹配，以更好地满足经济运行保持在合理区间的需要。在实际执行中，既要把好货币供给总闸门，不搞"大水漫灌"，又要灵活运用多种货币政策工具，疏通货币政策传导渠道，保持流动性合理充裕，有效地缓解实体经济特别是民营和小微企业融资难融资贵问题，防范化解金融风险。深化利率市场化改革，降低实际利率水平。完善汇率形成机制，保持人民币汇率在合理均衡水平上的基本稳定。

【阅读资料】

2019年第三季度中国货币政策执行报告

2019年第三季度以来，中国经济运行总体平稳，结构调整扎实推进，投资缓中趋稳，消费、就业总体稳定，物价上涨结构性特征明显，同时国内外形势复杂严峻，困难挑战增多，经济下行压力持续加大。按照党中央、国务院决策部署，中国人民银行坚持金融服务实体经济的根本要求，实施稳健的货币政策，加强逆周期调节，加强结构调整，将改革和调控、短期和长期、内部均衡和外部均衡结合起来，用改革的办法疏通货币政策传导，促进降低社会综合融资成本，为实现"六稳"和经济高质量发展营造了适宜的货币金融环境。

一是畅通渠道，深化金融供给侧结构性改革，提高货币政策传导效率。8月17日中国人民银行宣布完善贷款市场报价利率(LPR)形成机制，疏通市场化利率传导渠道，推动银行改进经营行为，打破贷款利率隐性下限，促进降低企业融资成本。以永续债为突破口补充银行一级资本，开展央行票据互换操作对永续债发行予以支持。

二是调节闸门，保持流动性合理充裕，引导货币供应量和社会融资规模合理增长。9月6日宣布全面降准0.5个百分点，释放资金约8000亿元。灵活运用中期借贷便利、常备借贷便利、公开市场操作等多种货币政策工具保持流动性松紧适度，保持货币市场利率平稳运行。

三是精准滴灌，加大结构调整引导力度，支持民营、小微企业发展。继续发挥好再贷款、再贴现等工具引导信贷结构优化的作用。9月6日宣布对仅在省级行政区域内经营的城商行额外降准1个百分点，释放资金约1000亿元，发挥好宏观审慎评估(MPA)的作用，将定向降准城商行使用降准资金发放民营、小微企业贷款情况纳入MPA考核，引导中小银行回归基层、服务实体。

四是精准拆弹，稳妥有序推进包商银行风险处置，防范化解金融风险。包商银行接管托管工作进展顺利，制止了金融违法违规行为，遏制住风险扩散，既最大限度地保护了客户合法权益，又依法依规打破了刚性兑付，促进了金融市场的合理信用分层。中国人民银行建立了防范中小银行流动性风险的"四道防线"，通过货币政策操作及时稳定了市场信心，对保持货币、票据、债券等金融市场平稳运行发挥了重要作用。

五是以我为主，把握好内部均衡和外部均衡之间的平衡，有效应对外部冲击。8月5日，人民币汇率在市场力量推动下破"7"，发挥了自动稳定器作用。人民币汇率以市场供求为基础双向浮动，在合理均衡水平上保持了基本稳定。继续在香港常态发行中央银行票据，进一步丰富香港市场短期高等级人民币金融产品，促进离岸人民币货币市场发展，推动人民币国际化。

总体来看，稳健的货币政策成效显著，传导效率明显提升。9月末，M2同比增长8.4%，社会融资规模存量同比增长10.8%，M2和社会融资规模增速与前三季度名义GDP增速基本匹配并略高，体现了强化逆周期调节。前三季度人民币贷款新增13.6万亿元，同比多增4867亿元，多增部分主要投向了民营和小微企业等薄弱环节。企业综合融资成本稳中有降，9月企业债券加权平均发行利率为3.33%，较上年高点下降1.26个百分点，其中民营企业债券加权平均发行利率较上年高点下降1.8个百分点；新发放企业贷款利率较上年高点下降0.36个百分点。9月末，CFETS人民币汇率指数为91.53，人民币汇率预期趋于平稳。主要宏观经济指标保持在合理区间，前三季度国内生产总值(GDP)同比增长6.2%，居民消费价格(CPI)同比上涨2.5%。

当前，中国经济保持平稳发展的有利因素较多，三大攻坚战取得实质性进展，供给侧结构性改革深化，总供求基本平衡，经济增长保持韧性，改革开放有力推进，宏观政策效果逐步显现，不存在持续通胀或通缩的基础。但全球经济下行压力加大，主要经济体货币政策空间有限，外部不确定不稳定因素增多。我国发展长短期、内外部等因素变化带来较多风险挑战，国内经济下行压力持续加大，内生增长动力还有待进一步增强，食品价格指数同比上涨幅度较大，未来一段时间需警惕通胀预期发散。

下一阶段，中国人民银行坚持以习近平新时代中国特色社会主义思想为指导，全面贯彻党中央、国务院决策部署，紧紧围绕服务实体经济、防控金融风险、深化金融改革三项任务，实施好稳健的货币政策。继续保持定力，把握好政策力度和节奏，加强逆周期调节，加强结构调整，妥善应对经济短期下行压力，坚决不搞"大水漫灌"，保持广义货币M2和社会融资规模增速与名义GDP增速匹配。注重预期引导，防止通胀预期发散，保持物价水平总体稳定，坚持用市场化改革方法降低实体经济融资成本，推动银行更多运用LPR，引导金融机构增加对实体经济特别是民营、小微企业的支持。健全可持续的资本补充体制机制，重点支持中小银行多渠道补充资本，优化资本结构。协调好本外币政策，处理好内部均衡和外部均衡之间的平衡，保持人民币汇率在合理均衡水平上的基本稳定。加强风险监测，坚持在推动高质量发展中防范化解风险，精准有效地处置重点领域风险。深化金融供给侧结构性改革，建设现代中央银行制度，健全具有高度适应性、竞争力、普惠性的现代金融体系，形成供给体系、需求体系和金融体系之间的三角良性循环。

(资料来源：中国人民银行，2019.11.)

【阅读资料】

人民银行发布《2020年第一季度中国货币政策执行报告》

5月10日，中国人民银行发布《2020年第一季度中国货币政策执行报告》(以下简称《报告》)，《报告》分为货币信贷概况、货币政策操作、金融市场运行、宏观经济分析、货币政策趋势五个部分。

《报告》强调，中国人民银行把疫情防控作为最重要的工作来抓，并把支持实体经济恢复发展放到突出位置，综合运用多种工具有效应对疫情冲击。

一是保持流动性合理充裕。今年以来，三次降低存款准备金率释放1.75万亿元长期资金，春节后投放短期流动性1.7万亿元。合理把握公开市场操作力度和节奏，维护金融市场平稳运行。二是加大对冲新冠肺炎疫情影响的货币信贷支持力度。设立3000亿元专项再贷款，定向支持疫情防控重点领域和重点企业，增加5000亿元再贷款再贴现专用额度支持企业有序复工复产，再增加再贷款再贴现额度1万亿元支持经济恢复发展。三是用改革的办法疏通货币政策传导渠道。深化利率市场化改革，促进贷款市场报价利率(LPR)推广运用，推进存量浮动利率贷款定价基准转换，降低贷款实际利率。四是以我为主，兼顾对外均衡。人民币汇率总体稳定，双向浮动弹性增强。跨境资本流动和外汇供求基本平衡。五是牢牢守住风险底线，有效防控金融风险。

《报告》指出，国际疫情持续蔓延，不稳定不确定因素显著增多。我国经济稳中向好、长期向好的趋势没有改变。但当前我国经济发展面临的挑战前所未有，必须充分估计困难、风险和不确定性，切实增强紧迫感，抓实经济社会发展各项工作。下一阶段，中国人民银行将继续坚持稳中求进工作总基调，坚持新发展理念，扎实做好"六稳"工作，全面落实"六保"任务，确保完成决战决胜脱贫攻坚目标任务，全面建成小康社会。

《报告》指出，稳健的货币政策要更加灵活适度，根据疫情防控和经济形势的阶段性变化，把握好政策力度、重点和节奏。加强货币政策逆周期调节，把支持实体经济恢复发展放到更加突出的位置，运用总量和结构性政策，保持流动性合理充裕，支持实体经济特别是中小微企业渡过难关。充分发挥再贷款再贴现政策的牵引带动作用，为疫情防控、复工复产和实体经济发展提供精准金融服务。处理好稳增长、保就业、调结构、防风险、控通胀之间的关系，保持物价水平基本稳定，多渠道做好预期引导工作。推动银行多渠道补充资本，提升银行服务实体经济和防范化解金融风险的能力。持续深化贷款市场报价利率改革，有序推进存量浮动利率贷款定价基准转换，疏通货币政策传导机制，引导贷款市场利率下行。协调好本外币政策，处理好国内经济和对外经济之间的平衡。把握好保持人民币汇率弹性、完善跨境资本流动宏观审慎政策和加强国际宏观政策协调三方面的平衡，保持人民币汇率在合理均衡水平上基本稳定。

(资料来源：中国经济新闻网，2020年5月12日.)

本 章 小 结

货币政策是一国(或地区)的中央银行通过控制货币与信贷总量、调节利率和汇率水平等方法,影响社会总需求和总供给水平,促进宏观经济目标实现的方针和措施的总称。

货币政策目标是指中央银行制定和实施某项货币政策所要实现的特定的经济目标,这种目标就是货币政策所要实现的最终目标。因此货币政策是为宏观经济管理服务的,以实现宏观经济调控目标为己任。按照中央银行对货币政策的影响力、影响速度、影响方式等,货币政策目标可分为最终目标、中介目标、操作目标三大类。

货币政策工具是中央银行为实现货币政策的目标而采取的具体手段和措施。一般来说,中央银行货币政策工具可分为一般性货币政策工具和选择性货币政策工具。一般性政策工具是中央银行进行调控的常规手段。它主要是调节货币供应总量、信用量和一般利率水平,因此,又称为数量工具。一般性货币政策工具主要包括存款准备金制度、再贴现政策和公开市场业务三大工具。选择性工具是中央银行针对某些特殊的经济领域或特殊用途的信贷而采用的信用调节工具,主要包括消费者信用控制、证券市场信用控制和不动产信用控制等。

课 后 习 题

一、名词解释

货币政策 货币政策目标 最终目标 中介目标 操作目标

二、简答题

1. 货币政策的含义是什么?
2. 简述货币政策目标的含义及分类。
3. 简述货币政策工具的含义及分类。

三、案例分析题

2007年年初到2008年年中,为控制银行信贷,缓解流动性过剩状况,央行先后15次上调存款准备金率,使其由9%上升至17.5%。随后,在美国金融危机蔓延、全球金融动荡的形势下,存款准备金率从2008年9月至12月连续四次下调至15.5%。时隔19个月,2010年1月12日至2010年12月20日,央行累计上调存款准备金率6次,至此,存款准备金率调整为18.5%。

问题:
为什么在2010年内要如此频繁地上调存款准备金率?

第十章

信用与利息

【学习目标】
- 掌握信用的含义及形式、利息的定义及计算方法。
- 了解利率的决定因素及信用工具。

【引导案例】

国家信用 VS 个人信用

2020年7月11日，中国独立评级机构大公国际资信评估有限公司在北京发布首批50个典型国家的信用等级。这是中国也是世界第一个非西方国家评级机构第一次向全球发布的国家主权信用风险信息。在评估报告中，中国的国家信用超过美日德暂列世界第一。

对于我国国家信用"世界第一"的称号，网友颇有微词，这是混淆了国家信用和个人信用的概念。说句公道话，我国的国家信用即便不是"世界第一"也可以算"名列前茅"。国际观察家分析说，国家信用多掺和着国际战略的较量，比如美国想通过信用评级压制欧盟的崛起，欧盟也自己发布自己的信用评估体系反制美国，这无疑对其他国家构成国际政治经济压力。中国是负责任的大国，又是世界上最大的债权国，不能在国家信用的事务中缺席，今后必然更加注重国家信用。

不过，相比国家信用，我们的个人信用却差得太远。

最新的一个注脚是，愈演愈烈的唐骏"学历造假门"。耐人寻味的是，唐骏"学历造假门"东窗事发后，至少上百位名人的词条都在近日有不同程度的修改更新，其中很多涉及的正是学历、履历信息，而这些名人来自娱乐圈、商界、学术机构等多个领域。

而诸如"某留学生在拖欠数月房租之后逃窜回国""某人办理多张信用卡刷爆后逃之夭夭"的新闻中，与国家信用的精神高度相比，国人的个人信用像一个侏儒一样矮小，让人不禁想问：两者差距为何如此之大？

相对于国家信用的节节高升，处处花开，个人信用在国内发育尚未完全成熟。但是，随着这种情景变迁，如果个人信用不趋于常态化，就难与国际信用一体化构成完整的信用体系，从而形成另一种"国富民穷"的畸形状态。

信用是一种普世价值。我们在国家信用方面表现卓著，等于从另一个角度证明了我们在个人信用方面可以做得比现在更好，完全可以从制度上实行更广泛和更具深度的个人信用制度。

(资料来源：武汉晚报(武汉)，http://news.163.com/10/0713/02/6BEK3UU600014AED.html，2010-07-13.)

第一节 信 用 概 述

一、信用的含义

"信用"这个词在中国传统概念中，是借贷(债)的意思。西方信用原意是相信、信任、声誉等，这些意思与作为经济范畴的信用有联系，但用以说明信用这个经济范畴的特征是不容许的。

信用这个范畴是指借贷行为。这种借贷行为的特点是以收回为条件的付出，或以归还为义务的获得；贷出是因为有权取得利息，借者可能借入，是因为承担了支付利息的义务。

信用的要素有信用的主体、信用的客体和信用的内容。

(一)信用的主体

信用的主体是指信用行为发生的当事双方,即具有各种民事行为能力的经济主体(包括法人和自然人)。其中,转移资产的一方为授信者或债权人,而接受资产的一方为受信者和债务人。

(二)信用的客体

信用是通过一定交易行为的发生来体现的,就应当有被交易的对象,即信用客体。这种被交易的对象是授信方的资产,可以是有形的商品、货币形式,也可以是无形的服务形式。没有被交易的对象,就不会有经济交易行为发生,也不会有信用行为发生。

(三)信用的内容

在信用活动中,授信人以自身的财产为依据授予对方信用,受信人则以自身承诺为保证取得信用。债权人承担的是信任风险,具有约期收回本息的权利,债务人承担的是偿还付息的责任或义务。没有对权利义务关系的承诺就无所谓信用,所以具有权利和义务关系是信用的内容。

二、信用的产生

原始社会末期,私有制的产生造成了财富占有不均,出现贫富差距。贫困家庭难以维生而向富裕家庭借贷,信用随之产生,可见私有制是信用产生的基础。

最早的信用是实物信用,实物信用的基础是物物交换。这种信用不可避免地会遇到物物交换时所遇到的困难,从而使信用关系难以获得广泛的发展。货币的产生克服了物物交换的困难,并逐渐成为信用领域主要的信贷工具。随着货币支付手段的发展,实物借贷已局限在极其狭小的范围内。目前,几乎所有的信用关系都是以货币为对象建立的。所以,货币的产生是信用产生和存在的基础。

商品流通和商品经济的发展也是信用存在和发展的基础。由于各种商品生产季节的差异,生产周期长短不一,商品购销地点距离远近不同等原因,商品的买卖与货币的支付常无法同时进行。因次,只有通过赊销、延期支付等信用活动来进行调节,以促进商品交换的实现。商品流通量越大,与商品相关联的信用活动就越多。

三、信用的发展

信用的发展从不同角度看,经历了以下几个阶段。
(1) 从客体来看:由实物借贷到货币借贷。
(2) 从主体来看:由个人信用到单位(企业、银行、政府)信用。
(3) 从性质上看:由高利贷信用到资本主义信用到社会主义信用。

(4) 从用途上看：由消费信用到经营信用。
(5) 从范围来看：由直接信用到间接信用再到直接信用。

第二节　信　用　形　式

一、商业信用

商业信用是企业之间在出售商品时，以延期付款或预先交付货款形式所提供的信用，也就是通常所说的商品赊销或预购活动。其中，延期付款是商业信用最基本、最典型的活动。商业信用具有以下各种特点。

(1) 商业信用的借贷双方都是企业。
(2) 商业信用是一种直接信用。
(3) 商业信用的借贷物是商品资本。
(4) 商业信用是集融资和融物为一体的信用形式。
(5) 商业信用的动态和产业资本的动态是一致的。
(6) 商业信用一般不计付利息。

商业信用的几个特点是其他任何一种信用形式所不能完全替代的。在商品货币经济中，商业信用有它存在和发挥作用的基础，即使在社会主义制度下也是如此。但商业信用也存在下述各种局限性。

(1) 商业信用的规模受到企业家资本数量的限制。
(2) 商业信用的方向受企业间商品买卖关系的制约。

商业信用还具有盲目性和自发性等局限性。商业信用的种种局限致使其不能满足商品经济发展对信用的需要，客观上需要有一种新的信用形式产生，以满足生产和流通对信用的要求。

二、银行信用

银行信用是银行或其他金融机构集中和再分配货币资金的一种信用形式。银行信用具有下述各种特点。

(1) 银行信用的借贷双方必有一方是银行等金融机构。
(2) 银行信用的借贷是货币资金。
(3) 银行信用的动态和产业资本的动态不一致。
(4) 银行信用的产生对商品经济的发展具有巨大的推动作用，它是现代经济生活中占核心地位的信用形式。

三、国家信用

国家信用一般是指以国家或政府作为债务人的一种借贷活动。

国家信用有内债和外债两种形式。内债是国家以债务人的身份向国内居民、企业团体取得的信用。外债是国家以债务人的身份向国外居民、企业团体取得的信用。其中，外债纳入国际信用部分研究。

财政政策工具的综合运用，对于政府更好地实现调节经济的职能有重要作用。

四、消费信用

消费信用是工商企业、银行或其他金融机构以商品、货币或劳务的形式，向消费者个人提供的信用。消费信用让消费者先取得商品或劳务，然后按照约定的期限偿还欠款。

消费信用按其性质来说有两种类型：一种类似商业信用，由工商企业以赊销或分期付款形式向消费者提供商品或劳务；另一类则属于银行信用，具体有两种方式，或是由银行直接向消费者个人发放贷款，或是由银行向提供商品与劳务的工商企业发放贷款。此外，以物品做抵押的典当行，以及以个人或家庭的消费临时融通的货币，也可算是消费信用。

消费信用的主要形式有两种。

(一)赊账或透支

赊账或透支主要用于日常零星的购买，属于短期信用。透支一般使用信用卡进行。

(二)分期付款

这是常见的消费信用，多用于购买耐用消费品，如汽车、家具、房屋等，一般属中长期信用。按是否需要抵押品，消费贷款可分为信用放款和抵押放款两种。信用放款不需提供任何抵押品；抵押放款则必须以汽车、住房及其他物品做抵押，方可向银行取得贷款。

【阅读资料】

一张卡欠款达百万　信用卡不信用的难题有待化解

北京市西城区法院发布的《个人消费贷款审判白皮书》的统计数据显示，该院 2005 年信用卡纠纷案的数量是 78 件，2009 年是 523 件，年均增长率高达 142%，而 2011 年更是达到 5558 件。信用卡纠纷案件占商事案件的比例也由 2005 年的 2.6%，上升到 2011 年的 62.3%，并且透支信用卡消费的总体标的额逐渐走高，有的标的额甚至超过百万元。

一张信用卡欠款竟达上百万元

据北京市西城区法院民三庭庭长王珊介绍，2007 年该院信用卡纠纷案件收案标的额在 10 万元以上的有 4 起，2010 年增至 145 起，2011 年虽有所回落，但是也达到了 51 起。

她解释说，近年来信用卡纠纷案件大标的额案件增多的原因主要有：银行传统信用卡业务授信额度增加，持卡人可以透支较高的款项，一旦发生逾期，透支本金就可能较大；部分信用卡持卡人拖欠时间较长，导致除欠款本金外，还产生较高的利息、滞纳金、超限费等费用，累计欠款总额较大。

某银行起诉称：董某于 2010 年 11 月向该行申请办理信用卡一张。董某使用该卡后未履行全部还款义务，截至 2011 年 11 月 1 日，董某共透支人民币本息合计 103 万元。根据信用卡领用合约，持卡人应当在每月 25 日之前还清最低还款额，但董某多次违约。银行对其催收多次，但一直拖欠至今。故诉至法院，请求判令被告董某返还信用卡透支款及上述欠款自 2011 年 11 月 2 日起至实际还款日产生的利息、滞纳金和超限费，并承担本案的诉讼费用。经询，董某认可信用卡欠款事实及金额。

西城法院审理查明相关事实后，支持了该行的诉讼请求，依法判令董某偿还所欠信用卡透支款及相应利息、滞纳金和超限费。

北京市西城区法院民三庭法官陈睿指出，银行针对少量客户人群(如知名人士、企业家等)提供更为"优质"(主要体现在信用额度巨大，提供更多服务类型)的信用卡服务，并冠以白金卡、至尊卡等称谓。由于其信用额度巨大，实质上已具备个人无担保贷款的性质，且无须经过银行的放贷审批。一旦持卡人经济状况恶化，就有可能无力偿还巨额透支款项。

(资料来源：曾亮亮，张彬．经济参考报，http://finance.ce.cn/rolling/201207/17/t20120717_16909541.shtml，2012-07-17．)

第三节 利息与利息率

一、利息的定义

利息是从属于信用的一个经济范畴。只要有信用关系存在，就必然存在利息。所谓利息，是指借款者为取得货币资金的使用权，支付给贷款者超过借贷货币额的那一部分代价；或者，是贷款者因暂时让渡货币资金使用权，从借款者那里取得的超过借贷货币额的那一部分报酬。由于利息产生于货币的借贷，所以借贷货币额被称为"本金"，利息则称为"子金"。利息水平的高低是由利率表示出来的。利率是一定时期内利息额同借贷货币(本金)之间的比率。

决定利息额的基本因素包括借贷货币额的多少、借贷时间的长短和利率的高低。计算利息的公式表示如下：

利息额=借贷货币额(本金)×借贷时间×利率

利息的性质决定于利息的来源，而利息的来源又是由信用关系的性质所决定的。利息的实质不外乎是利润的一部分，是剩余价值的特殊转化形式。利息体现了借贷资本同职能资本共同分割剩余价值的分配关系。我国现阶段的利息，其性质可理解为物质生产部门劳动者为社会所提供的剩余劳动的一部分，是货币资金所有者及银行参与产业利润分配的一种经济形式。它反映的是国家、银行、企业和个人之间的物质利益关系。当然，利息作为一种非劳动收入，是"按资分配"的一种形式，若处理不当会或多或少地引起社会分配中的摩擦和矛盾。

二、利率的表示和计算方法

利息的计算应考虑本金、利率、时间、还款方式和计算方法五大因素。

(一)利率的表达方法

年利率用%表示,月利率用‰表示,日利率用 0.1‰表示。在我国,习惯上把年息、月息和日息都用"厘"做单位。例如,年息 10 厘,是指年利率 10%,即 100 元贷款(或存款)一年的利息为 10 元;月息 5 厘,是指月利率是 5‰,1000 元贷款(存款)1 月的利息为 5 元。

利息之间可以换算:

$$月利率 \times 12 = 年利率$$
$$年利率 \div 12 = 月利率$$

(二)利息的计算方法

1. 单利计算方法

单利计算方法即上一期的利息收入不作为下一期计算利息的基础,也就是不增加本金的计算方法。

单利的利息计算公式为

利息额=本金×利率,C=P×r×n;本利和 S 为 S=P×(1+r×n) (C 为利息额,P 为本金,r 为利息率,n 为借贷期限,S 为本金和利息之和(简称本利和))

2. 复利计算方法

复利计算方法是指上一期的利息额加入本金,并作为下一期计算利息的基础的方法。越到后期,作为计息基础的本金就越大。复利计算考虑了货币的时间价值,比较合理,国际通常采用这种方法。

计算公式:$S = P(1+i)^n$ (P=本金;i=利率;n=持有期限)

【计算】

2007 年 3 月 7 日借 10 万元,利息按每月 2%计算,就是每月利息为 2 000 元,一年后利息又转为本金,第二年本金为 124 000 元,那么到 2011 年 5 月 29 号要还多少?

2007 年 3 月 7 日借款 10 万元,按月利率 2%(年利率为 2%×12=24%),一年后利息转为本金(复利计息)。

(1) 2007 的 3 月 7 日至 2011 年 3 月 6 日共 4 年,其本利和为:

$100000 \times (1+2\% \times 12)^4 = 236421.38(元)$

(2) 2011 年 3 月 7 日至 5 月 29 日为 2 个月零 22 天,日利率为:2%/30,该笔借款至 2011 年 5 月 29 日的本利和为:

$236421.38 \times (1+2\%)^2 (1+2\%/30 \times 22) = 249580.40(元)$。

(资料来源:http://zhidao.baidu.com/link?url=Wu4ZFlUtOPHjsRoHF5x3z0jZ0SGUnjvAc-Zrf0Fyf6sfM5ldOZnN8nq3FKgSHO_j_hXFocoD9DhOisyPbrV_N_.)

【案例】

活期储蓄计息公式:利息=累计计息积数×日利率
累计计息积数=账户每日余额合计数,日利率=年利率/360

例如，2014年3月1日存入10000元，2014年3月20日取出，共20天，计息积数=20×10000=200000(元)，假设20日适用的存款利率为0.36%，日利率为0.36%÷360，利息=200000×(0.36%÷360)=2(元)，为10000元存20天的活期存款利息。

三、利率的种类

(一)按计算利率的不同期限分类

按计算利率的不同期限分类，利率可分为年利率、月利率和日利率。

(二)按利息在借贷期间是否固定分类

按利息在借贷期间是否固定分类，有固定利率和浮动利率两种形式。固定利率是指在整个借贷期间固定不变、不随借贷资金供求关系的变化而波动的利率。浮动利率是指在借贷期间，利率随市场利率的变化定期调整的利率，调整期限和调整依据由借贷双方在签订借贷协议时商定。

(三)按借贷时间的长短分类

短期利率一般指借贷时间在1年以内的利率，而长期利率是指借贷时间在1年以上的利率。一般而言，短期利率水平低于长期利率。

(四)按利率给予对象的不同分类

利率按给予对象的不同，分为以下四种。

(1) 基准利率。它是指在整个金融市场上和整个利率体系中处于关键地位，起决定作用的利率。当它变动时，其他利率也相应发生变动。在西方国家，一般以中央银行的再贴现率为基准利率。在我国，1984年前国家银行确定的利率起基准利率的作用；1984年后，中国人民银行对各专业银行和其他金融机构的存贷款的利率为基准利率。

(2) 普通利率。它是指商业银行等金融机构在经营存贷款业务过程中，对一般客户所采用的利率。其水平的高低由决定利率水平的一般因素所决定，不附加特殊条件。因此，它是使用最为广泛的利率。

(3) 优惠利率。此利率是指银行等金融机构发放贷款的时候，对某些客户所采用的比一般贷款利率低的利率。

(4) 惩罚利率。此为银行等金融机构对客户不遵守有关信贷政策和原则使用贷款时所收取的高于普通利率的利率。

(五)按是否考虑通货膨胀分类

利率按是否考虑通货膨胀因素可分为名义利率和实际利率。

名义利率是指银行挂牌的存贷款的利率。而实际利率是名义利率剔除通货膨胀因素后的真实利率。公式为

实际利率=名义利率-通货膨胀率

在经济生活中,使实际利率保持为正值很重要。实际利率为正,有利于吸收储蓄,有助于降低通货膨胀率;实际利率为负时,则会减少储蓄,刺激金融危机,恶化通货膨胀。

四、利率的决定及影响因素

一定时期的利率水平是由若干因素综合作用的结果。由于代表供求的指标选择不同而产生了种种理论。

(一)马克思的利率决定理论

1. 平均利润率

平均利润率是社会平均利润率,要求等量资金获得等量利润,是商品经济发展的客观要求。还本付息是信用活动的基本特征,信用的提供者贷放货币,显然是为了获利,也就是利润不可能为零,否则贷款就无利可图,借贷活动难以成立。利息是利润的一部分,平均利润率成了利率的最高上限。如果利率等于或大于平均利润率,借入者就无利可图,借贷活动难以进行。一般情况下,能为借贷双方所接受的利率只能在大于零和小于平均利润率的区间进行选择。

2. 资金供求和竞争的变动

借贷双方既是供求双方,又是竞争的双方,和商品市场上的供求规模一样,当资金供大于求时,竞争有利于借入者,因为贷方内部为了贷放资金的竞争将导致利率下降。当资金供小于求时,竞争有利于贷方,因为借方内部为了获取资金的竞争将导致利润上升。资金供求的变化主要是因为产业周期的变化而引起的,在危机阶段资金求大于供,利率上升到最高限;在萧条阶段资金供大于求,利率降低到最低限度;在复苏阶段资金供略大于求,利率仍处于较低水平;在繁荣阶段,资金求大于供,利息渐渐回升。总之,利率的变动必须和资金供求及竞争的变动相一致。

3. 物价水平的变动

利息是一种货币现象,币值的变动会引起物价的变动,进而影响到借贷双方真实本息的变动。显然在通货膨胀的情况下,名义利率大于实际利率。两者之间的关系是名义利率等于实际利率加预期物价上涨率,所以利率的变动必须大体上和物价的变动相一致。否则,当物价上涨率大于名义利率时,实际利率就成了负利率。

4. 国家经济政策的变动

由于利率的变动对经济有很大的影响,因而世界各国经济政策常对利率的变动加以干预和调节,以求促进经济健康发展。有时为了促进经济发展,适当调低利率以促进企业投资;有时为了抑制通货膨胀,适当调高利率,以压缩社会需求,稳定物价。国家干预经济的力度越大,利率受国家经济政策变动的影响就越大。

此外,期限、风险等其他因素也是确定利率水平的依据。一般来讲,期限越长,风险越大，利率越高。反之，则利率越低。随着我国经济开放程度的提高，国际金融市场的利率变动对我国利率水平的影响将越来越大。

(二)西方的利率决定理论

1. 古典利率理论

古典利率理论流行于 19 世纪末至 20 世纪 30 年代的西方经济学界。古典利率理论认为利率取决于储蓄和投资的均衡点。

其基本内容是利率决定于资本的供给和需求，这两种力量的均衡决定了利率的水平。资本的供给来源于储蓄，储蓄取决于"时间偏好""节欲""等待"等因素。在这些因素既定的条件下，利率越高，储蓄的报酬越多，结果储蓄量会增加；反之则减少。因此，储蓄是利率的增函数。资本的需求取决于资本边际生产力和利率的比较，只有当前者大于后者时，才能导致净投资。在资本边际生产力一定的条件下，利率越高，投资越少；利率越低，投资越多。因此，投资是利率的减函数。

2. 货币供求理论

凯恩斯认为利息是对人们放弃流动性偏好的报酬，因此决定利率的是货币因素而非实际因素。他认为利率取决于货币的供求，货币供应是由中央银行决定的外生变量，货币需求则取决于人们的流动性偏好。当人们的流动性偏好增强时，愿意拥有的货币数量就会增加，当货币供应不变时利率就上升；反之，当货币需求减少而货币供给不变时，利率就会下降。因此，利率是由流动性偏好所决定的货币需求与货币供给共同决定的。

3. 可贷资金利率理论

可贷资金利率理论也称为借贷资金理论，该理论继承了古典利率理论基于长期实际经济因素分析的理论传统，同时开始注意货币因素的短期作用。利用货币因素与实际因素、存量与流量的分析，将储蓄、投资、中央银行的货币政策及商业银行体系创造的新增加货币等都纳入利率的决定机制中，从而得出了利率决定可贷资金的供给与需求均衡点的结论。其中，可贷资金的供给主要有以下几个来源：当前储蓄、出售固定资产的收入、窖藏现金的启用、银行体系新创造的货币量。

可贷资金的需求主要来自当前投资、固定资产的重置与更新；新增的窖藏现金量。

第四节 信 用 工 具

一、短期信用工具

短期信用工具是用于短期资金融通的信用工具，是用于证明短期信用关系的书面凭证，其主要形式有商业票据、银行票据、银行存单、信用证、信用卡和短期政府债券等。

(一)商业票据

商业票据是在商品交易基础上产生的,用来证明交易双方债权债务关系的书面凭证。商业票据可分为商业汇票和商业本票两种形式。

1. 商业汇票

商业汇票是由债权人签发的要求债务人按约定的期限向指定的收款人或持票人支付一定的金额款项无条件支付命令,往往由商品交易的卖方签发。由于商品汇票是由债权人签发的,必须经过承兑才具有法律效力。所谓承兑,是指在票据到期前,付款人承诺在票据到期日支付票据金额的行为。具体做法是付款人在票据上注明"承兑"字样和承兑日期并签章。由债务人承兑的汇票称为商业承兑汇票;由银行受债务人委托承兑的汇票,称为银行承兑汇票。

2. 商业本票

商业本票是债务人向债权人签发的,承诺在约定的期限内支付一定款项的债务凭证。商业本票是由债务人本人签发的,因此无须承兑。商业本票往往由实力雄厚、信誉卓著的大公司签发。

商业票据经常背书可以转让流通。背书是票据持有人在票据背面作转让签字的一种票据行为,背书人对票据的支付负连带责任,经过背书的票据可充当流通手段和支付手段。但商业票据的流通范围有限,尤其是商业本票,只能在彼此相互信任和了解的企业之间进行流通。未到期的经过承兑的商业票据可以向银行申请贴现,提前获得现款,但获得的现款要低于票面金额。

(二)银行票据

银行票据是在银行信用的基础上,由银行承担付款义务的信用凭证。银行票据包括银行汇票、银行本票和银行支票。

1. 银行汇票

银行汇票是银行开出的汇款凭证,由银行签发,交由汇款人自带或寄给异地收款人,凭以向指定银行兑取款项。银行汇票不同于商业汇票:①商业汇票由商品交易引起,而银行汇票因款项汇兑而签发,不一定与商品交易有关;②商业汇票的出票人和受票人均为企业,而银行汇票的出票人和受票人都是银行;③银行汇票的信誉较商业汇票高,商业汇票必须经过承兑方能生效。

2. 银行本票

银行本票是银行签发的,承诺自己在见票时无条件支付确定的款项给收款人或者持票人的票据。在实际操作中,一般由申请人将款项交存银行,由银行签发银行本票给申请人办理转账或支取现金。目前,我国的银行本票有定额银行本票和不定额银行本票两种。

3. 银行支票

银行支票是活期存款户对其存款银行签发的，要求从其存款账户上支付一定金额给持票人或指定人的票据。支票的种类很多，常用的支票有记载受款人姓名的记名支票和无受款人姓名的不记名支票；可付现金的现金支票和不付现金的转账支票；银行保证付款的保证支票等。存款开出的票面金额超过其存款金额或透支限额的支票称为空头支票，空头支票无效。

由于支票在银行信用基础上产生，付款人为银行，比商业票据有更强的信用保证，且其付款金额和方式更加灵活，因而其流通范围比较广泛，常常作为流通手段和支付手段来使用，并可节约现金的流通。

(三)银行存单

银行存单即存款单，由银行发行，记载一定存款金额、存款期限和存款利率的信用凭证，是存款人的债权凭证。一般的存单，只代表银行与持有人的信用关系，不具有流通工具性质，即不可以作为支付手段转让。我国曾经发行过一种大额可转让定期存单，不记名、可转让、可作为流通工具使用。但随着存款实名制的实施，再加上信用工具日益多样化，支付的方式也变得多种多样，这种不记名的大额存单已逐渐退出使用。

(四)信用证

信用证包括商业信用证和旅行信用证。

商业信用证是商业银行受客户委托开出的证明客户有支付能力并保证支付的信用凭证。在国际贸易中，信用证被广泛用于货款的结算。信用证在签发时虽然银行实际上并没有给予贷款，但是商业银行在承诺保证金额付款时已形成了潜在的债权债务，因而也被看作一种授信。

旅行信用证又称为货币信用证，是银行为便利旅行者出国时在国外支取款项所发行的信用凭证。旅行者在出国前，将款项交存银行，银行开给旅行者信用凭证，旅行者在旅途中就可凭信用证向指定银行领取款项。

二、长期信用工具

(一)股票

股票是股份公司给股东证明其投资并凭以领取股息的凭证，是股份公司在筹集资本时向出资人发行的股份凭证，代表着其持有者(即股东)对股份公司的所有权。这种所有权为一种综合权利，如参加股东大会、投票表决、参与公司的重大决策、收取股息或分享红利等，但也要共同承担公司运作失误所带来的风险。

股票交易时间为星期一至星期五 9:30 至 11:30，13:00 至 15:00。股票买进和卖出都要收手续费，买进和卖出佣金由各证券商自定。印花税为3‰ (2008年印花税下调，单边收取1‰)。另外上海每1000股收取1元的过户费，不足1元时收1元。深圳不收过户费。上海委托费5元(按每笔收费)，深圳不收委托费。

股票价格又叫股票行市，它不等于股票票面的金额。股票的票面额代表投资入股的货币资本数额，它是固定不变的；而股票价格则是变动的，不是它所代表的实际资本价值的货币表现，而是一种资本化的收入。股票价格一般是由股息和利息率两个因素所决定的。例如，有一张票面额为 100 元的股票，每年能够取得 10 元股息，即 10%的股息，而当时的利息率只有 5%，那么，这张股票的价格就是 10 元÷5%=200 元。计算公式为

$$股票价格 = 股息/利息率$$

可见，股票价格与股息成正比例变化，而和利息率成反比例变化。如果某个股份公司的经营业绩良好，股息增多或是预期的股息将要增加，这个股份公司的股票价格就会上涨；反之，则会下跌。

【阅读资料】

股市行情最新消息　中国股市第三次牛市猜测

股市在本质上是不可预测的，根源在于企业的成长性、政策的摇摆性和经济的周期性都难以预测。因此，这个小文讨论的 A 股有否第三次牛市，大致仅属于猜测而非预测。只宜姑妄视之，一笑而过。

中国 A 股的第一次牛市，是从 2005 年 2 季度到 2007 年 3 季度，其特点是指数从不足 1000 点大涨逾 6000 点，整整上涨了 6 倍有余！

何以致之？此次牛市的经济基础扎实。1998—2003 年，中国国有企业经历了艰难的转型，较为典型是国企脱困攻坚战。2001—2005 年，中国银行体系也有了脱胎换骨的变化，较为典型的是国有银行"只许成功、不许失败"的改制上市。因此大致可判定，股市在牛市之前，无论实体经济还是金融体系，都经历了较为充分的风险释放和市场化重塑的持续深度改革。

何以持之？迅猛上涨的牛市持续了 9 个季度，其中的主旋律可能有两条，一是中国工业化进入中后期，企业规模迅速做强做大；二是中国城市化进入前中期，金融体系因工业化及城市化加速膨胀并获得超额利润。两者叠加，使资源类企业和银行股等在这轮牛市中获得了巨大的持续估值优势。

也许可以说，第一次牛市始于较为彻底的市场化改革，是在经济高速增长期和投资者高度乐观期的驱动下，造就的整体高估值牛市，或可形容为整体牛，指数牛。如中石油当年上市奇观一样，这种牛市已无法重现。

中国 A 股的第二次牛市，是从 2013 年第 2 季度到 2015 年第 3 季度，其特点是指数从不足 2000 点上涨逾 5000 点，涨逾 2.5 倍。但创业板和中小板的涨幅更大，煤炭钢铁水泥等有色传统行业受到冷落。

何以致之？这次牛市的背景是，人们意识到了依赖外需不可持续，经常账户顺占 GDP 的比率已持续偏高。人们也意识到重化工业化走到了后期，中国庞大的制造业产能已难以继续迅速扩张，甚至大银行也受到质疑。人们意识到财政货币强刺激的难以为继。或者说速度型规模型增长开始受阻。同时，十八届三中全会的纲领性文件点燃了人们对高质量增长和高水平开放的憧憬。

可以说，一场未竟全功的创新尝试造就了第二次牛市，其得以持续大致可归结为结构牛叠加杠杆牛这两点。所谓结构牛，也就是以创业板为引领的小票一飞冲天，创新和泡沫

泥沙俱下，传统产业的大票受到冷落。

所谓杠杆牛，是中国影子银行系统同期得到迅猛发展，券商等非银机构都热衷于类银行的类信贷和类通道业务，企业和居民经历了快速加杠杆进程。直到2016年第2季度，影子银行和互金泡沫才逐步见顶消退。

也许可以说，如果没有对创新过于急切，就不会有结构牛；如果没有金融体系迅速异化，就不会有杠杆牛，典型案例就是"乐视盛宴"。第二次牛市的创伤，并未在2015年3季度彻底终结，而是在此后有持续的泡沫挤出。

难道当下中国的股市，已有了第三次牛市的祥瑞？也许存在这种可能性。这次也许是对改革开放和转型创新的"配置牛"。

我们可以轻易地列举出诸多不利权益市场走好的理由。例如全球治理碎片化，经贸冲突使全球面临更弱增长甚至衰退的风险。例如中国经济增长持续放缓，货币政策相对克制，创新驱动量能不足等。无论从增长周期、通胀周期还是企业盈利周期看，要得出A股有可能迎来第三次牛市的猜测，看起来都更令人疑窦丛生。

但是"配置牛"的迹象在悄悄抬头。至少有三个因素对A股是有利的。

一是金融周期相对有利。2019年年初至今，全球负利率债券规模已从约13万亿美元攀升至逾15万亿美元，近30个经济体年内已降息，金砖国家当中除中国央行之外，均已采取降息措施，其中印度央行更多次降息。

相形之下，中国无论国债、金融债还是股票，估值优势和收益率优势都相对突出。道指和标普的估值都在约20倍，而上证50约15倍。美股在经历着从2009年2季度至今的超长牛市。中国金融周期似乎略滞后于全球金融周期，这带来了配置的可观价值。

二是金融开放背景相对有利。中国金融开放形成了"宜早不宜迟，宜快不宜慢"的主动开放氛围，中国国债和利率债市场，以及中国股票市场已陆续纳入全球主要债券指数和股票指数之中。目前中国GDP大约是美国的2/3，但A股总市值仅为美国股市的1/4，内地加香港两地股市也不及美股的一半。

非居民投资者在美国债市和股市的占比分别在约25%和15%。而非居民在中国债市和股市的占比约为2.2%和3.4%。由此观之，这带来了配置的可行空间。

三是中国对科技创新的真诚追求。2013年以来，各种宏观政策、产业政策和混改政策此起彼伏，与此相应，经济放缓斜率无明显收敛。在历经实体经济和金融体系的供给侧洗礼之后，能够证实的是，从政府到企业，对真实科技创新的真诚追求。这使得大浪淘沙之后，股市对科创的期待和呵护，甚至有可能促成股市运行机制的渐变。

相对有利的金融周期，以及金融对外开放和对内求新求变，可能是促成A股价值投资和创新成长投资的双轮驱动风格。

中国股市第三次牛市？猜测有可能，但也会伴随诸多全新现象。

新现象之一，国际经济环境不稳和A股韧性趋强。以美国为例，其始于2011年2季度的超长经济复苏，和始于2009年3季度的超长牛市都有些不确定性。但2015年年初以来历经煎熬的A股却似乎韧性渐强。

新现象之二，是中国避险资产和风险资产互有表现。中国的金融开放使外资仍以80%的资金配置于中国国债和利率债，对股票的配置可能仍是被动型和尝试型的。股债皆各有千秋。外资对价值投资的偏好，以及国人对创新成长的偏好可能会相互影响，并推动市场的机构化,基于量化的战略配置重要性上升。

新现象之三,是研判市场逐渐倚赖显微镜而非望远镜。你很难想象,即便有第三次牛市,会有多大的整体指数涨幅,当下点位即便上涨1倍就需挑战6100点的历史高度。因此,宏观的自上而下的方式如望远镜,只适合大级别的牛市。

而这次可能既不是指数飙升的整体估值牛,也不是借助杠杆的结构牛,而是需借助自下而上的方法,从行业研究寻找线索,从公司研判精筛标的的"配置牛"。获得超额收益的难度并不小。

新现象之四,是经济有偏,指数有偏,汇率有偏。所谓经济有偏,是比喻经济下行和股市稳中偏多的背离。所谓指数有偏,是指不太能用上综指或深成指的涨跌来衡量股市,从2016年1月份以来,上述两大指数似无趋势性变化,但哪怕上证50或沪深300都累积了较大涨幅。

所谓汇率有偏,是指可能不能沿用"股汇同向"的思维,2015年3季度以来,股市强弱和人民币汇率升贬往往同向且共振,而当下这种关联已弱化。这或许至少暗示我们,人民币贬值对中国经济是好事,而升值就不太好的简单判断,可能已不再适合。

(资料来源:牛仔网,http://blog.9666.cn/html/35497_3.html,2019-09-11.)

(二)债券

债券是发行者为了筹集资金向投资者出具的债权凭证,承诺到期还本付息,利息按约定的利率支付,是一种直接债务关系。

债券是政府、金融机构、工商企业等机构直接向社会借债筹措资金时,向投资者发行,承诺按一定利率支付利息并按约定条件偿还本金的债权债务凭证。债券的本质是债务的证明书,具有法律效力。债券购买者与发行者之间是一种债权债务关系,债券发行人即债务人,投资者(或债券持有人)即债权人。最常见的债券为定息债券、浮息债券以及零息债券。债券不论何种形式,大都可以在市场上进行买卖,并因此形成了债券市场。

债券所规定的借贷双方的权利义务关系包含4个方面的含义。

第一,发行人是借入资金的经济主体。

第二,投资者是出借资金的经济主体。

第三,发行人必须在约定的时间付息还本。

第四,债券反映了发行者和投资者之间的债权债务关系,而且是这一关系的法律凭证。

股票和债券虽然都是有价证券,都可以作为筹资的手段和投资工具,但两者却有明显的区别。

(1) 发行主体不同。国家、地方公共团体以及企业,都可以发行债券,而股票则只能是股份制企业才可以发行。

(2) 收益稳定性不同。债券在购买之前,利率已定,到期就可以获得固定利息,而不管发行债券的公司经营获利与否。股票一般在购买之前不定股息率,股息收入随股份公司的盈利情况变动而变动,盈利多就多得,盈利少就少得,无盈利不得。因而股票风险更大些。

(3) 保本能力不同。债券到期可回收本金,也就是说连本带利都能得到。股票本金一旦交给公司,就不能再收回,只要公司存在,就永远归公司支配。

(4) 经济利益关系不同。二者反映着不同的经济利益关系。债券所表示的只是对公司的一种债权，而股票所表示的则是对公司的所有权。权属关系不同，就决定了债券持有者无权过问公司的经营管理，而股票持有者则有权直接或间接地参与公司的经营管理。

(5) 风险性不同。债券只是一般的投资对象，其交易转让的周转率比股票较低，股票不仅是投资对象，更是金融市场上的主要投资对象，其交易转让的周转率较高，市场价格变动幅度较大，安全性较低，风险大。

(6) 会计处理不同。在公司缴纳所得税时，公司债券的利息已作为费用从收益中减除，在所得税税前列支。而公司股票的股息属于净收益的分配，不属于费用，在所得税税后列支。这一点对公司的筹资决策影响较大，在决定要发行股票或发行债券时，常以此作为选择的决定性因素。

本章小结

信用是金融领域的重要内容，本章从信用概述开始，介绍了信用的含义及产生发展；接着介绍了利息与利息率，包括利息的含义、表示和计算方法、利率的种类、利率的决定及影响因素；最后介绍了信用工具，包括短期信用工具(商业票据、银行票据、银行存单、信用证)，长期信用工具(主要是股票债券等)。

课后习题

一、名词解释

信用 利率 商业信用 银行信用 商业票据 银行票据 股票 债券

二、简答题

1. 简述信用的形式包括哪些。
2. 简述利率的决定及影响因素。

三、案例分析题

支持中小企业，多发信用贷款，银行有没有这个"雅量"？

支持中小企业，多发信用贷款，银行有没有这个"雅量"？

日前召开的国务院常务会议要求，对保持就业岗位基本稳定的企业尤其是中小微企业，延长延期还本付息政策，并创设政策工具支持银行更多发放信用贷款。

虽然支持银行更多发放信用贷款的提法不是首次提出，今年以来，已多次看到过这样的提法。如3月10日召开的国务院常务会议，就曾提到适当下放信用贷款审批权限。此后，监管机构更是按照会议要求，做出了具体部署，如4月7日银保监会与税务总局联合印发的《关于发挥"银税互动"作用助力小微企业复工复产的通知》，就要求金融机构及时推出适合小微企业特点的信用信贷产品，适当增加信用贷款额度，延长贷款期限。但是，创设政策工具的提法，还是第一次。到底创设怎样的政策工具，哪些政策工具能够对金融机构增加对企业、特别是小微企业的信用贷款发挥作用,发挥怎样的作用,是值得关注的。

事实也是,按照中央的要求和监管机构的部署,金融机构也确实进行了一定探索,在如何给企业、特别是中小微企业提供信用贷款方面,有了一些动作,也确实投放了一些信用贷款。但是,从实际情况来看,无论是投放的数量还是投放的主动性,都还是远远不够的。更多情况下,金融机构都还只是象征性地提供一些信用贷款,且各种门槛很多。恰恰是获得信用贷款的企业,即便不发放信用贷款,也不会存在资金方面的问题,融资的通道比较畅通。真正需要信用贷款做保证的企业,并没有得到信用贷款支持。

这就是目前信用贷款发放面临的最大难题,也是这项政策难以向纵深推进的关键。因为,银行一句话就能将所有的疑问解除——银行也是企业,也要讲求经济效益和防范风险。不错,银行需要讲求效益,更需要防范风险。但是,是不是银行资金的投放,都是按照这条原则执行的呢?显然不是。比如给开发商和政府融资平台的贷款,很明显地就存在着极大风险。所不同的是,比中小微企业爆发风险的时间会晚一点,不像中小微企业来得那么快。一旦爆发风险,其危害和影响则要比中小微企业大得多。

很显然,无论是决策层还是管理层,都看到了这个问题。因此,提出了创设政策工具的概念。但是,创设怎样的政策工具呢?到底是给金融机构提供资金方面的政策呢,还是其他方面的政策。如果是提供资金方面的政策,实践证明是不可行的。近年来,管理层为支持中小微企业释放了很多的资金,包括定向降准、定向公开市场操作等,实践证明,效果并不好,银行该收的继续收、该流失的继续流失。别说信用贷款,就是抵押贷款,只要是中小微企业,银行也不愿多放。就算放出去了,也会通过各种渠道收回来。相当一部分定向资金,被银行转道到了其他领域,尤其是房地产和政府融资平台领域。

因此,要想激励银行多多给中小微企业贷款,尤其是信用贷款,就必须有相应的政策做支撑。比如不良贷款容忍率、提高拨备率、适度弱化信用贷款风险的追责等,避免金融机构在发放信用贷款时的心理压力和工作压力。如果没有相应的政策做保障,要想把信用贷款这项工作做好,尤其是多给中小微企业发放信用贷款,难度相当大。

需要注意的是,创设政策工具,鼓励金融机构更多给企业、特别是中小微企业发放信用贷款,并不是滥用信用贷款概念,而是对确实具备信用贷款支持条件、有核心技术和产品、有市场竞争力和前景的企业,特别是科技型中小微企业给予支持。如果是风险较大、也没有核心技术和产品、市场也没有前景的企业,是不适合发放信用贷款的。这样的企业,风险是比较大的。同时,有过信用不良记录,特别是恶性信用不良记录的企业,原则上也不能享受信用贷款支持。

当然,如果在政府层面设立政府担保基金,由政府出面为企业贷款提供担保,企业则可享受信用贷款支持,也是一种方式。只是,这种方式容易被企业误解为财政资金支持,从而有意无意地产生失信的思想。因此,如何操作,也是一个问题。九十年代的财政小贷,就大多成了企业的"无偿拨款",应当慎重使用。

(资料来源:晨财经,https://www.360kuai.com/pc/927d4ff9264375c6a?cota=3&kuai_so=1&sign=360_57c3bbd1&refer_scene=so_1,2020-05-17.)

问题:

目前信用贷款发放面临的最大难题是什么?

第十一章

商业银行

【学习目标】
- 了解商业银行的起源、类型、组织形式及发展趋势,商业银行中间业务及表外业务。
- 掌握商业银行的性质和职能,商业银行的资产业务、负债业务、中间业务。

【引导案例】

无处不在的商业银行

每到发工资的日子,公司职员小王都会拿着工资卡安排几件事情:一是将工资的30%转为定期存款,二是留出一部分钱来还信用卡,三是留出一定的生活费,然后把剩余的工资转到股票账户。可以看出,从小王的工资卡开始,他做的这几件事情都需要跟商业银行打交道。其实,在我们的日常生活与社会发展中,商业银行已经成为不可或缺的角色,存款取款、汇款转账、银行卡消费……都能够通过商业银行实现。现代商业银行不只是替我们保管钱财、收取保管费的掌柜,它还把我们的钱借给别人,让别人还更多的钱,再把其中的一小部分作为利息给我们,鼓励我们把更多的钱放到它那里。商业银行本身并不创造货币,但是它用神奇的魔术把原本压箱底的钱拿来分配给焦急的缺钱者,让社会财富为社会发展锦上添花,同时也富裕了自己。现如今,商业银行体系构成了一张四通八达的金融网络,把社会上闲置的资金配置到最需要的地方,使货币资金得到最充分的利用,从而推动社会经济的发展。

(资料来源:李振西. 生活中的金融学.)

对于我们来说,商业银行意味着什么?每个月发工资的时候存钱、买东西时取钱、买房子时按揭贷款、买水电时缴费、钱不够时刷信用卡、投资时买理财产品,商业银行已经进入我们的日常生活。但是,商业银行是怎么产生的?又是怎么运作的?为什么商业银行那么有钱?它对社会经济和我们的日常生活有什么影响?本章我们就将为大家介绍商业银行的有关知识,通过学习我们将更深入地认识和了解商业银行,找出以上这些问题的答案。

第一节 商业银行概述

一、商业银行的产生与发展

(一)早期商业银行

早期商业银行是随着铸币兑换业的发展演变而产生的。在前资本主义社会,随着商业往来活动的发展,各地区之间和各个国家之间的贸易往来需要大量的铸币来支付。但是,各国的铸币不同,甚至在一国之内的不同地区,铸币的材料、质量、成色都不统一。这种混乱状况,给贸易活动带来极大不便。因此,铸币兑换已成为客观的要求。因此逐渐从商人中分离出来专门从事铸币兑换业务的货币兑换商。这就是最早的货币经营业。

货币兑换商最初只是单纯兑换铸币,并且收取一定的手续费,不办理信用业务。但是,随着商品经济的进一步发展,兑换商必然扩大业务范围,不仅从事铸币兑换,而且为商人保管暂时不用的货币,逐步发展到接受他们的委托办理货币收付、汇兑和转账等业务。实质上,这些业务的产生和发展都是货币各种职能的延伸。正由于货币职能的作用,货币经营业务不断扩展,货币兑换商手中逐渐地经常聚集着大量的货币。这些经常聚集而大量闲置的货币必然被货币兑换商用来谋利。因此,货币经营业就发展成为既办理兑换,又经营存款、放款、汇兑等业务的银行业。

【阅读资料】

古代的货币兑换和银钱业

随着商品货币关系的推进，在古代的东方和西方，都先后有货币兑换和银钱业的发展。它们的职能主要有以下几点。

(1) 铸币及货币金属的鉴定和兑换。

由于小国林立，各国铸币单位不同；同一体制的铸币也由于铸造分散，往往成色各异、重量不一。要进行交易，必须进行兑换。至于在流通货币金属块的情况下，如中国的白银流通，不仅各地白银的成色有差别，而且衡制也有差异，更需鉴定和换算。

(2) 货币保管。

货币持有者常常需要有一个安全处所保管自己的货币，可能是为了储存，也可能是经营过程中的暂时需要。委托保管与现代存款不同，委托人不仅得不到利息，而且还要缴纳保管费。

(3) 汇兑。

往来于各地的商人，为了避免长途携带货币的风险，会委托它们汇兑，即在此地把货币交给它们，然后持其汇兑文书到彼地的指定处所提取货币。

随着兑换、保管、汇兑业务的发展，这些古老的银钱业主手中聚集了大量的货币。在这样的基础上，自然而然地也就发展了贷款业务。当他们不仅依靠上述古老业务所聚集的货币资金贷款，而且还要靠向货币持有者以提供服务和支付利息为条件吸收存款来扩展贷款业务时，则意味着古老的银钱业向现代银行业的演变。但质的转化是直到资本主义关系开始发展之后才完成的。

在西欧，很早就有关于古代银钱业的记载。如公元前2000年的巴比伦寺庙、公元前500年的希腊寺庙已经有经营金银、发放贷款、收取利息的活动；公元前400年在雅典，公元前200年在罗马帝国，也有这类银钱业的活动。

中国关于古代高利贷的记载颇多，关于官府放贷机构的记载也较早，但关于银钱业的记载则较晚。较早的记载是南北朝之际寺庙经营典当业。有关这方面的大量记载则始于唐代，有经营典质业的质库，有保管钱财的柜房，有打制金钱饰物和经营金银买卖的金银铺；至于汇兑业务，不仅有商人经营，更主要的是由官府经营；此外还有专门放债收息的官府机构。经过宋、元，到明、清两代，钱庄、银号、票号先后兴起，银钱业有了长足的发展。但由于封建社会的长期停滞，中国古老的银钱业一直未能实现向现代银行业的质的转化。

(资料来源：黄达. 货币银行学.)

(二)现代商业银行

现代商业银行的产生主要通过两条途径：一条途径是根据股份制原则，以股份公司的形式创建；另一条途径是由原来的旧式高利贷性质的银行逐步适应新条件要求，进行必要的改组和换制，最后转变成为现代商业银行。

17、18世纪新兴的资产阶级进行了反高利贷的斗争，要求以法律形式限制放款的利息水平，但当信用业被高利贷者所垄断时，任何降低利率的法令都不会产生实际效果。于是，他们根据资本主义经济的要求,以股份制形式建立起新的资本主义银行。这种股份制银行资本雄厚,规模大,利率低,逐渐发展成为资本主义银行的主要形式。1692—1694年,英王威廉三世采纳苏格兰人皮特逊关于援助商人自行组织银行的建议,于1694年由组织银行者借给政府120万英镑,政府特许他们组织一家银行,并且特准发行120万英镑银行券,这就是世界上第一家股份制银行——著名的伦敦英格兰银行。它的贴现率一开始就规定为4.6%~6%。大大低于早期银行业的贷款利率。英格兰银行的建立,意味着适应资本主义生产方式的信用制度的确立;同时,标志着高利贷在信用领域里的垄断地位已被动摇。

现代资本主义银行产生的另一途径是原来的旧式高利贷性质的银行适应新条件要求,进行必要的改组,使之成为适应资本主义发展需要的银行,这个转变过程相当缓慢。如在英国,先是从金匠中独立出来的一些私人银行,专门为工商资本家充当信用中介,此转变过程从17世纪开始直到18世纪才告完成,而且利率仍然较高,年息在20%~30%。

在西方各国相继建立现代商业银行体系时,在中国信用领域仍然是高利贷性质的票号和钱庄占统治地位。直到1848年,才有了第一家新式银行——东方银行,它是由英国人开设的。中国人出资开办的第一家现代式商业银行是中国通商银行,于1897年在上海成立。

【阅读资料】

现代商业银行的产生

中世纪,欧洲各国国际贸易集中于地中海沿岸各国,意大利处于中心地位。在此期间,意大利的威尼斯和其他几个城市出现了从事存款、贷款和汇兑业务的机构,但它们贷款的对象大多是政府,并具有高利贷的性质。普通商人很难从它们那里获得贷款,即使获得贷款,也会因为要支付高额利息而使自己的经营无利可图。为了摆脱高利贷的束缚,威尼斯和热那亚的商人曾经创设过信用合作社。

16世纪,西欧开始进入资本主义时期。1580年,在当时世界商业中心意大利建立的威尼斯银行成为最早出现的银行,也是历史上首先以"银行"为名的信用机构。当时经营货币的商人常常坐在长板凳上进行交易,所以被称为"banco",即"长板凳上的人",英文的"bank"就是由此而来的。在我国,由于长期用白银作为货币材料,所以翻译时就译为"银行"。此后,相继出现的有米兰银行、阿姆斯特丹银行、汉堡银行、纽伦堡银行、鹿特丹银行等。这些银行最初只是接受商人存款并为他们办理转账结算事宜,后来开始办理贷款业务。但他们所经营的仍然是那些有高利可图并且主要是以政府为对象的贷款业务。

1694年,在政府的扶持下,英国成立了第一家股份制商业银行——英格兰银行。"商业银行"这一名词就发源于英国,因为英国早期的银行主要是专门融通短期性商业资金,这类放款是建立在真正的商业行为之上的。

(资料来源:黄达. 货币银行学.)

二、商业银行的性质和职能

(一)商业银行的性质

根据《中华人民共和国商业银行法》第二条的规定,商业银行是依法设立的吸收公众存款、发放贷款、办理结算等业务的企业法人。由此,我们可以看出商业银行具有如下特征。

(1) 商业银行是企业。商业银行归属于企业范畴，是依法设立的企业法人，能够独立承担法律责任。它和其他工商企业一样，以营利为目的，自主经营，自担风险，自负盈亏，自我约束。

(2) 商业银行是特殊的企业。一般工商企业与商业银行的显著差异体现在它们的经营对象上，一般的工商企业经营的对象是具有一定使用价值的商品和服务，而商业银行的经营对象是货币这种特殊的商品。经营对象的不同导致了它们在经营方式上的差异。与一般工商企业相比，商业银行主要依靠借贷的方式从事经营活动，自有资本在其资金来源中所占的比例非常低，大量资金来源于存款、借款等负债。这使商业银行面临着更高的经营风险。

(3) 商业银行是特殊的金融企业。在众多的金融机构中，商业银行既不像中央银行那样行使政策制定和经济管理的职能，也不同于保险公司、证券公司、基金管理公司等非银行金融机构集中经营指定范围内的金融业务。商业银行的业务更加广泛，它具有明显的银行性。第一，商业银行能够吸收公众存款，尤其是能够签发支票的活期存款；同时能够办理贷款和转账结算业务，从而具有信用创造的功能。因此，商业银行通常也被称为存款货币银行。第二，贷款是商业银行的主要资产运用形式，同时也是各类经济活动主体尤其是中小企业和个人的主要外部融资形式。第三，商业银行能够为客户办理各种支付结算业务，是现代支付体系的中心。第四，商业银行业务范围广泛，功能全面。除了提供传统的存放款、汇兑业务，商业银行还可以办理投资理财、代收代付、咨询顾问等多种业务。

(二)商业银行的职能

1．信用中介职能

信用中介是商业银行最基本、最能反映其经营活动特征的职能。这一职能的实质，是通过银行的负债业务，把社会上的各种闲散货币集中到银行里来，再通过资产业务，把它投向经济各部门；商业银行是作为货币资本的贷出者与借入者的中介人或代表来实现资本的融通，并从吸收资金的成本与发放贷款利息收入、投资收益的差额中，获取利益收入，形成银行利润。商业银行成为买卖"资本商品"的"大商人"。商业银行通过信用中介的职能实现资本盈余和短缺之间的融通，并不改变货币资本的所有权，改变的只是货币资本的使用权。

2．支付中介职能

商业银行除了作为信用中介融通货币资本以外，还执行着货币经营业的职能。它通过存款在账户上的转移，代理客户支付，在存款的基础上，为客户兑付现款等，成为工商企业、团体和个人的货币保管者、出纳者和支付代理人。以商业银行为中心，形成经济过程中无始无终的支付链条和债权债务关系。

【阅读资料】

商业银行加入人脸支付市场

二维码时代，商业银行错失入局的先发优势，第三方支付崛起，以致其市场地位被撼动。就此，银行深刻认识到支付对于金融格局的影响加大：一方面，支付背后承载了用户的金融需求;另一方面,可以通过支付获取商家和消费者的交易数据,而数据已经成了新的生产要素。所以,近年来,银行加大对支付的重视。

对于2019年的支付来说,人脸支付是重中之重,同时,人脸支付也是金融科技在支付领域的应用之一。随着物联网技术发展,5G商用开启,人脸支付设备背后蕴含的商业潜力得到了越来越多的认可,银行也加入了人脸支付的战局。

2019年10月底,银联、工行、农行等60余家机构在浙江乌镇举行的第六届世界互联网大会"金融科技——深度融合·多项赋能"论坛上发布"刷脸付"产品。

(资料来源:移动支付网,2020-01-13。)

3. 信用创造功能

商业银行在信用中介职能和支付中介职能的基础上,产生了信用创造职能。商业银行是能够吸收各种存款的银行,它用所吸收的各种存款发放贷款,在支票流通和转账结算的基础上,贷款又转化为存款。在这种存款不提取现金或不完全提现的基础上,就增加了商业银行的资金来源,最后在整个银行体系,形成数倍于原始存款的派生存款。长期以来,商业银行是各种金融机构中唯一能吸收活期存款、开设支票存款账户的机构,在此基础上产生了转账和支票流通。商业银行可以通过自己的信贷活动创造和收缩活期存款,而活期存款是构成货币供给量的主要部分,因此,商业银行就可以把自己的负债作为货币来流通,具有了信用创造功能。

4. 金融服务职能

随着经济的发展,工商企业的业务经营环境日益复杂化,银行间的业务竞争也日益剧烈化。银行由于联系面广,信息比较灵通,特别是电子计算机在银行业务中的广泛应用,使其具备了为客户提供信息服务的条件,咨询服务、对企业"决策支援"等服务应运而生。工商企业生产和流通专业化的发展,又要求把许多原来的属于企业自身的货币业务转交给银行代为办理,如发放工资,代理支付其他费用等。个人消费也由原来的单纯钱物交易,发展为转账结算。现代化的社会生活,从多方面对商业银行提出了金融服务的要求。在强烈的业务竞争条件下,各商业银行也不断开拓服务领域,通过金融服务业务的发展,进一步促进资产负债业务的扩大,并把资产负债业务与金融服务结合起来,开拓新的业务领域。在现代经济生活中,金融服务已成为商业银行的重要职能。

5. 经济调节职能

调节经济是指商业银行通过其信用中介活动,调剂社会各部门的资金短缺,同时在央行货币政策和其他国家宏观政策的指引下,实现经济结构、消费比例投资、产业结构等方面的调整。此外,商业银行通过其在国际市场上的融资活动还可以调节本国的国际收支状况。

三、商业银行的类型

按照不同的分类标准,商业银行可以分为不同的类型。

第十一章　商业银行

(一)按组织形式的不同划分

按照组织形式的不同，商业银行可以分为单一制商业银行、总分行制商业银行、控股公司制商业银行和连锁制商业银行。

1. 单一制商业银行

单一制商业银行是指商业银行的业务只由一个独立的商业银行经营，不设或不允许设立分支机构。这种银行主要集中在美国，因为美国历史上曾实行过单一银行制度，规定商业银行业务应由各个相互独立的商业银行本部经营，不允许设立分支机构，每家商业银行既不受其他银行控制，也不得控制其他商业银行。这一制度的实施在防止银行垄断，促进银行与地方经济的协调等方面发挥了积极的作用，但同时也带来许多弊端，不利于银行的发展。1994 年美国国会通过《黑格—尼尔银行跨州经营及设立分支机构效率法》，取消了对银行跨州经营和设立分支机构的管制。但是由于历史原因，至今在美国仍有不少单一制商业银行。

2. 总分行制商业银行

总分行制是目前国际上普遍采用的一种商业银行体制，我国目前也采用这种银行组织形式。其特点是，法律允许商业银行在总行之下设立分支机构从事银行业务。实行总分行制的商业银行通常都有一个以总行为中心的、庞大的银行网络。其优点在于银行规模较大，分工较细，专业化水平高；分支机构遍布各地，容易吸收存款；便于分支行之间的资金调度，减少现金准备；由于放款额分散各分支行，可以分担风险。但分支行制会使银行过分集中，不利于自由竞争。

【阅读资料】

从单一制到总分行制的美国商业银行体制

美国的银行制度是发达国家中最为重要的商业银行体系，也是最复杂、机构最多的体系。美国商业银行可区分为没有分支机构的独家银行和拥有分支机构的总分行银行。各州政府具有自行决定在本州注册的银行能否设置分支机构的权力。直至1920 年，联邦货币审计署长对国民银行法的解释是不批准国民银行增设分支机构。这使国民银行与州银行相比较而言在竞争中处于不利地位。1927 年通过的麦克范登法案(The-McFadden Act)及其以后的修正案规定，在州政府允许州银行开设分行的条件下，国民银行亦可以设立分支机构。事实上，这一立法演变成为州政府当局限制商业银行跨州经营的法律根据。

州政府禁止商业银行在其境内开设分支机构的动机首先是保护本地信贷资金资源。如果允许大都市的大商业银行在境内开设分行，大银行则有可能将吸收的存款贷放到都市地区，从而导致资金外流，使境内的中小企业缺乏足够的信贷资源。其次，州政府认为，限制外地大银行在本区域开设分支机构亦可以对本地的中小银行起到保护作用。一般来说，在限制商业银行设立分支机构的诸州中存在大量的中小银行，其规模均远低于全美国银行业的平均水平。在不允许开设分行的限制之下，独家银行极不易扩大其存款总额，经营成本明显地高于有分支机构的总分行银行。因此，独家银行在金融产业的竞争中处于劣势。并且，在倒闭的银行中，独家银行的比例远高于有分支机构的总分行银行。第二次世界大战以后,美国有关当局对商业银行设立跨州分支机构的限制经历了逐渐放松的过程。在1961年,美国有16个州禁止银行设立分支机构,15个州允许银行在指定地区(例如其总部所在城市)设立分行,而19个州准许商业银行在其境内自由成立跨州的分支机构。到1993年年底,共有39个州及哥伦比亚特区允许商业银行无条件地在其境内开设分支机构。1994年美国国会通过立法,允许商业银行跨州建立分支机构,从而在事实上结束了对银行经营的地域限制。

(资料来源:商业银行业务与经营案例集(第二辑).)

3. 控股公司制商业银行

控股公司制商业银行也称集团制商业银行,其特点是,由一个集团成立股权公司,再由该公司控制或收购若干独立的银行。在法律上,这些银行仍保持各自独立的地位,但其业务经营都由同一股权公司所控制。最初,这种制度主要兴起于第二次世界大战后的美国,其目的在于弥补单一银行制的缺点。实行控股公司制的商业银行可以通过外部并购的方式,更有效地扩大资本,增强实力。此外,控股公司不仅可以控制商业银行,同时还可以控股其他非银行金融机构,这样就能够有效地突破分业经营的限制,实现业务多元化发展。正是由于这些显著优点,控股公司制已成为当今国际银行业最流行的组织形式。

【阅读资料】

美国的银行控股公司

银行控股公司是指完全拥有或有效控制一家或数家银行的金融机构。银行控股公司对银行的有效控制权表现为拥有该银行25%以上的投票权。仅拥有或控制一家商业银行的控股公司称为单一银行控股公司,而拥有或控制两家以上银行的控股公司则称为多元银行控股公司。尽管银行控股公司在第二次世界大战前就已存在,但是其大规模的发展则是在1970—1980年。目前,银行控股公司已成为美国银行产业中最重要的组织形式,各种类型的银行控股公司已拥有全美国银行存款与投资的80%以上。

银行控股公司发展的基本原因是绕开当局对商业银行经营范围与营业区域所设置的种种法律限制。在19世纪50年代初期,因为银行控股公司的地位没有得到明确规定,银行界对成立控股公司的做法持谨慎态度,所以,银行控股公司的数量极少,例如,1954年美国只有46家银行控股公司。因为1933年银行法对银行控股公司没有法律约束力,立法当局在1956年通过银行控股公司法(The Bank Holding Act),旨在阻止跨地区经营的银行控股公司集中金融资源,并限制银行控股公司从事投资银行业务。然而,这一立法实施的结果却是鼓励了银行控股公司的发展。按照这一立法,在1956年以前成立的银行控股公司仍然可以照旧经营其已存在的非商业银行业务及跨地区业务。另外,若控股公司拥有的商业银行控股权在25%以下,则不受此立法限制。并且,单一银行控股公司不受经营地区与业务种类限制。因此,这一法案导致了单一银行控股公司可以自由地跨州设立分支机构,出售债务证券,进行其他商业银行或多元银行控股公司不能进行的活动。这种对单一银行控股公司的特许直到1970年才被银行立法取代。在此期间,银行控股公司却大量地增加了。近些年来,许多保险公司、金融公司及工业公司都组建了单一银行控股公司,其目的是将其本身的金融业务与银行服务业相结合,以增强其市场竞争优势。事实上,银行控股公司可以在其下属的非银行金融公司、抵押公司等的名义下,从事许多与直接商业银行业务无关的金融业务,例如保险经纪、保险承销、信托业务、租赁业务、代理收款业务、金融咨询业务、不动产银行业务,等等。同时,银行控股公司还可以通过下属的非银行公司经营跨地区的金融业务。银行控股公司得以发展的另一原因是出于减少缴纳税收的考虑。银行控股公司的主要收入来源是其子公司可减税的股息收入。在扣除了经营成本之后,母公司本身缴纳税收的纯收入则很低,甚至可能为负数。在这种情况下,银行控股公司在税率较低的国家设立子公司,从而避免了子公司的所有收入都在本国缴纳较多的收入所得税。

在20世纪初期,美国大部分涉及国际贸易的金融业务都由伦敦的银行代理金融业务。为了增强美国银行业在国际贸易中的竞争地位,美国国会于1919年通过了边缘法案(The Edge Act)。该法案规定,银行可在联邦当局特许下成立所谓边缘法案银行公司(Edge Act Corporations),专营国际银行业务。边缘法案银行公司可以吸收外国居民的存款,亦可吸收本国居民用于对外贸易方面的存款。这些存款同样需要缴纳存款准备金并加入联邦存款保险系统。边缘法案银行公司可以从事国际贸易方面的信贷业务、外汇交易的业务以及其他诸多的国际银行业务。不过,这类银行不能从事国内商业信贷业务及吸收与国际业务无关的一般性居民存款。

边缘法案银行公司的一大特权是其开设分支机构不受地域限制。因此,许多大银行便在边缘法案的规定下组建子公司。1993年美国共有88家边缘法案银行公司,而其分支机构有40家。外地的大银行借助这一组织形式在美国最主要的国际银行业务中心——纽约设立机构,而纽约的银行则以此形式在其他金融中心例如芝加哥、洛杉矶、旧金山、休斯敦、迈阿密等地开展业务。

(资料来源:商业银行业务与经营案例集(第二辑).)

4. 连锁银行制

连锁银行制与集团银行制在形式上基本相似,所不同的只是连锁银行制不成立股权公司,两家或两家以上的银行在表面上保持各自的独立性,但实际上它们通过相互持有股份的形式而将其所有权操于同一个人或同一个集团手中。

以上是国外商业银行的基本组织形式。除此之外,近年来在国际业务中又出现了新的银行组织形式——财团银行,它是由不同国家的大商业银行合资成立的银行,其宗旨是专门经营境外美元及国际资金的存放款业务。

【阅读资料】

J.P.摩根大通公司的诞生

摩根大通的总部位于纽约,它为3 000多万名消费者以及企业、机构和政府客户提供服务。该公司拥有7 930亿美元资产,业务遍及50多个国家,是投资银行业务、金融服务、金融事务处理、投资管理、私人银行业务和私募股权投资方面的领导者。

摩根大通为全球历史最长、规模最大的金融服务集团之一,摩根大通是2000年由美国大通银行及J.P.摩根合并而成。

2000年9月13日,大通曼哈顿公司正式宣布与摩根公司达成了兼并协议。双方交易的条件是,大通将按照9月12日的收盘价,以3.7股去交换摩根的1股,交易价值高达360

亿美元。12月11日，美联储理事会以全票通过批准了这项兼并计划，并发表声明："美联储认为，在竞争及资源集中方面，该项兼并对大通和J.P.摩根直接竞争的银行业市场或其他相关的银行业市场而言，都不会造成重大不利影响。"12月22日，双方股东大会顺利通过了兼并计划。12月31日，兼并正式完成。新组成的公司取名为J.P.摩根大通公司，新公司的股票已于2001年1月2日在纽约股票交易所开始交易。

(资料来源：和讯网.)

(二)按业务经营模式的不同划分

按业务经营模式的不同，商业银行可以分为分离型商业银行和全能型商业银行。

1. 分离型商业银行

分离型商业银行亦称"职能分工型商业银行"，是指在长、短期金融业务及特定金融业务实行分类的银行体制下，主要从事短期性资金融通业务的商业银行。这类银行以经营工商企业短期存放款和提供结算服务为基本业务，而长期资金融通、信托、租赁、证券等业务由长期信用银行、信托银行、投资银行、证券公司等金融机构承担。实行分离型商业银行制度，主要在于增强银行资金的流动性和安全性。在历史上，英国、美国、日本等国家长期实行这种银行体制。

2. 全能型商业银行

全能型商业银行也称"综合型商业银行"，是指可以经营长短期资金融通及其他一切金融业务的商业银行。其最大的特点在于不实行商业银行业务与投资银行业务的严格区分。在历史上，德国、瑞士、奥地利等国家长期实行这种银行体制。与分离型银行相比，全能型商业银行的业务要广泛许多，经营的主动权和灵活性也大得多。它不但可以从事短期资金融通业务，还可以从事长期信用业务或直接投资于工商企业，经营信托、租赁、证券、保险等业务。由于全能型商业银行的业务广泛，在竞争中处于比较有利的地位。

第二节 商业银行的主要业务

商业银行的业务归纳起来可分为四大项，即负债业务、资产业务、中间业务和表外业务。前两项业务一般称为信用业务，中间业务和表外业务一般称为服务性业务和派生业务。

一、商业银行的负债业务

负债业务是商业银行最基本、最重要的业务。在商业银行的资金来源中，90%以上来自负债。负债数量、结构和成本的变化，在很大程度上决定着商业银行的规模、利润和风险状况。

银行的负债业务，主要是指其吸收资金的业务。它包括三项，即自有资本、存款和借入款。

(一)自有资本

自有资本主要包括两项。

1. 筹建银行时股东的投资

此项自有资本又叫资本金。资本金是银行最原始的资金来源,也是银行开业的前提条件之一。任何商业银行在开业登记注册时,必须有一定的资本额,亦称法定资本。招募的股本未达到法定注册资本的不准开业。

2. 银行为扩大经营而追加的投资

此项自有资本包括两部分:一是新招募的股本,即扩股;二是股息资本化,即按照法令从每笔支付的股利总额中提取"法定公积金"。

(二)存款

存款是商业银行最主要的资金来源,也是商业银行最主要的负债。任何商业银行必须千方百计地设法增加存款,扩大放款和投资规模,以增加利润收入。

商业银行的存款一般可分为活期存款、定期存款和储备存款三大类。

1. 活期存款

活期存款是存户在提取或支付时不需预先通知银行的存款。它的特性在于存户可以随时取款。活期存款的形式近年来有所增多,传统的活期存款账户有支票存款账户、保付支票、本票、旅行支票和信用证,其中以支票存款最为普遍。

由于活期存款的流动性很高,客户在活期存款账户上存取频繁,银行为此要承担较大的流动风险,并要向存户提供诸多的配套服务,如存取服务、转账服务、提现服务和支票服务等,鉴于高风险和高营运成本,银行对活期存款账户原则上不支付利息。中央银行为使银行避免过高的流动风险,对活期存款都规定了较高的准备金比率。银行在缴纳法定准备金外,还必须保存部分库存现金以应付活期账户存户的取现。

2. 定期存款

定期存款是指存款人在银行存款时约定存款期限,到期存款户才能提取存款,并支付利息的存款,若存款人提前支取还需付罚息。

3. 储蓄存款

储蓄存款是指存户不需按照存款契约要求,只需按照银行所要求的任何时间,在实际提取 1 周以前,以书面申请形式通知银行申请提款的一种账户。由此定义可见,储蓄存款不是在特定的某一到期日,或某一特定间隔期限终止后才能提取。商业银行对储蓄存款有接到取款通知后缓期支付的责任。

由于储蓄存款的流动性介于活期存款和定期存款之间,银行承担的流动性风险亦大于定期存款流动性风险和小于活期存款流动性风险,故银行对储蓄存款支付的利率低于定期存款。

储蓄存款主要面向个人家庭和非营利机构，营利公司、公共机构和其他团体开立储蓄存款账户受到限制。

居民储蓄存款通常使用银行储蓄存折或计算机储蓄账户。储蓄存折上载明账户的规定事项，包括使用规则和修改账户的条件。计算机储蓄账户下，银行不发给存户存折，而代之以储蓄存款支票簿。存款金额记录于该簿的存根上，取款时银行签发一张不可转让的储蓄提款单。每月的计算机报表显示储蓄账户的收支。在自动出纳机系统发展起来后，银行办理计算机账户的收支正趋于自动化。

【阅读资料】

智能存款、高利率银行理财产品"强退"，投资者利益谁来管？

曾以"利息高、支取灵活"作为主打噱头的网红智能存款正被加速清退，部分未到期的高息、"老"理财产品也开始了强退模式。银行的这些举动引发了相关投资者的质疑。

业内人士强调，"一刀切"的强硬方式不可取，既无益于银行声誉也有损投资者利益。如何权衡好各方利益至关重要。

近期，银行理财市场中充斥着"清退"、"提前终止"的字眼。

亿联银行拟对旗下一款智能存款产品进行清退，因调整方案相比当初购买时该行给出的利率水平差距较大，由此引发不少储户反对。

工行计划提前终止的"安享长盈"系列理财产品，预期收益率大多在5.5%至6.1%之间，远高于同期发行的普通理财产品，如今的"强退"也引发部分投资者质疑。

银行这一系列举动背后究竟是何缘由？未来是否会有更多高息理财产品被强制离场？

靠档计息类产品落幕

近日，亿联银行对旗下一款智能存款进行清退，产品名称为"亿联智存(利添利A款)"，于2019年年初在京东金融上发售，该存款为靠档计息产品，期限最长为5年，利率最高能达到6.02%，下半年利率有所下调，但最高也能达到5.82%。

亿联银行客服人员告诉记者，客服中心并未接到清退或调整的方案，目前只是对部分投资者进行市场调研，以获取相关建议，但目前这款产品已于今年年初下线停售。

但据储户反映，亿联银行拟定方案显示，如果在今年年底前提前支取，因投资期限均未满3年，利息按照靠档1.967%计算。若在明年提前支取，则按活期利率计息。而这一方案相比当初购买时该行给出的利率水平差距较大，引起投资者不满。

除亿联银行外，早在今年4月份，廊坊银行和张家口银行已相继发布智能存款清退公告，如果在清退日之后提取智能存款，只能按照活期利率计息。另外，广发银行于8月13日发布公告称，由于国家相关政策调整，将于2020年9月11日终止"定活智能通"及"智能分段计息"业务。

为何靠档计息产品纷纷离场？

麻袋研究院高级研究员苏筱芮告诉《国际金融报》记者，亿联银行下架智能存款产品，可能有两方面原因：一方面是响应监管精神，主动对此类产品进行清理；另一方面，由于目前监管部门尚未公开明确此类靠档计息产品的存量清理要求，不排除银行方通过"一刀切"方式缓解其负债端压力。

普益标准研究员杨超对《国际金融报》记者指出，靠档计息类产品，是指产品提前支取时不按照活期利率计息,而是按照存款时间分段计算利率,也就是执行阶梯利率的产品。"实际上是银行对存款人利益的让渡,会增加银行的资金成本,因此引起监管重视并对此进行规范"。

今年3月,央行下发《关于加强存款利率管理的通知》要求,明确指出:各存款类金融机构应严格执行中国人民银行存款利率和计结息管理有关规定,按规定要求整改定期存款提前支取靠档计息等不规范存款"创新"产品,将存款利率管理规定和自律要求情况纳入宏观审慎评估(MPA)。

"在这种情况下,银行纷纷对靠档计息类产品进行整改以符合监管要求。这也体现了监管降低银行资金成本、减少银行负债端压力,进而通过银行传导降低实体经济融资成本,切实让利实体经济的决心。"杨超说。

此外,苏宁金融研究院高级研究员黄大智还对《国际金融报》记者指出,目前大环境提出金融机构让利实体经济,其中很重要的一点就在于下降贷款利率。"贷款利率很大的一部分是由银行的资金成本决定,如果想要下调贷款利率,真正让利实体,首先要做的就是把负债成本降下来。"他进一步表示,实际上今年出台的结构性存款管理办法等根本目的都在于降低银行整体的负债成本。

高收益率"老"理财产品强退

除了上述智能存款被清退外,近期也有投资者收到其他类银行理财产品的提前终止通知。

记者了解到,工行提前终止了一款名为"安享长盈"工银财富客户专属理财产品1829天,该理财产品2018年3月发行,从产品名称中可以看到理财期限长达5年,原到期时间为2023年3月8日,但工行发布了提前终止公告,产品到期日提前到2020年7月29日。

工商银行客服人员告诉记者,这款产品的年化收益率为6.1%,对于投资者而言理财收益的时间从五年压缩至两年,有一些损失。

该客服人员还表示,目前"安享长盈"系列产品已全部做出调整提前终止。"在说明书中有写道,银行可以在特殊情况下单方面提前终止产品。"客服人员称,具体终止的原因是产品问题。

杨超表示,不少银行单方面提前终止"老"理财产品,有两方面原因:一方面是为了加快净值化转型步伐,压降存量资产规模、减轻转型压力;另一方面是为了控制资金成本,减少产品成本与收益倒挂现象。这些"老"理财产品的保本收益率一般在5%以上,在现阶段市场流动性宽松、利率不断走低的情况下,银行较难达到这一收益水平。

但是,银行理财产品单方面强退的做法合规吗?

融360大数据研究院分析师殷燕敏告诉《国际金融报》记者,从银行理财产品说明书中的条款规定来看,绝大多数银行理财产品都规定银行有权提前终止,而投资者是没有权限提前终止的。因此,从合同约定来看,银行的做法是合法合规。但对于投资者而言,在收益上有一定损失。

目前,理财产品的转换还在持续进行中。未来还会有产品被提前强退吗?业内人士表示,理财产品提前强退有可能发生,但不会成为主流。

"资管新规延期一年,能有效缓解银行新老业务过度压力,有利于银行压降存量资产。

过渡期结束后也允许个案处理，给予了更多政策空间。"杨超说。

从转型进度来看，据普益标准数据，2020年二季度全市场银行机构理财产品净值化转型进度为53.82%，较2019年年末上升9.7个百分点。分类型来看，截至2020年二季度，股份制银行转化效果最为显著，净值化转型进度超过60%；城商行次之，净值化转型进度超过50%；国有行和农村金融机构净值化转型进度尚不到50%。

"在存量产品的处置上，银行应当提前与客户协商沟通，包括但不限于调整原因说明，处置方案的出台等，对于此前条款中尚未明确的内容，尽量按照金融消费者权益保护的角度给予安排。"苏筱芮说，采取"一刀切"方式，既损害了客户利益，又会对银行声誉造成潜在不良影响，还可能引发客户流失。

黄大智提出，银行应当给予投资者多样化的选择，可以提供一些收益率均等风险水平不变的理财产品供投资者转移，同时在转换过程中一定要和用户协商，做一些个性化的方案，弥补投资者利益损失。

"如果银行过于短视侵犯投资人利益尝到甜头，后面其他银行纷纷跟进效仿，这其实是可能引发社会问题的，所以我还是坚持金融消费者利益保护的立场，不能开这个坏头。长远来看对银行的品牌信用，客户留存会有损伤。"苏筱芮表示。

记者　曹韵仪

(资料来源：国际金融报，https://www.360kuai.com/pc/9b15a9e05a5e85f7c?cota=3&kuai_so=1&sign=360_57c3bbd1&refer_scene=so_1，2020.8.26。)

(三)借入款

商业银行在自有资本和存款不能满足放款的需求时，就必须通过其他途径——借入款来满足日益增长的放款需要，以扩大其经营规模。商业银行借入资金的主要方式有下述几种。

(1) 同业拆借。同业拆借是指资金不足的银行向有超额储备的银行借入资金，这种借贷方式在美国被称为联储资金。同业拆借一般是短期的，如今天借，明天还，因而不需要抵押品。但如果借款行资金较紧张，需要时间长，经双方磋商同意，可以续借。过去，这一活动只限于大银行，近年来中小银行也陆续开展了这一业务，不过有时需要抵押品。

(2) 通过发行各种债券借入资金。商业银行在金融市场上发行的、按约定还本付息的有价证券称为金融债券。商业银行发行长期金融债券，要经过金融管理当局的批准，发行额也有一定限制。此外，商业银行还可以发行次级债券、混合资本债券和可转换债券来借入款项。次级金融债券是指商业银行发行、本金和利息的清偿顺序列于商业银行其他负债之后、先于商业银行股权资本的债券。这类债券的期限比较长，一般为10年，最低不低于5年。混合资本债券和次级金融债券一样，发行混合资本债券所筹集到的资金也可以按规定计入银行的附属资本。不同的是，混合资本债券的清偿顺序位于次级金融债券之后，而且期限更长，一般不低于15年。可转换债券是指商业银行依照法定程序发行、在一定期限内依据约定的条件可以转换成银行股份的金融债券。由于可转换债券具有一般债券所没有的选择权，因此，其利率一般低于普通债券，银行发行这种债券有助于降低筹资成本。

(3) 向中央银行借款。在商业银行资金不足时，除在金融市场筹资外，还可以向中央银行借款。中央银行的货币政策对这种借款影响极大。商业银行向中央银行借款的主要形式有再贷款和再贴现两种。前者是指中央银行向商业银行的直接信用放款,后者是指商业银行将其买入的未到期的商业票据向中央银行再次申请贴现。在市场经济发达的国家,由于商业票据和贴现业务广泛流行,再贴现就成为商业银行向中央银行借款的主要渠道;而在商业票据信用不普及的国家,则主要采用再贷款形式。一般情况下,商业银行向中央银行的借款只能用于调剂头寸、补充储备不足和资产的应急调整,而不能用于日常的贷款和证券投资。

二、商业银行的资产业务

商业银行筹集资金的目的,主要是为了运用这些资金。商业银行的资产业务,就是银行的资金运用过程,一般包括贷款和投资,并以放款为主要业务。

(一)贷款业务

贷款是商业银行出借给贷款对象,并以按约定利率和期限还本付息为条件的货币资金。出借资金的银行被称为贷款人,借入资金的贷款对象被称为借款人。贷款是商业银行的传统核心业务,也是商业银行最主要的盈利资产。商业银行贷款可以按不同的标准划分为不同的种类。

1. 短期贷款、中长期贷款

期限在一年以内(含一年)的贷款为短期贷款;期限在一年以上的贷款为中长期贷款。

2. 信用贷款和担保贷款

信用贷款是指没有担保、仅依据借款人的信用状况而发放的贷款;担保贷款是指由借款人或第三方依法提供担保而发放的贷款,按照具体担保方式的不同,担保贷款又可分为保证贷款、抵押贷款和质押贷款。

3. 公司类贷款、个人贷款和票据贴现

公司类贷款是银行针对公司类客户而发放的贷款,包括流动资金贷款、项目贷款和房地产开发贷款等;银行针对个人客户发放的贷款即为个人贷款,包括个人住房贷款、个人消费贷款、个人经营性贷款和银行卡透支等;票据贴现是贷款的一种特殊方式,是指银行应客户的要求,以现金或活期存款买进客户持有的未到期商业票据的方式而发放的贷款。

4. 正常贷款、关注贷款、次级贷款、可疑贷款和损失贷款

正常贷款是指借款人能够履行合同,不存在任何影响贷款本息及时全额偿还的消极因素,银行对借款人按时足额偿还贷款本息有充分把握,贷款发生损失的概率为零的贷款类型。关注贷款是指尽管借款人目前有能力偿还贷款本息,但存在一些可能对偿还产生不利影响的因素,如果这些因素继续下去,则有可能影响贷款的偿还,因此,需要对其进行关注或监控的贷款类型。通常情况下,这类贷款的损失概率不会超过5%。次级贷款是指借款

人的还款能力出现明显问题,完全依靠其正常营业收入已无法足额偿还贷款本息,需要通过处置资产或对外融资乃至执行抵押担保来还款付息的贷款类型,这类贷款损失的概率在30%~50%。可疑贷款是指借款人无法足额偿还贷款本息,即使执行抵押或担保,也肯定要造成一部分损失,只是因为存在借款人重组、兼并、合并、抵押物处理和未决诉讼等待定因素,损失金额的多少还不能确定,贷款损失的概率在50%~75%的贷款类型。损失贷款是指借款人已无偿还本息的可能,无论采取什么措施和履行什么程序,贷款都注定要损失,或者虽然能收回极少部分,但其价值也是微乎其微,从银行的角度来看,也没有任何意义和必要再将其作为银行资产在账目上保留下来的贷款类型。对于这类贷款在履行了必要的法律程序之后应立即予以注销,其贷款损失的概率在95%~100%。通常说的不良贷款就是指次级贷款、可疑贷款和损失贷款。

【阅读资料】

> **发达国家商业银行的"6C"原则**
>
> 为了确保贷款的安全与盈利,发达国家商业银行非常重视对借款人信用情况的调查与审查,并于多年的实际操作中逐渐形成一整套衡量标准。如通常所说的放款审查"6C"原则,即 character(品德)、capacity(才能)、capital(资本)、collateral (担保品)、condition (经营环境)、continuity(事业的连续性)。

(资料来源:黄达. 货币银行学.)

(二)投资业务

商业银行的投资业务是指银行购买有价证券的经营活动。银行购买的有价证券包括债券和股票。但西方商业银行在有价证券上的投资,是要受到国家很大的限制的。一般不允许银行投资于股权证券,不过银行可以随时进行政府债券投资。

与贷款业务相比,商业银行从事的证券投资业务具有下述几个特点。

(1) 主动性强。在贷款业务中,银行只能根据客户的申请,被动地贷出款项。而在证券投资业务中则不同,银行完全可以根据自身的资金实力和市场行情独立自主地作出决策。

(2) 流动性强。银行贷款一般都必须持有到期,不能随时收回。即使存在二级市场能够转让,其条件也会非常苛刻。而绝大多数证券不仅有着完善的二级市场,可以方便地转让,而且能够作为担保品或回购对象使银行轻松地获得融资。因此,证券投资业务具有很强的流动性,一些安全性较高的短期债券通常被当作商业银行的二级储备。

(3) 收益的波动性大。贷款业务的收入来自利息,主要受利率的影响。证券投资业务的收入则有两个来源,即持有证券的利息(或股息)收入和买卖证券的价差收入。因此,收入不仅要受利率的影响,还要受到金融市场行情的影响,波动性较大。

(4) 易于分散管理。在贷款业务中,受监管规章、客户需求和银行自身管理能力的限制,银行贷款投向分散的难度较大。而在证券投资业务中,银行几乎可以在足不出户的情况下,投资于任何地区、任何发行人、任何品种的证券,从而能够完全根据投资组合和需要进行分散化管理,降低银行整体运营风险。

(三)现金资产

现金资产是指商业银行持有的库存现金以及与现金等同的可以随时用于支付的银行资产。一般包括下述几类。

1. 库存现金

库存现金的主要作用是银行用来应付客户提现和银行本身的日常零星开支。随着电子支付系统的发展,库存现金在银行总资产中所占的比重越来越小。

2. 在中央银行存款

商业银行在中央银行的存款是指商业银行存放在中央银行的资金,即存款准备金。在中央银行的存款由两部分构成,即法定存款准备金和超额存款准备金。

3. 存放同业及其他金融机构款项

这是指商业银行存放在其他银行和金融机构的存款。这部分款项的主要用途为在同业之间开展代理业务和结算收付,大多属于活期性质,可以随时支用。

现金资产是商业银行流动性最强的资产,而商业银行持有一定数量的现金资产,主要目的在于满足银行经营过程中的流动性需要。但由于现金资产基本上是一种无盈利或微利的资产,过多地持有这种资产,将会失去其他盈利机会,也就是说,银行持有现金资产会付出机会成本。除了机会成本外,银行持有库存现金还会面临着大量的保管费用和被盗风险。因此,商业银行现金资产管理的任务就是要在保持满足流动性需要的前提下,通过适当调节,保持现金资产的规模适度性和安全性。

三、中间业务与表外业务

表外业务是指未列入银行资产负债表但却能影响银行当期损益的业务。表外业务存在着狭义和广义两种不同的理解。广义的表外业务既包括传统的无风险业务,如汇兑、代理、支付结算等业务,又包括金融创新中产生的一些有风险的业务,如互换、期权、期货、远期交易、贷款承诺、担保等业务。狭义的表外业务则专门指那些风险较大的业务。

在我国,中间业务是指商业银行不需要运用自己的资金而代理客户承办支付和其他委托事项,并据以收取手续费的业务。例如,传统的汇兑、信用证、代收、代客买卖等业务。根据中国人民银行2001年颁布的《商业银行中间业务暂行规定》,"中间业务是指不构成商业银行表内资产、表内负债,形成银行非利息收入的业务"。由此可见,中间业务实际等同于广义的表外业务。

两个概念所指的内容大致相同,在我国常常使用"中间业务"一词,而国际上则通用"表外业务"。商业银行的这一类业务大致有如下所述几种。

(一)结算类业务

结算类业务是指由商业银行为客户办理因债权债务关系引起的与货币支付、资金划拨有关的收费业务。

1. 结算工具

商业银行的结算工具是指其用于结算的各种票据和凭证,主要包括银行汇票、商业汇票、银行本票、支票及其他转账结算凭证。

(1) 银行汇票是由出票银行签发的、由其在见票时按照实际结算金额无条件支付给收款人或者持票人款项的票据。

(2) 商业汇票是由出票人签发的、委托付款人在指定日期无条件支付确定的金额给收款人或持票人的票据。商业汇票可分为银行承兑汇票和商业承兑汇票两种类型。

(3) 银行本票是银行签发的、承诺在见票时无条件支付确定的金额给收款人或者持票人的票据。

(4) 支票是出票人签发的、委托办理支票存款业务的银行在见票时无条件支付确定的金额给收款人或持票人的票据。

2. 结算方式

结算方式,是指用一定的形式和条件来实现各单位(或个人)之间货币收付的程序和方法。结算方式是办理结算业务的具体组织形式,是结算制度的重要组成部分。根据结算地点的不同,可以划分为同城结算方式、异地结算方式和通用结算方式三大类。同城结算方式是指在同一城市范围内各单位或个人之间的经济往来,通过银行办理款项划转的结算方式,具体有支票结算方式和银行本票结算方式。异地结算方式是指不同城镇、不同地区的单位或个人之间的经济往来通过银行办理款项划转的结算方式,具体包括银行汇票结算方式、汇兑结算方式和异地托收承付结算方式。通用结算方式是指既适用于同一城市范围内的结算,又适用于不同城镇、不同地区的结算,具体包括商业汇票结算方式和委托收款结算方式,其中商业汇票结算方式又可分为商业承兑汇票结算方式和银行承兑汇票结算方式。

(二)担保类中间业务

担保类中间业务指商业银行为客户债务清偿能力提供担保,承担客户违约风险的业务,主要包括银行承兑汇票、备用信用证、各类保函等。

1. 银行承兑汇票

银行承兑汇票是由收款人或付款人(或承兑申请人)签发,并由承兑申请人向开户银行申请,经银行审查同意承兑的商业汇票。银行承兑汇票多产生于国际贸易,一般由进口商国内银行开出的信用证预先授权。银行承兑的作用在于为汇票成为流通性票据提供信用保证。汇票是列明付款人和收款人的双名票据,经银行作为第三者承兑后则成为三名票据。承兑银行成为主债务人,而付款人则成为第二债务人。实际上,银行承兑汇票相当于对银行开列的远期支票。持票人可以在汇票到期时提示付款,也可以在未到期时向银行尤其是承兑银行要求贴现取得现款。银行贴进票据后,可以申请中央银行再贴现,或向其他银行转贴现,更一般的做法是直接卖给证券交易商,再由其转卖给其他各类投资者。银行承兑汇票的最重要投资者是外国银行和非银行金融机构。

2. 备用信用证

备用信用证是一种特殊形式的信用证,是开证银行对受益人承担一项义务的凭证。开证行保证在开证申请人未能履行其应履行的义务时,受益人只要凭备用信用证的规定向开证行开具汇票,并随附开证申请人未履行义务的声明或证明文件,即可得到开证行的偿付。备用信用证最早流行于美国,因美国法律不允许银行开立保函,故银行采用备用信用证来代替保函,后来其逐渐发展成为为国际性合同提供履约担保的信用工具。其用途十分广泛,如可用于国际承包工程的投标、国际租赁、预付货款、赊销业务以及国际融资等业务。

3. 银行保函

银行保函是指银行应委托人的申请而开立的有担保性质的书面承诺文件,一旦委托人未按其与受益人签订的合同的约定偿还债务或履行约定义务时,由银行履行担保责任。银行保函业务中涉及的主要当事人有三个,即委托人、受益人和担保银行,此外,往往还有反担保人、通知行及保兑行等。

(三)代理类中间业务

代理类中间业务指商业银行接受客户委托、代为办理客户指定的经济事务、提供金融服务并收取一定费用的业务,包括代理政策性银行业务、代理中国人民银行业务、代理商业银行业务、代收代付业务、代理证券业务、代理保险业务、代理其他银行银行卡收单业务等。

1. 代收代付业务

代收代付业务是指商业银行利用自身的结算便利条件,接受客户的委托代为办理指定款项收付事宜的业务,例如代理各项公用事业收费、代理行政事业性收费和财政性收费、代发工资、代扣住房按揭消费贷款还款等。

2. 代理证券业务

此业务是指银行接受委托办理的代理发行、兑付、买卖各类有价证券,还包括接受委托代办债券还本付息、代发股票红利、代理证券资金清算等业务。此处所指有价证券主要包括国债、公司债券、金融债券、股票等。

3. 代理保险业务

代理保险业务是指商业银行接受保险公司委托代其办理保险业务。商业银行代理保险业务,可以受托代个人或法人投保各险种的保险事宜,也可以作为保险公司的代表,与保险公司签订代理协议,代保险公司承接有关的保险业务。代理保险业务一般包括代售保单业务和代付保险金业务。

(四)信托业务

信托是指委托人基于对受托人的信任,将其财产权委托给受托人,由受托人按委托人的意愿以自己的名义,为受益人的利益或特定目的,进行管理或处分的行为。

信托业务与代理业务的区别在于:第一,信托的当事人至少有委托人、受托人、受益人三方,而代理的当事人仅有委托人和受托人(代理人)两方。第二,设立信托必须有确定的、合法的信托财产,而代理不一定以存在财产为前提,没有确定的财产,委托代理关系也可以成立。第三,信托受托人依据信托合同规定管理运用信托财产,享有广泛的权限和充分的自由,委托人不得干预;而在代理业务中,受托人权限较小,仅以委托人的授权为限。

可见,在信托业务中,受托人的角色十分重要,他不仅应具有很高的信誉度,还要具备管理信托财产所需的专业知识。除了专业性的信托公司之外,商业银行同样具备从事信托业务的显著优势。就商业银行而言,信托业务不仅开辟了新的利润来源渠道,有利于增加收益,而且扩大了服务范围,丰富了业务种类,从而分散了银行的经营风险。在发达国家,较大的商业银行普遍都会经营信托业务。

(五)承诺类中间业务

承诺类中间业务是指商业银行在未来某一日期按照事前约定的条件向客户提供约定信用的业务,主要指贷款承诺,包括可撤销承诺和不可撤销承诺两种。

1. 可撤销承诺

可撤销承诺附有客户在取得贷款前必须履行的特定条款,在银行承诺期内,客户如没有履行条款,则银行可撤销该项承诺。

2. 不可撤销承诺

不可撤销承诺是银行不经客户允许不得随意取消的贷款承诺,具有法律约束力,包括备用信用额度、回购协议、票据发行便利等。

(六)交易类中间业务

交易类中间业务指商业银行为满足客户保值或自身风险管理等方面的需要,利用各种金融工具进行的资金交易活动,主要是各种金融衍生业务。金融衍生交易业务是指商业银行为满足客户保值或自身头寸管理等需要而进行的以货币、利率、股票和商品为标的的远期、互换、期权等衍生交易业务。商业银行的交易类中间业务主要有下述几种。

1. 远期合约

远期合约是指交易双方约定在未来某个特定时间以约定价格买卖约定数量的资产,包括利率远期合约和远期外汇合约。

2. 金融期货

金融期货是指以金融工具或金融指标为标的的期货合约,如股票期货、股指期货。

3. 互换

互换是指交易双方基于自己的比较利益,对各自的现金流量进行交换,一般分别为利率互换和货币互换。

4. 期权

期权是指期权的买方支付给卖方一笔权利金,获得一种权利,可于期权的存续期内或到期日当天,以执行价格与期权卖方进行约定数量的特定标的的交易。按交易标的区分,期权可区分为股票指数期权、外汇期权、利率期权、债券期权等。

需要注意的是，金融衍生交易往往蕴含着巨大的风险，如果控制不当，不仅会给单个商业银行带来巨额损失，还会引发系统性金融风险。

(七)基金托管业务

基金托管业务是指有托管资格的商业银行接受基金管理公司委托，安全保管所托管基金的全部资产，为所托管的基金办理基金资金清算款项划拨、会计核算、基金估值、监督管理人投资运作，包括封闭式证券投资基金托管业务、开放式证券投资基金托管业务和其他基金的托管业务。

(八)租赁业务

租赁业务是指资产所有权和使用权之间所存在的一种借贷关系，即由所有者(出租人)按照契约规定，将财产租赁给使用者(承租人)使用，并按期缴纳租金。出租人保有所有权，承租人保有使用权。租赁的形式可分为金融租赁和操作性租赁两大类，这里只介绍前者。

金融租赁又叫融资性租赁或资本性租赁，也叫租赁信贷。这种租赁方式只由承租人自己选好所需设备，由银行下属租赁公司(出租人)出资购买后租给承租人使用。租赁公司投入的资金在租期内陆续通过租金的形式收回(包括利息)。出租人只负责提供资金，而有关设备的安装、维修、管理等概由承租人负责。租期届满后可以退回和续租，或按市价卖给承租人。

金融租赁业务的开展，有利于促进生产和流通的大力发展。这种业务可以使承租人减少大量的开支，避免资金的占压。同时，还可以使承租人及时更新设备和运用新技术。

(九)咨询情报业务

银行利用自己机构多、了解国内外市场行情以及和各方面联系较多等优势，可以及时向客户提供新的经济信息。西方一些较大的商业银行专门成立咨询情报服务机构，协助企业收取款项；分析资金占用情况，制定降低成本的措施，提高企业经营管理的能力；制定企业发展方向，预测市场行情，及时掌握了解市场动态等，从而提高企业的竞争能力。

1. **企业信息咨询业务**

此业务包括项目评估、企业信用等级评估、验证企业注册资金、资信证明、企业管理咨询等。

2. **资产管理顾问业务**

此业务指商业银行为机构投资者或个人投资者提供全面的资产管理服务，包括投资组合建议、投资分析、税务服务、信息提供、风险控制等。

3. **财务顾问业务**

此业务包括大型建设项目财务顾问业务和企业并购顾问业务。大型建设项目财务顾问业务指商业银行为大型建设项目的融资结构、融资安排制定专业性方案。企业并购顾问业务指商业银行为企业的兼并和收购双方提供的财务顾问业务,银行不仅参与企业兼并与收购的过程,而且作为企业的持续发展顾问,参与公司结构调整、资本充实和重新核定、破产和困境公司的重组等策划和操作过程。2013年利率市场化改革步伐明显加快,给我国银行业的经营及盈利模式带来了巨大变化,仅凭借利息差发展的传统模式受到严重冲击。提高投行业务、中间业务竞争能力,已经成为当下各家银行最为迫切的需要。而作为投行业务重要组成部分的财务顾问业务也成为各家银行发力的重点。

【阅读资料】

巴克莱银行扮演财务顾问角色

在香港东部隧道工程建设初期,巴克莱银行对项目建设的内外部条件进行了深入的调查分析,认为该项目采取BOT方式建设是可行的。于是,该银行积极与项目的主发起人和承包商磋商,为该项目制定了全部融资方案。在此基础上,巴克莱银行被聘为该项目的财务顾问。在做财务顾问的同时,它还扮演了组织银团贷款主牵头行和发债信用主承诺人的角色。

巴克莱银行在该项工程的财务顾问方面主要做了下述几项工作。

(1) 由巴克莱银行提供咨询建议,政府批准成立了香港新立隧道公司(NHKTC)和香港东部海港隧道公司(EHCC),其中NHKTC为总承包公司。

(2) 参照巴克莱银行的咨询建议,香港政府分别给予这两家公司如下特许权;①批准NHKTC在42个月内设计和建设完毕项目中的铁路和公路隧道工程;工程交付后,该公司可继续经营公路隧道管理26.5年,继续经营铁路隧道管理18.5年。②NHKTC作为总承包商将经营铁路隧道的特许权转让给EHCC,而EHCC又将经营权转让给香港大众铁路公司,后一种转让只是经营权的转让,铁路的所有权仍归EHCC所有。

(3) 该项目的产权投资人分别来自NHKTC公司和EHCC公司,它们分别投入的股本比例为3:1。巴克莱银行为两家公司安排的融资金额分别为NHKTC 18亿港元,偿还期为18年,EHCC 9亿港元,偿还期为15年。

(4) 组织租赁集团为项目安排了部分租赁性融资,定向解决通信设备、列车设备的购置资金。为了解决这项资金来源,财务顾问承诺租赁费的偿还由银行贷款担保解决。

(5) 为了便利不同时期提款,促进项目资金的合理运用,对于某些时间不确定的用款融资,巴克莱银行为该项目组织了以下两项银团承诺:①循环贷款融资额度承诺;②备付信用证融资协议。这两项协议可以保证隧道公司在协议的有效期内随时向银行提款,以保证项目的应急用款需要。

巴克莱银行为香港东部海港隧道工程项目进行的融资安排具有以下特点:①为项目的总承包人提供了长期的融资承诺,这种高信誉的承诺有利于将总承包人引入资金市场,使投资者承认它的信誉,为承包人顺利地发行债券提供了保证。②融资安排中利用了多种融资手段,包括银团贷款、信用额度承诺、租赁融资、债券发行等;在融资的期限安排方面有长期固定利率信贷和债券融资,也有不定期信用承诺融资,从而使该项目融资的利率风险和汇率风险得以控制,同时使融资的结构、资金来源、市场的选择、资金使用的时效选择具有相当的灵活性和可调性。③融资安排和政府政策相吻合,即总承包人得到的经营特许权期限是在参考了财务顾问的建议后批准的，这样就使总承包人在项目的经营期内偿还各种债务具有科学的依据和信用保证。

(资料来源：金融学案例评析.)

4. 现金管理业务

现金管理业务即商业银行协助企业，科学合理地管理现金账户头寸及活期存款余额，以达到提高资金流动性和使用效益的目的。

(十)计算机服务与网上银行服务

当前外国的商业银行，特别是大城市的银行，各种服务大都使用电子计算机。在顾客和银行之间使用电子计算机传递各种经济信息；处理存、放、汇和代收代付业务，这就是电子化资金调拨系统。该系统可以为顾客提供较广泛、较准确、较及时的服务。当前银行服务电子化已经由内部会计、统计发展到柜台业务；由一行联机处理发展到同业之间的联机处理；由国内银行系统的联机作业发展到国内各行各业以及国际的网络化。

近年来，英美国家的商业银行还对交通、公共设施、住宅、文教卫生、城市建设等方面提供较全面的金融服务，以促进其发展。

【阅读资料】

"新冠肺炎"疫情之下的商业银行非接触式服务

新冠肺炎疫情之下，银行业线上转型正开启加速度。为支持企业复工复产，银行纷纷升级线上服务，"非接触式服务"成为行业热词。在银保监会2月14日下发的《关于进一步做好疫情防控金融服务的通知》中明确要求，各银行保险机构要积极推广线上业务，强化网络银行、手机银行、小程序等电子渠道服务管理和保障，优化丰富"非接触式服务"渠道，提供安全便捷的"在家"金融服务。

疫情发生以来，各商业银行线上业务流量迅速攀升。从服务内容来看，大致可分为两类，第一类是原有业务的集纳，第二类是新业务的开拓。许多银行整合资源，积极开拓了各项增值服务，多家银行的手机银行上线的抗击疫情专属服务区。如光大手机银行提供涵盖专家医生24小时在线义诊、新冠肺炎实时救助平台、确诊患者相同行程查询、爱心募捐通道、人民好医生疫情防控平台、网点营业时间查询等10项服务，推出"足不出户，享受生活"服务专区，涵盖生活缴费、手机充值、视频会员、在线课程、喜马拉雅广播等6类功能。

(资料来源：经济日报.2020年2月25日.)

商业银行中间业务与商业银行的表内资产业务相比，风险度较低，但并不能说没有风险。与表内资产负债业务相比，商业银行中间业务呈现以下特点。

一是自由度较大。中间业务不像传统的资产负债业务，受金融法规的严格限制。一般情况下，只要交易双方认可，就可达成协议。中间业务可以在场内交易，也可以在场外交易。绝大多数中间业务不需要相应的资本金准备，这导致部分商业银行委托性和自营性中间业务的过度膨胀，从而给商业银行带来一定的潜在风险。

　　二是透明度差。中间业务大多不反映在资产负债表上，许多业务不能在财务报表上得到真实反映，财务报表的外部使用者如股东、债权人和金融监管当局难以了解银行的全部业务范围和评价其经营成果。经营透明度下降，影响了市场对银行潜在风险的正确和全面的判断，不利于监管当局的有效监管。

　　三是多数交易风险分散于银行的各种业务之中。中间业务涉及多个环节，银行的信贷、资金、财会、计算机等部门都与其密切相关，防范风险和明确责任的难度较大。

　　四是高杠杆作用。所谓高杠杆作用，也就是"小本博大利"。这主要是指金融衍生业务中的金融期货、外汇按金交易等业务所具有的特征。例如，一名债券投资者，只要拿出10万美元，便可以在金融期货市场上买入几个100万美元价值的债券期货合约。由于高杠杆的作用，从事金融衍生业务交易，既存在着大赚的可能性，也存在着大亏的可能性。

【阅读资料】

中国银行业70年：风雨兼程　砥砺奋进

　　1948年12月1日，在平津战役刚拉开序幕之时，党中央决定在华北银行、北海银行、西北农民银行合并的基础上组建中国人民银行，标志着新中国银行体系的构建迈出了万里长征的第一步。与证券业、保险业、信托业、资管业、租赁业等相比，银行业是唯一贯穿于70年发展的金融产业。

　　70年的历程，中国银行业的发展大致经历了三个时期：1948—1978年的30年，是艰难探索构建符合中国国情银行体系的时期；1979—2017年的39年是中国特色社会主义银行体系的建设时期；2018年以来，是新时代条件下中国现代银行体系的构建时期。

　　在一个遭受长期战乱、近乎一穷二白的发展中大国探索建立市场经济新体制，是人类历史上前所未有的伟大创举，与此对应，以不忘初心、百折不挠的精神建立起与社会主义市场经济新体制相适应的银行体系，也是国际金融历史中前无古人的伟大创举。70年来，中国银行业紧密结合中国国情，在实践中不断探索、在发展中持续创新，既有效支持了中国经济的快速发展，又创出了一条具有中国特色的银行业发展之路，留下了许多可圈可点的历史经验。

（资料来源：王国刚. 金融时报，2019年9月2日。）

本 章 小 结

　　商业银行是依法设立的吸收公众存款、发放贷款、办理支付结算等业务的企业法人，它具有一般工商企业的特征，同时又是一种特殊的金融企业。商业银行可按不同的标准划分为不同的类型。

　　负债业务是商业银行获取资金的业务，是商业银行最基本、最重要的业务。在商业银行的全部资金来源中，90%以上来自负债。商业银行的负债业务主要包括存款业务和借款业务两大类。

资产业务是商业银行进行资金运用的业务,是其取得收入的最主要来源。商业银行资产的种类有很多,大体上可以分为三大块:贷款业务、证券投资业务和现金资产业务。

表外业务是指商业银行所从事的、按照通行的会计准则不记入资产负债表、不会形成银行现实资产或负债但却能影响银行当期损益的业务。表外业务主要包括支付结算业务、代理业务、信托业务、租赁业务、担保与承诺业务、金融衍生交易业务等。

课 后 习 题

一、名词解释

商业银行　单一制银行　全能型银行　资产业务　负债业务　表外业务
金融租赁　信托业务　定期存款　活期存款　金融衍生交易业务　基金托管

二、简答题

1. 比较商业银行与一般工商企业、非银行金融机构的不同。
2. 商业银行存款的主要种类有哪些?
3. 商业银行的借款业务主要有哪些?
4. 商业银行的资产业务包括哪些?
5. 商业银行的负债业务包括哪些?
6. 简要说明贷款的不同种类。
7. 商业银行证券投资业务的特点是什么?投资对象包括哪些?
8. 商业银行为何要保有现金资产?现金资产包括哪些?
9. 什么是表外业务?商业银行的表外业务有哪些类型?

三、案例分析题

支付宝的对手来了,中国银联发力:云闪付用户破 2.4 亿

2015 年 12 月,中国银联联合 20 余家商业银行共同发布"云闪付",上线不到 1 年,用户数突破 2000 万。2018 年 11 月,中国银联官微宣布,云闪付用户突破 1 亿大关。

2020 年 2 月 27 日,云闪付公布最新用户数据:云闪付 App 用户数突破 2.4 亿!也就是说过去 15 个月,云闪付用户增长了 1.4 亿,平均每月增长 1000 万用户。目前的云闪付,已经有了与支付宝、微信匹敌的实力。

目前,云闪付 App 支持在线申请包括工行、农行、中行、建行、交行、中信、招商、浦发、民生、华夏、平安等 20 多家银行的 200 余种信用卡,支持 150 多家银行信用卡账单查询与还款,支持 610 家银行借记卡余额查询等。

此外,全国 32 个城市地铁、逾 1600 个城市和县域公交、逾 14000 家荣场和生鲜门店、逾 55 万家餐饮商户、近 20 万家便利店超市、逾 30 万台自助终端、逾 1600 所校园、逾 1700 家医院、逾 3000 个企事业单位食堂均支持包括云闪付 App 在内的银联移动支付。

2020 年 1 月 24 日除夕至 1 月 30 日大年初六,云闪付 App 交易笔数较去年同期增长 23%。

用户通过云闪付 App 足不出户便可完成转账、0 手续费信用卡还款、生活缴费、缴税、网上购物等。

(资料来源：快科技，2020 年 2 月 28 日.)

问题：

1. 如何看待互联网金融背景下支付方式的转变？
2. 从"云闪付"推出的背景来看，互联网金融给传统的商业银行带来哪些冲击？
3. 你认为商业银行应如何应对互联网金融的挑战？

第十二章

金融市场

【学习目标】
- 了解金融市场的形成与发展以及金融市场的构成要素、分类及功能。
- 掌握货币市场及资本市场的含义、特点和类型。

【引导案例】

华 尔 街

很久以前，它是印第安人的土地；四百年前，它是荷兰人的一道墙；两百年前，它是梧桐树下的金融种子；一百年前，它塑造了美国的崛起；今天，它是一张撒向世界的金融之网，这张网强大又脆弱，光明又黑暗，这张网既能让经济加速，又能让经济窒息，它就是——华尔街。

提到金融市场，我们不得不提到纽约曼哈顿区的华尔街。很久以前，荷兰联合西印度公司去美洲做贸易的时候发现了一处天然良港，于是在此建立了一座城市，叫作"新阿姆斯特丹"。当时的美洲根本就是一块无主之地，谁都可以来争抢，荷兰担心到手的地盘让人夺了去，于是就在"新阿姆斯特丹"周围建立了城墙。荷兰人的担心果然应验，不久后英国人来进攻，只可惜英国人从水路进攻，城墙没有发挥半点用处。城市被攻克之后更名为"新约克郡"（New York），也就是我们所熟知的纽约。城墙之后30米的地方不能建任何建筑，当初是为了调动军队用，随着城市的扩大，城墙最终被拆除，但那块空地却被保留下来成为一条主要街道，由于毗邻城墙，故被称为"墙街"（Wall Street），也就是华尔街。纽约这座城市继承了荷兰人的商业精神，因此华尔街也成了此后数百年的世界金融中心。

华尔街这条只有500米长的街道是美国资本市场和经济实力的象征，这里是世界上就业密度最高的地区，在1km^{2}内云集着2000多家金融机构和将近40万金融从业人员，正是这1km^{2}把纽约造就成为世界金融中心。它影响和牵动着全球金融市场和全球经济。2008年金融危机显示了华尔街的巨大破坏力，这不仅让美国家庭的总财富平均损失了1/4，而且让全球经济处于最严重的衰退中。然而，近200年来的历史证明，华尔街创造出的财富远远超过它对财富的破坏。

(资料来源：根据央视大型纪录片《华尔街》解说词整理而成.)

金融市场是个充满诱惑但也遍布风险的地方，在这个市场中搏击的人需要的不仅仅是胆魄和勇气，还要有冷静智慧的头脑、良好的心态、丰富的学识。因此，掌握基本的金融市场知识是必不可少的，本章将为大家介绍金融市场的产生与发展、金融市场的功能、金融市场的构成和分类，以及货币市场、资本市场等内容。

第一节　金融市场概述

一、金融市场的形成与发展

金融市场是指以金融资产为交易对象而形成的资金供应者和资金需求者进行资金融通的场所。其含义有广义和狭义之分。广义的金融市场是指金融机构与客户之间、各金融机构之间、客户与客户之间所有以资金商品为交易对象的金融交易场所，包括存款、贷款、信托、租赁、保险、票据抵押与贴现、外汇、债券买卖等全部金融交易的场所。狭义的金融市场一般限定在以票据和有价证券为交易对象的融资场所范围之内。金融市场可以是有

第十二章 金融市场

固定场所进行交易的各种融资活动,也可以是没有固定场所,由参加交易者利用电子通信技术手段进行联系洽谈而完成的融资交易。只要在一定区域进行票据和各种金融商品的买卖行为或过程都应视为金融市场的业务。

金融市场是商品经济高度发展的产物,也是信用制度发展到一定程度的结果。金融市场产生的基础是信用及其制度,而信用制度的形成与发展是与商品经济的发展紧密相连的,可以说是商品经济发展的直接结果。

资本主义生产方式的建立,促进了商品经济的快速发展,与此同时,商业信用首先发展起来了,因为进入机器大工业阶段后,建立和经营一个企业所需要的资本规模越来越大,这就促使投资者创办股份公司。从历史上考察,金融市场作为一种有形的资金交易场所,最初起源于设立在荷兰的阿姆斯特丹证券交易所。

17世纪初,随着股份公司开始在欧洲出现,发行股票和买卖股票的金融交易活动开始日益增多,各国纷纷成立证券交易所。1631年,荷兰阿姆斯特丹证券交易所成立,这标志着作为有形的资金交易场所的金融市场真正产生了。阿姆斯特丹成为各国商人买卖有价证券的中心。

18世纪末,英国完成了工业革命,成为世界上最大的工业强国。英国政府积极推行自由贸易政策,扶持本国经济的发展,从而使伦敦证券交易所取代了阿姆斯特丹证券交易所,成为当时世界上最大的证券交易市场。1816年,英国首先实行了金本位制,英镑成为世界上最广泛使用的货币。第一次世界大战后,英国的经济实力被削弱,伦敦金融市场的中心地位逐步下降,最后让位于美国纽约金融市场。

18世纪末,工业革命的浪潮跨越大西洋进入北美,加之南北战争后美国经济的繁荣、西部地区的开发、公司的兼并及铁路的系统化,都使当时美国的银行感到难以满足工业化对资本的巨大需求。因此,许多私人公司开始发行股票来筹集资金进行生产。这些股票的大部分都是在纽约华尔街出售的。股票成为美国证券市场最重要的金融资产。纽约也就成为当时世界上最大的金融市场和金融中心。1929年,美国股票市场大崩溃,随之而来的就是20世纪30年代的经济大萧条。为此,美国政府加强了对有关金融市场法律法规的修改、补充和完善。

第二次世界大战后,许多发展中国家和地区为摆脱贫困、赶上西方发达国家,纷纷进行金融体制改革,实行金融自由化政策,逐渐培育和建立起金融市场,例如,新加坡、韩国、中国香港和中国台湾。目前新加坡和中国香港均已成为亚太地区最大的金融市场之一,也是世界金融中心之一。

【阅读资料】

我国金融市场的历史

如果从广义的角度看,分散的金融市场,其存在已经很久远。集中的金融市场,可以从关于长安子钱家的记载中初见端倪。其中一家即可贷给列侯封君出征所需的货币,那么整个子钱家可贷资金的规模无疑是相当可观的。关于唐代长安的西市,历史典籍中丰富的记载描绘出这里不仅有多种形式的金融机构,而且还汇集了大量的外国商人,从而使这个金融市场有着相当浓厚的国际色彩。至宋、明,金融市场重心东移。南宋在临安,明代则是南北两京。清代钱庄、银号、票号等金融机构已活跃于全国各商业城市。

近代，以新式银行为重心的金融市场形成很晚。虽然19世纪末已出现银行，但力量薄弱，不足以与旧式银钱业抗衡。第一次世界大战开始后，新式银行业有较大发展。历经十几年的经营，以银行业为主的新式金融市场才打下了基础。金融中心在上海，全国近半数的资金在这里集散；这里的利率、汇率等金融行市成为全国各地存放款利率等金融行市变动的基准。在上海，伴随着资金借贷的发展，债券市场、股票市场、黄金市场也相继形成。作为金融中心的上海，其证券交易所是全国最大的证券投资场所，黄金交易量在远东也首屈一指，外汇交易量也有相当规模。

  1949年以后，首先停止了证券交易与黄金外汇的自由买卖。随着社会主义计划经济的迅速建立，高度集中于一家银行的银行信用代替了多种信用形式和多种金融机构的格局，财政拨款代替了企业的股票、债券的机制。不过，这一时期依然存在着大规模的银行信用，存在着信用的供给与需求，存在着资金的"价格"——利率，当然是官定的利率。如果就广义的解释，未尝不可以说仍然有一个金融市场。但这个以资金计划分配为特征的金融市场与人们过去对金融市场的理解差距甚远，所以金融市场的概念不再被人提及。

  20世纪70年代末，改革开放政策的逐步推行，推动人们重新思考建立金融市场的问题。具体来说，主要包括两个方面：一是金融机构之间的短期拆借市场，二是证券市场。应该说，这个问题成为经济发展与体制改革的一个重要组成部分并有了长足的进展。

(资料来源：黄达. 货币银行学)

二、金融市场的构成要素

一个较完善的金融市场一般包括以下基本要素。

(一)金融市场业务活动的参加者

金融交易同其他交易一样要有交易双方，即货币资金的供应者和需求者，也就是金融市场业务活动的参加者，一般有企业、金融机构、政府、个人、国外投资者和中央银行。

1. 企业

企业是金融市场运行的基础，也是整个经济活动的中心。金融市场活动的其他参加者都与企业有着密不可分的联系，金融市场又是企业筹集和运用资金的最好场所。当企业资金有盈余时，可以利用金融市场进行投资，并视其资金闲置长短选择不同的信用工具，或投资于货币市场或投资于证券市场取得收益；当企业资金不足需要筹措资金时，企业可以从金融市场上取得资金，或是持未到期的商业票据到银行办理贴现，或是以企业财产和各种有价证券作抵押到银行办理抵押贷款，或是在证券市场上发行股票和债券。金融市场成为企业等筹集各种资金，运用闲置资金进行金融投资的理想场所。

2. 金融机构

金融机构是金融市场运行的主导力量。商业银行是金融市场上资金的最大供应者，它除了为客户提供各种放款与票据贴现外，也对有价证券进行投资。同时商业银行还通过吸收存款以及发行金融债券、定期存单等形式筹集资金，成为资金的需求者。而各类专业银行则通常是通过发行股票、债券的方式筹集资金,除一部分用于专门的放款外,大部分用于有价证券投资。其他金融机构也可以各种方式从金融市场筹集资金或者向金融市场供给资金。

3. 政府

政府在金融市场上首先是资金的需求者。政府为了弥补财政赤字或刺激经济增长,一般会利用国家信用工具来筹措资金,如在短期金融市场上发行短期政府债券——国库券,在长期金融市场上发行公债券等。由于政府债券的大量发行,每个银行、企业及个人都或多或少地拥有国债,因此政府部门对金融市场影响很大并在金融市场上占有重要的地位。

政府也是资金的供给者。它可以通过地方财政、国有企业等公共部门向民间特定的领域和政策性金融机构提供稳定资金,用以调整经济结构或影响整个经济活动的规模。尽管财政资金的投放有时不通过金融市场进行,但财政资金的供应可以改变金融市场上的资金供求关系,因此政府仍然可以被认为是金融市场的资金供给者之一。

4. 个人

个人主要是金融市场的资金供给者。个人的货币收入大于支出的部分可以在金融市场上用于各种投资。他们可以根据投资目的的不同而选择不同的金融资产。如有的人投资以安全性为第一选择,因此多数选择购买国债或信誉卓越的公司股票和债券,这些证券风险小但利率也较低;有的人投资目的是为了获取高额利息或红利收入,因此多数选择可以选择购买股票或一些低级债券,相应地承担的风险也大;有些人的资金闲置时间很短,可以投资于短期的国库券、存单或活期存款这些资产,利率低但变现性很强。

个人也是金融市场上的资金需求者。当个人收入或储蓄不足,在购买汽车、住房发生资金困难时,也可以从金融市场上通过消费贷款而取得资金,以实现自己的消费行为。

5. 国外投资者

随着金融市场向着国际化方向发展,国外投资者在各国金融市场进行筹资和投资的需求越来越大,这部分资金的流出或流入会对金融市场产生重大影响。

6. 中央银行

中央银行是商业银行最后贷款人,要通过再贷款与再贴现的方式解决商业银行放款来源的不足;同时它还可以通过公开市场操作在金融市场上购入和出售有价证券,扮演资金供应者与需求者的双重角色。当然在这些活动中,中央银行更重要的是以资金供求的调节者和金融市场的管理者身份出现的。

(二)金融市场的交易对象

如果说参加者是金融市场主体,那么交易对象就是金融市场的客体。金融市场的交易对象是货币资金。货币资金是一种特殊的商品,作为特殊商品的货币资金是以金融工具的形式出现的。无论是银行的存贷款,还是证券市场上的证券买卖,最终都要实现货币资金的转移,但这种转移在多数情况下只是货币资金使用权的转移,而不是所有权的转移。这与商品市场上作为交易对象的商品的转移不同,在商品的交易中,不仅商品的使用权要发生转移,而且所有权也将从卖者手中转移到买者手中,使用权的转移要以所有权的转移为前提。一个健全完善的金融市场,能够向参加者提供众多的可供选择的金融资产和金融工具,从短期的票据到国库券到长期的公债、公司债券和股票等一应俱全,以满足参加者各种不同的需求。

(三)交易价格

在金融市场上,交易对象的价格就是货币资金的价格。在借贷市场上,借贷资金的价格就是借贷利率。而在证券市场上,资金的价格较为隐蔽,直接表现出的是有价证券的价格,从这种价格反映出货币资金的价格。至于外汇市场,汇率反映了货币的价格。直接标价法反映了外币的价格,而间接标价法反映了本币的价格。在黄金市场上,一般所表现的是黄金的货币价格,如果反过来,就显示出单位货币的黄金价格。

三、金融市场的分类

按交易对象不同,金融市场可以分为货币市场、资本市场、外汇市场、黄金市场和金融合约市场。

(1) 货币市场。货币市场是指融资期限在一年以下的金融交易市场,是金融市场的重要组成部分。货币市场就其结构而言,可分为短期借贷市场、同业拆借市场、商业票据市场、短期债券市场、大额可转让定期存单市场、回购协议市场等。

(2) 资本市场。资本市场主要是指长期资金交易的场所,它包括证券市场和长期借贷市场。在证券市场上,交易的工具主要是股票、债券和投资基金。

(3) 外汇市场。外汇市场是指由外汇需求者与外汇供给者以及买卖中介机构所构成的买卖外汇的场所或交易网络。在外汇市场上,既可以进行本币与外币之间的买卖,也可以进行以一种外币兑换成另一种外币,即不同币种的外币间的买卖。外汇市场是国际金融市场的一个重要组成部分,并且与其他金融市场存在着种种密切关系。例如国际货币市场的借贷业务、国际资本市场上的投资活动以及黄金市场上的各种交易都离不开外汇买卖。外汇市场的参与者有经营外汇业务的外汇银行、接洽外汇买卖的外汇经纪人、从事外币有价证券买卖的证券公司、买卖外汇的进出口公司及个人、负责监管的中央银行。

(4) 黄金市场。黄金市场是集中进行黄金买卖和金币兑换的交易中心或场所。由于目前黄金仍是各国进行国际储备的工具之一,在国际结算中占据重要的地位,因此,黄金市场仍被看作是金融市场的一个重要的组成部分。国际黄金市场是世界各国集中进行黄金交易的一个中心,它有固定的交易场所。目前世界上重要的黄金市场有伦敦、纽约、苏黎世、芝加哥和中国香港,号称五大国际黄金市场。世界的黄金交易可以在24小时内不停地进行。

【阅读资料】

黄金市场——天然的货币,最舒服的避风港

黄金是人类最早发现并利用的贵金属之一。

黄金投资是一种永久、及时的投资。几千年来黄金永远散发着它美丽的光芒,并以其独有的不变质、易流通的特性以及保值、投资、储值的功能，成为人们资产保值的首选。无论人类历史如何变迁，国家权利如何更替，抑或是货币的更换，而黄金的价值永存。

由于黄金具有特殊的自然属性，所以被人类赋予了社会属性，也就是流通货币功能。黄金成为人类的物质财富，成为人类储藏财富的重要手段，故而马克思在《资本论》中写道："金银天然不是货币，但货币天然是金银。"

投资黄金是一种与股票相类似的投资行为，但是相对于股票而言，黄金的历史更加悠久。国际上所通行的黄金交易市场也要比股票市场更加规范，收益也相对更高。

黄金市场是集中进行黄金买卖的交易场所。黄金交易与证券交易一样，都有一个固定的交易场所，世界各地的黄金市场就是由存在于各地的黄金交易所构成的。黄金交易所一般都在各个国际金融中心，是国际金融市场的重要组成部分。在黄金市场上买卖的黄金形式多种多样，主要有各种成色和质量的金条、金币、金丝和金叶等，其中最重要的是金条。金价按纯金的质量计算，即以金条的质量乘以金条的成色。目前，国内黄金投资主要分为实物黄金交易和纸黄金交易两类。实物黄金交易是指可以提取实物黄金的交易方式，纸黄金交易指的是只能通过账面反映买卖状况，不能提取实物黄金的交易方式。

两种交易方式各有所长，如果出于个人收藏或者馈赠亲友的目的，投资者可以选择实物黄金交易，如果期望通过黄金投资获得交易盈利，那么纸黄金无疑是最佳选择。与实物黄金交易相比，纸黄金交易不存在仓储费、运输费和鉴定费等额外的交易费用，投资成本较低，同时也不会遇到实物黄金交易通常存在的"买易卖难"的窘境。

此外黄金投资还有黄金管理账户、黄金凭证、黄金期货、黄金期权、黄金股票、黄金基金和国际现货黄金等种类。

(资料来源：华运钰. 每天一堂金融课.)

(5) 金融合约市场。金融合约市场是指以特殊的金融合约为交易对象的市场，主要包括期货合约、期权合约、互换合约等。保险市场也应属于金融合约市场，因为保险市场是以保险单和年金的发行与转让为交易对象的场所，而保险单(即保险合同)实际上是一种特殊的金融合同。

【阅读资料】

期权市场——有权不用，过期作废

在亚里士多德《政治学》的第一卷中记载有最古老的一个关于期权的故事。

哲学家泰利斯因为贫穷而遭人耻笑，并且人们以此为理由认为哲学是毫无用处的，但结果却是擅长占星术的泰利斯笑到了最后。

有一年冬天，泰利斯通过观测星象预测到第二年秋天本地橄榄将会遇到百年一遇的大丰收。于是，他拿出了自己仅有的一点积蓄，秘密拜访了当地所有的橄榄油压榨机的主人，他付给每人一小笔订金来买下一份"期权"，该期权的内容就是到了秋天时，他能优先以正常的租金租用他们的压榨机。

第二年，橄榄大丰收果然来临了，压榨机的需求骤然增加，这一下泰利斯得到了向求租者漫天要价的机会，结果大发横财。泰利斯以此昭告天下：哲学家要想致富，简直易如反掌。

(资料来源：华运钰. 每天一堂金融课.)

除此之外，金融市场按照融资方式可以分为直接融资市场和间接融资市场；按照金融交易的程序可以分为发行市场和流通市场；按照金融交割的时间可以划分为现货市场和期货市场；按照地域范围可以划分为国内金融市场和国际金融市场。

四、金融市场的功能

(一)积累功能

在社会总储蓄向总投资的转化过程中，金融市场充当了这种转化的中介。在社会资金的供给者与需求者之间、资金供求的时间之间、资金数量之间和供求方式之间，往往难以取得一致。通过金融市场的介入，通过直接融资和间接融资方式，使社会资金流动成为可能。对于资金需求者，可以采用在金融市场上发行金融工具的办法募集大量资本；对于资金供给者，可以采用在金融市场上购买各种金融工具的方式提供资金，使大量闲置的资金得以集中和有效利用。功能完善的金融市场可以使资金的需求者方便经济地获得资金，使资金供给者获得满意的投资渠道，从而实现社会储蓄向投资转化的目的。

(二)配置功能

在金融市场上，随着金融工具的流动，带动了社会物质资源的流动和再分配，将社会资源由低效率部门向高效率部门转移。市场信息的变化，金融工具价格的起落，都给人以启示，引导人们放弃一些金融资产而追求另一些金融资产，使资源通过金融市场不断进行新的配置。随着资源的配置，金融市场上的风险也在发生新的配置，风险和收益并存，有的人在转让风险追求安全的同时，也就转让了收益；另一些人在承受风险的同时，也就获得了收益。

(三)调节功能

在微观方面，人们对金融工具的选择，实际是对投融资方向的选择，由此对运用资金的部门加以区分。这种选择的结果，必然产生优胜劣汰的效应。金融市场参与者的不断自我完善，实现了调节经济结构的目标。在宏观方面，政府可以通过金融市场实施和传导货币政策和财政政策，从而实现对国民经济的调控。

(四)反映功能

金融市场是国民经济的"晴雨表"。股票、债券、基金市场的每日交易行情变化，能够为投资者判断投资机会提供信息；金融交易会直接、间接地反映货币供应量的变动情况；金融市场上每天有大量专业人员从事信息情报研究分析，及时了解上市公司发展动态；金融市场发达的通信网络和信息传播渠道，能够把全球金融市场融为一体，及时了解世界经济发展变化行情。

第二节 货币市场

一、货币市场的含义和特点

货币市场是融资期限在一年以内的短期资金交易市场。在这个市场上用于交易的工具形形色色，交易的内容十分广泛。相对于资本市场来说，货币市场有以下几个突出特点。

首先，它是短期的，而且是高流动性和低风险性的市场。在货币市场上交易的金融工具具有高度的流动性。倘若你急需一笔现金，被迫要处理长期证券，那你就会遭受损失。但如果你有短期债券，那么你可以乘机卖掉它们，而不致遭受太大的损失。短期债券到期很快，如果你脱手一段时间，当它们到期时你可以按票面价值买回这些债券。

其次，货币市场是一种批发市场。由于交易额极大，周转速度快，一般投资者难以涉足，所以货币市场的主要参与者大多数是机构投资者。其深谙投资技巧，业务精通，因而能在巨额交易和瞬变的行情中获取利润。

最后，货币市场又是一个不断创新的市场。由于货币市场上的管制历来比其他市场要松，所以任何一种新的交易方式和方法，只要可行就可能被采用和发展。

二、货币市场的主要类型

(一)同业拆借市场

同业拆借市场又叫同业拆放市场，是指银行与银行之间、银行与其他金融机构之间进行短期(1 年以内)临时性资金拆出拆入的市场。

同业拆借市场有如下特点：①对进入市场的主体有严格的限制，即必须是指定金融机构；②融资期限较短，最初多为 1 日或几日的资金临时调剂，是为了解决头寸临时不足或头寸临时多余所进行的资金融通；③交易手段比较先进，手续简便，成交时间短；交易额大，而且一般不需要担保或抵押；④利率由双方议定，可以随行就市。

同业拆借市场最早出现于美国，其形成的根本原因在于法定存款准备金制度的实施。按照美国 1913 年通过的"联邦储备法"的规定，加入联邦储备银行的会员银行，必须按存款数额的一定比率向联邦储备银行缴纳法定存款准备金。而由于清算业务活动和日常收付数额的变化，总会出现有的银行存款准备金多余，有的银行存款准备金不足的情况。存款准备金多余的银行需要把多余部分运用，以获得利息收入，而存款准备金不足的银行又必须设法借入资金以弥补准备金缺口，否则就会因延缴或少缴准备金而受到央行的经济处罚。在这种情况下，存款准备金多余和不足的银行，在客观上需要互相调剂。因此，1921 年在美国纽约形成了以调剂联邦储备银行会员银行的准备金头寸为内容的联邦基金市场。

在经历了 20 世纪 30 年代的第一次资本主义经济危机之后，西方各国普遍强化了中央银行的作用，相继引入法定存款准备金制度作为控制商业银行信用规模的手段，与此相适应，同业拆借市场也得到了较快发展。在经历了长时间的运行与发展过程之后，当今西方国家的同业拆借市场，较之形成之时，无论在交易内容开放程度方面，还是在融资规模等方面，都发生了深刻变化。拆借交易不仅仅发生在银行之间，还扩展到银行与其他金融机构之间。从拆借目的看，已不仅仅限于补足存款准备和轧平票据交换头寸，金融机构如在经营过程中出现暂时的、临时性的资金短缺，也可进行拆借。更重要的是同业拆借已成为银行实施资产负债管理的有效工具。由于同业拆借的期限较短，风险较小，许多银行都把短期闲置资金投放于该市场，以利于及时调整资产负债结构，保持资产的流动性。特别是那些市场份额有限、承受经营风险能力脆弱的中小银行，更是把同业拆借市场作为短期资金经常性运用的场所，力图通过这种做法提高资产质量，降低经营风险，增加利息收入。

【阅读资料】

我国的同业拆借市场

1986年1月，国家体改委、中国人民银行在广州召开金融体制改革工作会议，会上正式提出开放和发展同业拆借市场。同年3月，国务院颁布的《中华人民共和国银行管理暂行条例》，也对专业银行之间的资金拆借作出了具体规定。此后，同业拆借在全国各地迅速发展起来。1986年5月，武汉市率先建立了只有城市信用社参加的资金拆借小市场，武汉市工商银行、农业银行和人民银行的拆借市场随之相继建立。不久，上海、沈阳、南昌、开封等大中城市都形成了辐射本地区或本经济区的同业拆借市场。到1987年6月底，除西藏外，全国各省、市、自治区都建立了不同形式的拆借市场，初步形成了一个以大中城市为依托的、多层次的、纵横交错的同业拆借网络。1995年，为了巩固整顿同业拆借市场的成果，中国人民银行进一步强化了对同业拆借市场的管理，要求跨地区、跨系统的同业拆借必须经过人民银行融资中心办理，不允许非金融机构和个人进入同业拆借市场，从而使同业拆借市场得到了进一步规范和发展。1995年11月，中国人民银行发出通知，要求商业银行在1996年4月1日前撤销其所办的拆借市场。这一措施为建立全国统一的同业拆借市场奠定了坚实的基础。1996年1月3日，经过中国人民银行长时间的筹备，全国统一的银行间同业拆借市场正式建立。目前，全国银行间同业拆借中心与中国外汇交易中心合用一个交易系统，并包括全国银行间拆借和债券(包括现券买卖、回购交易)两个交易子系统。

(资料来源：贾玉革.金融理论与实务.)

(二)银行承兑汇票市场

银行承兑汇票市场是以银行承兑汇票作为交易对象所形成的市场。国际与国内贸易的发展是产生银行承兑汇票的重要条件，同时，银行承兑汇票的产生大大便利了国际与国内的贸易。目前，银行承兑汇票市场已成为世界各国货币市场体系中的重要组成部分。

(三)短期国债市场

短期国债，也称国库券，是由中央政府发行的，期限在1年以内的政府债券。期限通常为3个月、6个月或12个月。最早发行短期国债的国家是英国。现在西方各国都普遍发行大量短期国债，把它作为弥补财政赤字的重要手段。同时，一定规模的短期国债也是中央银行开展公开市场业务、调节货币供给的物质基础。我国自1981年恢复国债发行以来，所发国债期限多在两年以上，1994年首次发行了期限为半年的短期国债，丰富了我国的国债品种。

短期国债的最大特点是安全性。由于它是凭中央政府的信用发行的，所以几乎不存在违约风险；它在二级市场上的交易也极为活跃，变现非常方便。此外与其他货币市场工具相比，短期国债的起购点比较低，面额种类齐全，适合一般投资者购买。短期国债的这些特点使它成为一种普及率很高的货币市场工具。

(四)可转让定期存单市场

可转让定期存单是银行发行给存款人按一定期限和利率计息，到期前可以转让流通的证券化的存款凭证。它与一般存款的不同之处在于可以在二级市场进行流通，从而解决了定期存款缺乏流动性的问题，所以很受投资者的欢迎。其面额一般比较大(美国的可转让定期存单最小面额为10万美元)，期限则多在1年以内。它最早是由美国花旗银行于1961年推出的，并且很快为别的银行所效仿，目前已成为商业银行的重要资金来源。在美国，其规模甚至超过了短期国债。我国于1986年下半年开始发行大额可转让定期存单，最初只有交通银行和中国银行发行，1989年起其他银行也陆续开办了此项业务。在我国面向个人发行的存单面额一般为500元、1000元和5000元，面向单位发行的存单面额则一般为5万元和10万元。然而，由于没有给大额存单提供一个统一的交易市场，同时由于大额存单出现了很多问题，特别是盗开和伪造银行存单进行诈骗等犯罪活动十分猖獗，中国人民银行于1997年暂停审批银行的大额存单发行申请，大额存单业务因而实际上被完全停止。其后，大额可转让定期存单逐渐淡出人们的视野。

(五)商业票据市场

商业票据是由一些大银行、财务公司或企业发行的一种无担保的短期本票。所谓本票，是由债务人向债权人发出的支付承诺书，承诺在约定期限内支付一定款项给债权人。商业票据是一种传统的融资工具，但是它的迅速发展却是从20世纪60年代后期开始的。由于Q条例规定了存款利率的上限，美国的商业银行开始寻求新的获取资金的渠道。其中之一便是通过银行控股公司(持有数家银行股份的公司)发行商业票据。与此同时，越来越多的大企业也开始更多地依赖于发行商业票据来获得流动资金。到20世纪90年代，商业票据已经成为美国数额最大的货币市场金融工具。

【阅读资料】

美国的"Q条例"

Q条例是指美国联邦储备委员会按字母顺序排列的一系列金融条例中的第Q项规定。1929年之后，美国经历了一场经济大萧条，金融市场随之也开始了一个管制时期，与此同时，美国联邦储备委员会颁布了一系列金融管理条例，并且按照字母顺序为这一系列条例进行排序，如第一项为A项条例，其中对存款利率进行管制的规则正好是Q项，因此该项规定被称为Q条例。后来，Q条例成为对存款利率进行管制的代名词。Q条例的内容是银行对于活期存款不得公开支付利息，并对储蓄存款和定期存款的利率设定最高限度，即禁止联邦储备委员会的会员银行对它所吸收的活期存款(30 天以下)支付利息,并对上述银行所吸收的储蓄存款和定期存款规定了利率上限。当时,这一上限规定为 2.5%,此利率一直维持至 1957 年都不曾调整,而此后却频繁进行调整,它对银行资金的来源去向都产生了显著影响。美国金融市场上也产生了许多为规避 Q 条例而创新的金融工具。

(资料来源:贾玉革. 金融理论与实务.)

(六)回购协议市场

回购协议是产生于 20 世纪 60 年代末的短期资金融通方式。它实际上是一种以证券为抵押的短期贷款。其操作过程为借款者向贷款者暂时出售一笔证券,同时约定在一定时间内以稍高的价格重新购回;或者借款者以原价购回原先所出售的证券,但必须向证券购买者支付一笔利息。这样证券出售者暂时获得了一笔可支配的资金,证券的购买者则从证券的买卖差价或利息支付中获得一笔收入。回购协议主要以政府债券交易为主。回购协议中的出售方大多为银行或证券商,购买方则主要是一些大企业,后者往往以这种方式来使自己在银行账户上出现的暂时闲置余额得到有效的利用。回购协议的期限大多很短,可以是 1 天到 1 年中的任意天数。由于数额巨大,购买者的收入也很可观。

债券回购交易一般在证券交易所进行,目前我国不仅在上海、深圳两个交易所开展了回购交易活动,全国银行间同业拆借市场也开始办理该项业务。

(七)共同基金市场

货币市场共同基金是美国 20 世纪 70 年代以来出现的一种新型投资理财工具。共同基金是将众多小额投资者的资金集合起来,由专门的经理人进行市场运作,赚取收益后按一定的期限及持有的份额进行分配的一种金融组织形式。而对于主要在货币市场上进行运作的共同基金,则称为货币市场共同基金。

货币市场共同基金最早出现在 1972 年。当时,由于美国政府出台了限制银行存款利率的 Q 项条例,银行存款对许多投资者的吸引力开始下降,他们急于为自己的资金寻找新的能够获得货币市场现行利率水平的收益途径。货币市场共同基金正是在这种背景下应运而生。它能将许多投资者的小额资金集合起来,由专家操作。货币市场共同基金出现后,其发展速度是很快的。目前,在发达的市场经济国家,货币市场共同基金在全部基金中所占比重最大。

我国货币市场共同基金正式创立于 2003 年。2003 年 12 月 10 日,华安现金富利基金、招商现金增值基金、博时现金收益基金经历了艰难险阻最终获批,其中华安现金富利基金于 2003 年 12 月 30 日正式成立,另两只基金则于 2004 年 1 月成立,标志着我国货币市场共同基金的正式启动,基金公司可以通过设立货币基金而在货币市场为闲置资金寻找一个安全的"避风港"。

第三节 资 本 市 场

一、资本市场的含义及特点

资本市场是融资期限在一年以上的长期资金交易市场。与货币市场相比，资本市场的特点主要有如下几点。

(1) 融资期限长。融资期限至少在 1 年以上，也可以长达几十年，甚至无到期日。

(2) 流动性较差。在资本市场上筹集到的资金多用于满足中长期融资需求，因此流动性和变现性相对较弱。

(3) 风险大而收益较高。由于融资期限较长，发生重大变故的可能性较大，市场价格容易波动，投资者需要承受较大的风险。然而，作为对风险的回报，其收益也较高。

【阅读资料】

新《证券法》实施，护航资本市场

2019 年 12 月 28 日，十三届全国人大常委会第十五次会议表决通过了修订后的《中华人民共和国证券法》，新证券法将于 2020 年 3 月 1 日起正式施行。

新证券法对证券市场各项基础性制度进行了十方面的改革完善，即明确全面推行证券发行注册制度、显著提高证券违法违规成本、完善投资者保护制度、进一步强化信息披露力度、完善证券交易制度、落实"放管服"要求取消相关一系列行政许可、压实中介机构市场"看门人"的法律职责、建立健全多层次资本市场体系、强化监管执法和风险防控、扩大证券法的适用范围。

"升级版"证券法出炉标志着中国资本市场在市场化、法治化的道路上又迈出至关重要的一步。作为资本市场的根本大法，各方期待完成大修的证券法直击市场痛点难点，给市场生态带来深刻变化，更好护航资本市场改革发展。

(资料来源：新浪财经，2020 年 3 月 1 日.)

二、资本市场的内容

在资本市场上，资金供应者主要是银行、保险公司、信托投资公司、各种基金公司和个人投资者，资金需求方主要是社会团体、政府机构、企业等。资本市场主要包括证券市场和长期借贷市场。证券市场包括发行市场和流通市场两部分，其各自的交易方式均不相同。在证券市场上，交易对象主要是股票、债券、投资基金，它们的交易及运行机制各不相同。本小节以证券市场为主介绍资本市场的有关内容。

(一) 股票市场

股票是股份公司发给投资人、证明其投入本公司资本并据此取得股息和红利的凭证。

是证明股东权利和义务,并能转让的有价证券。

【阅读资料】

股份制、股票、股份公司

股份制亦称"股份经济"是指以入股方式把分散的、属于不同人所有的生产要素集中起来,统一使用,合理经营,自负盈亏,按股分红的一种经济组织形式。也是企业财产所有制的一种形式。

股份制的基本特征是生产要素的所有权与使用权分离,在保持所有权不变的前提下,把分散的使用权转化为集中的使用权。

股份制是与商品经济相联系的经济范畴,是商品经济发展到一定程度的产物。它在自身发展过程中,经历了几个不同的社会历史阶段并采取了不同的具体形式。在奴隶社会末期和封建社会初期,随着经济的发展,出现了自由民之间或手工业者之间以人、财、物各项要素的一项或几项为联合内容的合伙经营的经济形式。这种经济形式,在合伙内容、经营方式、分配办法等方面,都没有明确的规范,更没有形成严格的股份分配制度,这是股份制的一种原始的形式。到17世纪初期,由于商品经济有了进一步较高程度的发展,资本主义经济萌芽已经出现并有所发展,因而出现了以股份公司为特点的股份经济。19世纪后半期,商品经济与资本主义生产方式相结合,成为资本主义,社会生产力已达到相当高的社会化程度,致使单个的私人资本已经容纳不了社会化的生产力,于是几个乃至几十个私人资本,以资本入股或发行和认购股票的形式组成的股份公司便迅速发展起来。以股份公司为主要形式的股份经济,成为资本主义股份经济的典型形态。以股份制为主要形式的混合所有制经济也是社会主义市场经济的重要组织形式。

股份制企业是指三人或三人以上(至少三人)的利益主体,以集股经营的方式自愿结合的一种企业组织形式。它是适应社会化大生产和市场经济发展需要、实现所有权与经营权相对分离、利于强化企业经营管理职能的一种企业组织形式。

股份公司就是通过发行股票及其他证券,把分散的资本集中起来经营的一种企业组织形式。产生于18世纪的欧洲,19世纪后半期广泛流行于世界资本主义各国,股份公司在资本主义国家的经济中占据统治地位。

(资料来源:360百科,https://baike.so.com/doc/5404213-5641916.html。)

迄今为止,资本市场的最大组成部分是股票市场。

1. 股票的发行市场

股票的发行市场又叫一级市场,它是指股份公司向社会增发新股的市场,包括公司初创期发行的股票和增资扩股所发行的股票。一级市场的整个运作过程通常由咨询与准备、股票销售两个阶段构成。

1) 咨询与准备

咨询与准备是股票发行的前期准备阶段,发行人(公司)须听取投资银行的咨询意见并对一些主要问题作出决策,主要包括发行方式的选择、选定作为承销商的投资银行或证券公司、准备招股说明书、确定发行价格四个方面。发行公司着手完成准备工作之后,即可按照预定的方案发售股票。

(1) 发行方式的选择。股票发行的方式一般可分为公募发行和私募发行两类。公募发行指面向市场上大量的非特定的投资者公开发行股票。其优点是可以扩大股票的发行量，筹资潜力大；无须提供特殊优厚的条件，发行者具有较大的经营管理独立性；股票可在二级市场上流通，从而提高发行者的知名度和股票的流通性。其缺点则表现为工作量大，难度也大，通常需要承销者的协助，发行者必须向证券管理机关办理注册手续，必须在招股说明书中如实公布有关情况以供投资者作出正确决策。

私募发行是指只向少数特定的投资者发行股票，其对象主要有个人投资者和机构投资者两类，前者如使用发行公司产品的用户或本公司的职工，后者如大的金融机构或与发行者本人有密切业务往来关系的公司。私募发行具有节省发行费用、通常不必向证券管理机关办理注册手续、有确定的投资者从而不必担心发行失败等优点。但也有需要向投资者提供高于市场平均条件的特殊优厚条件、发行者的经营管理容易受干预、股票难以转让等缺点。

(2) 选定作为承销商的投资银行。公开发行股票一般都通过投资银行来进行，投资银行的这一角色被称为承销商。许多公司都与某一特定承销商建立起牢固的关系，承销商为这些公司发行股票而且提供其他必要的金融服务。在我国，承销商的职能由证券公司来承担。

(3) 准备招股说明书。招股说明书是公司公开发行股票的书面说明，是投资者了解和准备购买股票的依据。招股说明书必须包括财务信息、公司经营历史的陈述、高级管理人员的状况等。

【阅读资料】

中国建设银行发行 H 股招股说明书印象

2005 年 10 月 14 日是中国建设银行在香港开始公开招股的第一天。招股说明书当天均摆在了香港各指定发售申购银行网点。此次中国建设银行发行 H 股受到国际投资者的热购，也激发了香港本地市民的购买热情。中国建设银行这次到境外进行上市路演印发的招股说明书有中、英文两种版本，内容十分丰富。包括正文和 10 个附件共 520 多页，正文部分的 25 个主题约 270 页。其中在业务、资产与负债、财务信息等主题下还有多个分主题。作为投资者，可能更留心关注概要、展望性表述、风险因素、业务、风险管理、资产与负债、财务信息等与银行经营有密切关系的内容。因为从这些内容中，既可以了解到中国建设银行股份的过去，更能清晰地观察到中国建设银行股份的现状，以及未来发展趋势(包括未来计划与前景、募集资金用途等)，从而有助于自己作出理性的投资判断。

(资料来源：金时网——金融时报，2005 年 10 月 15 日.)

(4) 发行定价。发行公司和承销商可以将路演时投资者的关注度作为参考，并结合多种因素来考虑发行定价。发行定价是一级市场的关键环节。如果定价过高，会使股票的发行数量减少，进而使发行公司不能筹到所需资金，股票承销商也会遭受损失；如果定价过低，则承销商的工作会更容易，但发行公司却会蒙受损失。发行定价有平价、溢价和折价三种方式。平价发行是以股票票面所标明的价格发行；溢价发行就是按超过票面金额的价格发行；折价发行就是按低于票面金额的价格发行。

(5) 路演。路演的本意译自英文 road show，是国际上广泛采用的证券发行推广方式，指证券发行商发行证券前针对机构投资者的推介活动，是在投融资双方充分交流的条件下促进股票成功发行的重要推介、宣传手段。路演的主要形式是举行推介会，在推介会上，发行公司向投资者就公司的业绩、产品、发展方向等作详细介绍，充分阐述上市公司的投资价值，让准投资者们深入了解具体情况，并回答机构投资者关心的问题。随着网络技术的发展，这种传统的路演同时搬到了互联网上，出现了网上路演，即借助互联网的力量来推广。网上路演现已成为上市公司展示自我的重要平台及推广股票的重要方式。

2) 股票销售

发行公司着手完成准备工作之后，即可按照预定的方案发售股票。对于承销商来说，其销售股票的方式有以下几种。

(1) 全额包销。承销商买下全部股票，再按发行价推销；这种方式手续费高，承销机构风险最大。

(2) 余额包销。承销商将在规定期间内未销售出去的股票买下。

(3) 代销。在发行期间，承销商尽力销售，未销售出去的股票由发行人自行处理。此种方式承销商承担的风险最小，因此收取的佣金最低。

【阅读资料】

传阿里巴巴将在香港路演，赴港上市要迈开步伐了吗？

雷锋网消息，2019 年 11 月 8 日，据相关媒体报道，阿里巴巴将在下周开始在香港进行上市前的路演。并且，消息还称阿里巴巴上市团队已经与一些机构投资者沟通了关于定价折扣的内容，并以现在美股价格 4% 的折扣进行询价。

对此，阿里巴巴方面表示不予置评；这也是过去半年阿里巴巴集团对于此类消息的统一答案。

阿里巴巴或将赴港二度上市

据路透旗下 IFR 报道，阿里巴巴寻求香港上市审批的集资额介乎 100 亿至 150 亿美元(约 780 亿至 1170 亿港元)，且将于今年年底前完成这项交易。值得注意的是，原定的发行计划为 200 亿美元，削减后的目标仅有原定目标的一半。不过，若消息属实，阿里巴巴也将有望成为今年全球最大型新股。

另外，对阿里巴巴可能以每股价格 4% 的折扣进行询价这一传闻，有部分投资者表示对这一折扣不满意，希望至少折扣在 8%~10%。

其实，阿里巴巴将赴港二度上市的消息从今年六月份就已传出。据彭博社 6 月 10 日报道，阿里巴巴将在数周之内提交上市申请，将选择中金公司和瑞信牵头安排香港的股份发行。彼时，阿里巴巴方面的回应同样也是表示不予置评。(详见雷锋网此前报道)

按照此前计划，阿里巴巴在港交所上市的时间为八月份，但是，后来由于某些原因将这一香港上市计划推迟至今。

那么，为何阿里巴巴选择在此时重返港股？

据相关媒体分析，阿里巴巴在此时重返港股可能有三方面的原因：一是筹集额外资金，提高阿里的估值；二是自去年以来港交所对于大陆科技公司的态度发生了变化；三是国际环境的变化，内地监管部门也正设法吸引科技巨头回到国内市场上市，作为市值最高的企业，阿里也有责任发挥示范作用支持政府的计划。

阿里巴巴与港交所渊源之深

事实上，阿里巴巴和港交所有着很深的渊源。早在 2007 年，阿里旗下 B2B 电子商务公司阿里巴巴网络有限公司在香港上市。后来，在 2012 年，因为当时香港交易所的"同股同权"规则与阿里巴巴的管理方式不符合，阿里巴巴选择从香港退市。

到了 2014 年，阿里巴巴选择在美国纽约证券交易所上市，融资 218 亿美元，创下了史上最大的 IPO 记录。届时，有中资券商认为，香港未能留住阿里巴巴是"香港证券业的耻辱"。不过，阿里巴巴对此并不苟同。在此前，阿里巴巴前董事长马云曾公开表示，"有人说，香港失去了阿里巴巴这个机会，我自己觉得是阿里巴巴错失了香港"。另外，他还表示，阿里巴巴对香港依然热爱，并会全力以赴支持香港的中小企业开拓世界市场。

在错失了阿里巴巴之后，港交所对上市规则作出了改变。在 2017 年 12 月 15 日，港交所宣布在主板上市规则中增加两个章节，一个是接受同股不同权上市，另一个是允许尚未盈利或者没有收入的生物科技公司来香港上市；用港交所总裁李小加的话来说，这是香港市场二十多年来最重大的一次上市改革。也正是基于这样的改变，港交所吸引了更多的企业，包括小米集团、美团点评等。

另外，雷锋网了解到，目前阿里健康和阿里影业，以及其他一些与阿里巴巴相关联的公司也都已经在香港上市，如果此次阿里巴巴在香港再次上市成功，阿里巴巴将盘活这些资源，产生协同作用。

(资料来源：腾讯网，2019.11.08.)

2. 股票的流通市场

股票的流通市场也称交易市场、二级市场，是不同的投资者之间买卖已发行的股票所形成的市场。二级市场可以分为有组织的证券交易所和场外交易市场。

(1) 证券交易所。证券交易所是由证券管理部门批准的、为证券的集中交易提供固定场所和有关设施并制定各项规则以形成公正合理的价格和有条不紊的秩序的正式组织。交易所是一个有组织、有固定地点、有严格交易制度、集中进行竞价成交的场所。股份公司符合一定条件，其公开发行的股票可以在证券交易所挂牌交易，也叫作"上市"。

【阅读资料】

什么是牛市什么是熊市　为什么叫牛市和熊市

即使不炒股的人，也一定听说过牛市和熊市，但是作为不混迹在股票市场的朋友可能分不清楚牛市和熊市哪个是上涨行情哪个是下跌行情，那么小编来跟你解释下，什么叫牛市什么叫熊市吧，顺便说下牛熊市起名的渊源。

牛市是预料股市行情看涨，前景乐观的专门术语，

熊市是预料股市行情看跌，前景悲观的专门术语。

关于为什么叫牛熊市的起源有很多种说法。

一种是利用牛和熊来定义股票市场来源于这两种动物的攻击方式。公牛在攻击时通常会把犄角向上扬起，而熊在攻击时通常会把爪子向下甩，这种方向正好与它们所代表的市

场趋势相对应,如果趋势向上,那么就是牛市,如果趋势向下,那么就是熊市。

然而业界认可度比较多的一种说法是熊市来自于16世纪的一句古老的谚语:熊未抓到先买皮。意思是不要盲目乐观。在18世纪的时候,投资者开始卖还没有够得的股票,以求在交割期以低价购入股票,并且以此获利,"卖熊皮"这一说法也就由此诞生了。随后买交易证券的人就被称为熊皮买方。

具体的来说,1714年牛市这一词语在股票市场上被首次使用,时间就在熊市一词使用后。在当时斗牛和斗熊都是十分普遍的,斗熊的时候,人会把熊拴在竞技场里,使用狗或者其他动物来攻击熊,来取悦观众。同时斗牛也很受到当时观众的欢迎,斗熊和斗牛运动的受欢迎,再加上"奔牛"一词的含义,牛和熊在股票领域就成为了一对,在熊市出现不久之后,牛市也出现了。

不管是来源于哪种说法,反正现在已经成为股市的专业术语,也因此牵动着每一个金融市场的人的神经。

(资料来源:作者文天,探其财经,https://www.tqcj.com/a/4095.html。2018.10.26。)

交易所本身并不参与证券的买卖,也不决定证券的交易价格,只是提供一个有组织的集中交易场所,并制定交易制度。我国目前有两家证券交易所,分别是上海证券交易所和深圳证券交易所。世界知名的证券交易所有纽约证券交易所、伦敦证券交易所、阿姆斯特丹证券交易所、法兰克福证券交易所等。

【阅读资料】

纽约证券交易所

在华尔街有一座显著的建筑——纽约证券交易所,这座古希腊风格建筑的正面,有一组浮雕。浮雕上有从事工业、农业、贸易的人们,他们代表着经济领域的各个方面,6根圆柱托起的这些浮雕象征着资本市场对经济的支撑作用。来自世界各地3000多家公司在这里上市,其中有近50家中国上市公司。无论是上市公司发行股票筹集资金的数额,还是上市交易股票的总价值,纽约证券交易所都是当今世界上规模最大的证券交易市场,这里所传递出的信息直接对美国和全球经济产生重大影响。

在美国证券发行之初,尚无集中交易的证券交易所,证券交易大都在咖啡馆和拍卖行里进行。纽约证券交易所的起源可以追溯到1792年5月17日。当时24个证券经纪人在纽约华尔街68号外一棵梧桐树下签署了梧桐树协议,协议规定了经纪人的"联盟与合作"规则,通过华尔街现代老板俱乐部会员制度交易股票和高级商品,这也是纽约交易所的诞生日。1817年3月8日这个组织起草了一项章程,并把名字更改为"纽约证券交易委员会",1863年改为现名:纽约证券交易所。从1868年起,只有从当时老成员中买得席位方可取得成员资格。

(资料来源:根据央视大型纪录片《华尔街》《资本市场》解说词整理而成。)

(2) 场外交易市场。场外交易是相对于证券交易所交易而言的,凡是在证券交易所之外进行的股票交易活动都可以称作场外交易。场外交易与交易所交易相比,没有固定的、集中的场所,无法实行公开竞价,其价格是通过协商达成的。场外交易受到的管制较少,灵活方便，因而能够为中小型及具有潜质的公司股票提供交易渠道。

【阅读资料】

美国 NASDAQ 市场

纳斯达克，即 NASDAQ(National Association of Securities Dealers Automated Quotation, 全美证券交易商协会自动报价系统)，是全球第一个电子化的场外交易报价市场，也是全球最成功的创业板市场，主要扶植处于成长期的高科技企业，其上市标准低于主板市场。纳斯达克指数是反映纳斯达克市场行情变化的股票价格平均指数。纳斯达克的上市公司涵盖所有新技术行业，包括软件和计算机、电信、生物技术、零售和批发贸易等。举世瞩目的微软公司就是通过纳斯达克上市并获得成功的。

(资料来源：贾玉革.金融理论与实务.)

(二)债券市场

债券是投资者向政府、公司或金融机构提供资金的债权债务合同，该合同载明发行者在指定日期支付利息并在到期日偿还本金的承诺，其要素包括期限、面值与利息、税前支付利息、求偿等级、限制性条款、抵押与担保及选择权(如赎回与转换条款)。

债券市场是一种直接融资的市场，即不通过银行等金融机构的信用中介作用，资金的需求者与资金的供给者，或者说资金短缺者与资金盈余者直接进行融资的市场。

我国首次发行的债券，是 1894 年清政府为支付甲午战争军费的需要，由户部向官商巨贾发行的，当时称作"息借商款"，发行总额为白银 1100 多万两。甲午战争后，清政府为交付赔款，又发行了公债，总额为白银 1 亿多两。自清政府开始发行公债后，旧中国历届政府为维持财政平衡，都发行过大量公债，从北洋政府到蒋介石政府先后发行了数十种债券。新中国成立后，我国中央人民政府曾于 1950 年 1 月发行了人民胜利折实公债，实际发行额折合人民币 2.6 亿元，该债券于 1956 年 11 月 30 日全部还清本息。1954 年，中央政府又发行了国家经济建设公债，共发行了 5 次，累计发行了 39.35 亿元，至 1968 年全部偿清。此后 10 余年时间，我国未再发行任何债券，到 80 年代初才又开始发行各种类型债券。

【阅读资料】

人民币债券纳入国际主流债券指数

2019 年 4 月 1 日起，人民币计价的中国国债和政策性银行债券被正式纳入全球主要债券指数——彭博巴克莱全球综合指数。这是继人民币被纳入国际货币基金组织"特别提款权货币篮子"后，中国融入全球金融体系的又一个重要里程碑。人民币债券纳入国际主流债券指数意味着中国债券市场国际化进程迈出了重要一步，将吸引越来越多的境外投资者参与到中国债券市场，增加债券市场流动性，为国内债市带来持续强劲的配置力量。

(资料来源：金融界公众号.)

1. 债券的发行

债券的发行按其发行方式和认购对象，可分为私募发行与公募发行；按其有无中介机构协助发行,可分为直接发行与间接发行;按定价方式,又可分为平价发行、溢价发行和折价发行。

债券的私募发行,是指面向少数特定投资者的发行。一般来讲,私募发行的对象主要有两类:一类是有所限定的个人投资者,另一类是指定的机构投资者。

公募发行是指公开向社会非特定投资者的发行,充分体现公开、公正的原则。

直接发行是指债券发行人直接向投资人推销债券,而不需要中介机构进行承销。间接发行是指发行人不直接向投资者推销,而是委托中介机构进行承购推销。

平价发行即债券的发行价格与票面金额相一致。溢价发行即债券的发行价格高于票面金额。折价发行即债券的发行价格低于票面金额。

在债券发行过程中,除了要确定发行方式、承销方式外,还必须确定发行利率及发行价格,这也是债券发行市场的重要环节。

【阅读资料】

> **农发行发行首单"粤港澳大湾区"绿色金融债券,有效推动大湾区可持续发展**
>
> 2019年10月30日,农发行成功定价发行国内首笔3年期固定利息政策性银行"粤港澳大湾区"主题绿色金融债券,发行规模为25亿元,利率为3.18%。这次发债不仅向国际市场提供了高品质、高等级的投资产品,强化了农发行债券发行境内外市场一体化、投资主题多元化的新格局,也进一步提升了农发行在国际市场的影响力,促进了中国债券市场对外开放和人民币国际化进程,并将有效推动大湾区的绿色金融合作及低碳绿色发展。
>
> (资料来源:金融时报.)

2. 债券的流通

债券流通市场又称债券二级市场,指已进行债券买卖转让的市场。

债券在二级市场上的交易,主要有三种形式,即现货交易、期货交易和回购协议交易。

债券的现货交易,是指买卖双方根据商定的付款方式,在较短的时间内进行交割清算,即卖者交出债券,买者支付现金。现货交易按交割时间的安排可以分为三种:即时交割,即于债券买卖成交时立即办理交割;次日交割,即成交后的第二天办理交割;限期交割,即于成交后限定几日内完成交割。

债券的期货交易,是指买卖成交后,买卖双方按契约规定的价格在将来的指定日期(如3个月、6个月以后)进行交割清算。进行债券的期货交易,既是为了回避风险,转嫁风险,实现债券的套期保值,同时也是一种投机交易,要承担较大的风险。

债券的回购协议交易是指债券买卖双方按预先签订的协议,约定在卖出一笔债券后一段时期再以特定的价格买回这笔债券,并按商定的利率付息。这种有条件的债券交易形式实质上是一种短期的资金借贷融通。这种交易对卖方来讲,实际上是卖现货买期货,对买方来讲,是买现货卖期货。

(三)证券投资基金市场

证券投资基金是指通过发行基金股份(或收益凭证),将投资者分散的资金集中起来,由专业管理人员分散投资于股票、债券或其他资产,并将投资收益分配给基金持有者的一种利益共享、风险共担的集合投资方式。

投资基金在美国被称为"共同基金"或"互助基金",在英国和我国香港特别行政区被称为"单位信托基金",在日本、韩国和我国台湾地区被称为"证券投资信托基金"。

【阅读资料】

投资基金的产生

投资基金是一种满足投资者追求高额利润和资本安全的金融工具,它是随着证券市场的出现而产生的。一般认为,证券投资基金起源于英国,而后兴盛于美国,现已风靡于全世界。19世纪,英国产业革命成功,生产力得到了巨大的解放和发展,社会和个人财富迅速增长,国内资金显得十分充裕。因此,许多投资者将目光投向海外市场,以谋求资本的最大增值。一些不法欺诈分子,利用投资者的这股海外热情,以及他们缺乏国际投资知识、无力自行经营的弱点,乘机组建所谓的投资公司,诱使投资者购买其股票,在股票售出之后,即宣告破产倒闭,以骗取投资者的钱财。大量的中小投资者由此受骗上当,大大增加了投资风险。针对这种情况,英国政府于1868年在伦敦设立了"国外及殖民地政府信托基金",委托具有专门知识的代理人代办投资事宜并分散风险,让中小投资者一样享有投资的收益,该基金是世界上第一家较为正式的证券投资基金。

第一次世界大战后,美国经济得到了一个巨大的发展机会。国内经济空前繁荣,国民收入大幅增长,从而大大刺激了美国的国内外投资活动。不仅资本家热衷于从事证券投资,普通大众也开始热衷于从事证券投资活动。随着经济的大幅增长,经济活动也日趋复杂,一些投资者难以判断经济动向,投资的风险在不断增加。在此背景下,英国的投资信托制度被引入美国。1921年4月,美国组建了第一家基金组织——"美国国际证券信托"。其经营运作方式与英国的投资基金机构相同。

1924年3月21日,波士顿成立了"马萨诸塞投资信托基金",它由哈佛大学200名教授出资5万美元组成。其管理机构是"马萨诸塞金融服务公司",宗旨是为投资者提供专业化的投资管理。与以往基金不同的是,基金公司必须按基金的净资产值持续地出售股份给投资者,或者随时准备赎回它发行在外的股份。它被认为是开放型基金的始祖。真正具有现代意义的是第一家美国证券投资基金——共同基金。该基金一经推出,就受到投资者的欢迎,其发展也比较快。

证券投资基金同样可以分为发行市场和流通市场两个层次。

1. 基金的发行市场

基金的发行市场主要从事基金的发行和认购,二者是同时进行的。无论是封闭型基金还是开放型基金,初次发行总额都要分成若干等额份数(即股份化),每份就是一个基金单位(或称1股)。如果某投资基金初次发行总额1亿元分为1亿份,那么每个基金单位(或每股)面值就为1元。不过其价格不一定是1元,发行价往往是面值加2%左右的手续费,以后价格依赖其每份净资产或市场供求状况变化。在基金的发行市场上,从投资者角度上来说就是认购基金券,认购方式有两种:①认购开放型基金。开放型基金虽然总额变动,但初次发行时也要设定基金发行总额和发行期限,只有在3个月以后才允许赎回和续售。②认购封闭型基金。对于封闭型基金，除规定了发行价、发行对象、申请认购方法、认购手续费、最低认购额外，还规定了基金的发行总额和发行期限。发行总额一经售完，不管是否到期，基金都要进行封闭，不再接受认购申请。

2. 基金的流通市场

基金的流通原则上与股票流通相似，但开放型基金的二级市场与股市有较大区别。在基金初次发行完毕后，持有基金券的投资者希望卖出基金变现，持有现金的投资者希望买进基金投资，这些都要在证券二级市场实现。但是，对开放型基金而言，基金券的流通乃是基金经理公司赎回或再次发行的行为。它的二级市场一般就是指定的柜台或交易网点，交易的价格等于基金单位净值加上或减去申购赎回费用。对封闭型基金而言，基金成立3个月后基金公司就会申请基金上市(在证交所挂牌交易)，此后基金券的买卖都像股票买卖一样在二级市场委托证券公司代理，其价格由市场供求决定，大家竞价买卖。

【阅读资料】

当基金理财成为一种生活方式

1998年，中国公募基金诞生，基民只是"小众"群体。如今，中国公募基金规模已达13.7万亿元，基金理财已为广大投资者所接受，并成为人们生活方式的一部分。20年来，在中国资本市场改革开放的进程中，无数基民与公募基金共同成长，他们见证了中国经济飞速发展的辉煌成就，也分享到了财富增值带来的喜悦。

1998年3月23日，初春时节，第一批证券投资基金启动，国泰基金金泰和南方基金开元分别在上交所和深交所上网发行。彼时，投资者把基金当股票炒，1600多亿元资金蜂拥而至，抢购上述两只新基金。而两只新基金的发行规模，各自仅20亿元，最终只能摇号抽签，两只基金的平均中签率仅2.48%。很多中签的基民当天就赚到了44%。不过这样的好日子没有持续多久。受1998年亚洲金融危机影响，有很长一段时间，基金业绩一蹶不振。转机出现在1999年，多重政策利好下，"5.19"行情、"五朵金花"行情不期而至，一批敏锐捕捉到经济发展脉络、苦心钻研基本面的基金经理崭露头角，优异的投资业绩令投资者刮目相看，这也是公募基金第一次扛起A股价值投资大旗。

2006年至2007年的大牛市中，上证指数一路高歌猛进，触摸到6124.04点的历史高点。在这场财富盛宴中，公募基金大放异彩，逐步走进千家万户。随着股指持续攀升，新基金不断上演"天量"发行盛况。2006年10月，12只新基金共募集442.88亿元；11月，6只新基金募集419.63亿元；12月，5只新基金募集792亿元……公募基金迎来爆发式增长。2008年，美国次贷危机引发的金融海啸肆虐全球，A股也出现大幅震荡，基金净值"高台跳水"，基金发行再度陷入冰点。

2013年6月底，余额宝横空出世，这款产品的收益率比银行活期存款利率高很多。自此，我国居民的理财观念发生巨大转变，从以前"有钱就存银行"的传统做法变为追求财富的保值、增值。余额宝大获成功后，各家共募资金争相布局，众多"宝宝类"基金相继推出，唤醒了越来越多人的理财意识。

经过几轮牛熊周期的洗礼，中国基民的投资理念也逐步走向成熟，一些绩优基金经理管理的产品再度赢得投资者的青睐。公募基金规模稳步增长。2014年10月，公募基金管理规模突破 4 万亿元；2015 年 12 月，突破 8 万亿元；2017 年，首次突破 10 万亿元大关。截至 2019 年 7 月底，公募基金规模合计 13.7 万亿元，基金公司数量达 126 家。

公募基金已经成为中国资本市场的中流砥柱。展望未来，中国基金业在专业化、多元化和国际化上还有很大的潜力，在服务实体经济、服务养老体系上还有巨大的空间，中国的广大基民，也将继续书写属于他们的财富故事。

(资料来源：新浪金融，2019 年 9 月 26 日.)

本 章 小 结

金融市场是资金供求双方借助金融工具进行货币资金融通与配置的市场。金融市场有广义和狭义之分。广义的金融市场既包括直接金融市场，又包括间接金融市场；狭义的金融市场仅包括直接金融市场。

金融市场主要由金融市场参与主体、金融工具、交易价格等要素构成。

金融市场的参与主体非常广泛，政府部门、中央银行、各类金融机构、工商企业和居民个人等出于不同的目的广泛地参与金融市场的交易活动。金融是金融市场至关重要的构成要素。

金融市场可以分为货币市场和资本市场。货币市场是指期限在一年以下的金融交易市场，主要包括同业拆借市场、商业票据市场、回购协议市场、可转让定期存单市场、国库券市场。资本市场是期限在一年以上的金融交易市场，主要包括股票市场、长期债券市场、证券投资基金市场。

课 后 习 题

一、名词解释

金融市场　　金融工具　　股票　　债券　　证券投资基金　　货币市场　　资本市场　　同业拆借市场　　发行市场　　流通市场

二、简答题

1. 金融市场的构成要素有哪些？
2. 金融市场的功能有哪些？
3. 什么是货币市场？货币市场有哪些特点？
4. 什么是资本市场？资本市场有哪些特点？
5. 简述金融市场的分类。

三、案例分析题

科创板正式开市　科创板推出时间表

回顾过去 8 个月，"科创板"从首次提出到开市交易，以令人惊叹的创新速度印证了中国的创新力度!

科创板正式开市　科创板推出时间表

2019年7月22日,科创板正式开市!中国资本市场迎来了一个全新板块。

截至上午9时31分,科创板首批上市的25家公司全线上涨。

回顾过去8个月,"科创板"从首次提出到开市交易,以令人惊叹的创新速度印证了中国的创新力度!

附科创板推出时间表

2018年11月5日

国家主席习近平在首届中国国际进口博览会上宣布,将在上海证券交易所设立科创板并试点注册制。

2019年1月23日

中央深改委审议通过了,《在上海证券交易所设立科创板并试点注册制总体实施方案》和《关于在上海证券交易所设立科创板并试点注册制的实施意见》。

2019年1月30日

证监会发布《关于在上海证券交易所设立科创板并试点注册制的实施意见》,上交所随后发布14个文件,就科创板配套业务规则向社会公开征求意见。

2019年3月1日

证监会及上交所发布正式实施的科创板"2+6"制度文件

2019年3月8日

科创板交易权限开通正式启动。

2019年3月18日

科创板上市审核信息披露系统正式上线,上交所开始接受企业的上市申请。

2019年3月22日

首批9家企业的科创板上市申请获得上交所受理。

2019年4月1日

首次科创板业务专项测试启动,以688开头的科创板股票代码揭晓。

2019年4月4日

上交所公布第一届科创板股票上市委员会、科技创新咨询委员会、公开发行自律委员会的委员名单。

2019年6月5日

科创板上市委举行2019年第1次审议会议,首批3家上会企业微芯生物、天准科技、安集科技均获通过。

2019年6月11日

科创板上市委举行2019年第2次审议会议,第二批3家上会企业福光股份、华兴源创以及睿创微纳均获通过。首批过会3家企业已提交注册申请,科创板注册程序正式启动。

2019年6月13日

在第十一届陆家嘴论坛开幕式上,中共中央政治局委员、国务院副总理刘鹤,中共中央政治局委员、上海市委书记李强,中国证监会主席易会满,上海市市长应勇,共同为科创板开板。

2019年6月13日

最高法发布《最高人民法院关于为设立科创板并试点注册制改革提供司法保障的若干意见(稿)》。

2019年7月9日

证监会、发改委、央行等八部委联合发布《关于在科创板注册制试点中对相关市场主体加强监管信息共享 完善失信联合惩戒机制的意见》，严惩注册制试点中做假账说假话行为。

2019年7月22日

科创板开市，首批25家科创板企业挂牌交易。

(资料来源：人民网，2019.7.22.)

问题：

1. 科创板与主板有何不同？何为注册制？
2. 推出科创板并试点注册制，对我国资本市场具有怎样的意义？

第十三章

国际金融

【学习目标】
- 了解国际收支平衡表的项目及运用。
- 掌握外汇和汇率的含义及种类、国际结算的业务分类、支付工具及基本方式。

【引导案例】

巴西银行案

该案原告是巴西国家银行，被告"以色列农产品公司"是美国特拉华州一家公司的分支机构。被告同巴西咖啡出口商人恶意串通逃避巴西外汇管制法。根据该法，出口商应该把收取美元贷款的权利交给巴西银行，然后由该银行按照官方汇率(1美元兑换90个巴西卢布)将美元兑换成巴西卢布。但是，出口商伪造证件骗取了巴西政府当局的出口许可证，进口商将货款直接在纽约以美元支付，从而使出口商得以在自由市场上以1美元兑换220卢布的汇率将美元换成了卢布。这种逃汇行为已触犯巴西的外汇管制法令。由于当事人的逃汇行为，造成巴西国家银行遭受200万美元的外汇损失。纽约上诉法院确认了下级法院驳回起诉的裁决，认为上诉人(巴西银行)的诉讼请求不能成立(没有提出诉因)，所以法院无法给予其救济。法院的理由有两点：一是法院认为原告为起诉要求实施其本国法的外国政府机构(违反该规定导致损害其政治利益)，所以诉讼不在基金协定的适用范围之内并且诉讼为税收或惩罚法规所禁止。二是法院认为会员国承担的义务是不得强制执行，而不是对已经完全履行合同的个人判决其承担侵权责任。

分析：该案明显涉及这样一个问题，国际货币基金成员国如何对待其他国家的外汇管制法令的效力。从基金的规定来看，成员国承担承认其他成员国外汇管制法令效力的义务，但在实践中，美国法院拒绝承认这样的义务，否认了巴西外汇管制法令的效力。

(资料来源：国际金融法案例和阅读材料. 豆丁网. https://www.docin.com/p-1588325224.html.)

第一节 外汇与汇率

一、外汇

(一)外汇的含义

外汇是指外币以及用外币表示的用于国际结算的支付手段，也是"国际汇兑"的简称。一切存在国外银行的外币存款，在国外能得到偿付的外币、外币票据、外币支付凭证、股票和债券，以及可以用于清偿国际债务的其他外币资产，统称为外汇。国际债权债务的结算通常不采取现金输送方式，而是借助于支付凭证和信用凭证的传递来实现。例如使用商业汇票、银行汇票、银行存款、银行支票、外国政府库券、到期息票等，这类信用工具都属于外汇。按照国际货币基金组织的解释："外汇是货币行政当局(中央银行、货币机构、外汇平准基金组织及财政部)以银行存款、财政部库券、长短期政府证券等形式所持有的，在国际收支出现逆差时可以使用的债权。"根据中国《外汇管理暂行条例》第二条规定，外汇是指：①外国货币，包括钞票、铸币等；②外币有价证券，包括政府公债、国库券、公司债券、股票、息票等；③外币支付凭证，包括票据、银行存款凭证、邮政储蓄凭证等；④其他外汇资金。从这些解释可看出，外币必须是以外币表示的国外资产，在国外能得到偿付的货币债权(空头支票、拒付的汇票不包括在内)，可以兑换成其他支付手段的外币资金。

不能兑换成其他国家货币的外国钞票也不能视为外汇。

(二)外汇的种类

外汇按不同的标准可以分为许多不同的类别。这里我们按可否自由兑换来区分,可将外汇分为自由外汇和非自由外汇。

1．自由外汇

自由外汇是指在市场上不受任何限制就可兑换成任何一种货币的外汇。它具有完全的可兑换性和可接受性。通常在国际贸易、国际信贷中使用的大多是自由外汇。自由外汇一般都是发达国家的货币,如美元、欧元、英镑、瑞士法郎、日元等。

2．非自由外汇

非自由外汇是指不能在市场上自由兑换成其他国家货币的外汇,这种外汇是有条件可兑换的外汇。记账外汇是非自由外汇中的一个特例,它是指两国政府支付协定项下只能用于双边结算的外汇,故又称协定外汇或清算外汇。例如,我国对某些发展中国家和俄罗斯等国家的进出口贸易,双方为了节省自由外汇,签订双方国家银行开立的专门账户记载,年度终了,发生的顺差或逆差按支付协定的规定处理,即可结转下一年度使用或用相应的商品支付,也可按规定兑换成第三国货币。这种在双方银行账户上记载的外汇,不能转给第三者使用,也不能在市场上兑换成自由外汇。

外汇作为国际结算计价手段和支付工具,是国际政治、经济、文化交流必不可少的工具,对于促进国际贸易的发展、扩大各国经济的交往与合作、调节国际资金供求的不平衡发挥着积极作用。

二、汇率

(一)汇率的含义

汇率又称"外汇行市"。两种不同货币间的兑换比率或外汇的买卖价格,是以一种货币表示的另一种货币的价格。汇率有直接标价和间接标价两种标价方法。直接标价法是指用本国货币表示外国货币的价格,即把一定数量的外国货币作为固定单位(如100美元),以它折合本国货币的数量来表示汇率。这是世界上普遍采用的方法。间接标价法是指用外国货币表示本国货币的价格,即把一定数量的本国货币作为固定单位(如100元人民币),以它折合外国货币的数量来表示汇率。这种方法只有英国等少数国家使用。在金本位制度下,无论是金铸币还是银行券,都可以折算成一定数量的黄金,所以汇率是两国货币单位的含金量之比,也称"铸币平价"。铸币平价是决定货币汇率的基础,但它不一定是外汇市场上买卖外汇时所用的实际的市场汇率。由于外汇供求关系的变化,外汇市场上的汇率往往围绕着铸币平价上下波动。这种波动有一定的限度,这个限度就是黄金输送点。如果汇率提高,超过铸币平价加上向外输送黄金的费用(运输费和保险费等),该国债务人直接向外输送黄金来清偿债务就比较有利。因此,铸币平价加上输送黄金费用即可构成汇率上涨的上限,称为"黄金输出点"。反之,如果汇率下跌,超过铸币平价减去输送黄金费用,则本国债权人自己付运费将购买来的黄金输入国内更有利。因此,铸币平价减去输送黄金费用即可构成汇率下跌的下限,称为"黄金输入点"。黄金输入点和输出点合称"黄金输送点"。黄金输送点的存在,限制了汇率的变动,所以汇率波动幅度小,这是金本位制汇率的一个显著特点。在纸币制度下,汇率实质上是以两国货币各自所代表的价值量为基础而形成的交换比例。最初,西方国家政府参照过去流通的金铸币含金量,用法令规定各自纸币所代表的纯含金量,这种纸币所代表的含金量称为"纸币的金平价"。但由于纸币不能自由兑换黄金,没有金币流通,发行纸币可以不受黄金储备的限制,致使通货膨胀成为普遍的现象。由于纸币不断贬值,纸币的金平价就与它实际所代表的含金量完全背离。这样,汇率就不能用纸币的金平价来决定,而只能以纸币所代表的实际含金量为依据。一国通货膨胀越严重,纸币所代表的含金量则越少,以本国货币表示的外国货币的价格就越高,汇率就上升。在纸币制度下,汇率的变动已经不受限于金本位制度下的黄金输送点,而是随纸币的贬值程度和外汇市场供求关系的变化而不断变化,汇率的波动幅度也较大。

(二)汇率的种类

1. 买入汇率、卖出汇率与中间汇率、现钞汇率

买入汇率又称买价,卖出汇率又称卖价,是买卖外汇的价格,它们都是站在银行的角度来说的。买价与卖价之间的差额,是银行买卖现汇的收益。

中间汇率是指买卖外币现钞所使用的汇率,也有买入价和卖出价之分。一般来说,外币现钞买入价比现汇买入价要低一些,由于银行买入外币现钞不能在本国流通使用,需要把它们运送到货币发行国才能作为支付手段,在此期间,银行要承受一定的利息损失、支付运费等,所以,银行要进行相应的扣除。外币现钞的卖出汇率则与外汇卖出汇率相同。

2. 基本汇率与套算汇率

基本汇率是本国货币与某一关键货币的比价。这是从汇率制度的角度来考虑的。由于外国货币种类繁多,要制定本国货币与每一种外国货币之间的汇率,既没有必要,成本也太高。因而一般就选定某一种在本国对外经济交往中最常使用的外国货币,制定出本国货币与其之间的汇率,作为基本汇率。大多数国家一般选用本国货币与美元之间的汇率作为基本汇率。至于其他外国货币与本国货币之间的汇率,则可以根据基本汇率套算出来。

根据基本汇率套算出来的汇率就是套算汇率,也叫交叉汇率。

3. 电汇汇率、信汇汇率、票汇汇率

这是按外汇交易的支付工具来划分的。电汇汇率是以电报、电传等方式买卖外汇时所使用的汇率。在使用电汇汇率进行交易时,买卖成交后,银行必须立即用电报通知国外分支行或代理行将款项支付给收款人。由于电汇方式具有快速高效的特点,因而在国际结算中被广泛采用,并使用其汇率为外汇市场的基本汇率。

信汇汇率是以信函解付方式买卖外汇时所使用的汇率。信汇是由经营外汇业务的银行开具付款委托书,用信函方式寄给国外分支机构或代理行付款给指定收款人的汇款方式。由于使用信函解付外汇,银行可以占用在途资金,所以,信汇汇率比较低。

票汇汇率是指银行以票汇方式卖出外汇时所使用的汇率。票汇是汇出行应汇款人的申请，开立以汇入行为付款人的汇票，交由汇款人自行寄送给收款人或亲自携带出国，凭票取款的一种汇款方式。票汇期间，银行业可以占用客户资金，所以，票汇汇率也比较低。

4. 即期汇率与远期汇率

这是从外汇买卖交割期限角度考虑的。即期汇率又称现汇汇率，是指外汇买卖成交后在两个营业日内完成交割时使用的汇率。远期汇率又称期汇汇率，是外汇买卖双方事先约定的，在未来某一特定日期进行交割的汇率。

对于即期汇率，银行一般都直接报出。但对于远期汇票报价，各国银行的做法有所不同：一是直接报出价格，二是报出远期差价。远期汇率则是在即期汇率的基础上加上或减去一定的远期差价而算出的。

此外，汇率还有其他不同的分类标准。按汇率制度分，可分为固定汇率和浮动汇率；按外汇管制的宽严程度分，可分为官方汇率和市场汇率；按营业时间分，可分为开盘汇率和收盘汇率；按汇率的内涵分，可分为名义汇率、实际汇率和有效汇率等。

第二节　国际结算

一、国际结算的含义及分类

(一)国际结算的含义

国际结算是指通过银行办理的两国间的货币收付业务。其包含的三个要点是：通过银行办理、两国之间结算和货币收付。未能同时满足以上三个条件者，均不能称为国际结算，也不在本书研究范围内。如，通过地下钱庄汇款、个人携带出入境以及国际洗钱(某些国际洗钱活动也是以"合法的"银行业务办理方式进行的)等方式实现资金的跨国转移，就不是国际结算研究的内容，从管理角度讲，这些都属于金融管理或外汇管理范畴。

上述概念中的"国"是国际货币基金组织在其《国际收支手册》(第五版)中所提出的"经济体"的概念。该手册指出，"这一概念不是基于国籍或法律标准""政治上所承认的国家边界不一定适合经济学的目的""一个国家和经济领土包括一个政府所管辖的地理领土，在这个领土内，人员、物资和资本可以自由流动"。按照这种理解，我国大陆与香港、澳门和台湾地区之间符合上述三个条件的资金流动应纳入国际结算范畴处理。这如同我国大陆与港、澳、台地区之间贸易列入对外贸易范畴管理，港、澳、台商到大陆直接投资被列入我国吸引外资的统计范畴一样，与上述四地都是中国的组成部分的基本原则并不矛盾，只是在具体管理措施上可能有某些变通。当然，在一个经济体内部的资金流动或收付，即使通过银行办理，也不能算是国际结算。

虽然交易发生在两个经济体之间，但是如易货贸易、补偿贸易中的直接或间接地以物资补偿或者物资捐赠等单纯物资流动，由于不是货币收付，因此也不是国际结算的内容。

(二)国际结算的分类

1. 贸易结算

贸易结算是指办理因国际贸易而产生的国际债权债务关系结清业务。国际商品贸易是国际结算的主要成因之一，传统商占国际结算业务的大部分，也被称为有形贸易结算。近年来，因国际外汇交易和投资等的增加，其所占比重有所降低，但仍有重要意义，也是本书研究的重点。有形贸易结算办理的是国际债权债务的清算，在具体操作中，存在有关商品和贷款的双向交流和交接，手续相对复杂。在实务中，银行或者只是应客户要求办理资金转移和单据传递，而不为任何一方做担保，也不审查所传递的单据；或者根据客户要求等具体情况为客户作出某种担保或承诺，有的甚至还要审查有关的单据，并以此为履行承诺的条件。

2. 非贸易结算

因国际有形商品贸易之外的原因而产生的国际结算业务也被称为非贸易结算。非贸易结算所要解决的既有旅游、运输、保险、金融、咨询、电讯等服务贸易或商品贸易的从属费用的收付和借用外债及偿还外债，也有国际直接投资及其收益的汇回、侨汇、国际资金捐赠等国际资金收付。前者中，借用外债是国际债权债务的清算；后者不是债权债务清算。非贸易结算不涉及货物交接问题，只办理有关资金的转移，手续相对简单。

二、业务分类

国际结算业务是中国银行为广大客户提供的日常理财服务项目。长期以来，中国银行作为传统的外汇外贸专业银行，在国际结算业务中有着独特的优势：与全球 170 多个国家和地区的 3800 多家外国银行建立了代理业务关系，国际结算网络完善；拥有一批高素质的专业人才，国际结算业务经验丰富，信誉卓著，能为客户提供优质的国际结算服务。

国际结算业务按照使用工具和支付手段的不同，大体可分三类：①现金/货币结算；②票据结算；③凭单结算。

1. 现金/货币结算

现金/货币结算是指收款人和付款人之间使用现实的货币，即现钞来进行的货币收付行为。和转账结算相比，现金结算具有如下特点：①直接和便利。在现金结算方式下，买卖双方一手交钱，一手交货，当面钱货两清，无须通过中介，因而对买卖双方来说是最为直接和便利的。同样在劳务供应、信贷存放和资金调拨方面，现金结算也是最为直接和便利的，因而广泛地被社会大众所接受。②不安全性。由于现金使用极为广泛和便利，因而便成为不法分子觊觎的最主要目标，很容易被偷盗、贪污、挪用。在现实经济生活中，绝大多数经济犯罪活动都和现金有关。此外，现金还容易因火灾、虫蛀、鼠咬等发生损失。③不易宏观控制和管理。由于现金结算大部分不通过银行进行，因而使国家很难对其进行控制。过多的现金结算会使流通中的现钞过多，从而容易造成通货膨胀，增大对物价的压力。④费用较高。使用现金结算，各单位虽然可以减少银行的手续费用，但其清点、运送、保管的费用很大。对于整个国家来说，过多的现金结算会增大整个国家印制、保管、运送现金和回收废旧现钞等工作的费用和损失，浪费人力、物力和财力。因此国家必须实行现金管理，限制现金结算的范围。

2. 票据结算是支付结算的重要内容

票据，是指《票据法》所规定由出票人依法签发的、约定自己或者委托付款人在见票时或指定的日期向收款人或持票人无条件支付一定金额并可转让的有价证券。在我国，票据包括银行汇票、商业汇票、银行本票和支票。一般来讲，票据具有信用、支付、汇兑和结算等职能。

3. 凭单结算

凭单结算又称交货付现、交单付现、付现交单，就是说，买方付款后，卖方交单。是国际结算中的一种结算方式。买方付款是卖方交单的前提条件，属交货时付款的销售条件。此种付款方式为卖方买卖契约的约定，在出口地完成出口装运后，备妥后运单据(Shipping Documents)在出口地、进口地或第三国向买方指定银行或代理人提示单据并收取货款，在卖方对买方资信不了解的情况下采用此种支付方式，对卖方具有保护作用。

三、支付工具

国际结算使用的支付工具主要是票据。票据是出票人签发的无条件约定自己或要求其他人支付一定金额，经背书可以转让的书面支付凭证。票据一般包括汇票，本票和支票。

1. 汇票

汇票是国际结算的主要支付工具，是一个人向另一个人签发的要求对方于见票时或将来某一时间，对某人或持票人无条件支付一定金额的书面支付命令。汇票本质是债权人提供信用时开出的债权凭证。其流通使用要经过出票、背书、提示、承兑、付款等法定程序，若遭拒付，可依法行使追索权。

汇票可分为下述4类。

(1) 按出票人不同可分为银行汇票和商业汇票。银行汇票的出票人和付款人都是银行，商业汇票的签发者为企业或个人。

(2) 按付款时间不同可分为即期汇票和远期汇票。即期汇票在提示时或见票即付。远期汇票是特定期限或特定日期付款的汇票。

(3) 按有无附单据可分为光票和跟单汇票。光票不附单据，而跟单汇票附货运单据。

(4) 按承兑人不同可分为银行承兑汇票和商业承兑汇票。前者是由银行承兑远期的汇票，后者是由企业或个人承兑的远期汇票。

2. 本票

本票指一个人向另一个人签发的保证于见票时或于一定时间向收款人或持票人无条件支付一定金额的书面凭证。当事人只有出票人和收款人。

3. 支票

支票是银行存款户对银行签发的、授权其见票对某人或指定人或持票人即期无条件支付一定金额的书面支付命令。

另外，国际结算中的单据，有基本单据和附属单据两种类型。

基本单据指出口方向进口方提供的单据，有商业发票、运输单据、保险单据。附属单据是出口方为符合进口方政府法规或其他远期而提供的特殊单据。

四、基本方式

国际结算的基本方式有国际汇兑结算、信用证结算和托收结算。

(一)国际汇兑结算

国际汇兑结算是一种通行的结算方式，付款方通过银行将款项转交给收款方。共有4个当事人，即汇款人、收款人、汇出行、汇入行。一般可分为电汇、信汇和票汇。

1. 电汇

电汇是汇出行应汇款人的要求，用电报或电传、电子划拨系统通知汇入行解付一定金额给收款人的汇款方式。采用电汇方式，收款人收到款项较快，但费用也较高，汇款人必须负担电报费用，所以通常只有金额较大或急用汇款时，才会采用电汇方式。

2. 信汇

信汇是汇出行应汇款人的申请，将信汇委托书寄给汇入行，授权解付一定金额给收款人的一种汇款方式。信汇费用低廉，但因邮递关系，收款时间较长，信汇业务程序同电汇大致相同。

3. 票汇

票汇是汇款人委托汇出行开出以汇入行为付款人的银行汇票，由汇款人自行寄给收款人或亲自携带出国交给收款人取款的一种汇款方式。

(二)信用证结算

信用证是进口国银行应进口商要求向出口商开出的，在一定条件下保证付款的一种书面文件，即有条件的银行付款保证。其业务程序如下所述。

(1) 进口商向进口国银行申请开立信用证。
(2) 进口国银行开立信用证。
(3) 出口国银行通知转递或保兑信用证。
(4) 出口国银行议付及索汇。
(5) 进口商赎单提货。

(三)托收结算

托收是出口方向国外进口方收取款项或劳务价款的一种国际贸易结算方式。

托收方式按照汇票是否附有货运单据,可分为跟单托收和光票托收。跟单托收是出口商在货物装船后,将提单等货运单据和汇票交给托收银行,而托收银行在进口商付款后,将货运单据交进口方。光票托收是委托人在交给托收银行一张或数张汇票向国外债务人付款的支付凭证或有价证券。

第三节 国际收支

一、国际收支概述

国际货币基金组织对国际收支的定义是:国际收支以统计报表方式,系统总结特定时期内一国的经济主体与他国的经济主体之间的各项经济交易。它包括货物、服务和收益、对世界其他地区的金融债权和债务的转移以及单项转移。概括地说,国际收支是一个国家在一定时期所有对外经济贸易往来以及对外债权债务的结算而引起的对外货币收支。

国际收支所涉及的内容相当广泛,几乎包含一国对外经济、金融的全部内容,它不仅反映该国的对外经济、贸易、金融活动水平和国际融资能力,而且反映该国的经济发展水平、经济实力和竞争能力。

【阅读资料】

外汇局就 2020 年一季度国际收支状况答问

国家外汇管理局新闻发言人、总经济师王春英就 2020 年一季度国际收支状况答记者问。

日前,国家外汇管理局公布了 2020 年一季度国际收支平衡表初步数据。国家外汇管理局新闻发言人、总经济师王春英就相关问题回答了记者提问。

问:2020 年一季度我国国际收支状况有何特点?

答:总体来看,2020 年一季度我国国际收支虽受新冠肺炎疫情影响,但仍保持在基本平衡的区间内,经常账户呈现小幅逆差,直接投资持续净流入。

一是货物贸易保持顺差。受年初假日因素叠加疫情影响,2020 年一季度,国际收支口径的货物贸易顺差 264 亿美元。其中,货物出口 4685 亿美元,同比下降 11%;进口 4420 亿美元,同比下降 2%。

二是服务贸易逆差缩小。2020 年一季度,服务贸易逆差 470 亿美元,同比下降 26%。旅行和运输仍是主要的逆差项目。其中,旅行逆差 416 亿美元,同比下降 28%,主要是由于疫情期间出境旅行明显减少;运输逆差 117 亿美元,同比下降 6%。

三是直接投资持续净流入。2020 年一季度,直接投资净流入 149 亿美元,主要是来华直接投资净流入 336 亿美元,体现外国投资者在华投资兴业具有长期意愿;我国对外直接投资净流出 187 亿美元,显示企业对外直接投资平稳有序。

当前,我国疫情防控形势持续向好,复工复产正在逐步接近或达到正常水平。我国经济展现出巨大韧性，经济结构不断优化，改革开放进一步深化，未来我国国际收支总体平衡的基础依然坚实。

(资料来源：外汇局网站，http://www.gov.cn/xinwen/2020-05/09/content_5510049.htm，2020.5.9。)

二、国际收支平衡表

由于各国的经济发展情况不一，其国际收支平衡表的具体内容也有所不同，但大体上是一致的，一般包括如下所述各点。

(一)经常项目

经常项目是一国与另一国交往而经常发生的项目，在国际收支中是最基本、最重要的项目。它包括下述三部分。

1. 商品交易，也称为有形贸易

该项目系统记录商品进出口情况。一国商品进出口情况直接反映了该国商品的国际竞争能力，所以该项目在一定程度上表现了该国的经济实力。

2. 劳务贸易，也称为无形贸易

该项目包括三方面内容，即服务性行业的收益，如旅游业、通信业等；投资收益，如证券投资产生的股息和利润；杂费收支等。

3. 单方转移

单方转移指不须偿还的实物资产和金融资产所有权在国家间的转移，可分为私人单方面转移和官方单方面转移两方面，包括个人捐赠、战争赔款等。

(二)资本项目

资本项目主要是指资本输出和输入，一般可分为长期资本和短期资本两大类。

1. 长期资本

长期资本是指期限在一年以上或未规定期限的资本。它又可分为政府长期资本和私人长期资本。政府长期资本有政府投资、直接投资、证券投资、对外"援助"等。私人长期资本有私营企业、跨国公司的国际信贷、直接投资、债券投资等。

2. 短期资本

短期资本是指融资期限为一年或一年以内的资本。近年来短期资本在国际范围的流动有迅猛增长的趋势。其原因主要有国际经济的发展引起的结算需要；银行间的套汇、套利和外汇头寸的调拨；投机行为的增加；为了逃避外汇管制、货币贬值风险和寻求安全处所所导致的资本逃避。

(三)平衡项目

1. 官方储备项目

该项目记录了为平衡国际收支的实际差额所进行的官方储备资产交易。官方储备资产主要由以下几项构成：一国货币当局为维持对外支付而集中掌握的黄金和外汇资产；在基金组织的储备头寸；分配的特别提款权(国际货币基金组织创设的一种账面资产，无偿分配给会员国作为储备资产使用，主要用于调节国际收支逆差，也可用于偿还基金组织的贷款)。

2. 错误与遗漏项目

这是一个人为设置的平衡项目。该项目的设置是由于国际收支统计中经常会出现错误遗漏。

国际收支的各个项目按复式记账原理进行编制，每个项目收入和支出的数据应相等，但国际收支平衡表中所列各个项目的数据，涉及的范围十分广泛而复杂，来自各个方面，有海关的统计，有各个行政部门和各个机构、企业的报表，还有银行的报表等。统计数据和资料的不全面、不完整、不准确，是难以避免的。这样，就需要有一个"错误与遗漏"项目，设在国际收支平衡表中，使借方与贷方达到平衡。

国际收支平衡表是按照复式记账原则编制的。按照复式记账的原理，每一笔国际经济交易都要分别记录在国际收支平衡表的借方和贷方，分别反映一定时期内各项对外经济活动的发生额。

【阅读资料】

国家外汇局公布2020年一季度我国国际收支平衡表

2020年一季度，我国经常账户逆差2352亿元，资本和金融账户顺差774亿元。

按SDR计值，2020年一季度，我国经常账户逆差250亿SDR，资本和金融账户顺差82亿SDR。

按美元计值，2020年一季度，我国经常账户逆差337亿美元，其中，货物贸易顺差231亿美元，服务贸易逆差470亿美元，初次收入逆差113亿美元，二次收入顺差16亿美元。资本和金融账户顺差111亿美元，其中，资本账户逆差1亿美元，直接投资顺差163亿美元，证券投资逆差532亿美元，金融衍生工具逆差46亿美元，其他投资顺差277亿美元，储备资产减少251亿美元。

2020年一季度中国国际收支平衡表(概览表)

项目	行次	亿元	亿美元	亿SDR
1. 经常账户	1	-2,352	-337	-250
贷方	2	38,797	5,559	4,128
借方	3	-41,148	-5,896	-4,379
1.A 货物和服务	4	-1,671	-239	-178
贷方	5	36,312	5,203	3,864
借方	6	-37,983	-5,442	-4,042
1.A.a 货物	7	1,612	231	172
贷方	8	32,513	4,659	3,460
借方	9	-30,901	-4,428	-3,288
1.A.b 服务	10	-3,283	-470	-349
贷方	11	3,799	544	404
借方	12	-7,082	-1,015	-754
1.B 初次收入	13	-791	-113	-84
贷方	14	1,845	264	196
借方	15	-2,636	-378	-281
1.C 二次收入	16	111	16	12
贷方	17	640	92	68
借方	18	-529	-76	-56
2. 资本和金融账户	19	774	111	82
2.1 资本账户	20	-6	-1	-1
贷方	21	1	0	0
借方	22	-8	-1	-1
2.2 金融账户	23	781	112	83
资产	24	-3,574	-512	-380
负债	25	4,355	624	463
2.2.1 非储备性质的金融账户	26	-968	-139	-103
2.2.1.1 直接投资	27	1,138	163	121
资产	28	-1,257	-180	-134
负债	29	2,394	343	255
2.2.1.2 证券投资	30	-3,712	-532	-395
资产	31	-3,595	-515	-383
负债	32	-117	-17	-12
2.2.1.3 金融衍生工具	33	-324	-46	-35
资产	34	-245	-35	-26
负债	35	-79	-11	-8
2.2.1.4 其他投资	36	1,931	277	205
资产	37	-226	-32	-24
负债	38	2,157	309	230
2.2.2 储备资产	39	1,749	251	186
3. 净误差与遗漏	40	1,577	226	168

注：

1. 根据《国际收支和国际投资头寸手册》(第六版)编制，资本和金融账户中包含储备资产。

2. "贷方"按正值列示，"借方"按负值列示，差额等于"贷方"加上"借方"。本表除标注"贷方"和"借方"的项目外，其他项目均指差额。

3. 季度人民币计值的国际收支平衡表数据，由当季以美元计值的国际收支平衡表，通过当季人民币对美元季平均汇率中间价折算得到，季度累计的人民币计值的国际收支平衡表由单季人民币计值数据累加得到。

4. 季度SDR计值的国际收支平衡表数据，由当季以美元计值的国际收支平衡表，通过当季SDR对美元季平均汇率折算得到，季度累计的SDR计值的国际收支平衡表由单季SDR计值数据累加得到。

5. 本表计数采用四舍五入原则。

6. 细项数据请参见国家外汇管理局国际互联网站"统计数据"栏目。

责任编辑：宋岩

(资料来源：外汇局网站，http://www.gov.cn/xinwen/2020-06/28/content_5522405.htm，2020.6.28.)

本 章 小 结

外汇是指外币以及用外币表示的用于国际结算的支付手段，也是"国际汇兑"的简称。外汇可分为自由外汇和非自由外汇。汇率又称"外汇行市"，是两种不同货币间的兑换比率或外汇的买卖价格，是以一种货币表示的另一种货币的价格。汇率有直接标价和间接标价两种标价方法。根据不同的分类方式，汇率可以分为买入汇率、卖出汇率与中间汇率、现钞汇率；基本汇率与套算汇率；电汇汇率、信汇汇率、票汇汇率；即期汇率与远期汇率。

国际结算是指通过银行办理的两国间的货币收付业务。其包含的三个要点是：通过银行办理、两国之间结算和货币收付。未能同时满足以上三个条件者，均不能称为国际结算，也不在本书研究范围内。国际结算业务按照使用工具和支付手段的不同，大体可分三类：①现金/货币结算。②票据结算。③凭单结算。国际结算使用的支付工具主要有票据，票据是出票人签发的无条件约定自己或要求其他人支付一定金额，经背书可以转让的书面支付凭证。票据一般包括汇票、本票、支票。国际结算的基本方式有国际汇兑结算、信用证结算和托收结算。

国际收支以统计报表方式，系统总结特定时期内一国的经济主体与他国的经济主体之间的各项经济交易。它包括货物、服务和收益、对世界其他地区的金融债权和债务的转移以及单项转移。概括地说，国际收支是一个国家在一定时期所有对外经济贸易往来以及对外债权债务的结算而引起的对外货币收支。

国际收支所涉及的内容相当广泛，几乎包含一国对外经济、金融的全部内容。它不仅反映该国的对外经济、贸易、金融活动水平和国际融资能力，而且反映该国的经济发展水平、经济实力和竞争能力。

课 后 习 题

一、名词解释

外汇　汇率　国际结算　国际收支

二、简答题

1. 简述外汇的含义及分类。
2. 简述汇率的含义及分类。
3. 国际结算的基本方式有哪些？如何解释这几种方式？
4. 国际结算的业务种类有哪些？
5. 简述国际收支平衡表所包含的项目及其意义。

三、案例分析题

某进出口企业情况如下：该企业进口支付的货币主要有欧元和英镑，而该企业的外汇收入主要以美元为主。该企业在 2004 年 1 月签订了一批进口合同约合 500 万美元的非美元(欧元、英镑)业务，那时欧元兑美元汇价在 1.1 美元，英镑兑美元也在 1.5 美元。该企业大约还有 300 万美元的外汇收入，这样该企业存在收入外汇的币种、金额与支付外汇的币种、金额不匹配，收付时间也不一致，而且这种不匹配的情况在可预见的未来一段时期内依然存在，主要是支付的外汇金额大于收入的外汇金额，收入的货币主要是美元，而支付的货币主要是欧元、英镑等非美元，表明公司有必要采取积极的保值避险措施，对未来可测算的外汇支付(特别是非美元货币的对外支付)锁定汇率风险。

(资料来源：豆丁网，https://www.docin.com/p-4846359.html.)

问题：

该企业可以采取哪些措施？

第十四章

通货膨胀与通货紧缩

【学习目标】
- 掌握通货膨胀的含义及治理对策。
- 掌握通货紧缩的含义及治理对策。

【引导案例】

中国将面临长期结构性通胀

由于过剩劳动力的消失等 7 个结构性因素的存在，未来几年中国的通胀将一直维持高位运行。

预期 2011—2015 年的平均消费者物价指数(CPI)通胀率在 5%上下，远高于 2001—2010 年的 2%。

过去一年的总体通胀乍看与过去 10 年的通胀趋势似乎没有什么区别。然而对通胀的进一步研究揭示出中国的通胀已发生了一些根本性变化。

首先，在 GDP 增速低于历史平均水平的情况下非食品通胀却高位运行，这暗示通胀和经济增长之间的取舍关系可能正在发生改变。

其次，通胀范围变得更加广泛，因为非食品通胀迅速上扬，攀升至 10 年来的最高水平。

我们认为过剩劳动力的消失、决策者愿意容忍通胀上扬、农业产出面临下行风险、全球流动性宽松、环境税和更高的能源价格、城镇化和工业化挤出农业生产、潜在产出增长降低而需求增加七个结构性因素导致了中国的通胀将在未来几年一直居高不下。

1. 过剩劳动力的消失

在汇率较为灵活的国家，汇率变化能够缓解生产率增长对通胀的传导作用，因为货币升值会放慢服务业的工资涨幅。换句话说，灵活变化的汇率起到了减震器的作用，汇率变化会抵消生产率增长对国内通胀的部分影响。

然而中国在过去 10 年的经历却截然不同。2001—2010 年，中国的实际 GDP 增速平均达到 10.3%，但平均 CPI 通胀仅为 2%，人民币每年的升值速度也只有 0.7%。尽管贸易伙伴施压要求人民币升值，但从国内政策的角度来看，却不急着这么做。

中国是如何成功做到避免高通胀？答案就是过剩劳动力。中国拥有庞大的劳动力队伍，15～64 岁年龄段的劳动人口在 9.8 亿左右。在 2001 年 11 月加入世贸组织之前，中国的劳动力市场严重供大于求：每 100 个求职者只有 70 个工作岗位。

加入世贸组织后，很多跨国企业将生产基地转移到中国。在过去 10 年的时间里，这些过剩劳动力逐渐得到消化和吸收。过剩劳动力中有很大一部分是年轻农民工，他们在劳动力市场上没有任何谈判权可言，尽管从农业部门转到制造业使这些人的生产率明显提高，但他们的工资在多年来一直几无增长。

这样的局面从 2010 年开始发生了改变。首先源源不断的过剩劳动力供给不复存在。2010 年一季度招聘岗位的数量多年来首次超过应聘人数，而且劳动力需求——供给比率在 2010 年下半年继续攀高。在 2005 年每 100 个工作岗位大概有 105 位求职者竞争，而到 2011 年二季度却减少到约 93 人。

劳动力市场的这一转变提高了没受过高等教育人群的谈判权。例如 2010 年 6 月份富士康同意将一线操作工人的工资提高 30%。2010 年农村居民收入增速自 1998 年来首次超过城镇居民。

过剩劳动力的消失反映了中国经济的一个根本性变化，这标志着"高增长、低通胀"时代的结束。在 2008 年金融危机爆发前，中国的"菲利浦斯曲线"一直相当平坦，因此虽然 GDP 增长率处于 9%～14%的高速区，但非食品通胀率却较为稳定。菲利浦斯曲线从 2010 年开始陡峭化。非食品通胀上升至 2000 年以来的最高水平，而经济增长率却停留在不到 10%的水平。这可能会导致潜在增长率的降低以及对通胀的更容忍态度。

2. 决策者愿意容忍通胀上扬

在过去 10 年里中国的货币政策一直较为宽松，一年期实际存款利率平均仅有 0.3%，其中有 49 个月(超过 40%的时间)处于负利率状态。两个原因导致了这样的结果。第一，低利率帮助经济快速增长。中国的经济增长更多依靠的是投资而非消费(2010 年资本形成总额占到 GDP 的 49%)。低融资成本提高了投资项目的可行性，因此有助于经济快速增长；第二，过剩劳动力这一结构性因素可以压低通胀，所以当局能够维持较低的利率而不会引发通胀。

但现在环境发生了变化，过剩劳动力正在消失。在新的经济环境下，潜在 GDP 增速正在下降，而且通胀和经济增长之间的取舍关系变得更明显(用经济学家的术语说，就是菲利普斯曲线陡峭化)。如果货币政策的唯一目标是维持较低的通胀率，就需要收紧货币政策，不让经济增长超过潜在水平并导致通胀上扬。

但维持低通胀并不是中国货币政策决策者的唯一目标。中国人民银行在货币政策报告中清楚指出货币政策有四大目标：经济增长、充分就业、稳定物价和平衡国际收支。胡锦涛主席和温家宝总理也明确强调维持经济较快增长是政策优先考虑的问题之一。

多重目标的政策制度让当局面临两大挑战：首先是对新经济环境的分析，政府需要确定潜在增长率水平；其次是了解怎样的新水平能够满足对经济增长和通胀的权衡取舍。这两个问题都存在很大的不确定性，当局表示他们知道潜在增长率在降低，但相信不会大幅下滑。"十二五"规划对 2011—2015 年的 GDP 年增长率目标是 7%，只是略低于"十一五"规划中 7.5%的增长目标。

政府尚未对中期通胀设定具体的目标，但北京的学术界和政府对"提高通胀容忍度"有所讨论。一方面，这样的讨论表明决策者意识到了结构性因素带来的挑战，认识到中期通胀可能会被推高。另一方面，这也显示出很难达成让各方都能接受的增长/通胀的权衡结果。

在我们看来，为了不让经济增长过度放缓，当局愿意容忍通胀的上扬。为缓解通胀上升造成的社会影响，当局增强了对低收入人群的财政转移支付，例如有更多的省份向低收入人群发放补贴并将补贴与 CPI 通胀挂钩。

3. 农业产出面临下行风险

中国的通胀变化在很大程度上取决于食品价格。食品在中国的 CPI 篮子中占到 30%的比重，但其价格的波动性远远超过非食品类。在过去 10 年来，食品 CPI 年通胀率平均为 2%，而非食品 CPI 年通胀率平均仅为 0.6%。

虽然我们认为非食品价格对 CPI 通胀的影响正在日益增强，但食品价格仍是通胀前景的主要决定因素。中国的食品消费主要依靠自给自足，因此价格主要由国内粮食产量决定。

历史数据显示，中国在过去 50 年的粮食产量非常波动。粮食好几年连续大丰收的情况并非常态；而且出现好几年连续大丰收的年景后，粮食生产在随后几年往往会下滑或停止增长。

粮食产量很少遵循匀速增长的规律，部分原因是农业部门的生产率表现参差不齐。中国的农业生产率已连续多年增长,但正如中国农科院农经所所长秦富教授所说,这种势头的可持续性存在不确定性。虽然扩大化肥利用率等措施可以提高产出,不过这类措施会逐渐失去效力。

鉴于城镇化和工业化蚕食了可耕作用地,提高农业生产率成为关键所在。

但从生产率的角度来看,中国人均低产量的主要瓶颈是农户分散化经营导致规模效益低下。这种局面可能会继续存在,这也是那些关注农业生产前景的人不是过于乐观的另一个原因。

4. 全球流动性宽松

中国的通胀不仅由国内因素决定,还会受到外部因素的影响。在这方面,最重要的外部因素就是全球流动性状况。我们相信未来很多年全球流动性都可能会保持宽松的状态。美联储已经承诺异常低的联邦基金利率至少将维持到2013年中期;鉴于欧洲和日本存在的结构性问题,欧洲央行和日本央行也可能会维持非常低的政策利率。

作为大型经济体的中国现在对农产品进口的依赖性还不是很高,因此与亚洲邻国相比,外部对中国的影响还没有那么大。然而,发达经济体的超宽松货币政策可能会通过三个渠道抬高中国的通胀。

第一个渠道是传统的大宗商品价格。中国对大宗商品进口的依赖性正在提高。随着国内能源价格日趋市场化,全球大宗商品价格对中国国内的生产者价格指数(PPI)和CPI通胀的传导作用可能会在未来几年增强。另外中国对进口食品的依赖性也会提高。

第二个渠道是热钱流入。外国资本往往会流向基本面优越、增长潜力更大而且利率更高的经济体。增长前景良好的中国多年来一直是热钱流入的理想地点,而且未来很可能会继续如此,从而对人民币持续造成巨大的升值压力。为限制人民币的升值步伐,中国人民银行大力干预外汇市场,导致外汇储备高达3.2万亿美元。虽然中国人民银行成功冲销了大部分外汇的干预,但未来继续这样做的能力或将受到限制,银行存款准备金率已上升至21.5%的历史高位。

第三个渠道与所谓的"三元悖论"有关。在控制汇率、开放资本账户和货币政策自主性这三者中,一个国家在任一时间里只能选择其中的两项。随着中国经济规模的日益庞大、更加复杂而且更加开放,资本账户也开始出现越来越多的漏洞。因此在净资本大量涌入的环境下,要限制人民币升值步伐可能会导致部分货币政策控制权的丧失——即为了不吸引过多的资本流入,中国人民银行最终不得不保持过低的利率,结果引发通胀。实际上前中国人民银行副行长吴晓灵女士早在2010就指出了这一点。

(资料来源:野村.首席财务官.http://www.sina.com.cn,2011.10.18。)

第一节 通货膨胀概述及治理

一、通货膨胀的含义和特点

通货膨胀是指在纸币流通条件下,货币流通量过多地超过货币必要量而引起的货币贬值、物价上涨的经济现象。它具有下述几方面特点。

(1) 通货膨胀是纸币流通情况下特有的经济现象。在金属货币流通条件下，不可能出现通货过多的现象。因为金属货币本身具有价值，可以贮藏，过多的金属货币会自动退出流通界而成为贮藏货币，能自发调节货币流通量。在金属货币流通条件下，过多的银行券、信用币等能通过与金属货币的兑换来保持币值稳定，发行量也不会过多。在纸币流通条件下，纸币没有金属货币的优势，且能够在制度、技术上超发。当纸币流通量超过金属货币必要量时，过多的货币既无法像金属货币那样退出流通而形成储蓄，也不会与金属货币兑换而流回银行，只能继续在流通中，以纸币贬值和物价上涨方式强制地使货币供求达到平衡。

纸币发行并不必然导致通货膨胀，是否通胀取决于纸币的数量、发行的渠道及管理水平的高低。

(2) 通货膨胀表现为纸币贬值、物价全面持续上涨。货币的币值是商品的购买力，而不是指购买某种、某类具体的商品。通货膨胀与物价总水平相联系，广泛包括所有商品和劳务的价格在内。因国家物价政策、某类商品的供求关系和劳动生产率增长的差异等非货币因素引起的个别商品价格上涨，不是通货膨胀。

(3) 通货膨胀既可以是开放性的，也可以是隐蔽性的。开放性通货膨胀直接表现为一般物价水平的上涨，主要发生在物价不受管制的完全市场经济中。隐蔽性通货膨胀，也称为抑制性通货膨胀。它不直接表现为物价的上涨，而表现为商品短缺、限量供应、票证货币化、储蓄快速下降、黑市买卖、投机倒把等现象。这些现象实质是变相的物价上涨，主要发生在物价受到管制的经济中。一旦政府撤销物价管制，物价上涨就会公开暴露。

(4) 物价上涨的速度与货币增加的速度不一致。在通货膨胀初期，物价上涨速度慢于货币增长速度。在通货膨胀中期，物价上涨速度逐步加快，随着通货膨胀的加剧，物价上涨的速度就会超过货币增加的速度。

这种变化主要与通货膨胀预期及其所导致的人们的经济选择行为有关。通货膨胀初期，人们对通胀的持续时间还未有估计，还可以接受纸币并储存。但随着通货膨胀的不断加剧，人们开始将手中的纸币尽快地转为实物，使货币流通速度加快，并且人们认为物价还会上涨，就会进一步不愿意持有纸币，这样造成物价上涨的速度就会越来越快。通货膨胀引起通货膨胀预期，通货膨胀预期则加剧通货膨胀。

(5) 通货膨胀具有非均衡性。不同商品物价上涨的速度是不均衡的。一般来说，需求价格弹性小的商品(如生活必需品)价格上涨得较快。同一国家不同地区，物价上涨也是不均衡的，这是因为纸币在各地区投放的不均衡及商品的流转。纸币投放集中的地区，物价上涨较快。物价上涨加速的地区吸引其他地区的商品流入，又使该地区物价上涨速度减慢，其他地区却因为商品流出而减慢物价上涨进程。

二、通货膨胀的衡量指标

衡量通货膨胀的指标有很多，下面简要介绍几个主要的指标。

(一)消费物价指数

消费物价指数是由各国政府或民间机构根据本国若干种主要商品，如食品、服装和其他日用消费品的零售价格以及水、电、住房、交通、医疗、文娱等费用支出编制而成的一种综合价格指数,用以测定一定时期居民生活费用水平的变化趋势和程度。

此种指标的优点表现为资料搜集方便、可以经常向社会公布物价变动情况(通常每月一次),因此能迅速反映与人民生活直接相关的商品和劳务的价格变化。

此种指标的缺点是反映的范围有一定局限性,且难以表述消费品与劳务的质量改善。

CPI 是居民消费价格指数的简称。居民消费价格指数,是反映居民家庭一般所购买的消费商品和服务价格水平变动情况的一个宏观经济指标。它是度量一组代表性消费商品及服务项目的价格水平随时间而变动的相对数,是用来反映居民家庭购买消费商品及服务的价格水平的变动情况。CPI=(一组固定商品按当期价格计算的价值×一组固定商品按基期价格计算的价值)×100%。此处采用的是固定权数按加权算术平均指数公式计算,即 $K=\sum KW/\sum W$,固定权数为 W,其中公式中分子的 K 为各种销售量的个体指数。

CPI 表示对普通家庭的支出来说,购买具有代表性的一组商品,在今天要比过去某一时间多花费多少。例如,若 1995 年某国普通家庭每个月购买一组商品的费用为 800 元,而 2000 年购买这一组商品的费用为 1 000 元,那么该国 2000 年的消费价格指数为(以 1995 年为基期)CPI= 1000/800×100%=125%,也就是说上涨了(125%-100%)=25%。

(二)批发物价指数

批发物价指数是指根据若干种商品批发价格编制而成的,用以反映商品批发价格的变化速度和趋势的一种价格指数。

此种指标的优点是可以反映大宗商品(包括原材料和中间产品及最终产品等)第一次进入流通时价格的变动。

其缺点在于反映不了社会劳务价格的变化,因而应用面较窄。

(三)国民生产总值物价平均指数

国民生产总值物价平均指数是按当年价格计算的国民生产总值与按不变价格计算的国民生产总值的比率。

此种指标的优点是包括商品和劳务,消费资料和生产资料,范围广,能较全面准确地反映一般物价水平的变化趋势。

其缺点是资料难以搜集,编制较费时,缺乏及时性,很难迅速反映通货膨胀的程度和变化趋势。

一般来说,消费物价指数运用较普遍,但各国在衡量通货膨胀时,一般多结合本国实际,选用合适的物价指数作为通货膨胀的衡量标准。

三、通货膨胀的成因

(一)需求拉动

需求拉动的通货膨胀,即需求过旺,超过了供给很多,引起价格过快上涨,引发通货膨胀。

从政府角度来看，引起需求过旺的原因有以下两点。

1. 财政赤字过多

财政支出的规模超过了财政收入，形成了财政赤字，而财政赤字的弥补如果采用货币超发和向银行透支的方式进行，就会引发通货膨胀。

2. 信用膨胀

信用通胀是银行贷款的规模超过了国民经济发展的实际需要，从而导致贷款的货币投入没有相应的产出。这意味着在既定的供给条件下，货币的供应增加，从而导致需求过旺，物价上涨。

(二)成本推动

成本推动是从供给方来看的，商品价格受供给方成本影响而上涨引发的通货膨胀。

1. 工资的上涨

由于人口结构的变化，新的劳动力数量在减少，劳动者尤其体力劳动者相对越来越稀缺，议价能力再提高，工资不断上涨。另外随着国民经济的发展和生活条件的改善，各行业的工资都在调整和上涨，工资的上涨带动了成本的上升和物价的上涨，引发通货膨胀。

2. 原材料上涨

由于资源是有限的，有的原材料越来越稀缺，价格不断上涨；有的原材料随着市场上其他商品价格的调整而上涨。原材料的涨价，又反过来推动商品价格的上涨，引发新一轮通货膨胀或加剧通货膨胀。

(三)结构性因素

结构性因素体现在以下几个方面。

1. 供求关系变化

供求关系变化往往可以导致部门结构失衡。短缺部门产品先涨价，过剩部门产品价格也随之上涨，导致生产能力过剩和物价上涨。

2. 封闭部门的跟随

开放部门价格随着世界市场的涨价而涨价，工资上涨，非开放部门产品也随之涨价，引起总体物价上涨。

3. 劳动生产率慢的部门的跟随

劳动生产率快的部门由于效益好而涨工资，劳动生产率慢的部门员工也要求涨工资，导致总体价格上涨过快。

4. 产业结构失衡

基础工业与加工工业，农业和工业发展失衡，产业结构不合理，引起结构性通货膨胀。

(四)综合因素

1. 体制性因素

体制性因素是从现在的经济体制上来分析通货膨胀的成因，包括银行信贷管理体制、企业制度、价格体系等因素。这也是中国通货膨胀的重要原因。

2. 政策性因素

政策性因素是指宏观经济政策运用不当对社会总供求造成的不利影响或政策的时滞造成的不利影响。这些因素包括财政预算规模的大小、赤字的高低、信贷规模的大小、银根松紧和一定时期的货币政策因素、国家产业政策等。

3. 一般性因素

一般性因素是指单纯由于经济成长或经济发展等过程中存在足以引发物价总水平持续上涨的中性原因。比如中国农产品价格波动引起的消费品价格上涨就是由中国的国情所决定的。

四、通货膨胀的效应

通货膨胀对经济的影响有积极和消极两方面，下面分别进行分析。

通货膨胀初期，在通胀还不严重的时候，适度温和的通货膨胀对经济有正效应。

(一)对经济的正效应

1. 有利于动员闲置资源

通货膨胀表现为流通中货币过多，商品价格普遍上涨，从供给需求的角度来看，短期有利于供给方，能够促进商品销售加快，企业利润增加。企业有动力扩大生产规模，增加就业，社会闲置资源得到利用，促进社会再生产的发展。

2. 有利于扩大投资

通货膨胀有利于刺激投资，表现在：第一，政府可以利用通货膨胀的新增货币额直接进行投资；第二，通过发行货币改变各阶层的收入分配结构。通货膨胀对高收入阶层有利，对低收入阶层不利，高收入阶层的投资率高，使边际投资率增加；第三，通过从发行货币到物价上涨的时间差来扩大企业利润，企业利润的扩大促使企业投资的增加。

3. 有利于优化产业结构

通货膨胀时期，畅销商品的价格上升幅度较大，滞销商品的上升幅度较小或不变，社会资金流向改变，社会资源得以重新配置，产业结构和产品结构得到优化和调整。

随着通货膨胀的持续和加剧，其对经济的影响可以由正效应变成负效应，由促进转为破坏。

(二)对经济的负效应

1. 影响生产的正常进行

第一，通货膨胀对扩大就业和增加生产只能暂时产生刺激作用，但这种作用不可持续，也无法自发形成健康的经济运行机制。利用通货膨胀来扩大就业和增加生产，只能出现一种表面的、暂时的繁荣。从长期来看，暂时的需求过旺之后，虚假的购买力消失，就必然会导致生产萎缩、失业增加。

第二，通货膨胀可以导致生产结构失衡并造成生产下降。通货膨胀期间，各地区和部门价格涨跌幅度和时间不同，使一些涨价幅度较大的部门过度发展，而另一些部门则相对萎缩，社会再生产的比例关系受到破坏，从而使生产结构进一步失调。

第三，生产资金日趋短缺。生产领域因生产周期长，随着物价上涨，风险增大，不易获利；流通领域则资金周转快，易获利，致使资金逃到流通领域及投机和短期资金市场，而生产部门资金却严重不足，从而使生产进一步衰退。

第四，通货膨胀可以造成技术进步缓慢。通货膨胀表现为经济过热和需求过旺，在市场供求矛盾的卖方市场中，企业短期就可获得很大的利润，不需要技术创新和提高质量。另外也会加大技术创新的成本，不利于技术进步和社会发展及整体经济增长率的提高。

2. 对财富再分配的影响

通货膨胀可以引起收入分配的变化，使社会阶层结构发生变化。

1) 对于固定收入者

固定收入者是通货膨胀的直接受害者，因为通货膨胀可使单位货币的购买力下降。如果各个社会成员的收入水平增长速度都一样，并且都与物价上涨幅度相等，那么通货膨胀就不会改变收入分配结构。但现实情况是，社会成员之间收入增长速度和幅度都有差异，这就使社会成员的实际相对收入发生了变化，改变了原有的收入分配结构。如果物价的上涨一倍于工资的上涨，那些依靠固定工资生活的人，其实际收入必定减少，从而成为通货膨胀的受害者。

2) 对于低收入者

由于生活必需品需求价格弹性小，其价格上涨幅度往往高于一般商品价格上涨。一般低收入家庭必需品支出占总支出比重较大，是通货膨胀的直接受害者，高收入家庭的损失程度相对较轻。

3) 通货膨胀影响财富分配

财产分为按固定金额计算的财产和按可变价格计算的财产，前者包括银行储蓄存款、公司债券、国债、现金以及以其他货币形式存在的资产；后者包括诸如房屋及其设备等物质资产及股票等。以货币形式存在、并以固定金额计算的财产，由于货币购买力的下降，必然遭受损失；而以可变价格计算的财产，其价值则可随物价上涨而上涨或保存原有价值。

通货膨胀的财富再分配，不仅表现为家庭之间的分配，而且还表现为家庭、企业和政府之间的分配。家庭持有的是按固定金额计算的净资产，因而容易遭受损失。企业和政府多数情况下是按固定金额计算的净负债部门，其债务实际价值会随通货膨胀而下降，因而是通货膨胀的受益者。

3. 对流通的扰乱效应

首先，通货膨胀打乱了正常的流通渠道。正常的流通渠道应是从产地向销地运动，但在通货膨胀时期，由于地区间物价上涨的非均衡性，商品会改变原有的正常流向，从涨价幅度小、时间迟的地区流向涨价幅度高、时间早的地区，甚至流向产地。商品的这种盲目逐利流转，扰乱了正常的商路，加剧了通货膨胀。

其次，在通货膨胀持续时期，由于人们对通货膨胀的预期，普遍存在物价"看涨"心理。人们为了保值，会抢购惜售、重物轻币、囤积居奇、哄抬物价，从而促使商品供求关系扭曲变态，并进一步加剧商品流通混乱。

最后，如果一国通货膨胀高于国际通货膨胀率，就会使原出口产品转为内销，并增加进口，导致国际贸易出现逆差。

4. 对消费的负效应

首先，由于通货膨胀，削弱了消费者的实际购买力，导致生活水平普遍下降。

其次，消费者对通货膨胀的预期，往往促使其提前消费或加速消费行为，从而加剧社会供求矛盾。

5. 对财政金融的效应

通货膨胀初期，国家财政和金融部门可获暂时的利益。因为通过发行债券或吸收存款增加的负债，在将来偿还时可获得减轻实际债务的好处。但随着通货膨胀的加剧，对财政金融最终必将产生不利影响。

首先，财政金融可以影响财政收支平衡。持续的通货膨胀，一方面可使税源减少，举债困难，最终减少财政收入；另一方面，财政支出则因物价上涨必须相应增加，因而财政收支难以平衡。

其次，通货膨胀可以造成货币流通混乱。不断贬值的货币，极难执行价值尺度和流通手段的职能。当通货膨胀达到一定程度时，人们为避免损失，更愿意持有实物而不愿接受纸币，甚至出现排斥纸币、恢复物物交换的现象。纸币流通范围越来越窄，最终导致纸币流通制度的崩溃。

最后，通货膨胀可以破坏正常的信用关系。因为通货膨胀对债权人不利，为了避免损失，商品交易中的现金交易增加，商品信誉衰落。同时银行信用也会因来源减少而日趋萎缩。

五、治理通货膨胀的对策

(一)控制需求

通过控制需求，可达到治理通货膨胀的目的，而控制需求，可利用以下几种政策和方案进行。

1. 紧缩性货币政策

为把过度的需求压下去，各国货币当局采取的手段主要有：①通过公开市场业务出售政府债券，以相应减少货币存量；②提高法定准备金率，以缩小货币乘数；③提高利率。中央银行既可以通过减少货币供给而间接地使利率上升，也可以通过提高贴现贷款的利率而直接提高金融结构的各项存、贷款利率，利率的上升会促使人们减少消费需求而把更多的收入用于储蓄；同时，伴随着利率的提高，投资的成本也会不断上升，这会对投资需求起到抑制作用；④控制政府向银行的借款额度，适当减少或控制国际收支净收入，以控制基础货币的投放等。以上手段可以保证货币供应量增长率与经济增长率相适应。

2. 紧缩性财政政策

紧缩性财政政策的基本内容是增加税收和减少政府支出。增加税收的通常做法是提高税率和增加税种，压缩企业和个人可支配的货币收入，增加财政收入，减少财政赤字或财政向中央银行的借款量。压缩财政支出的办法是削减财政投资的公共工程项目，减少政府转移支出，减少各种社会救济和补贴，使财政收支平衡。

3. 紧缩性收入政策

紧缩性收入政策是应对成本推进型通货膨胀的有效方法。既然成本推进型的通货膨胀是由于工资、物价的提高导致的总供给曲线的上移，那么采取工资-价格政策(即收入政策)来干预、阻止工会和垄断企业这两大团体互相抬价所引起的工资、物价轮番上涨的趋势也是理所当然的。这样做的目的在于既控制通货膨胀而又不致引起失业增加。

4. 指数化方案

指数化方案，是指将收入水平、利率水平同物价水平的变动直接挂钩，以抵消通货膨胀的影响。指数化的范围包括工资、政府债券和其他货币性收入。其实施办法是把各种收入同物价指数挂钩，使各种收入随物价指数而调整。这样可以获得两种功效：一是借此剥夺政府从通货膨胀中新获得的收入，打消其制造通货膨胀的动机；二是可以借此抵消或缓解物价波动对个人收入水平的影响，克服分配不公，避免出现抢购商品、贮物保值等加剧通货膨胀的行为。

(二)改善供给

发展生产，增加供给，稳定币值，是消除通货膨胀的根本出路。可以借鉴供给学派的观点，刺激生产以增加有效供给，从而遏制通货膨胀。

改善供给的一般措施有以下几点。

(1) 实行有松有紧、区别对待的信贷政策。在压缩总需求的同时，货币当局应制定产业倾斜政策，对国民经济中的"瓶颈"部门、事关国计民生的主要产业和产品，实行比较优惠的信贷政策；而对那些产品积压、投入多产出少的产业或产品，则应紧缩信用。通过这些政策的实施，实现优化产业结构的目标，只有使社会资源得到合理配置，货币流通状况才能根本好转。

(2) 发展对外贸易，改善供给状况。通过对外贸易，不但可以调节供给总量，而且可以改善供给结构。当国内供求矛盾比较集中时，可动用黄金外汇储备进口商品、增加供给总量。当国内市场某种商品供给过多，而另一些商品供不应求时，通过进出口贸易，可以调节供给结构。

总之，面对复杂的通货膨胀成因，要相应地采取适当的治理办法。

【阅读资料】

猪肉价大涨　　人行：警惕通胀预期发散

大公报讯　记者倪巍晨上海报道：中国猪肉价格涨势凶猛，不仅将中国10月CPI(消费者物价指数)同比涨幅推高至3.8%，更令通胀预期持续发酵。但人行今年第三季度货币政策执行报告(下称，报告)据此指出，首三季中国CPI同比上涨2.5%，总体看"不存在持续通胀或通缩的基础"。

不过报告亦指出，因食品价格指数同比升幅较大，未来一段时间"需警惕通胀预期发散"，下阶段将注重预期引导，防止通胀预期发散，未来将保持物价水平总体稳定。

专家普遍相信，当前CPI走高，主要是供给端因素带来的结构性上涨，鉴于中国核心CPI依然稳定，预计通胀走势不会改变人行稳健货币政策基调。

交银金研中心首席分析师唐建伟认同人行"报告"中有关通胀的表述。他说若剔除猪肉价格，10月CPI同比涨幅仅1.4%，中国确实不存在全面通胀的风险。不过，猪肉价格仍是未来一段时间带动食品价格及CPI上升的主因，且牛肉、羊肉、蛋类等食品价格亦呈现上涨趋势。他更预料本季及明年首季，CPI同比涨幅仍会保持高位，甚至不排除个别月份涨幅超5%的可能性。

中诚信国际宏观金融研究部分析师王秋凤指出，当前中国核心CPI仍处低位，且本轮通胀主要是猪肉供应减少带来的结构性通胀，相信对人行政策方向掣肘有限，亦不会对货币政策构成大影响。

人行本月5日将1年期MLF(中期借贷便利)操作利率调降至3.25%。申万宏源中国经济研究主管秦泰指出，人行适时调降MLF利率，有助于对冲通胀暂时性走高带来的紧缩担忧。

京东数字科技首席经济学家沈建光此前表示，当前市况下，中国经济下行风险仍是重点，相信"人行将延续结构性宽松政策，以支持实体经济。"

(资料来源：大公报，http://www.takungpao.com/231106/2019/1117/375066.html，2019.11.7.)

第二节　通货紧缩概述及治理

一、通货紧缩的含义

关于通货紧缩的含义，经济学家有不同的定义。国内外目前对通货紧缩的定义主要有以下几种观点。

第一种观点认为，通货紧缩是指物价普遍持续下降的现象。

第二种观点认为，通货紧缩是指物价总水平持续下跌、货币供给量持续下降，与此相伴随的是经济衰退的现象。

第三种观点认为，通货紧缩是经济衰退的货币表现，其具有三个特征：一是物价持续下降，货币供给量持续下降；二是有效需求不足，失业率高；三是经济全面衰退。

大部分人倾向于第一种观点，认为通货紧缩与通货膨胀是相反的经济现象。通货膨胀是商品与劳务价格的普遍持续上升，而通货紧缩是商品和劳务价格的普遍持续下降。普遍持续的物价下跌才是通货紧缩，由于某些商品或劳务供应大于需求或技术进步、市场开放、成本降低、生产效率提高等导致的暂时的物价下跌，不是通货紧缩；由于消费者偏好变化、季节性因素等以及某些货币因素影响而引起的商品和劳务价格的暂时或偶然下跌与货币本身没有必然联系，也不是通货紧缩。

在经济实践中，判断某个时期的物价下跌是否为通货紧缩，既要看通货膨胀率是否由正转负，也要看下跌的持续时间是否超过了一定时限。有的国家以一年为标准，有的国家以半年为标准。一般对通货紧缩压力较大的国家来说，时间可以适当长一点，而对于紧缩膨胀压力小的国家来说，时间可以适当短一点。

二、通货紧缩的成因

(一)财政与货币政策原因

从财政政策来看，政府为了预防通货膨胀或为了降低财政赤字而采取紧缩性的财政政策，大量削减公共开支，减少转移支付，从而减少了社会总需求，加剧了商品和劳务市场的供求失衡，就可能导致通货紧缩的形成。从货币政策来看，长期以来，经济学界一度认为通货紧缩对经济的威胁小于通货膨胀，持此观点的如美国著名经济学家米尔顿·弗里德曼。但各国中央银行采取紧缩的货币政策，使大量商品流向货币，可能产生物价的持续下降，导致通货紧缩。

(二)技术进步的影响

技术进步与创新提高了生产力，降低了企业成本，造成了产能过剩。在供给大于需求的情况下，物价下跌不可避免。

如果供给大于需求的经济形势不能及时得到调整而持续存在，则物价下跌的趋势也会相应持续下去，这样就会出现通货紧缩。

(三)汇率制度的原因

如果一国采取钉住强货币的汇率制度，货币币值高估，就会导致出口下降，加剧国内企业经营困难，促使消费需求趋减，出现物价的持续下跌。同时其他国家货币的大幅贬值，也会造成货币贬值国家的商品的大量流入，进一步加大国内物价的持续下跌态势。

(四)金融体系低效率的原因

如果金融机构不能对贷款项目进行风险识别，那么就可能滥发贷款，造成不良贷款比重增加。金融机构可能不愿意贷款或片面提高贷款利率作为承担风险的补偿,从而形成信贷萎缩,最终导致物价下跌,形成通货紧缩。

三、通货紧缩的类型

(一)按严重程度分类

按其严重程度分类,通货紧缩可分为相对通货紧缩和绝对通货紧缩。

1. 相对通货紧缩

相对通货紧缩是指物价水平在零值以上,在适合一国经济发展和充分就业的物价区间以下。如果把物价水平年增长3%~9%看成是适应于一个国家发展的物价水平,那么0~3%的物价水平所对应的通货状态,就是相对通货紧缩的状态。在这种状态下,物价水平虽然还有一些正增长,但它已经低于适合一国经济发展和充分就业的物价水平,因而已经使一国经济失去正常发展所必需的动态平衡,通货处于相对不足的状态。这种相对不足对经济发展会构成一定的损害,但这种损害可能是轻微的。

2. 绝对通货紧缩

绝对通货紧缩是指物价水平在零值以下,即物价负增长。这种状态说明一国通货处于绝对不足的状态。在这种状态下,极易造成一国经济衰退乃至萧条,因而绝对通货紧缩又可细分为两个子状态,即衰退式通货紧缩和萧条式通货紧缩。

1) 衰退式通货紧缩

物价持续较长时间的负增长,但负增长的幅度不大,已经或足以对一国经济造成了一定的影响,使之处于衰退状态(或是与经济衰退相伴随,因为可能有其他经济的或非经济的因素致使经济衰退),这种绝对通货紧缩状态,就称为衰退式通货紧缩。

2) 萧条式通货紧缩

物价持续较长时间的负增长,负增长的幅度较大,已经或足以给一国经济造成较大的损害,使之步入萧条,这种绝对通货紧缩的状态,就称为萧条式通货紧缩。

(二)按产生机理分类

按其产生机理分类,通货紧缩可分为需求不足型通货紧缩和供给过剩型通货紧缩。

1. 需求不足型通货紧缩

总需求不足,供给相对过剩,从而引发通货紧缩。一国需求不足可能是多种原因引起的,包括消费和投资的抑制及国外需求的抑制等。

1) 消费抑制型

这是指由于即期收入的减少或预期支出的增多,以及对未来的不确定性而采取的减少当期消费的预防行为。如失业增加、社会保障不健全等引发的需求不足而导致的消费抑制。这种消费抑制可引发供给相对过剩,产品卖不出去,企业利润减少,规模缩减,收入减少,物价下跌等连锁反应。

2) 投资抑制型

这是指由于种种原因投资被抑制，新建项目减少，生产和生活资料的需求减少，劳动力就业困难，供给相对需求过剩。

3) 国外需求不足型

这是指国外需求不足，出口减少，减少了对国内商品的需求总量，企业产品积压，如果加上国内需求不足，因而导致通货紧缩。

2. 供给过剩型通货紧缩

由于技术进步和生产效率提高，造成产品绝对过剩。这在某种程度上是社会进步的表现。各国都希望通过技术进步来生产相对价格更低的商品向他国销售来增加出口，同时引进廉价的商品来增加进口。但如果供给过剩引发的通货紧缩过于严重和持续时间过长，就会反而阻碍经济发展和社会进步。

四、通货紧缩的效应

(一)对经济的影响

通货紧缩状态下，由于物价下降，人们能购买的商品数量增加，货币购买力增加。同时因预期物价还会进一步下降，人们倾向于储蓄和推迟购买，等待更低价格的出现。通货紧缩抑制了个人消费，进而使企业商品卖不出去，失业增加，经济萧条。同时投资成本增加，经济缺乏活力。

(二)对银行金融业的影响

通货紧缩可能会导致银行的危机。通货紧缩加重了贷款者的实际负担，收益率下降，贷款者偿还银行能力下降，银行贷款收不回来的风险增加；降低了资产抵押和担保价值，银行要求客户提前还款，会加速很多贷款者的资产流失或破产，银行收不回来的资产增多。

如果人们存在继续通货紧缩预期，就不愿意借款，银行也更加惜贷。信贷供求萎缩，金融市场萧条。

五、通货紧缩的治理

(一)实行积极的财政政策

实行积极的财政政策不仅意味着扩大财政支出，而且还意味着必须优化财政支出结构，以增大财政支出的"乘数效应"。扩大财政支出，可以发挥财政支出在社会总支出中的调节作用，弥补个人消费需求不足造成的需求减缓，起到"稳定器"的作用。优化财政支出结构，可以使财政支出最大化地带动企业或私人部门的投资，以增加社会总需求。例如，可以适当缩小国家财政对公共基础设施的直接投资规模，抽出部分财政投资资金，通过财政贴息、财政参股、财政担保等多种途径，吸纳、带动社会资金参与公共基础设施建设，可以放大财政政策的"乘数效应"。财政还可以通过调整投资方向,达到优化财政支出结构的目的。

(二)实行积极的货币政策

实行积极的货币政策就要求中央银行及时做好货币政策的微调,适时增加货币供应量,降低实际利率,密切关注金融结构的信贷行为,通过灵活的货币政策促使金融结构增加有效贷款投放量,以增加货币供给,如实行积极进取的相机抉择的货币政策。中央银行的作用和目标是稳定货币,包括两方面,既要防止高通货膨胀又要防止通货紧缩,使通货膨胀既不加速也不减速,维持在较低的水平上,最好在2%~3%,至少应控制在5%以下,前者是一个理想目标,后者是一个可控目标。此外,中央银行还可以放松利率管制,加快利率市场化改革,即根据银行贷款利率的风险大小自行确定贷款利率。

本 章 小 结

通货膨胀和通货紧缩是经济中货币流通的两种现象,也是困扰各国政府的经济难题。经济既不紧缩也不通胀是暂时的,严重的通货膨胀和通货紧缩对经济有很大的不利影响。本章首先介绍了通货膨胀的含义、衡量指标、成因及效应,其次介绍分析了通货膨胀的治理对策;最后介绍了通货紧缩的含义、成因及类型,并分析了通货膨胀的效应及治理。

课 后 习 题

一、名词解释

通货膨胀　通货紧缩

二、简答题

1. 简述通货膨胀的治理对策。
2. 简述通货紧缩的成因。

三、案例分析题

欧洲央行考虑采取激进措施应对过低通胀

据华尔街日报网报道,欧洲央行官员25日向外界传递强烈信号:为防范通胀低到危险的地步,央行愿意考虑采取激进的应对举措,其中包括实施负利率以及资产购买措施。

来自欧元区不同国家的最高决策者发表的言论暗示,面对经济疲软、欧元区坚挺,欧洲央行打算不再采取谨慎姿态,而是像美国、英国和日本近年来所做的那样,实施更激进的政策措施。

芬兰央行行长利卡宁在赫尔辛基接受媒体采访时表示,欧洲央行仍有利率调整的空间。目前欧洲央行的主要贷款利率为0.25%,处在历史低位。过去近两年,欧洲央行一直将其隔夜存款利率维持在零水平。

当被问及央行还有什么工具可以动用时,利卡宁提到了实施负利率、向商业银行提供更多贷款以及资产购买措施。利卡宁自2004年起担任芬兰央行行长,亦为24人组成的欧洲央行管理委员会的成员之一。

25日,包括德国和斯洛伐克央行行长在内的其他一些官员也传递了类似信息。德国央行行长魏德曼在接受国际市场新闻社采访时表示,不排除实施大规模资产购买计划(即定量宽松)的可能性。

利卡宁还表示,这是欧洲央行的一个选择,不会与禁止央行为政府融资的规定发生冲突。此前美国联邦储备委员会(简称:美联储)和日本央行已经积极利用货币政策阻止通胀降至过低水平,但欧洲央行一直抗拒这样做,并把政策重心放在银行贷款计划上。

斯洛伐克央行行长马库赫25日称,几位(欧洲央行)决策者已准备采取非常规措施,以阻止欧元区陷入通缩环境。他补充说,定量宽松是央行的一个选择。

欧洲央行行长德拉吉并没有具体说明欧洲央行可能采取哪些措施。但25日在巴黎发表演讲时,德拉吉试图强调央行抗击过低通胀的决心,欧元区过低的通胀率正抑制消费者支出,并削弱企业利润和投资。他说,欧洲央行将采取必要措施维持物价稳定,央行正密切关注欧元汇率。

这一表态让人想起德拉吉在2012年7月时的承诺,当时他承诺央行将竭尽所能维持欧元区完整。这番言论触发了南欧国债市场一轮持久的反弹。欧洲央行甚至不必购买任何国债,市场有了德拉吉的口头承诺就已经足够。

不过,虽然欧洲央行这一次加大了口头干预的力度,但欧元25日却几乎不为所动。一些分析师警告说,除非欧洲央行言行一致、尽快拿出真正的行动,否则,市场将质疑央行抗击超低通胀的决心。

(资料来源:新华国际,2014.3.26.)

问题:
1. 欧洲央行应对过低通胀的措施有哪些?
2. 低通胀和高通胀的区别在哪儿?措施有何区别?

第十五章

保险业务

【学习目标】
- 掌握保险的含义与构成要素。
- 掌握保险合同的特征。
- 了解保险合同的基本内容。
- 掌握我国开办的主要保险险种。

【引导案例】

人身意外伤害保险案例

　　人身意外伤害保险案例主要以李某因支气管发炎发作，医治无效死亡后，其家属持医院证明及保险合同向保险人提出索赔申请为例对意外伤害险作具体分析。

案情

　　李某投保了人身意外伤害保险，同时附加了意外伤害医疗保险。一天，李某因支气管发炎，去医院求治。医院按照医疗规程操作，先为被保险人进行青霉素皮试，结果呈阴性。然后按医生规定的药物剂量为其注射青霉素。治疗两天后，被保险人发生过敏反应，虽经医院全力抢救，但医治无效死亡。医院出具的死亡证明是：迟发性青霉素过敏。

　　李某的受益人持医院证明及保险合同向保险人提出索赔申请。

　　保险公司接到受益人的申请后，内部产生两种不同意见。一种意见是被保险人是在接受疾病治疗过程中死亡的，不属于"意外伤害"的范畴。由于被保险人投保的是人身意外伤害险，并非是疾病死亡与医疗保险，因此，保险人不应承担给付保险金的责任。

　　另一种意见是，尽管被保险人是在治疗疾病过程中死亡的，但由于迟发性的青霉素过敏对于医院和被保险人来说均属突然的意外事件，尤其对于具有过敏体质的人来说，不能认为身体仅对某种物质过敏是次健康体。

　　因此，由于青霉素过敏导致死亡，可以比照中毒死亡处理，而不能认为是因疾病导致死亡。既然如此，排除了被保险人因疾病死亡的可能性，只能视为意外死亡。所以保险人应按照人身意外伤害险的保险合同规定，履行给付保险金的义务。

案情分析

　　首先，就"意外伤害"的定义而言，是指外来的、突然的、非本意的使被保险人身体遭受剧烈伤害的客观事件。结合本案，对于被保险人来说，医院按照医疗规程为其注射的青霉素药物，可以认定为"外来的"物质，即具有"外来的"因素；因皮试反应正常，被保险人于接受治疗两天后突发过敏反应，不仅被保险人自己难以预料，而且医院也是在被保险人发生过敏反应后才知道。

　　尽管医院方懂得人群中有人会发生青霉素过敏反应，但究竟何人发生、何时发生，尤其是首次使用青霉素药物，并产生迟发性青霉素过敏反应的人，对于医院方来说也是个未知数。

　　因此该事件对于被保险人来说，具有"突然的"因素；被保险人去医院接受治疗的目的，是医治支气管的炎症，没有料到会因青霉素过敏反应导致身亡，显然被保险人具有"非本意"的因素。综合上述三个因素，被保险人的死亡完全符合"意外伤害"的定义。

（资料来源：https://xuexi.huize.com/study/studytag/word-22785.html）

第一节　保　险　概　述

一、保险的含义

　　保险是集合社会多数单位和个人，以保险合同方式建立经济关系，通过收取保险费集中建立保险基金，对被保险人因自然灾害或意外事故所造成的经济损失或人身伤亡给予资金补偿，对其丧失工作能力给予物质保险的一种经济活动。

保险作为分散风险、消化损失的一种经济补偿制度，可以从不同的角度来理解其含义。

(1) 从经济角度看，保险是分摊意外损失、提供经济保障的一种财务安排。投保人交纳保险费购买保险，实际上是将其面临的不确定的大额损失转变为确定性的小额支出，将未来大额的或持续性支出转变成目前的固定性支出。通过保险，提高了投保人的资金效益，因而被认为是一种有效的财务安排。人寿保险中，保险作为一种财务安排的特性表现得尤为明显，因为人寿保险还具有储蓄和投资的作用，具有理财的特征。正是从这个意义上说，保险公司属于金融中介机构，保险业是金融业的重要组成部分。

(2) 从法律角度看，保险是一种合同行为。保险合同当事人双方在法律地位平等的基础上，签订合同，承担各自的义务，享受各自的权利。《中华人民共和国保险法》规定："保险，是指投保人根据合同约定，向保险人支付保险费，保险人对于合同约定的可能发生的事故因其发生所造成的财产损失承担赔偿保险金责任，或者当被保险人死亡、伤残、疾病或者达到合同约定的年龄、期限时承担给付保险金责任的商业保险行为。"

(3) 从风险管理角度看，保险是风险管理的一种方法，或风险转移的一种机制。通过保险，可以将众多的单位和个人集合起来，变个体应对风险为大家共同应对风险，从而提高对风险损失的承受能力。保险的作用在于集散风险、分摊损失。

二、保险的要素

保险的要素是指进行保险经济活动所应具备的基本条件。现代商业保险的要素包括以下5点内容。

(一)可保风险的存在

可保风险是指符合保险人承保条件的特定风险，也称可保危险或保险危险。理想的可保风险应具备以下6个条件。

(1) 风险应当是纯粹风险。纯粹风险是一种只有损失机会，没有获利可能的风险。具体地说，风险事故发生以后，保险关系双方当事人面临的只有损失的机会，没有获利的可能。纯粹风险引起的事故构成保险危险的基础。

(2) 风险应当具有不确定性。风险的不确定性包含三层含义，即风险是否发生是不确定的，风险发生的时间是不确定的，风险发生的原因和结果是不确定的。

(3) 风险应该使大量标的均有遭受损失的可能。这一条件要求大量性质相近、价值相近的风险单位面临同样的风险。

(4) 风险应该有导致重大损失的可能。这一条件的含义是可保风险应是一种发生重大损失的可能性较大、遭受重大损失的机会较小的风险。风险一旦发生，由其导致的损失是被保险人无力承担的。如果采用自保等方式自行承担，也是一种不经济的选择。

(5) 风险不能使大多数保险对象同时遭受损失。这一条件要求损失的发生具有分散性。保险的实质在于，以多数人支付的小额保费，赔付少数人遭遇的大额损失。如果大多数保险标的同时遭受重大损失，则保险人通过收取保险费建立的保险基金就无法补偿所有损失。

(6) 风险应当具有现实的可测性。保险的经营要求制定准确的费率，费率的计算依据是风险发生的概率及其所导致标的损失的概率，因此，风险必须具有可测性。

(二)大量同质风险的集合与分散

保险的经济补偿活动的过程，既是风险的集合过程，又是风险的分散过程。保险人通过保险将众多投保人所面临的分散性风险集合起来，当发生保险责任范围内的损失时，又将少数人遭受的风险损失分摊给全体投保人，即通过保险的补偿或给付行为分摊损失或保证经营稳定。保险风险的集合与分散应具备两个前提条件。

(1) 大量风险的集合体。互助性是保险的特征之一，保险实现互助的方法在于集合多数人的保费，补偿少数人的损失。大量风险的集合，一方面是基于风险分散的技术要求，另一方面是概率论和大数法则原理在保险经营中得以运用的前提。

(2) 同质风险的集合体。所谓同质风险，是指风险单位在种类、品质、性能、价值等方面大体相近。如果风险为不同质风险，那么风险损失发生的概率就不相同，风险也就无法进行统一集合与分散。此外，由于不同质的风险，损失发生的频率与幅度是有差异的，若对不同质的风险进行集合与分散，则会导致保险经营财务的不稳定。

(三)保险费率的厘定

保险是一种经济保障活动，而从经济角度看则是一种特殊商品交换行为。因此，厘定保险商品的价格，即厘定保险费率，便构成了保险的基本要素。然而，保险费率厘定的含义与保险人在保险市场上的产品定价不同。保险费率厘定主要是根据保险标的的风险状况确定某一保险标的的费率，确定保险人应收取的风险保费。而保险产品定价，除要考虑风险状况外，还要考虑其他因素，影响保险人定价的其他因素包括：市场竞争对手的行为、市场供求的变化、保险监管的要求和再保险人承保条件的变化等。当然，保险费率的厘定是保险产品定价的基础。

由于保险商品交换行为是一种特殊的经济行为，为保证保险双方当事人的权益，保险费率的厘定要遵循一定的原则并采取科学的方法。

(四)保险基金的建立

保险的分摊损失与补偿功能是建立在具有一定规模的保险基金基础之上的。保险基金是用以补偿或给付因自然灾害、意外事故和人体自然规律所致的经济损失、人身损害及收入损失，并由保险公司筹集、建立起来的专项货币基金。它主要来源于保险公司开业资金和向投保险人收取的保险费，其中保险费是形成保险基金的主要来源。由于保险性质和经营上的特殊性，与其他行业的基金相比，保险基金具有来源的分散性和广泛性、总体上的返还性、使用上的专项性、赔付责任的长期性和运用上的增值性等特点。

保险基金是保险业存在的现实的经济基础，也是保证保险人收支平衡和保证保险企业财务稳定的经济基础，但同时保险基金也制约着保险企业的业务经营规模。从保险公司财务管理的角度看，除资本金外，从保险收入中提取的部分保险费所形成的保险基金是以各种准备金的形式存在的。就财产保险与责任保险而言，表现为未到期责任准备金、赔款准备金、总准备金和其他准备金几种形式；就人身保险准备金而言，主要以未到期责任准备金形式存在。此外，从为保障被保险人利益的角度看，按照集中管理、统筹使用原则建立的保险保障基金也属于保险基金的范畴。

在此需要指出的是，保险基金也是保险公司进行投资活动的经济基础，投资收益对保险公司经营效益具有重要的意义。

(五)保险合同的订立

保险关系作为一种经济关系，主要体现投保人与保险人之间的商品交换关系，这种经济关系需要有关法律法规对其进行保护和约束，即通过一定的法律形式固定下来，这种法律形式就是保险合同。风险最基本的特征是不确定性，这就要求保险人与投保人应在确定的法律或契约关系约束下履行各自的权利与义务。倘若不具备在法律上或契约上规定的各自的权利与义务，那么，保险经济关系则难以成立，保险保障活动也难以实施。

三、保险的特征

保险的特征是指保险活动与其他经济活动相比所表现出的基本特点。一般来说，现代商业保险的特征主要包括以下几个方面。

(一)经济性

保险是一种经济保障活动。保险的经济性主要体现在保险活动的性质、保障对象、保障手段、保障目的等方面。保险经济保障活动是整个国民经济活动的有机组成部分，其保障对象即财产和人身直接或间接属于社会生产中的生产资料和劳动力两大经济要素；其实现保障手段，最终都必须采取支付货币的形式进行补偿或给付；其保障的根本目的，无论从宏观角度还是从企业微观的角度审视，都是有利于经济发展。此外，保险的经济性，还表现为在市场经济条件下，保险是一种特殊的劳务商品，体现了一种特殊的等价交换的经济关系。这种经济关系直接表现为个别保险人与个别投保人之间的交换关系，间接表现为在一定时期内全部保险人与全部投保人之间的交换关系。此外，从经营的角度看，经营商业保险业务的保险公司属商业性机构，经营的主要目标之一则是提高经济效益，追求利润最大化。但是，商业保险公司追求利润最大化，必须是建立在保险经济效益与提高社会效益相一致的基础上。

(二)互助性

保险具有"一人为众，众为一人"的互助特性。没有互助性，也就失去了保险的意义。保险是在一定条件下，分担了个别单位或个人所不能承担的风险，从而形成了一种经济互助关系。这种经济互助关系通过保险人用多数投保人缴纳的保险费建立的保险基金对少数遭受损失的被保险人提供补偿或给付而得以体现。当然，在现代商业保险条件下，由于保险公司的出现，并作为一种中间性的机构来组织风险分散和经济补偿，从而使互助性的关系演变成一种保险人与投保人直接的经济关系，但这种变化并未改变保险的互助性这一基本特征。

(三)法律性

从法律角度看，保险具有明显的法律性质。由于保险是一种合同行为，所以保险的法律性主要体现在保险合同上。保险合同的法律特征主要体现为保险行为是双方的法律行为，保险行为必须是合法的，保险合同双方当事人必须有行为能力，保险合同双方当事人在合同关系中的地位是平等的。保险的法律性，不仅体现在保险本身是一种合同行为，法律是保险行为的规范和实现的条件，而且法律也是保险组织和某些保险业务活动(如法定保险、责任保险等)产生的前提条件。此外，对保险的监督管理也是以法律为依据的。

(四)科学性

保险是以科学的方法处理风险的一种有效措施。现代保险经营以概率论和大数法则等科学的数理理论为基础，保险费率的厘定、保险准备金的提存等都是以科学的数理计算为依据的。

第二节　保　险　合　同

一、保险合同的含义

合同(也称契约)是平等主体的当事人为了达到一定的目的，以双方或多方意思表示一致设立、变更和终止权利义务关系的协议。

《中华人民共和国保险法》规定："保险合同是投保人与保险人约定权利义务关系的协议。"

保险合同的当事人是投保人和保险人；保险合同的内容是保险双方的权利义务关系。根据保险合同的约定，收取保险费是保险人的基本权利，赔偿或给付保险金是保险人的基本义务。与此相对应，交付保险费是投保人的基本义务，请求赔偿或给付保险金是被保险人的基本权利。

保险合同属于民商合同的一种，其设立、变更或终止是具有保险内容的民事法律关系。因此，保险合同不仅适用于保险法，也适用于合同法和民法通则等。

二、保险合同的特征

保险合同作为一种特殊的民商合同，除具有一般合同的法律特征外，还具有一些特有的法律特征。

(1) 保险合同是有偿合同。有偿合同是指因为享有一定的权利而必须偿付一定对价的合同。保险合同以投保人支付保险费作为对价换取保险人对风险的保障。投保人与保险人的对价是相互的,投保人的对价是向保险人支付保险费,保险人的对价是承担投保人转移的风险。

(2) 保险合同是双务合同。双务合同是指合同双方当事人相互享有权利、承担义务的合同。保险合同的被保险人在保险事故发生时,依据保险合同享有请求保险人支付保险金或补偿损失的权利,投保人则具有支付保险费的义务;保险人应享有收取保险费的权利,具有承担约定事故发生时给付保险金或补偿被保险人损失的义务。

(3) 保险合同是最大诚信合同。任何合同的订立和履行都应当遵守诚实信用的原则。但是,由于保险双方信息的不对称性,保险合同对诚信的要求远远高于其他合同。因为,保险标的在投保前或投保后均在投保方的控制之下,而保险人通常只是根据投保人的告知来决定是否承保以及承保的条件。此外,投保方对保险标的过去情况、未来的事项也要向保险人作出保证。所以,投保人的道德因素和信用状况对保险经营来说关系极大。保险经营的复杂性和技术性使保险人在保险关系中处于有利地位,而投保人则处于不利地位。这就要求保险人在订立保险合同时,应向投保人说明保险合同的内容;在约定的保险事故发生时,履行赔偿或给付保险金的义务等。所以,保险合同较一般合同对当事人的诚实信用的要求更为严格,故称为最大诚信合同。

(4) 保险合同是射幸合同。射幸合同是合同的效果在订约时不能确定的合同,即合同当事人一方并不必然履行给付义务,而只有当合同中约定的条件具备或合同约定的事件发生时才履行。保险合同是一种典型的射幸合同。投保人根据保险合同支付保险费的义务是确定的,而保险人仅在保险事故发生时,承担赔偿或给付义务,即保险人的义务是否履行在保险合同订立时尚不确定,而是取决于偶然的、不确定的保险事故是否发生。但是,保险合同的射幸性是就单个保险合同而言的,而且也是仅就有形保障而言的。

(5) 保险合同是附合合同。附合合同是指其内容不是由当事人双方共同协商拟订,而是由一方当事人事先拟就,另一方当事人只是作出是否同意的意思表示的一种合同。保险合同可以采用保险协议书、保险单或保险凭证的形式订立。在采用保险单和保险凭证形式时,保险条款已由保险人事先拟定,当事人双方的权利义务已规定在保险条款中,投保人一般只是作出是否同意的意思表示。投保人可以与保险人协商,增加特别约定条款,或对保险责任进行限制或扩展,但一般不能改变保险条款的基本结构和内容。

三、保险合同的主体

保险合同的主体包括保险合同的当事人、保险合同的关系人和保险合同的辅助人。保险合同的当事人是指订立并履行合同的自然人、法人或其他组织,他们在合同关系中享有权利并承担相应的义务。当投保人与被保险人为同一人时,保险人、投保人(被保险人)是保险合同的当事人;受益人是保险合同的关系人。当投保人与被保险人不是同一人时,投保人是保险合同的当事人,而被保险人是保险合同的关系人。

(一)保险合同的当事人

1. 保险人

保险人是指与投保人订立保险合同,并承担赔偿或给付保险金责任的保险公司。按照我国《保险法》的规定,它必须符合如下条件。

(1) 保险人要具备法定资格。具体内容包括:①保险人必须是依照法定条件和程序设立的保险公司,要接受保险监督管理机构的监管;②保险公司的组织形式应是国有独资公司和股份有限公司两种形式;③保险公司要分业经营,在保险监督管理机构批准的范围内开展保险业务。

(2) 保险人须以自己的名义订立保险合同。保险公司只有以自己的名义与投保人订立保险合同后,才能成为保险合同的保险人。

(3) 保险人须依照保险合同承担保险责任。订立保险合同的目的在于使保险人在合同约定的保险期间内,对于发生的保险事故或事件,承担赔偿或给付保险金的责任。按照保险合同的约定承担保险责任,是保险人最主要、最基本的合同义务。

2. 投保人

投保人是指与保险人订立保险合同,并按照保险合同负有支付保险费义务的人。投保人并不以自然人为限,法人和其他组织也可以成为投保人。投保人需具备的条件如下所述。

(1) 投保人须具有民事权利能力和民事行为能力。民事权利能力是指由法律赋予的享有民事权利、承担民事义务的资格,它是自然人、法人、其他组织参加民事法律关系,取得民事权利、承担民事义务的法律依据,也是自然人、法人、其他组织享有民事主体资格的标志。民事行为能力是指能够以自己的行为行使民事权利和设定民事义务,并且能够对自己的违法行为承担民事责任,从而使民事法律关系发生、变更或消灭的一种资格。

(2) 投保人须对保险标的具有保险利益。我国《保险法》规定:"投保人对保险标的应当具有保险利益。投保人对保险标的不具有保险利益的,保险合同无效。"这样规定的目的,一是防范投保人利用保险合同进行投机、赌博等违法活动,以减少道德风险的发生概率;二是限制赔偿额度,保证保险业健康发展;三是维护国家利益、社会公共道德和保险人合法权益,达到保护被保险人合法权益的目的。

(3) 投保人须与保险人订立保险合同并按约定交付保险费。

(二)保险合同的关系人

1. 被保险人

被保险人是指其财产或者人身受保险合同保障,享有保险金请求权的人。投保人可以为被保险人。当投保人为自己利益投保时,投保人、被保险人为同一人。当投保人为他人利益投保时,须遵守以下规定:被保险人应是投保人在保险合同中指定的人,投保人要征得被保险人同意,投保人不得为无民事行为能力人投保以死亡为给付保险金条件的人身保险。但父母为未成年子女投保的人身保险不受此限制,只是死亡给付保险金额总和不得超过保险监督管理机构规定的限额。被保险人的成立应具备的条件如下所述。

(1) 被保险人须是财产或人身受保险合同保障的人。在财产保险合同中,当发生保险事故致使被保财产遭受损失后,被保险人可依照保险合同获得补偿;在人身保险合同中,当被保险人死亡、伤残、疾病或达到约定年龄期限时,保险人要根据保险合同赔偿或给付保险金。

(2) 被保险人须享有保险金请求权。保险金请求权的享有以保险合同的订立为前提，其行使则以保险事故或事件的发生为条件。①在财产保险合同中，保险事故发生后，未造成被保险人死亡的，保险金请求权由被保险人本人行使；造成被保险人死亡的，保险金请求权由其继承人依继承法继承。②在人身保险合同中，保险事故或事件发生后，被保险人仍然生存的，保险金请求权由被保险人本人行使；被保险人死亡的，保险金请求权由被保险人或者投保人指定的受益人行使；未指定受益人的，保险金请求权由被保险人的继承人行使。

2．受益人

受益人是保险合同的重要关系人之一。我国《保险法》规定："受益人是指人身保险合同中由被保险人或者投保人指定的享有保险金请求权的人，投保人、被保险人可以为受益人。"受益人的成立应具备的条件如下所述。

(1) 受益人须经被保险人或投保人指定。受益人可以是自然人，也可以是法人。受益人如果不是被保险人、投保人，则多为与其有利害关系的自然人。胎儿也可以为受益人，但须以出生时存活为必要条件。

人身保险合同中因投保人订立合同的目的不同，合同约定的受益人也有所不同：投保人以自己的生命、身体为他人利益订立保险合同的，投保人是被保险人，受益人是其指定的人；投保人以自己的生命、身体为自己利益而订立保险合同的，投保人既是被保险人，也是受益人；投保人以他人的生命、身体为他人利益而订立保险合同的，受益人经被保险人同意后，可以是第三人；投保人以他人的生命、身体为自己利益而订立保险合同的，经被保险人同意后，投保人是受益人。投保人指定或变更受益人时，须经被保险人同意。受益人可以是被保险人或投保人指定的一人或数人。被保险人为无民事行为能力人或者限制民事行为能力人的，可以由其监护人指定受益人。

(2) 受益人必须是具有保险金请求权的人。保险金请求权是受益人依照保险合同享有的基本权利。当被保险人与受益人不是同一人时，保险事故或事件发生后，如果被保险人死亡，则受益人能够从保险人处获得保险金。人身保险合同中被指定的受益人是一人时，保险金请求权由该人行使，并获得全部保险金。受益人是数人的，保险金请求权由该数人行使，其受益顺序和受益份额由被保险人或投保人确定；未确定的，受益人按照相等份额享有受益权。

受益人的保险金请求权来自人身保险合同的规定，故受益人获得的保险金不属于被保险人的遗产，既不纳入遗产分配，也不用于清偿被保险人生前债务。但是，《保险法》规定："被保险人死亡后，遇有下列情形之一的，保险金作为被保险人的遗产，由保险人向被保险人的继承人履行给付保险金的义务：①没有指定受益人；②受益人先于被保险人死亡，没有其他受益人的；③受益人依法丧失受益权或者放弃受益权，没有其他受益人的。"此时，保险金应按继承法规定分配。

(三)保险合同的辅助人

保险合同的辅助人因国而异，不同的国家有不同的保险辅助人标准。一般来说，保险合同的辅助人包括保险代理人、保险经纪人和保险公估人等。

【阅读资料】

马航飞机失事　受益人与被保人同时身故怎么赔

马来西亚总理宣布，失联 17 天的马航 MH370 客机被证实已在南印度洋坠毁。如果这是事实真相，不知道飞机上有多少人买了保险，这里说一说理赔的事。

飞机上也有几对是度蜜月的夫妻，大家有没有考虑这个问题，如果被保险人与受益人在同一个事件中身故，那么这笔保险金应该赔给被保险人的家人，还是受益人的家人呢？

假设有对夫妻，丈夫给自己投保，受益人是妻子。(大家就想是普通的夫妻吧，不要代入马航上的人了，逝者安息。)如果是受益人先身亡，那么这笔保险金就没有其他受益人了(没有小孩的话)，应该赔给男方的家人，即男方父母。如果被保险人先身亡，那么这笔保险金受益人是老婆，老婆再身故，这笔保险金就变成妻子的遗产，应该是给妻子的父母，而不是丈夫的父母。

如果这对夫妻在同起车祸中身亡，具体是谁先身亡的，无从考究。那么从保险角度来看，应该推定谁先身亡呢？推定的人不一样，这笔保险金给的人就不一样。保险法有规定，如果不能确定谁先身亡，那么就推定受益人先身亡。这笔保险金给男方的父母。这个是从买保险的初衷考虑的，不管是谁买的这份保险，被保险人是男方，那么就是要保护男方的家人，如果推定男方先身亡，那么这笔钱就给了女方父母，不是给自己的父母，违背了他当初买保险的意愿。

所以，如果被保险人跟受益人在同个事故中身故无法确定谁先身亡的，推定受益人先身亡。

(资料来源：理财网，http://finance.sina.com.cn/money/lczx/20140326/070918614873.shtml，2014.3.26.)

四、保险合同的客体

客体是指在民事法律关系中主体履行权利和义务时共同的指向。客体在一般合同中称为标的，即物、行为、智力成果等。保险合同虽属民事法律关系范畴，但它的客体不是保险标的本身，而是投保人对保险标的所具有的法律上承认的利益，即保险利益。

首先，我国《保险法》规定："投保人对保险标的应当具有保险利益。投保人对保险标的不具有保险利益的，保险合同无效。"因此，投保人必须凭借保险利益投保，而保险人必须凭借投保人对保险标的的保险利益才可以接受投保人的投保申请，并以保险利益作为保险金额的确定依据和赔偿依据。其次，保险合同不能保障保险标的的不受损失，而只能是保障投保人的利益不变。最后，保险合同成立后，因某种原因保险利益消失，保险合同也随之失效。所以，保险利益是保险合同的客体，是保险合同成立的要素之一，如果缺少了这一要素，保险合同就不能成立。

保险标的是保险利益的载体。保险标的是投保人申请投保的财产及其有关利益或者人的寿命和身体，是确定保险合同关系和保险责任的依据。在不同的保险合同中，保险人对保险标的的范围都有明确规定，即哪些可以承保，哪些不予承保，哪些一定条件下可以特约承保等。因为不同的保险标的能体现不同的保险利益，而且保险合同双方当事人订约的目的是实现保险保障，合同双方当事人共同关心的也是基于保险标的上的保险利益。所以，在保险合同中,客体是保险利益,而保险标的则是保险利益的载体。

五、保险合同的内容

(一)保险合同内容的构成

狭义保险合同的内容仅指保险合同当事人依法约定的权利和义务。广义保险合同的内容则是指以双方权利义务为核心的保险合同的全部记载事项。这里介绍的是广义的保险合同内容。

从保险法律关系的要素上看,保险合同由以下几部分构成。

(1) 主体部分,包括保险人、投保人、被保险人、受益人及其住所。

(2) 权利义务部分,包括保险责任和责任免除、保险费及其支付办法、保险金赔偿或者给付办法、保险期间和保险责任的开始、违约责任等。

(3) 客体部分,保险合同的客体是保险利益,财产保险合同表现为保险价值和保险金额;人身保险合同表现为保险金额。保险标的是保险利益的载体。

(4) 其他声明事项部分,包括其他法定应记载事项和当事人约定事项,前者指除上述事项外的法定应记载事项,如争议处理、订约日期等;后者指投保人和保险人在法定事项之外,约定的其他事项。

从条款的拟定上看,保险合同的内容由基本条款和特约条款构成。基本条款由保险法以列举方式直接规定,是保险合同必不可少的法定条款,由保险人拟定;特约条款是保险法所列举条款以外的条款,特约条款由双方共同拟定。两种条款都具有法律效力,其区别仅在于:前者是根据保险法必须约定的条款;后者则是当事人双方根据实际需要,可约定可不约定的条款。

(二)保险合同的基本条款

(1) 保险人的名称和住所。保险人专指保险公司,其名称须与保险监督管理机构和工商行政管理机关批准和登记的名称一致。保险人的住所即保险公司或分支机构的主营业场所所在地。

(2) 投保人、被保险人、受益人的名称和住所。将保险人、投保人、被保险人和受益人的名称和住所作为保险合同基本条款的法律意义是明确保险合同的当事人、关系人,确定合同权利义务的享有者和承担者;明确保险合同的履行地点,确定合同纠纷诉讼管辖。

(3) 保险标的。保险标的是指作为保险对象的财产及其有关利益或者人的生命和身体,它是保险利益的载体。保险标的如为财产及其有关利益,应包括该标的的具体坐落地点,有的还包括利益关系;保险标的如为人的生命和身体,还应包括被保险人的性别、年龄,有的还包括被保险人的职业、健康状况,视具体险种而定。将保险标的作为保险合同的基本条款的法律意义是确定保险合同的种类,明确保险人承担责任的范围及保险法规定的适用;判断投保人是否具有保险利益及是否存在道德风险;确定保险价值及赔偿数额;确定诉讼管辖等。

(4) 保险责任和责任免除。保险责任是指保险合同约定的保险事故或事件发生后,保险人所应承担的保险金赔偿或给付责任。其法律意义在于确定保险人承担风险责任的范围。责任免除是指保险人依照法律规定或合同约定，不承担保险责任的范围，是对保险责任的限制。责任免除条款的内容应以列举方式规定。其法律意义在于进一步明确保险责任的范围，避免保险人过度承担责任，以维护公平和最大诚信原则。

(5) 保险期间和保险责任开始时间。保险期间是指保险人为被保险人提供保险保障的起止日期，即保险合同的有效期间。保险期间可以按年、月、日计算，也可按一个运程期、一个工程期或一个生长期计算。保险责任开始时间即保险人开始承担保险责任的时间，通常以年、月、日、时表示。我国《保险法》规定："保险合同成立后，投保人按照约定交付保险费；保险人按照约定的时间承担保险责任。"根据此条规定，保险责任开始的时间应由双方在保险合同中约定。我国保险实务中以约定起保日的零点为保险责任开始时间，以合同期满日的 24 点为保险责任终止时间。

(6) 保险价值。保险价值是指保险标的的实际价值，即投保人对保险标的所享有的保险利益的货币估价额。保险价值的确定主要有三种方法：①由当事人双方在保险合同中约定，当保险事故发生后，无须再对保险标的估价，就可直接根据合同约定的保险标的的价值额计算损失。②按事故发生后保险标的的市场价格确定，即保险标的的价值额随市场价格变动，保险人的赔偿金额不超过保险标的的在保险事故发生时的市场价格。③依据法律具体规定确定保险价值。例如，我国《海商法》第二百一十九条，就对船舶、货物、运费等保险标的的保险价值的确定作出了具体规定。

(7) 保险金额。保险金额是指保险人承担赔偿或者给付保险金的最高限额。在定值保险中，保险金额为双方约定的保险标的的价值。在不定值保险中，保险金额可以按下述方法确定：①由投保人按保险标的的实际价值确定；②根据投保人投保时保险标的的账面价值确定。无论在定值保险中还是在不定值保险中，保险金额都不得超过保险价值，超过的部分无效。保险金额在财产保险合同中根据保险价值计算，以保险标的的实际价值为限，可以小于保险价值。在人身保险中，保险金额由双方当事人自行约定。

(8) 保险费及其支付办法。保险费是指投保人为取得保险保障，按合同约定向保险人支付的费用。保险费是保险基金的来源。缴纳保险费是投保人应履行的基本义务，其多少取决于保险金额的大小、保险期限的长短和保险费率的高低等。根据我国《保险法》规定，关系社会公众利益的保险险种、依法实行强制保险的险种和新开发的人寿保险险种等的保险条款和保险费率，应当报保险监督管理机构审批。保险监督管理机构审批时，应遵循保护社会公众利益和防止不正当竞争的原则。审批的范围和具体办法，由保险监督管理机构制定。其他保险险种的保险条款和费率，应当报保险监督管理机构备案。

(9) 保险金赔偿或给付办法。保险金赔偿或给付办法是指保险人承担保险责任的具体方法，由保险合同当事人在合同中依法约定。投保人订立保险合同的目的在于保险事故或事件发生后，保险人能按合同约定的方式、数额或标准，通过赔偿或给付保险金来承担保险责任，因此，保险金的赔偿或给付办法是保险人在保险合同中承担的一项基本义务。保险金的赔偿或给付办法在财产保险合同中按规定的方式计算赔偿金额，在人身保险合同中保险金额按规定定额给付。

(10) 违约责任和争议处理。违约责任是指保险合同当事人因其过错不履行或不完全履行合同约定的义务所应承担的法律后果。保险合同关系到当事人的利益，任何一方的违约均可能给对方造成损失,因此,在保险合同中必须明确违约责任,以便防范违约行为的发生。承担违约责任的方式应在保险合同中明确,主要是支付违约金或支付赔偿金。

争议处理是指保险合同发生争议后的解决方式,包括协商、仲裁和诉讼。具体使用何种方式可由当事人双方在合同中事先约定或在争议发生后协商确定;如事先无任何约定,一方当事人也可在争议发生后直接向法院提起诉讼。

六、保险合同的形式

对保险合同应采取何种形式这一问题,我国保险法并未作出直接规定,既没有明确规定必须采取书面形式,也没有禁止口头形式。在保险实务中,为了便于当事人双方履行合同,特别是在保险事故或事件发生后,能够为被保险人、受益人索赔和为保险人承担保险责任提供法律依据,避免日后发生纠纷,也为了便于举证,如无特殊情况,保险合同通常应采用书面形式。书面形式的保险合同包括投保单、保险单、保险凭证、暂保单和批单等。

(一)投保单

投保单又称要保单,是投保人向保险人申请订立保险合同的书面要约。投保单由保险人事先根据险种的需要设计内容格式印就,通常格式统一。投保人按照投保单项目逐一如实填写,保险人据此为依据,决定是否承保。投保单是保险合同的重要组成部分。虽然投保人不能以投保单在法律上有所主张,但是投保人在投保单中填写的内容会影响合同的效力。投保单上如有记载,保险单上即使有遗漏,其效力也与记载在保险单上是等同的。

(二)保险单

保险单也称保单,是指保险合同成立后,保险人向投保人(被保险人)签发的正式书面凭证。保险单由保险人制作,经签章后交付给投保人。根据我国《保险法》第十三条规定,保险合同成立后,保险人应当及时向投保人签发保险单或其他保险凭证,保险单或其他保险凭证应载明合同内容。保险单包括以下四个部分。

(1) 声明事项。即投保人应向保险人说明的具体事项,如被保险人名称(姓名)及住所、保险标的及其所在地、保险价值及金额、保险期限、危险说明及承诺的义务。

(2) 保险事项。即保险人责任范围,指保险人所承担的保障风险项目,包括损失赔偿、责任赔偿、费用负担(施救、救助、诉讼费用等),以及保险金给付的一些规定。

(3) 除外责任。即免除保险人责任的事项,包括道德风险、特殊风险以及保险标的物的原有品质不良和缺陷等。

(4) 条件事项。即保险合同当事人双方享受权利时所应承担的义务。例如,保险单的变更、转让、注销、索赔期限、索赔手续、代位追偿、争议的处理等,在保险单上都有明确的规定,保险当事人双方必须遵守,不得违反。

保险单具有下述法律意义:①证明保险合同的成立;②确立保险合同内容;③是明确当事人双方履行保险合同的依据;④具有证券作用。

(三)保险凭证

保险凭证也称"小保单",是保险人向投保人签发的证明保险合同已经成立的书面凭证,是一种简化了的保险单。保险凭证的法律效力与保险单相同,只是内容较为简单,实践中只在少数几种保险业务,如货物运输保险、汽车险及第三者责任保险中使用。另外,在团体保险中也使用保险凭证,即在主保险单之外,对参加团体保险的个人再分别签发保险凭证。

(四)暂保单

暂保单也称临时保险单,是指由保险人在签发正式保险单之前,出立的临时保险凭证。暂保单的内容比较简单,一般只载明被保险人、保险标的、保险金额、保险险种等重要事项,以及保险单以外的特别保险条件。有关保险双方当事人的权利和义务,都以保险单的规定为准。

出立暂保单并不是订立保险合同的必经程序,通常在以下四种情况才会存在。

(1) 保险代理人在招揽到保险业务,但还未向保险人办妥正式保险单时,可先出立暂保单,作为保险合同成立的证明。

(2) 保险公司的分支机构在接受投保人的要约后,尚需获得上级保险公司或者保险总公司的批准,在获得批准前,可先出立暂保单,证明保险合同的成立。

(3) 保险人和投保人在洽谈或续订保险合同时,订约双方当事人已就主要条款达成协议,但还有一些内容需要进一步商讨,在没有完全谈妥之前,先出立暂保单,作为合同成立的证明。

(4) 出口贸易结汇时,保险单是必备的文件之一,在保险人尚未出具保险单或保险凭证之前,先出立暂保单,以证明出口货物已经办理保险,作为结汇凭证之一。暂保单的有效期一般为30天。

(五)批单

批单是保险双方当事人协商修改和变更保险单内容的一种单证,也是保险合同变更时最常用的书面单证。批单实际上是对已签订的保险合同进行修改、补充或增减内容的批注,一般由保险人出具。批单列明变更条款内容事项,须由保险人签章,一般附贴在原保险单或保险凭证上。批单的法律效力优于原保险单的同类款目。凡经批单改过的内容均以批单为准;多次批改,应以最后批改为准。批单也是保险合同的重要组成部分。

七、保险合同的履行

保险合同的履行是指保险合同当事人双方依法全面履行合同约定义务的行为。

(一)投保人义务的履行

1. 如实告知

如实告知是指投保人在订立保险合同时将保险标的重要事实,以口头或书面形式向保险人作真实陈述。所谓保险标的重要事实，是指对保险人决定是否承保及保险费率有影响的事实。如实告知是投保人必须履行的基本义务，也是保险人实现其权利的必要条件。我国《保险法》实行"询问告知"的原则，即投保人对保险人询问的问题必须如实告知，而对询问以外的问题，投保人没有义务告知；保险人没有询问到的问题，投保人不告知不构成对告知义务的违反。

2．交付保险费

交付保险费是投保人最基本的义务，通常也是保险合同生效的必要条件。我国《保险法》要求投保人在保险合同成立后，必须按照约定一次性或分期交付保险费。

3．维护保险标的安全

保险合同订立后，财产保险合同的投保人、被保险人应当遵守国家有关消防、安全、生产操作、劳动保护等方面的规定，维护保险标的安全。保险人有权对保险标的安全工作进行检查，经被保险人同意，可以对保险标的采取安全防范措施。投保人、被保险人未按约定维护保险标的安全的，保险人有权要求增加保险费或解除保险合同。

4．危险增加通知

按照权利义务对等和公平原则，被保险人在保险标的危险程度增加时，应及时通知保险人，保险人则可以根据保险标的危险增加的程度决定是否提高保险费和是否继续承保。被保险人未履行危险增加通知义务的，保险标的因危险程度增加而发生的保险事故，保险人不负赔偿责任。

5．保险事故发生通知

我国《保险法》规定："投保人、被保险人或者受益人知道保险事故发生后，应当及时通知保险人。"规定此义务的目的：①使保险人得以迅速调查事实真相，不致因拖延时日而使证据灭失，影响责任的确定；②便于保险人及时采取措施，协助被保险人抢救被保险财产，处理保险事故，使损失不致扩大；③使保险人有准备赔偿或给付保险金的必要时间。同时，履行保险事故发生通知义务，是被保险人或受益人获得保险赔偿或给付的必要程序。保险事故发生后的通知可以采取书面或口头形式，法律要求采取书面形式的应当采取书面形式。

6．财产保险的出险施救

我国《保险法》规定："保险事故发生时，被保险人有责任尽力采取必要的措施，防止或者减少损失。"为鼓励投保人、被保险人积极履行施救义务，我国《保险法》还规定，被保险人为防止或者减少保险标的的损失所支付的必要的、合理的费用，由保险人承担，但其数额按保险合同约定为准。

7．提供索赔单证

我国《保险法》规定，保险事故发生后，向保险人提供索赔单证是投保人、被保险人或受益人的一项法定义务。向保险人索赔应当提供的单证，是指与确认保险事故的性质、原因、损失程度等有关的证明和资料，包括保险单、批单、检验报告、证明材料等。财产保险合同、人身保险合同的保险金请求均应履行该项义务。

8．协助追偿

在财产保险中，因第三人行为造成保险事故的，保险人在向被保险人履行赔偿保险金后，享有代位求偿权，即保险人有权以被保险人名义向有责任的第三人索赔。我国《保险法》规定："在保险人向第三者行使代位请求赔偿权力时，被保险人应当向保险人提供必要的文件和其所知道的有关情况。"我国《保险法》还规定："由于被保险人的过错致使保险人不能行使代位请求赔偿的权利的，保险人可以相应扣减保险赔偿金。"

(二)保险人义务的履行

1．条款说明

我国《保险法》规定："订立保险合同，保险人应当向投保人说明保险合同的条款内容，并可以就保险标的或者被保险人的有关情况提出询问，投保人应当如实告知。"保险人承担条款说明义务的原因是保险人因其从事保险业经营而熟悉保险业务，精通保险合同条款；保险合同条款大都由保险人制定，而投保人则常常受到专业知识的限制，对保险业务和保险合同条款多不甚熟悉，加之对合同条款内容的理解亦可能存在偏差、误解，均可能导致被保险人、受益人的担心，在保险事故或事件发生后，得不到预期的保险保障。

我国《保险法》规定："保险合同中规定有关于保险人责任免除条款的，保险人在订立保险合同时应当向投保人明确说明，未明确说明的，该条款不产生效力。"由于免责条款是当事人双方约定的免除保险人责任的条款，直接影响投保人、被保险人或者受益人的利益，被保险人、受益人可能因免责条款而在保险事故或事件发生后得不到预期的保险保障。因此，为避免被保险人、受益人在保险合同生效后，因免责条款而与保险人引起不必要的冲突，保险人在订立保险合同时，必须就免责条款向投保人作明确说明。否则，该免责条款不发生法律效力。

2．承担保险赔偿(给付)的义务

承担保险赔偿(给付)的义务是保险人依照法律规定和合同约定所应承担的最重要、最基本的义务。

(1) 保险人承担保险赔偿(给付)义务的范围：①保险金。财产保险合同中，根据保险标的的实际损失确定，但最高不得超过合同约定的保险标的的保险价值。人身保险合同中，保险金即为合同约定的保险金额。②施救费用。我国《保险法》规定："保险事故发生后，被保险人为防止或者减少保险标的的损失所支付的必要的、合理的费用，由保险人承担；保险人所承担的数额在保险标的的损失赔偿金额以外另行计算，最高不超过保险金额的数额。"③争议处理费用。争议处理费用是指被保险人因给第三人造成损害的保险事故而被提起仲裁或诉讼的应由被保险人支付的费用，例如，责任保险中应由被保险人支付的仲裁费、鉴定费等，依照我国《保险法》规定，除合同另有约定外，由被保险人支付的上述费用，由保险人承担。④检验费用。在财产保险中，依照我国《保险法》规定，必要的合理的检验费，由保险人承担。

(2) 承担保险赔偿(给付)义务的时限：①保险人在收到被保险人或者受益人的赔偿或者

给付保险金的请求后，应当及时进行核定，对属于保险责任的，在与被保险人或者受益人达成有关赔偿或者给付保险金额的协议后10日内，履行赔偿或者给付保险金义务。②保险合同对保险金额及赔付期限有约定的，保险人应依照合同的约定，履行赔偿或者给付保险金义务。③保险人对其赔偿或者给付赔偿金的数额不能确定的，保险人自收到赔偿或者给付保险金的请求和有关证明、资料之日起60日内，确定最低数额先予支付；待赔偿或者给付保险金的最终数额确定后，支付相应差额。

(3) 遵守索赔时效。保险法对索赔时效作了明确规定。人寿保险的索赔时效：被保险人或受益人对保险人请求给付保险金的权利，自其知道保险事故发生之日起5年不行使而自动消灭。人寿保险以外的其他保险的索赔时效：被保险人或者受益人对保险人请求保险金赔偿或给付的权利，自其知道保险事故发生之日起两年不行使而自动消灭。

3．及时签发保险单证

我国《保险法》规定，保险合同成立后，"保险人应当及时向投保人签发保险单或者其他保险凭证，并在保险单或者其他保险凭证中载明当事人双方约定的合同内容。"保险合同成立后，及时签发保险单证是保险人的法定义务。保险单证即保险单或者其他保险凭证是保险合同成立的证明，也是履行保险合同的依据。

4．为投保人、被保险人或再保险分出人保密

依照我国《保险法》规定，保险人或者再保险接受人在办理保险业务或再保险业务中，对投保人、被保险人、受益人或者再保险分出人的业务和财产情况及个人隐私，负有保密的义务。因此，为投保人、被保险人或者再保险分出人保密是保险人或者再保险接受人的一项法定义务。

第三节　我国开办的主要险种

一、财产保险

(一)企业财产保险

企业财产保险是以企业的固定资产和流动资产为保险标的，以企业存放在固定地点的财产为对象，对因火灾及保险单中列明的各种自然灾害和意外事故引起的保险标的的直接损失、从属或后果损失和与之相关联的费用损失提供经济补偿的财产保险。国家机关、事业单位、各界团体也可以以其财产投保企业财产保险。

(二)家庭财产保险

家庭财产保险简称家财险，是以城乡居民的有形财产为保险标的的一种保险，是个人和家庭投保的最主要险种之一。被保险人所有、使用或保管的、坐落于保险单列明的地址的房屋内的财产，可以约定范围向保险人投保家庭财产保险。家庭财产保险可为居民或家庭遭受的财产损失提供及时的经济补偿，有利于居民生活安定，保障社会稳定。

(三)运输工具保险

运输工具保险是以各种运输工具本身(如汽车、飞机、船舶、火车等)和运输工具所引起对第三者依法应负的赔偿责任为保险标的的保险,主要承保各类运输工具遭受自然灾害和意外事故而造成的损失,以及对第三者造成的财产直接损失和人身伤害依法应负的赔偿责任。一般按运输工具不同可分为机动车辆保险、飞机保险、船舶保险等。

(四)货物运输保险

货物运输保险(简称货运险)是针对流通中的商品而提供的一种保险保障。开办这种保险,是为了使运输中的货物在水路、铁路、公路和联合运输过程中,因遭受保险责任范围内的自然灾害或意外事故所造成的损失能够得到经济补偿,并加强货物运输的安全防损工作,以利于商品的生产和商品的流通。

(五)工程保险

工程保险是指以各种工程项目为主要承保对象的一种财产保险。一般而言,传统的工程保险仅指建筑工程保险和安装工程保险,但进入20世纪后,各种科技工程发展迅速,亦成为工程保险市场日益重要的业务来源。

(六)责任保险

责任保险是指以保险客户的法律赔偿风险为承保对象的一类保险。按业务内容,可分为公众责任保险、产品责任保险、雇主责任保险、职业责任保险和第三者责任保险五类业务。

(七)农业保险

农业保险是专为农业生产者在从事种植业、林业、畜牧业和渔业生产过程中,对遭受自然灾害、意外事故疫病、疾病等保险事故所造成的经济损失提供保障的一种保险。按照农业种类不同,农业保险可分为种植业保险和养殖业保险。

二、人身保险

(一)人寿保险

人寿保险是以被保险人的寿命作为保险标的,以被保险人的生存或死亡为给付保险金条件的一种人身保险。其主要业务种类有定期寿险、终身寿险、两全寿险、年金保险、投资连结保险、分红寿险和万能寿险等。

(二)健康保险

健康保险是以被保险人的身体为保险标的,使被保险人在疾病或意外事故所致伤害时发生的费用或损失获得补偿的一种人身保险业务。其主要业务种类有医疗保险、疾病保险和收入补偿保险等。

(三)意外伤害保险

意外伤害保险是指以被保险人的身体为保险标的，以意外伤害而致被保险人身故或残疾为给付保险金条件的一种人身保险。其主要业务种类有普通意外伤害保险、特定意外伤害保险等。

本 章 小 结

保险是集合社会多数单位和个人，以保险合同方式建立经济关系，通过收取保险费集中建立保险基金，对被保险人因自然灾害或意外事故所造成的经济损失或人身伤亡给予资金补偿，对其丧失工作能力给予物质保险的一种经济活动。保险具有经济性、互助性、法律性和科学性的特点。保险关系依据保险合同来确定，其约定了合同的主体、客体、内容以及双方当事人的权利义务关系，具有有偿性、双务性、最大诚信、射幸性和附合性的特点。目前我国保险险种从广义上可分为财产保险和人身保险，具体包括企业财产保险、家庭财产保险、运输工具保险、货物运输保险、工程保险、责任保险、农业保险、人寿保险、健康保险和意外伤害保险等险种。

课 后 习 题

一、名词解释

保险　保险合同　保险人　投保人　被保险人

二、简答题

1. 保险的构成要素包括哪些？
2. 简述保险的基本特征。
3. 简述保险合同的基本特征。
4. 保险合同的基本内容包括哪些？
5. 我国开办的主要保险险种有哪些？

三、案例分析题

王某为丈夫在中国平安保险投保一份终身保险，保险合同规定，如果王某的丈夫身故，则保险公司向王某给付身故保险金。

(资料来源：豆丁网，https://www.docin.com/p-1770071721.html)

问题：

请指出这一保险合同中的保险人、投保人、被保险人、受益人分别是谁？保险合同标的与客体分别是什么？

第十六章

宏观调控

【学习目标】
- 掌握财政政策与货币政策的配合模式。
- 掌握宏观调控的手段。

【引导案例】

张鹏 | 2020 年宏观调控要着力处理好"五大关系"

李克强总理在《政府工作报告》中明确指出,"疫情尚未结束,发展任务异常艰巨"。为应对新冠肺炎疫情的挑战,需要我们采取强有力的宏观调控措施,针对当前存在的主要矛盾,稳住发展的基本盘。从整体来看,2020 年的宏观调控要着力处理好以下"五大关系"。

第一,短期冲击和中长期风险之间的关系。新冠肺炎疫情对我国经济的直接冲击和全面影响大约在 3 月 4 日政治局常委会议"研究当前新冠肺炎疫情防控和稳定经济社会运行重点工作"前后基本结束,接下来,疫情防控将逐步转入常态化阶段,着力于经济社会发展稳定。《政府工作报告》也明确指出,"能在较短时间内有效控制疫情,保障了人民基本生活,十分不易、成之惟艰"。因此,从疫情冲击来看具有短期性、剧烈性的特征。但是,由于我国经济运行中仍处于"转变发展方式、优化经济结构、转换增长动力的攻关期",新冠肺炎疫情与"结构性、体制性、周期性问题"相互交织,形成了一系列重大的中长期风险。应对新冠肺炎疫情的挑战,必须短期和中长期相结合,统筹兼顾、对症下药。

第二,疫情防控常态化与经济社会稳定发展之间的关系。疫情防控常态化是前提、是运行约束,经济社会发展应在疫情防控常态化的"前提下"和"运行中"展开。经济社会发展是目标、是基础,"无论是保住就业民生、实现脱贫目标,还是防范化解风险,都要有经济增长支撑,稳定经济运行事关全局"。

第三,总需求管理与供给侧改革的关系。4 月 17 日,中央政治局会议明确指出,要"坚定实施扩大内需战略""要积极扩大国内需求",将总需求管理置于当前经济稳定发展工作的核心,《政府工作报告》重申了这一战略安排。而对供给侧改革,则明确表示要"坚持供给侧改革为主线",即供给侧改革是扩张总需求的底线标准、主体路径和约束条件。也就是说,当前要全力扩大总需求,但是不能形成新的过剩产能,不能破坏前期存量资源优化配置的成果,不能救助"僵尸企业"(救人不救企),坚持投资高效率、增长高质量的发展道路。

第四,"逆向调控"与改革开放的关系。新冠肺炎疫情冲击导致全社会总需求不足,要通过"更加积极的财政政策+更加灵活适度的货币政策+全面强化的就业优化政策"的宏观调控体系来实现"逆向调控",以平稳经济,恢复常态。但"逆向调控"的目标并非推动经济持续增长,这就决定了"逆向调控"相关政策手段的短期性和一次性,《政府工作报告》指出,"这是特殊时期的特殊举措"。推动经济持续增长仍然要依靠全面深化改革和现代治理,"要用改革开放办法,稳就业、保民生、促消费,拉动市场、稳定增长,走出一条有效应对冲击、实现良性循环的新路子"。

第五,独立抗疫和全球协作的关系。我国在全球最早取得了新冠肺炎疫情防控的重大胜利,在疫情防控中,中国人民不等不靠,依靠自己的公共卫生体系,依托全国的医疗卫生服务,按照坚定信心、同舟共济、科学防治、精准施策的总要求,抓紧抓实抓细各项工作,"筑起了抗击疫情的巍峨长城"。随着全球疫情风险的不断加大,我们积极开展国际合作,本着公开、透明、负责任的态度,及时通报疫情信息,主动分享防疫技术和做法,相互帮助、共同抗疫。独立抗疫是中华民族智慧和凝聚力的重要体现,而全球协作则是"人类命运共同体"的重要实践。

(资料来源:张鹏. 中国财政科学研究院,https://www.gxjczx.gov.cn/news/1608.html,2020.5.25.)

> 思考：
> 新形势下，如何做好宏观调控？

第一节　宏观调控概述

一、宏观调控的含义、起源及原因

宏观调控是国家对国民经济总量进行的调节与控制。

在市场经济中，商品和服务的供应及需求是受价格规律及自由市场机制影响的。市场经济会带来经济增长，但也会引发通货膨胀，并且高潮后所跟随的衰退也会使经济停滞甚至倒退，这种周期波动对社会资源及生产力都将产生严重影响。

宏观调控的运用主要开始于各国对经济危机和市场自发调节盲目性的思考和认识。政府开始认识到市场失灵的危害很大，自由放任对经济有不利的一面，经济生活需要政府的参与和指导，因而宏观调控的思想和理论开始流行和运用。

宏观调控(简称宏调)由英国经济学家约翰·梅纳德·凯恩斯创立，是国家综合运用各种手段对国民经济进行的一种调节与控制。它是保证社会再生产协调发展的必要条件，也是社会主义国家管理经济的重要职能。

经济市场自有的规律——"看不见的手"出自英国经济学家亚当·斯密的《国富论》这部著作，指的是市场机制对经济发展的作用；政府"看得见的手"出自英国经济学家凯恩斯的《就业、利息和货币通论》一书，指的是国家对经济生活的干预。他主张国家采用扩张性的经济政策，通过增加需求促进经济增长。即扩大政府开支，实行财政赤字。现在各国都不同程度地对本国经济进行干预和指导，宏观调控的使用范围很广。

宏观调控主要是运用价格、税收、信贷、汇率等经济手段和法律手段及行政手段，对经济运行状态和经济关系进行干预和调整，把微观经济活动纳入国民经济宏观发展轨道，及时纠正经济运行中偏离宏观目标的倾向，以保证国民经济的持续、快速、协调、健康发展。在中国，宏观调控的主要任务是保持经济总量平衡，抑制通货膨胀，促进重大经济结构优化，实现经济稳定增长。

需要宏观调控的原因主要包括下述各点。

(1) 市场调节不是万能的。有些领域不能让市场来调节，有些领域不能完全依靠市场来调节。

(2) 即使在市场调节可以广泛发挥作用的领域，市场也存在着其固有的弱点和缺陷，包括自发性、盲目性、滞后性。

(3) 宏观调控有利于帮助人们认识市场的弱点和缺陷，保证市场经济健康有序地发展。

宏观调控的主要领域有以下几个方面。

(1) 有关国家整体经济布局及国计民生的重大领域。凡是涉及国家整体经济布局的，就是宏观经济调控要干预的问题。另外，有关国计民生的重大产业，或者涉及社会稳定的重大问题，也是宏观经济调控所要干预的领域。

(2) 容易产生"市场失灵"的经济领域。将宏观经济调控界定在容易产生"市场失灵"的经济领域，体现宏观经济调控的重要作用。

(3) 私人力量不愿意进入的领域。对私人力量不愿意进入的或者单凭私人的力量难以办好的事情，政府需要直接进入或者以适当的方式促成私人进入。

二、宏观调控的目标及意义

宏观调控的主要目标是增加就业、保持物价稳定、促进经济增长、维持国际收支平衡。

(一)增加就业

失业会影响经济发展和人民生活水平的提高，给社会和家庭带来损失。就业是民生之本，是人民改善生活的基本前提和基本途径。

以中国为例，就业的情况如何，关系到人民群众的切身利益，关系到改革发展稳定的大局，关系到全面建设小康社会的宏伟目标，关系到实现全体人民的共同富裕。促进充分就业是中国政府的责任。中国面临严峻的就业形势，一方面劳动供给数量庞大，另一方面劳动力需求有限。因此必须坚持实行促进就业的长期战略和政策，长期将增加就业的宏观调控目标落到实处，并严格控制人口和劳动力增长。为了提高就业弹性，要积极发展劳动密集型产业、第三产业、中小企业、非公有制企业，要大力推进城镇化，加快小城镇建设。

(二)保持物价稳定

在市场经济中，价格具有自发调节引导市场走向的功能，但价格的大幅度波动对经济发展是不利的。如果物价大幅上升和通货膨胀，会刺激盲目投资，重复建设，片面追求数量扩张，经济效益下降；如果物价下降和通货紧缩，则会抑制投资，生产下降，失业增加。对中国的情况进行分析，在当前社会主义市场经济条件下，绝大多数商品和服务的价格由市场决定，但政府可以运用货币等经济手段对价格进行调节，必要时也可以采用某些行政手段(如制止乱涨价、打击价格欺诈)，以保持价格的基本稳定，避免价格的大起大落。控制通货膨胀对经济的不良影响。

(三)促进经济增长

经济增长是经济和社会发展的基础。持续快速的经济增长是实现国家长远战略目标的首要条件，也是提高人民生活水平的首要条件。因此，促进经济增长是宏观调控的最重要的目标。促进经济增长是在调节社会总供给与社会总需求的关系中实现的。因此，为了促进经济增长，政府必须调节社会总供给与社会总需求的关系，使之达到基本平衡。

(四)维持国际收支平衡

国际收支是指一个国家或地区与其他国家或地区之间由于各种交易所引起的货币收付或以货币表示的财产的转移。

一般来说，国家收支失衡对一国经济发展是不利的。尽管各国都比较倾向于国家收支顺差，即出口大于进口，通过资金净流入来促进经济增长，但国家收支顺差和逆差过大对一国经济发展来说都是有不利的一面的，国家收支平衡才是理想状态。当前，美国长期收支逆差严重，债务较高，既包括国内的债务也包括向他国政府发行的国债，且美国财政赤字较高，面临着债务的增长和经济发展迟缓的危机。中国长期国际收支顺差，不但面临美国等国家的投诉和压力，而且自身经济也存在着问题，内需不足，缺乏长期经济增长的动力。

三、宏观调控的手段

国家宏观调控的手段可分为经济手段、法律手段、行政手段和计划指导。经济手段包括财政政策和计划，经济手段有时是政府制定的经济政策；法律手段有时是政府制定的经济法规；行政手段则是政府发布的经济命令。

(一)经济手段

经济手段是指政府在自觉依据和运用价值规律的基础上借助于经济杠杆的调节作用，对国民经济进行宏观调控。经济杠杆是对社会经济活动进行宏观调控的价值形式和价值工具，主要包括价格、税收、金融信贷、工资、财政补贴等。

经济手段中的政策包括税收政策、信贷政策、利率政策、汇率政策、产品购销政策、价格政策、扶贫政策、产业政策等。例如，国家恢复对储蓄存款利息所得征收个人所得税。

(二)法律手段

法律手段是指政府依靠法制力量，通过经济立法和司法，运用经济法规来调节经济关系和经济活动，以实现宏观调控目标的一种手段。通过法律手段可以有效地保护公有财产、个人财产，维护各种所有制经济、各个经济组织和社会成员个人的合法权益；调整各种经济组织之间横向和纵向的关系，以保证经济运行的正常秩序。

法律手段的内容包括经济立法和经济司法两个方面。经济立法主要是由立法机关制定各种经济法规，保护市场主体权益；经济司法主要是由司法机关按照法律规定的制度、程序，对经济案件进行检察和审理的活动，以维护市场秩序，惩罚和制裁经济犯罪。

(三)行政手段

行政手段是指行政机构采取强制性的命令、指示、规定等行政方式来调节经济活动，以实现宏观调控目标的一种手段。如利用工商、商检、卫生检疫、海关等部门禁止或限制某些商品的生产与流通。

行政手段具有权威性、纵向性、无偿性及速效性等特点。社会主义宏观经济调控还不能放弃必要的行政手段。因为计划手段、经济手段的调节功能都有一定的局限性，如计划手段有相对稳定性，不能灵活地调节经济活动；经济手段具有短期性、滞后性和调节后果的不确定性。当计划、经济手段的调节都无效时，就只能采取必要的行政手段。尤其当国民经济重大比例关系失调或社会经济某一领域失控时，运用行政手段调节将能更迅速地扭转失控局面，更快地恢复正常的经济秩序。当然行政手段是短期的非常规的手段，不可滥用，必须在尊重客观经济规律的基础上，从实际出发加以运用。如政府下令关闭污染严重的小煤窑、小油田等。

(四)计划指导

计划指导是指国家的一些大型投资规划，或在某些行业和领域实行配额制度。

国家宏观调控，应该以经济手段和法律手段为主，辅之以必要的行政手段，形成有利于科学发展观的宏观调控体系，充分发挥宏观调控手段的总体功能。

四、宏观调控的政策工具

宏观调控的政策工具很多，各有其独有的功能，可以从需求管理和供给管理两方面来考虑。

需求管理是通过调节总需求实现宏观经济目标的工具，最初由凯恩斯提出。其基本思想：当总需求小于总供给，即经济萧条时期，经济中会存在大量失业，应刺激总需求，实行扩张的经济政策；当总需求大于总供给时，经济由于需求过度处于通货膨胀时期，应该抑制总需求，实行紧缩性的经济政策。其政策工具主要是财政政策和货币政策。

供给管理政策包括：①收入政策，是以控制货币工资增长率为重点的政策，包括工资-物价冻结、工资-物价指导线，税收刺激计划。②指数化政策，是按指数进行调节的政策，包括工资指数化(按价格指数自动调节收入的制度)和税收指数化(按物价上涨指数调整税收征收额的方法)。③劳动力政策，是对劳动力供给起作用的政策，包括人力资源投资、完善劳动力市场、协助劳动力流动。其政策工具包括税收、价格、工资政策等。

第二节　财政政策与货币政策的配合

我们在前面章节已分别对财政政策和货币政策进行了分析，那么本节就来分析对财政与货币政策的组合。

一、财政政策与货币政策配合的必要性

财政政策和货币政策是国家宏观调控经济的两个政策工具，因其在对宏观经济的调控中所具有的不同特点决定了两者配合的必要性。

1. 财政政策与货币政策具有不同的作用机制

财政政策主要是通过财政收支的增减变化，作用于分配领域。市场经济是一种竞争经济、效率经济，竞争的结果往往会造成市场竞争者之间的收益差距。合理的收益差距是提高经济效率的动力，而收益差距悬殊却会抑制人们劳动的积极性，成为引发社会不稳定的

重要因素。财政政策是影响和制约国民收入分配格局的主要手段。通过运用税收、转移支付等财政政策工具,限制收入分配的过分集中,缩小不同阶层、不同地区、不同行业、不同个人之间的收入差距,是实现收入公平分配的重要方式。

货币政策则主要是通过调节和控制货币供给量,作用于流通领域。市场经济条件下,市场机制在资源配置中可以发挥基础性调节作用。货币政策根据市场供求的变化,可以调节和控制货币供给量,影响信贷结构和利率水平,从而引导资金流向效益好的领域。因此,货币政策是优化资源配置、提高经济运行效率的重要工具。

2. 财政政策与货币政策具有不同的功能

财政政策通过税收、财政贴息和政府投资等财政收支安排来改变货币流向,把社会上的一部分资金导向国民经济中的新兴产业、瓶颈产业和支柱产业,通过调节国民经济结构作用于社会需求。

货币政策主要是通过中央银行货币投放和再贷款等政策手段控制基础货币量,通过存款准备金和再贴现等手段控制基础货币乘数,从而有效地控制社会需求。因而,货币政策对经济总量的调节是直接的,但对经济结构的调节作用则因资金运行规律的制约而十分有限。

3. 财政政策与货币政策具有不同的政策时滞

任何一项政策的实施都会存在时滞。但不同的政策又具有长短不同的时滞。时滞通常体现为内部时滞和外部时滞。所谓内部时滞,是指经济现象发生变化,决策者认识到必须采取措施,并且相应的政策措施被付诸实施的过程。在这个过程中,又具体包括认识时滞和决策时滞。所谓外部时滞,是指政策措施开始实施到政策对经济体产生明显影响的过程,也称为效果时滞。内部时滞与决策部门有直接关系,而外部时滞则受经济结构和经济主体行为反应程度的影响。

财政政策与货币政策具有不同的时滞。一般而言,认识时滞是决策者对经济现象的发现与认识过程,这对财政政策与货币政策来说大体一致。

对于决策时滞,财政政策往往较货币政策要长。这是因为,无论是税收相关要素的修正,还是支出或预算的调整都要通过立法机构,经过立法程序严格进行,比较费时;而货币政策是由中央银行控制的,中央银行可以通过公开市场操作业务直接在证券市场上买进或卖出债券,影响货币供给量,因而程序较为简单。

对于外部时滞,则货币政策通常较财政政策要长。这是因为,无论是税收的调整,还是公共支出、转移支付的调整,都会直接作用于经济实体或经济主体的利益分配,进而影响经济运行和人们行为的调整,影响社会总需求;而货币政策在调节货币供给量的基础上,可通过影响利率的变化,进而影响人们的行为选择,而且人们对利率变化的敏感程度也会影响其行为调整的程度。因此,货币政策并不会直接影响社会总需求。

时滞的存在可使财政政策和货币政策的功效降低或变得捉摸不定。在实际运用时,要根据当时所处的不同经济阶段和客观经济环境,在不同的政策之间进行比较,选择更为可行和有效的政策措施。

二、财政政策与货币政策配合的可能性

财政政策和货币政策在宏观调控中存在必然的内在联系,这种联系使二者的协调配合成为可能。

1. 财政政策与货币政策调控的总体目标具有一致性

财政政策与货币政策在对国民经济进行调控的过程中,首先要确定自己的政策目标。但无论是财政政策,还是货币政策,其政策目标的确定必须依据国家既定的经济发展战略和客观经济规律,必须着眼于解决经济发展和社会稳定的关键性问题。

目标确定依据的同一性,使二者在调控的总体目标上也具有某种共性,即通过调节社会总需求和社会总供给,实现经济发展和社会稳定。这种目标的一致性,使中央政府可以集合财政政策和货币政策的合力,实验预期调控目标。相反,如果两大政策目标不统一、不协调,必然造成政策效应的相悖,从而造成宏观经济运行的失控。

2. 财政政策和货币政策调控作用的表现形式都属于货币调控

货币政策通过调节和控制货币供给量作用于经济,自然属于货币调控。财政政策在本质上是通过货币发挥调控作用的。这是因为,财政收入本质上是一种货币的集中,而财政支出本质上是一种货币的运用,二者都是借助于货币的运动进行的,都是货币运动的效应,只不过财政政策与货币政策调节货币的主题和方法不同而已。这样,财政政策和货币政策可以形成一种互补,通过共同对货币的调节和控制,使调控力度得到加强。

三、财政政策与货币政策协调配合的模式

财政政策与货币政策在当今世界采用市场经济为主体经济组织形式的社会中,是政府调节社会经济、促进社会全面进步的两大经济调控手段,是自 20 世纪 30 年代世界经济大萧条以来,国家干预经济最有效的两种方式。下面我们从一般理论意义上对财政政策与货币政策的合理搭配作一简单分析。一般而言,二者的协调方式可以分为 3 种模式。

(一)"同向"配合模式

"同向"配合模式是指财政政策与货币政策调节的方向相同,同时采用扩张性政策或同时采用紧缩性政策。下面分别进行介绍。

1. "双松"配合模式

"双松"配合模式是指同时采用扩张性的财政政策和扩张性的货币政策,也称为扩张性的配合模式。在经济出现通货紧缩,供给过剩,有效需求严重不足时,可以采用"双松"的政策搭配,以此刺激投资和消费,扩大总需求,从而达到促进经济增长的目的。

扩张性财政政策主要通过减免税收或增加出口退税,刺激民间投资和消费或出口;或者直接扩大政府的投资和消费需求,甚至可以采用赤字政策,达到扩大需求、拉动经济的

目的。扩张性货币政策主要是通过放松银根,增加货币供给量;或降低贷款利率和法定准备金率,扩大信贷规模,以刺激社会的总需求,推动经济快速发展。

采用"双松"配合模式,可以起到对经济及时、有效的刺激作用,政策效果较为明显。但采用扩张性的货币政策,必须防止通货膨胀的发生,如果引起物价上涨,导致严重的通货膨胀将不利于经济的稳定和人民生活水平的提高。过度扩张的财政政策也容易引发债务危机和赤字风险。

2. "双紧"配合模式

"双紧"配合模式是指同时采用紧缩性的财政政策和紧缩性的货币政策,也称紧缩性的配合模式。在经济出现恶性通货膨胀,供给严重不足,有效需求过热时,可以采用"双紧"配合模式,以此抑制投资和消费需求,从而达到稳定经济的目的。紧缩性财政政策主要是通过增加税收,压缩政府支出,以此抑制民间投资和消费需求及出口需求,达到抑制总需求、稳定经济的目的。紧缩性货币政策主要是通过收缩银根,减少货币供应量;或提高贷款利率和法定准备金率,控制信贷规模等方式实现稳定经济的目标。

采用"双紧"配合模式,对过热经济的降温是非常及时、有效的,政策效果明显。但是,过紧的财政政策所形成的财政盈余和过紧的货币政策所形成的资金闲置都可能导致经济萎缩。

"双松"配合模式和"双紧"配合模式都是财政政策和货币政策按同一方向操作,政策效果显著,但作用力度很大,容易造成经济的大起大落和社会资源的大量浪费,所以在实施中一定要把握好"度",要适度而行。

(二)"逆向"配合模式

1. "松财政紧货币"配合模式

"松财政紧货币"配合模式是指扩张性的财政政策与紧缩性的货币政策配合实施的模式。这种模式是在银行严格控制货币供给量的同时,适当扩大财政支出。中央银行采取从紧的政策,严格控制货币供给;同时,财政政策则采取减税或增支等较为宽松的措施,充分发挥财政支出定向供给货币的功能,将资金投向国民经济发展的薄弱环节,促进经济结构的优化。因此,这种政策组合可以在控制货币供给量的同时着重解决经济结构的失衡问题。

2. "紧财政松货币"配合模式

"紧财政松货币"配合模式是指紧缩性的财政政策与扩张性的货币政策配合实施的模式。这种模式是在严格控制财政支出,保持财政收支基本平衡的同时,中央银行则根据经济发展的需求,采取适当松动的货币政策,扩大信贷规模,增加货币供给量,并适当控制货币的流向,以提高资金的使用效率。这种模式主要用于存在一定财政赤字,而经济中投资不足、生产能力过剩、资源利用率较低的情况,通过适度扩张的货币政策,可以提高经济运行效率。

(三)中性配合模式

中性配合模式主要体现为中性财政政策与中性货币政策协调配合。当社会总供求大体平衡，经济中没有运行效率低下或结构严重失衡的突出问题时，采用中性财政政策，可以保持财政收支平衡并略有节余，同时，使货币供给量的增长与经济增长相适应，以此实现经济的稳定协调发展。

第三节 中国的宏观调控

中国政府的宏观调控在不同时期采用了不同的政策手段，财政政策和货币政策的运用在前面章节中已经介绍过了。最近几年中国宏观调控的目标都是既要保增长又要防通胀，继续实施积极的财政政策和稳健的货币政策。一方面，由于外部环境还没发生大的变化，因此要保持政策的连续性、稳定性，避免出现宏观政策的急速转向和过激调整，导致宏观经济运行出现大起大落；另一方面要密切跟踪分析国际国内经济环境各方面的变化，加强预测，增强调控的针对性、灵活性、前瞻性，及时采取必要应对措施进行微调。要坚持以市场调节为主，政府调节为辅，政府调节紧跟经济形势变化和经济发展中出现的问题。

【阅读资料】

改革开放以来中国宏观经济政策调整的实践演变

中国宏观经济管理大致是从1978年以后开始的。1978年以前，中国实行的是单一的计划经济体制，其间政府主要依靠行政和计划手段来实现经济管理，虽然财政、信贷手段是政府调控经济的重要工具，但并没有形成真正的财政、货币政策。改革开放以来，中国宏观经济出现了几次比较明显的大幅波动运行，与中国经济大幅波动相伴随的是历届中央政府对经济的宏观调控政策实践。

从改革开放至今，中国宏观经济政策调整一共经历了8次宏观调控实践，其中7次是反通胀的紧缩性调控，1次是反通缩的扩张性调控。通过对财政、货币政策进行组合来实现调控。按时间顺序排列，主要包括以下几个时期。

1. 1979—1981年的宏观调控：刹住"一拥而上"

1978年，中国开始实行改革开放政策，中共十一届三中全会提出，党的工作重心转移到了社会主义现代化建设。全社会迸发出极大的建设热情，各地一拥而上，宏观经济出现过热现象，1978年经济增长率高达11.7%，产品供不应求，投资出现过热现象，消费品价格上涨。

当时宏观经济运行突出表现在宏观经济运行增速迅猛、投资规模猛增、财政支出加大导致出现较严重的财政赤字、盲目扩大进口导致外贸赤字，外汇储备迅速地接近于零。1979—1980年物价出现了明显上涨，其中1980年通胀达到6%，这就是第一轮的经济过热。

1979年3月，李先念、陈云就财经工作写信给中共中央，明确提出，现在国民经济比例失调相当严重，要有两三年的调整时期。同月，中央政治局会议决定，用3年时间进行国民经济调整。4月，召开了专门讨论经济问题的中央工作会议，正式提出用3年时间对整个国民经济进行调整,实行新八字方针,即"调整、改革、整顿、提高"。

然而,在1979年、1980年两年中,从中央到地方对调整的认识并不统一,贯彻执行不力,基建总规模并没有降下来,地方和企业财权扩大后盲目上项目,财政大量赤字,货币发行过多。为此,1980年12月,中共中央再次召开工作会议,决定在经过1979年和1980年两年调整之后,1981年对国民经济进行进一步的大调整。至此,改革开放以来的第一次宏观调控得以有效实施。

当时采取的主要调控措施有解放思想,搞好综合平衡;注意正确处理积累与消费的比例关系;缩短基本建设战线,严格控制新项目上马;加强物价管理,坚决制止乱涨价;扩大企业自主权,让企业办更多的事情。国务院在1980年12月发出了《关于严格控制物价、整顿议价的通知》,对通货膨胀进行治理。这些宏观调控措施抑制了总需求与通货膨胀,使1981年经济增长率很快回落到正常的水平,1981年GDP增速只有5.2%,比上年回落2.6个百分点。

2. 1985—1986年的宏观调控:抑制信贷、消费的急剧扩张和高通胀

1984—1985年,随着农村改革的成功和改革向城市的推进,基建规模、社会消费需求、货币信贷投放急剧扩张,宏观经济出现了过热现象。1984年,中国决定把预算内基本建设投资由财政拨款改为银行贷款,并把部分投资项目的审批权下放,即"拨改贷"。在基本建设投资由拨款改为贷款后,便发生了银行竞发贷款、基本建设规模迅速扩大、货币发行失控、工资奖金增长过快、社会消费需求膨胀的情况。1984年GDP增长率达到15.2%,为新中国成立以来最高,当年通货膨胀率高达9.3%。

为了抑制经济过热而出现的高通胀,当时采取了控制固定资产投资规模,加强物价管理和监督检查,全面进行信贷检查等一系列措施。这一期间,人民银行已开始行使中央银行的职能。1984年11月,国务院发出了《关于严格控制财政支出和大力组织货币回笼的紧急通知》,要求各地各部门严格控制财政支出,控制信贷投放。1985年的《政府工作报告》提出,加强和完善宏观经济的有效控制和管理,坚决防止盲目追求和攀比增长速度的现象。同时在中共中央、国务院的部署下出台了一系列宏观调控措施,包括1985年4月的《关于控制固定资产投资规模的通知》,1985年4月国务院批转人民银行的《关于控制1985年贷款规模的若干规定》,7月国办的《关于加强银行金融信贷管理工作的通知》,10月《关于全面开展信贷检查的报告》。

但1985年这一年经济过热局面并没有控制住,许多地方和单位仍在盲目上项目、铺摊子。为此,1986年3月通过的"七五"计划,分为前两年和后三年两个阶段。前两年进行调整,着重解决固定资产投资规模过大、消费基金增长过猛的问题。

然而,在1986年第一季度工业生产增长速度回落之后,许多人认为经济增长出现滑坡,强烈要求放松银根,刺激经济增长。加之1986年是"七五"计划的第一年,各地加快发展的积极性很高。在各种压力之下,原计划用3年时间进行调整的计划没有得以继续,所以1986年进行的宏观调控仍潜伏着进一步引发新的过热的可能。虽然1985年实施了"双紧"式宏观调控——实施紧的货币政策和紧的财政政策,并采取了一系列调控措施,宏观调控的思路开始形成,使1986年经济增长率下降到8.8%,通货膨胀率下降到6.2%,经济形势有所缓和,但经济增速和物价涨幅仍然较高,经济再次膨胀和过热的风险并未根本消除。

3. 1989—1990 年的宏观调控：治理整顿，实现经济"硬着陆"

从 1979 年到 1988 年，由于实行改革开放，长期被压抑的潜在生产力获得了解放，中国经济实现了近 10 年的快速增长，但经济增长中积累的不协调、不平衡因素也越来越多。1989—1990 年出现改革开放以来的第三个物价高峰，1988 年投资率为 37.4%；经济过热，经济增长率为 11.3%；进口增加，外贸赤字为 77.5 亿美元。

1988 年年初，在大量商品供不应求、通货膨胀率客观上还比较高的条件下，政府过早地作出决定，要进行全面的价格改革"闯关"。1988 年 8 月，中共中央政治局会议讨论并通过了《关于价格、工资改革的初步方案》。对极少数重要商品的价格继续由国家宏观控制，并进行适时适度的调整；绝大多数商品价格完全放开，由市场调节。接着又放开了高价烟、酒的价格，市场销售价一举提高了好几倍甚至十倍以上，社会商品零售物价指数也上升到了两位数，出现改革开放以来的第三个物价高峰。而当时的银行一年期储蓄存款利率只有 7.2%，商品价格指数与银行利率明显倒挂，很快就出现了全国性的商品抢购风潮。与此同时，尽管当时国家预算内的基本建设投资得到一定控制，但预算外投资规模的膨胀远远没有控制住，而且愈演愈烈。伴随抢购风潮的是银行存款挤兑风潮，1988 年 8 月在新中国成立以来第一次发生储蓄存款净下降，8 月城乡储蓄存款减少 26.1 亿元。其中定期存款减少 27.8 亿元，活期存款增加 1.7 亿元，1988 年通货膨胀率达到了 18.8%。

在此情形下，中央紧急作出"治理经济环境、整顿经济秩序"的决定，坚决进行宏观调控，全面压缩需求，控制物价。1989 年 11 月，中共十三届五中全会通过《中共中央关于进一步治理整顿和深化改革的决定》，进一步提出用 3 年或者更长时间基本完成治理整顿任务。至此，改革开放以来的第三次宏观调控才得以有效实施。

历时 3 年的"治理整顿"，其中对经济过热和通货膨胀的调控主要集中于 1988 年和 1989 年两年，调控措施主要集中于以下几个方面：一是加强对物价的调控。国务院发出《关于做好当前物价工作和稳定市场的紧急通知》，明确提出 1988 年下半年不出台新的涨价措施，后又发布规定对加强物价管理提出了具体要求。二是加强信贷控制、提高银行储蓄利率。1988 年 7 月，中国人民银行发出《关于进一步加强宏观调控，严格信贷资金管理的通知》，将法定存款准备金从 12%提高到 13%，并从 9 月起开办人民币长期保值储蓄存款业务。随后，9 月 1 日和次年 2 月两次提高利率，将银行储蓄存款利率由 6%提高到 9.45%。此外，政府还颁布了压缩社会集团购买力、压缩基建规模、清理整顿各类公司、制定国家产业政策等各项调控措施。

由于这次经济失控的范围宽、来势猛、影响大，因而调控的步伐也就比较急，采取的措施与力度也比较大。可以说基本上是用行政命令的方法进行"急刹车"，并采取强硬的宏观调控政策抑制总需求——坚持执行紧缩信贷的方针和紧缩的财政政策，从而迅速地抑制了增长和通货膨胀，仅仅经过不到 1 年时间，经济就重新达到了基本平衡，经济实现了"硬着陆"。中国经济在 1989 年、1990 年陷入了低迷时期，经济增速分别只有 4.1%和 3.8%，1990 年商品零售价格指数增长率急剧下降到 2.1%，新中国成立后第一次真正出现了买方市场和生产能力过剩。

本次宏观调控的措施效果虽然非常明显，但是由于此次调控"一刀切"的现象比较普遍，刹车过猛，因而存在着某些不足：宏观调控不够适时和适度，即动手调控的时间偏晚，力度偏大。

4. 1993—1997年的宏观调控：抑制投资和通货膨胀，实现经济"软着陆"

1992年1~2月，邓小平南巡讲话为中国大地带来了一股春风，经济开始迅速高涨，1992年上半年GDP增长10.6%，结束了1991年的平稳增长，步入高速增长时期。当年GDP增长率达到14.2%，CPI从上年的3.4%提高到6.4%，固定资产投资同比增长了44.4%，实际利用外资增长62.7%。到1993年，全国出现了几千个开发区，固定资产投资同比上升近1倍。当时的经济出现了"四热、四高、四紧、一乱"现象，经济又出现了明显过热。通货膨胀率在1993年和1994年分别达到13.2%和21.7%，成为物价上涨的第四个高峰。

1993年6月，国务院发布《关于当前经济情况和加强宏观调控的意见》，采取16条措施，正式开始了以整顿金融秩序为重点、治理通货膨胀为首要任务的宏观调控。这次调控主要是运用信贷、税收等经济办法，将经济过热的局面缓缓扭转过来。重点虽然还是控制基建投资，但主要不是直接压缩投资和具体项目，而是严格控制银行信贷规模和开征高额的投资方向调节税。在此前提下，具体压什么、压多少，主要由各部门、各地方自行决策，以达到既压缩建设规模、又提高建设效果的双重目的。这一期间，财政、货币政策实行的是"双紧"配合，财政政策方面结合分税制改革，货币政策方面严格控制信贷规模，大幅提高存贷款利率。

经过近3年的努力，1996年终于成功实现经济"软着陆"，经济基本上恢复了平衡，而且经济增长速度没有大幅度下滑，增长幅度回落到9.6%，通货膨胀率降到6.1%。1997年进一步巩固"软着陆"的成果，实现了"高增长、低通胀"。

此次宏观调控显然比前一次更成功，但也有所不足：虽然较好地做到了适时、适度，但没有做到适可而止，调控的时间拖长了一些。从当时经济的总体形势看，到1995年下半年，调控实际已基本到位。从1996年开始，理应适当调整宏观经济政策，适度放松，增加一些基本建设投资，以扩大就业和适当增加居民消费需求。但当时并没有作这样的调整，而是继续从紧。1997年下半年，东南亚金融危机使中国的外贸出口受到很大的影响，加上国内遭遇百年不遇的特大洪涝灾害，使经济存在振荡衰退、大幅下滑的危险，市场销售不畅进一步加剧，经济开始从过去的通货膨胀变成了通货紧缩，物价指数绝对下降。一直到2003年，物价指数才从绝对下降转为基本持平。

5. 1998—2003年的宏观调控：治理通货紧缩，扩大内需

1997年爆发东南亚金融危机，从1998年开始，由于金融危机的影响，加上国内供求关系逐步由卖方市场转向买方市场，通货紧缩与有效需求不足的问题成为主要矛盾。1998年CPI首次为负，达到-0.8%，这是改革开放以来国内第一次经历通货紧缩。

因而宏观调控政策由"适度从紧""稳中求进"转向了"扩大内需"的积极财政政策和稳健的货币政策。1998年开始提出实施积极的财政政策，发行长期建设国债，刺激内需。1998年到2003年共发行了9100亿建设国债。1998年1月1日，央行取消了商业银行的贷款限额控制，1998年3月又将法定存款准备金率从13%下降到了8%，1999年再次下调到6%。同时，从1998年到1999年三次扩大贷款利率的浮动幅度；1998年到2002年间5次下调存贷款基准利率；1999年9月开征利息税，消费政策方面变限制消费为鼓励消费。2002年，中央明确提出要"促进国民经济持续快速健康发展"。

经过 5 年多积极财政政策与稳健货币政策的实施，内需开始启动，中国经济开始逐步走出通货紧缩。这一期间，中国于 2001 年加入了世贸组织，中国经济开始更多地融入了经济全球化的浪潮。进入 2003 年，伴随世界经济尤其是美国经济的全面复苏，中国经济在消费升级、世界工厂、城镇化进程加快、政府换届等多重因素的共同作用下，全面提速，走出通货紧缩，进入新一轮增长周期。

本次宏观调控实施"积极的财政政策"和"稳健的货币政策"，这样的政策组合在通货紧缩、经济景气度较低的情况下，保证了中国经济增长速度保持在平稳较高的水平。

6. 2004—2007 年的宏观调控："双稳健"，保持宏观经济总量平衡

2003—2004 年经济高速增长，经济增长率分别达到 10% 和 10.1%；消费物价涨幅为 1.2% 和 3.9%。在经济高速增长的同时，出现了信贷规模增长偏快、固定资产投资规模偏大、上游原材料价格大幅上涨、煤电油运等资源瓶颈日益紧张的经济过热迹象；同时，由于人民币升值预期的不断升温，大量国际热钱不断流入，通货膨胀压力逐渐加大，并助推了上海、杭州等地的房地产泡沫。

2004 年年初，国务院明确提出通过加强和改善宏观调控、实行"有保有压"的政策来抑制钢铁、电解铝、水泥等过热行业的盲目扩张，通过管住土地和信贷"两个闸门"来抑制经济过热、投资过热。中国人民银行于 2004 年 3 月宣布提高再贷款利率并实行再贷款浮息制度，4 月上调准备金利率 0.5 个百分点，10 月上调存贷款基准利率 0.27 个百分点，同时允许贷款利率打开上限。随着部分城市房地产价格的过快上涨和房地产泡沫的愈演愈烈，2005 年两会期间，《政府工作报告》明确提出宏观调控的重点是控制房地产价格的过快上涨，2005 年 3 月，中国人民银行宣布调整商业银行住房信贷政策，取消住房贷款优惠利率，提高按揭贷款首付比例。7 月，中国人民银行将美元兑换人民币交易价格上调 2%，为 1 美元兑 8.11 元人民币，并出台一系列改革和完善人民币汇率形成机制的相关政策及措施。2005 年，中央提出"实现经济社会又快又好的发展"。2006 年，中央进一步明确提出"要努力实现国民经济又好又快发展"。2007 年，中共十七大将"经济增长方式"改称为"经济发展方式"，把加快转变经济发展方式、完善社会主义市场经济作为实现未来经济发展目标的关键，提出了促进经济增长的"三个转变"。2007 年，货币政策综合运用汇率、利率、存款准备金率、公开市场业务、定向票据等手段，加强本外币政策的协调和银行体系流动性管理，在稳健中略显紧缩。本次宏观调控政策一个很重要的特点就是货币政策尤其是公开市场操作发挥了重要的作用。

随着一系列政策措施的实施，本次宏观调控逐步取得明显成效，信贷和投资增速逐步减缓，物价涨幅也高位回落。但经济运行中仍然存在固定资产投资规模偏大、煤电油运紧张状况尚未有效缓解等问题。

本次宏观调控，政府实施"双稳健"的财政货币政策，在总体上既不盲目放松调控力度，也不轻易紧缩调控力度，保持宏观经济总量平衡。在时机上，本次宏观调控动手比较早，在出现经济局部过热、尚未形成全面过热的情况下就开始了。力度比较适中，即使对重点调控领域也没有采取"一刀切""急刹车"的办法一律加以控制，而是"有保有压"，区别不同情况加以不同对待。措施范围也比较适当，不是不加区别地全面收紧，而是主要把住把好土地和资金供应两个重要"闸门"。特别是对调控延续的时间掌握比较准确，即在形势基本稳定下来以后，就在内部明确"宏观调控已经基本到位，一般可以不再采取激烈的措施了"。可以说，本次宏观调控的效果比以往任何一次都要好，基本上做到了适时、适度与适可而止，从而取得了比较全面的成功，积累了非常宝贵的经验。

7. 2008年的宏观调控：由"双防"到"一保一控"，从"稳健"转为"积极"，"从紧"转为"适度宽松"

2007年夏，美国次贷危机爆发，引发了历史上罕见的国际金融危机。从2007年下半年到2008年上半年，美国次贷危机开始对中国经济造成一定的不利影响。同时，2007年中国国内的社会固定资产投资同比增长24.8%，进出口总额同比增长23.5%，物价上涨压力很大，全年涨幅达到4.8%。解决过热和通胀趋势，成为中国经济工作面临的首要任务。

在分析国内外形势的基础上，2007年12月，中央经济工作会议确定了"控总量、稳物价、调结构、促平衡"12字方针。2008年3月十一届全国人大一次会议，对2008年中国经济的发展作出总体部署：在总的要求上，由2006年的"又好又快"进一步明确为"稳中求进""好字优先"；在宏观经济政策上，重点是"防止经济增长由偏快转为过热、防止价格由结构性上涨演变为明显通胀"（即"双防"）；继续实施稳健的财政政策，将货币政策由"稳健"转变为"从紧"。这是中国10年来首次提出"从紧"的货币政策，至此，已实施10年的"稳健"货币政策行将结束。

2008年年中，美国次贷危机的影响进一步扩散，世界经济增长明显放缓。危机对中国经济的不利影响开始有所显现，国内经济运行中存在的一些矛盾和问题更加凸显：物价出现大幅攀升，通货膨胀加剧。据统计，2008年上半年CPI上涨7.9%，PPI同比上涨7.6%，出口增速则回落5.7%。

依据对国内外经济形势的综合分析和判断，2008年7月，中共中央政治局会议提出，把"保持经济平稳较快发展、控制物价过快上涨"（即"一保一控"）作为下半年宏观调控的首要任务，把抑制通货膨胀放在突出位置。由"双防"到"一保一控"，这是2008年中国宏观经济政策的第一次重大调整。这次调整，把解决国内经济运行中的突出问题与有针对性地采取应对危机的措施结合起来，避免经济出现大的起落，为进一步应对危机的严重冲击打下了基础。

2008年9月，美国次贷危机发展为国际金融危机，全球实体经济增速大幅下滑，国际经济形势急转直下。中国经济发展遇到的困难日益显现，2008年第三季度中国的GDP增长率只有9%，经济明显放缓。中国面临着经济增长趋缓和就业形势严峻的双重压力。

基于对国内外形势的冷静分析和准确判断，2008年10月，中央决定再次对宏观经济政策进行重大调整，果断地把宏观调控的着力点转到防止经济增速过快下滑上来，财政政策从"稳健"转为"积极"，货币政策从"从紧"转为"适度宽松"，即实施积极的财政政策和适度宽松的货币政策，要求采取一系列进一步扩大内需、促进经济平稳较快发展的重大举措。这是2008年中国宏观经济政策的第二次重大调整。2008年9月中下旬，中国人民银行开始分别下调人民币贷款基准利率和存款准备金率，旨在增加市场流动性。10月后，中国政府应对危机的"组合拳"频频推出，其中力度最大、最为国内外关注的是"4万亿经济刺激计划"。11月，国务院常务会议决定采取进一步扩大内需、促进经济增长的10项措施，包括加快建设保障性安居工程、农村基础设施、铁路公路和机场等重大基础设施等。这次实施的积极财政政策的特点充分体现着更重视民生，渗透着以人为本的科学理念。

2008年,在危机对中国实体经济的冲击尚未显现的情况下,中共中央一再强调树立忧患意识、做好应对危机的预案,为中国应对危机的严重冲击赢得了时间,争取了主动。中央政府灵活果断地调整宏观经济政策,及时采取一系列促进经济平稳较快发展的重大举措,充分显示了积极应对危机严峻挑战、驾驭经济社会发展复杂局面的能力。宏观经济政策的两次重大调整,两者比较,第一次调整是宏观调控的节奏和力度上的调整,着力点在于解决中国经济运行中的突出问题;第二次调整则是宏观调控的方向和政策重点上的调整,着力点转为应对国际金融危机的严重冲击。总之,2008年的宏观调控措施保证了经济的可持续发展和大局的稳定。

8. 2009年的宏观调控:保增长、扩内需、调结构

2009年是进入21世纪以来中国经济发展最为困难的一年。虽然由于一系列应对举措的迅速实施,中国国内经济运行开始出现某些积极迹象,但总体来说,实体经济受危机的冲击仍很严重,经济增长的下行压力仍在明显加大。

早在2008年11月底,基于对国际金融危机尚未见底、对中国经济的不利影响将更加明显的形势判断,中央政治局会议就提出,把保持经济平稳较快发展作为2009年经济工作的首要任务,宏观政策基调确定为"保增长、扩内需"。2008年12月上旬召开的中央经济工作会议进一步明确了"保增长"的目标,提出2009年经济工作要以"保增长、扩内需、调结构"为主要任务,经济增长预期目标确定为8%左右。

2009年的前几个月,按照中共中央的决策和部署,中国在宏观经济层面上继续实施积极的财政政策和适度宽松的货币政策,并对应对举措进行配套和完善,逐步形成一个应对金融危机、保持经济平稳较快发展的比较系统完整的应对方案,被称为"一揽子计划"。主要包含互相联系、不可分割的四个方面:一是大规模的政府投入和结构性减税(除4万亿元投资计划外,减税计划主要是全面实施增值税转型,出台中小企业、房地产交易相关税收优惠政策等措施,取消和停止100项行政事业性收费);二是大范围的产业调整和振兴规划(涉及十大关系国计民生的重大行业);三是大力度的科技支撑(计划在两年内投入1000亿元,加快推进科技专项规划);四是大幅度提高社会保障水平(提高企业退休人员基本养老金、提高失业保险金、提高城乡低保及推进医疗卫生体制改革等)。这一计划具有标本兼治、远近结合的特点,既是保增长、保民生、保稳定的应急之举,也是推动中国经济实现科学发展、和谐发展的长远之策。它充分体现了中共中央始终坚持把应对危机与中国经济转型、长远发展相结合的这一重要思想。此后,"一揽子计划"在实施过程中,根据形势的变化不断得到充实和完善。

到2009年年中,"一揽子计划"的政策效应逐步显现,中国经济运行中的积极因素增多,企稳向好的势头日趋明显。由此,自2008年年末以来,凭借"一揽子计划"刺激方案,中国经济在全球各国中率先复苏。宏观经济政策在保增长取得显著成效后,中国正在谨慎地将长期经济发展方式的转变与短期刺激计划结合起来。经济刺激计划是"危机管理"的成功,接下来,中国经济将从"救急"转向"调养"阶段。为此,2009年12月中央经济工作会议对2010年的中国宏观经济工作作出了全面部署,明确提出,要保持宏观经济政策的连续性和稳定性,继续实施积极的财政政策和适度宽松的货币政策。会议为2010年中国经济发展定下基调:在中国经济企稳向好之际,2010年经济增长将重点在"促进发展方式转变上下工夫"。

从2009年"保增长"为首要任务，到2010年"促转变"为发展重点，中国宏观经济政策思路的调整，凸显中国在应对危机中力求经济可持续发展的决心。根据2009年12月中央经济工作会议精神，2010年中国的经济增长将更注重质量、更加注重结构调整，而不只是注重速度，这是2009—2010年经济增长最大的不同之处。由于2009年经济形势的特殊性，使投资增幅达到了历史高位，2010年的任务发生了变化，追求"稳中发展"，加大了对经济社会薄弱环节、就业、战略性新兴产业、产业转移等方面的支持。"调结构、促消费"是2010年中国的经济两大主题。

综上所述，改革开放以来中国宏观经济政策调整实践的演变，大致可以划分为两个阶段。1978—1991年是对传统计划经济旧体制的改革阶段，中国处于短缺经济状态，宏观经济政策调整的主要任务是治理通货膨胀，虽然采用的主要是行政手段和计划调控，但逐步引入财政、货币政策的概念和做法。1992年至今，政府的宏观经济政策调整由原来的以直接的行政和计划手段为主，转向以经济、法律等间接手段为主，辅之以必要的行政、政府投资等直接手段，财政、货币政策所起的作用越来越大。随着中国经济运行环境和条件不断变化，政府对宏观经济政策的调整越来越多地采用经济手段，逐渐实施了真正的一般意义上的财政、货币政策，并将逐步形成具有中国特色的复合型宏观调控体系，即以经济手段为主，行政手段为辅，财政、货币政策将与产业、贸易、收入分配、土地、节能环保政策密切配合，宏观调控与微观规制将呈现良性互动。

(资料来源：钟瑛. 第十届国史学术年会论文集，http://www.iccs.cn/contents/401/11645.html，2010-11-18.)

1978年以来的中国财政货币政策组合

时 间	财政政策	货币政策
1978—1981	运用行政和计划手段对经济进行整顿	
1985—1989	紧缩	紧缩
1990—1992	宽松	宽松
1993—1997	适度从紧	适度从紧
1998—2003	积极	稳健
2004—2007	稳健	稳健
2008	稳健→积极	从紧→适度宽松
2009—2010	积极	适度宽松
2011至今	积极	稳健

(资料来源：钟瑛. 第十届国史学术年会论文集，http://www.iccs.cn/contents/401/11645.html，2010-11-18，并参考最新的网页资料整理而成.)

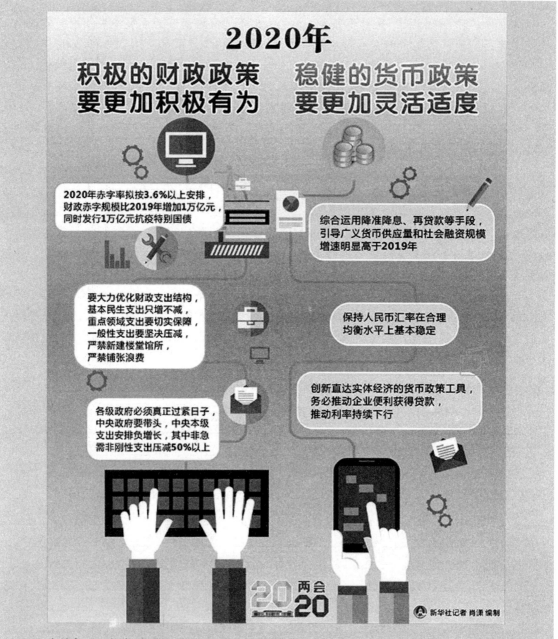

(资料来源:肖潇.新华社,http://www.gov.cn/xinwen/2020-05/22/content_5513839.htm,2020-5-22.)

【阅读资料】

2020年中国继续实施积极财政政策和稳健货币政策

中新社北京12月12日电 中央经济工作会议12月10日至12日在北京举行。会议定调2020年中国经济工作,明确继续实施积极的财政政策和稳健的货币政策。

这是自2011年以来中国连续第十年实施这一政策组合。

会议指出,积极的财政政策要大力提质增效,更加注重结构调整,坚决压缩一般性支出,做好重点领域保障,支持基层保工资、保运转、保基本民生。稳健的货币政策要灵活适度,保持流动性合理充裕,货币信贷、社会融资规模增长同经济发展相适应,降低社会融资成本。要深化金融供给侧结构性改革,疏通货币政策传导机制,增加制造业中长期融资,更好缓解民营和中小微企业融资难、融资贵问题。

会议还强调,财政政策、货币政策要同消费、投资、就业、产业、区域等政策形成合力,引导资金投向供需共同受益、具有乘数效应的先进制造、民生建设、基础设施短板等领域,促进产业和消费"双升级"。要充分挖掘超大规模市场优势,发挥消费的基础作用和投资的关键作用。

(资料来源:中国新闻网,http://news.china.com.cn/live/2019-12/12/content_632328.htm,2019-12-12。)

本 章 小 结

宏观调控是政府应对"市场失灵"的重要手段,财政政策和货币政策的组合构成了宏观调控的主要手段。本章对财政政策和货币政策组合进行详尽的介绍,包括财政政策与货币政策组合的必要性、可能性及配合的模式。首先对宏观调控进行概述,包括宏观调控的含义、起源及原因,宏观调控的目标、意义、手段及工具,最后对中国的宏观调控进行了分析。

课 后 习 题

一、名词解释

宏观调控　宏观调控手段

二、简答题

1. 简述财政政策与货币政策应如何组合运用?
2. 简述宏观调控政策有哪些手段?

三、案例分析题

2019年我国宏观调控政策取向判断

不久前召开的中央经济工作会议,深入分析当前经济形势,全面部署2019年经济工作,提出了"巩固、增强、提升、畅通"的八字方针,为我们坚定信心、深化认识,做好2019年经济工作指航定向。2019年是新中国成立70周年,也是全面建成小康社会关键之年,经济工作任务十分繁重。我们要按照中央的要求和部署,全面分析内外部环境的深刻变化,科学把握重要战略机遇新内涵,沉着应对各种风险与挑战,加快我国经济高质量发展步伐,为全面建成小康社会收官打下决定性基础。

当前我国经济形势基本稳定

2018年，面对严峻的国际形势和国内艰巨的改革发展任务，我们按照高质量发展总要求、以深化供给侧结构性改革为主线，打好三大攻坚战，统筹推进稳增长、促改革、调结构、惠民生、防风险各项工作，国民经济运行总体平稳、稳中有进。

一是经济基本维持在合理区间。2018年前三季度，我国国内生产总值同比增长6.7%。2018年1月至11月，规模以上工业增加值增长6.3%。物价走势温和适中，居民消费价格上涨2.1%。生产领域价格总体平稳，工业价格和居民消费价格剪刀差收窄。就业规模持续扩大，到2018年11月末，全国城镇新增就业1293万人，提前完成全年目标。全国城镇调查失业率稳中有降，维持在5%左右。国际收支基本平衡，中美贸易摩擦对出口和外资的影响还没有显现。

二是经济结构持续优化。第三产业比重不断提高，对经济增长的拉动作用不断增强。2018年前三季度，三次产业增加值占GDP的比重分别为6.5%、40.4%和53.1%，第二产业和第三产业比重分别提高0.2个和0.3个百分点。消费对我国经济增长的拉动作用进一步增强，需求结构不断改善。虽然基建投资明显回落，但制造业、房地产、民间投资稳定，服务消费需求旺盛，2018年前三季度，最终消费支出对GDP增长的贡献率为78.0%，比2017年同期提高14.0个百分点。居民收入增长与经济增长同步，城乡居民收入差距缩小，2018年前三季度，全国居民人均可支配收入同比实际增长6.6%，与经济增长基本同步。

三是新增长动能有所提升。高技术产业、装备制造业、战略性新兴产业增加值增长速度明显高于整个规模以上工业。新能源汽车、光纤、智能电视等新产品产量保持较快增长。服务业中的战略性新兴服务业、高技术服务业营业收入快于全部规模以上服务业。与居民消费升级相关的养老、医疗、旅游休闲、文化娱乐等服务行业供给水平提高。咨询、物流、信息、商务服务业快速发展，信息传输、软件和信息技术服务业势头较好。

四是经济效益和质量有所提高。产能利用率保持稳定。2018年前三季度，全国工业产能利用率为76.6%，与2017年同期持平。规模以上工业企业实现利润同比增长14.7%，大大高于企业销售收入增速。杠杆率降低。2018年11月末，规模以上工业企业资产负债率为56.8%，同比下降0.4个百分点。节能降耗扎实推进，能源消费结构继续优化，2018年前三季度，全国能源消费总量同比增长3.4%，天然气、水电、核电、风电等清洁能源消费占能源消费总量比重比2017年同期提高1.3个百分点，单位GDP能耗同比下降3.1%。

需要注意的是，在经济平稳运行的同时，我国也出现了民营企业困难增加、基建投资回落过快等问题，国际经济形势较为严峻，中美经贸摩擦不确定性明显上升，经济运行稳中有变、变中有忧。这些问题和挑战值得引起我们高度重视。

2019年我国宏观调控政策取向

针对我国经济存在的矛盾和问题，中央经济工作会议提出了2019年我国经济发展目标、政策和主要工作。我们要坚持稳中求进工作总基调，坚持以供给侧结构性改革为主线，坚持深化市场化改革、扩大高水平开放，着力激发微观主体活力，创新和完善宏观调控，统筹推进稳增长、促改革、调结构、惠民生、防风险工作，进一步稳就业、稳金融、稳外贸、稳外资、稳投资、稳预期，提振市场信心，保持经济运行在合理区间。

第一，宏观政策要强化逆周期调节。继续实施积极的财政政策和稳健的货币政策，适时预调微调，稳定总需求。积极的财政政策要加力提效，实施更大规模的减税降费，较大幅度增加地方政府专项债券规模。稳健的货币政策要松紧适度，保持流动性合理充裕。改善货币政策传导机制，提高直接融资比重，解决好民营企业和小微企业融资难、融资贵问题。保持人民币汇率在合理均衡水平上的基本稳定，加强资本管制，保证我国货币政策的独立性。

第二，结构性政策要强化体制机制建设。坚持向改革要动力，深化国资国企、财税金融、土地、市场准入、社会管理等领域改革，强化竞争政策的基础性地位，创造公平竞争的制度环境，鼓励中小企业加快成长。推进供给侧结构性改革是结构性政策的主要抓手，2019年要在"巩固、增强、提升、畅通"八个字上下工夫。要巩固"三去一降一补"成果，推动更多产能过剩行业加快出清，降低全社会各类营商成本，加大基础设施等领域补短板力度。要增强微观主体活力，发挥企业和企业家主观能动性，建立公平开放透明的市场规则和法治化营商环境，促进正向激励和优胜劣汰。要提升产业链水平，利用技术创新和规模效应形成新的竞争优势，培育和发展新的产业集群。要畅通国民经济循环，形成国内市场和生产主体、经济增长和就业扩大、金融和实体经济良性循环。

第三，社会政策要强化兜底保障功能。要把稳就业摆在突出位置，重点解决好高校毕业生、农民工、退役军人等群体就业。要深化社会保障制度改革，在加快省级统筹的基础上推进养老保险全国统筹。要构建房地产市场健康发展长效机制，坚持房子是用来住的、不是用来炒的定位，因城施策、分类指导，夯实城市政府主体责任，完善住房市场体系和住房保障体系。

第四，防范化解重大风险。要坚持结构性去杠杆的基本思路，防范金融市场异常波动和共振，稳妥处理地方政府债务风险，做到坚定、可控、有序、适度。要以深化金融财税改革化解金融风险。发展民营银行和社区银行，推动城商行、农商行、农信社业务逐步回归本源。要完善金融基础设施，强化监管和服务能力。要通过深化改革，打造一个规范、透明、开放、有活力、有韧性的资本市场，提高上市公司质量，完善交易制度。要健全地方税体系，规范政府举债融资机制。

总体来看，2019年我国经济发展面临的外部环境和2018年相比更为复杂严峻，我们预测，投资增长速度会有所回升，消费稳中略降，出口增长速度将有所回落，价格总体稳定，工业品和消费品价格的剪刀差缩小，总体上经济增长将有所减慢。与此同时，供给侧结构性改革对稳定经济的效应将继续显现，鼓励民营企业发展和深化改革开放的信号有利于稳定企业的信心，稳就业、稳金融、稳外贸、稳外资、稳投资、稳预期的政策会逐步发挥作用。建议把2019年的经济增长目标定为6%以上，物价控制在3%左右。

(资料来源：快资讯，https://www.360kuai.com/pc/9eb3ef5d29fc25e1c?cota=4&kuai_so=1&tj_url=so_rec&sign=360_57c3bbd1&refer_scene=so_1，2019-04-02.)

问题：
分析2019年我国宏观调控政策取向。

参 考 文 献

[1] 艳华，任丽萍. 财政与金融[M]. 北京：清华大学出版社、北京交通大学出版社，2010.
[2] 蒙丽珍，李星华. 财政与金融[M]. 大连：东北财经大学出版社，2011.
[3] 六邦驰，王国清. 财政与金融[M]. 2版. 成都：西南财经大学出版社，2013.
[4] 金淑彬，崔炳玮. 新编财政与金融[M]. 成都：西南财经大学出版社，2012.
[5] 李允芳. 财税金融[M]. 大连：东北财经大学出版社，2007.
[6] 华运钰. 每天一堂金融课[M]. 北京：化学工业出版社，2012.
[7] 李镇西等. 生活中的金融学[M]. 北京：中国金融出版社，2011.
[8] 张振东，周峰. 每天10分钟学点金融学[M]. 北京：中国铁道出版社，2013.
[9] 贾玉革. 金融理论与实务[M]. 北京：中国财政经济出版社，2010.
[10] 黄达. 货币银行学[M]. 北京：中国人民大学出版社，2000.
[11] 张晓华. 金融基础[M]. 北京：机械工业出版社，2012.
[12] 张亦春，郑振龙，林海. 金融市场学[M]. 3版. 北京：高等教育出版社，2008.
[13] 戴国强. 商业银行经营学[M]. 3版. 北京：高等教育出版社，2007.
[14] 朱疆. 货币银行学[M]. 北京：清华大学出版社，2005.
[15] 郭晓晶，丁辉关. 金融学[M]. 北京：清华大学出版社，2007.
[16] 李小丽. 金融理论与实务[M]. 北京：北京理工大学出版社，2010.
[17] 申长平. 财政学概论[M]. 大连：东北财经出版社，2005.
[18] 佘明龙. 国际金融[M]. 北京：科学出版社，2004.
[19] 霍再强. 现代金融风险管理[M]. 北京：科学出版社，2004.
[20] 张淑华，孙晓芳. 经济学基础[M]. 北京：清华大学出版社，2013.
[21] 连有，王瑞芬. 西方经济学[M]. 北京：清华大学出版社，2008.
[22] 巍继华，陈岚. 财政与金融[M]. 北京：清华大学出版社，2016.
[23] 崔奇，王瑞芬. 财政与金融[M]. 上海：上海财经大学出版社，2019.
[24] 单秀娟，李辉. 财政与金融[M]. 北京：中国财政经济出版社，2018.
[25] 刘盘根，马春晓. 财政与金融[M]. 北京：中国财政经济出版社，2018.
[26] 郑煜. 财政与金融[M]. 3版. 北京：北京交通大学出版社，2018.
[27] 徐文胜. 财政与金融[M]. 北京：中国人民大学出版社，2017.
[28] 赵敬. 财政与金融[M]. 北京：北京师范大学出版社，2018.
[29] 刘东，杨毅，卜小玲，杨向荣. 财政与金融[M]. 北京：清华大学出版社，2018.
[30] 黄玉娟，王红敏. 财政与金融[M]. 北京：北京大学出版社，2019.
[31] 陈国胜，聂卫东，宋悦，陈露，刘秀梅，张玲萍. 财政与金融[M]. 北京：清华大学出版社，2019.

参考网站

[1] 东方财富网：https://www.eastmoney.com/

[2] 第一财经网：https://www.yicai.com/

[3] 中央纪委国家监委网站：http://www.ccdi.gov.cn/

[4] 人民网：http://www.people.com.cn/

[5] 中国金融信息网：http://www.cifinet.com/2004-6-v/index.jsp

[6] 中华人民共和国财政部：http://www.mof.gov.cn/index.htm

[7] 中国经济新闻网：http://www.cet.com.cn/

[8] 国家外汇管理局：http://www.safe.gov.cn/

[9] 中华人民共和国中央人民政府：https://www.gov.cn/